山西文華·史料編

代州志

清光緒版 第一冊

卷首至卷三

清 俞廉三◎纂修 清 楊篤◎參訂

《山西文華》編纂委員會 編

山西出版傳媒集團
三晉出版社

圖書在版編目(CIP)數據

代州志:清光緒版 / (清)俞廉三纂修;(清)楊篤參訂. —影印本. —太原:三晋出版社,2016.10
ISBN 978-7-5457-1416-6

Ⅰ. ①代… Ⅱ. ①俞… ②楊… Ⅲ. ①代縣—地方志—清代
Ⅳ. ①K292.54

中國版本圖書館 CIP 數據核字(2016)第 254345 號

代州志(清光緒版)

纂 修 者:〔清〕俞廉三
參 訂 者:〔清〕楊　篤
責任編輯:張仲偉
封扉設計:山西天目·王明自

出 版 者:山西出版傳媒集團·三晋出版社(原山西古籍出版社)
地　　址:太原市建設南路 21 號
郵　　編:030012
電　　話:0351-4922268(發行中心)
　　　　　0351-4956036(總編室)
　　　　　0351-4922203(印製部)
網　　址:http://www.sjcbs.cn

經 銷 者:新華書店
承 印 者:山西人民印刷有限責任公司

開　　本:700mm × 1000mm　1/16
印　　張:83.75
字　　數:300 千字
版　　次:2016 年 10 月　第 1 版
印　　次:2016 年 10 月　第 1 次印刷
書　　號:ISBN　978-7-5457-1416-6
定　　價:340.00 圓(全三册)

ISBN 978-7-5457-1416-6
9 787545 714166 >

《山西文華》編纂委員會

《山西文華》學術顧問委員會

（按姓氏筆畫排序）

李　零　李文儒　李學勤　袁行霈　唐浩明
梁　衡　張　頷　張光華　葛劍雄　楊建業

《山西文華》分編主編

著述編　劉毓慶　渠傳福
史料編　張慶捷　李晉林
圖録編　李德仁　趙瑞民

出版説明

山西東屏太行，西瀕黄河，北通塞外，南控中原，是中華民族的主要發祥地之一。中華文明輝煌燦爛，三晉文化源遠流長。歷史文獻豐富、文化遺産厚重，形成了兼容並包、積澱深厚、韵味獨特的晉文化。山西省政府決定編纂大型歷史文獻叢書《山西文華》，以彙集三晉文獻、傳承三晉文化、弘揚三晉文明。

《山西文華》力求把握正確方向，尊重歷史原貌，突出山西特色，薈萃文化精華，按照搶救、保護、整理、傳承的原則整理出版圖書。叢書規模大，編纂時間長，參與人員多，特將有關編纂則例簡要説明如下。

一、《山西文華》是有關山西現今地域的大型歷史文獻叢書，分「著述編」「史料編」「圖録編」。每編之下項目平列；重大系列性項目，按其項目規模特徵，制定合理的編纂方式。

二、「著述編」以一九四九年十月一日前山西籍作者（含長期在晉之作者）的著述爲主，兼收今人有關山西歷史文化的研究性著述。

三、「史料編」收録一九四九年十月一日前有關山西的方志、金石、日記、年譜、族譜、檔案、報刊等史料，以影印爲主要整理方式。

四、「圖録編」主要收録一九四九年十月一日前有關山西的文化遺産精華，包括古代建築、壁畫、彩塑、書畫、民間藝術等，兼收古地圖等大型圖文資料。

五、今人著述采用簡體漢字横排，古代著述采用繁體漢字横排。

《山西文華》編纂委員會

出版前言

代州，隋開皇五年（五八五）改肆州爲代州，大業三年（六〇七）改爲雁門郡。唐武德元年（六一八）置代州都督府，天寶年間（七四二—七五五）再改雁門郡，乾元間（七五八—七五九）復爲代州，屬河東道。宋屬河東路，金屬河東北路，元屬冀寧路，明屬太原府，清雍正二年（一七二四）陞爲直隸州，領五臺、崞縣、繁峙三縣。治所在今忻州市代縣。

光緒《代州志》十二卷、首一卷。俞廉三纂修，楊篤參訂。俞廉三，浙江山陰（今浙江紹興）人，監生，光緒五年（一八七九）任代州知州。楊篤，字稚劉，號鞏同，又號秋湄，或署虬麌道人、吕香真逸，晚年稱東瀆老人，山西鄉寧人。歷任繁峙、代州、襄垣、陽曲等州縣教諭，曾編纂或參與編纂光緒《山西通志》和《蔚州志》《西寧新志》《代州志》《繁峙縣志》《屯留縣志》《壺關續志》《長子縣志》《五臺新志》《潞城縣志》《天鎮縣志》《長治縣志》等十二種州縣志，堪稱清代方志分別編纂大家，有《秋湄遺集》存世。

光緒五年（一八七九），山西巡撫曾國荃頒佈《纂修補志芻文》後，代州開始著手編纂州志。在知州俞廉三主持下，召集縣内學有所長的人士三十餘人，「乃據正史，外取掌故諸書、金石殘文、先達遺集，雜撮瑣綴，閲旬三十，所積遂富」（光緒《代州志》俞廉三序）。不久，「復延楊秋湄學博佐其考訂，積九閲月書成」（光緒《代州志》廣蔭序）。光緒八年（一八八二）由代山書院刊印成帙。

全志共十二卷，分别爲：卷一地表、歷代封爵表、歷代職官表，卷二選舉表，卷三地理志，卷四建置志、祠祀志，卷五賦役志、學校志、兵志，卷六金石志，卷七藝文志，卷八史傳，卷九集傳，卷十列傳、列女傳，卷十一宦績紀、僑居記，卷十二大事記、雜記。卷首包括序、纂修姓氏、目録、例言、疆域圖、城池圖、鄉都圖、渠道圖、邊關圖。

卷一地表從秦代到清朝，簡明扼要地勾勒出代州及其屬縣五臺、崞縣、繁峙的建立及演變情況，與卷三地理志中的沿革部分相輔相成，互爲表裏。歷代封爵表詳記封邑、爵秩、朝代、名籍，歷代職官表詳列自西漢到清朝與代州有關的文武官職及歷任官員。卷二選舉表載進士、武科、舉人、貢、薦辟、仕籍、武官、封贈、蔭襲等。卷三地理志記沿革、疆域、晷度、形勝、風俗、山川、水利、古蹟、冢墓、物産等内容。卷四建置志記城池、廨宇、鄉都、關隘、津梁、驛遞、鎮集、坊表等，祠祀志記載境内祭祀場所及寺觀廟宇。卷五賦役志涉及户口、田賦、起運存留、税課、鹽課、倉儲、蠲緩等；學校志記文廟、明倫堂營建演變情況，並附有相關禮儀規程；兵志載駐軍及武官。卷六金石志主要記歷代金文及碑碣。卷七藝文志按四部法分記經、史、子、集著述。卷八、卷九、卷十爲傳，分别爲史傳、集傳、列傳、列女傳。卷十一、卷十二宦績記實際爲歷朝任職於代州文武官員的傳記。大事記載戰國至清光緒四年之要事二百餘條。雜記以奇聞軼事爲主，頗具異趣。

光緒《代州志》的主要特點是：

一、體例獨特。以表、志、傳、記四體統轄全志，分綱列目，是楊篤參與編纂志書區别於他志的主要特點。在記述形式上借鑒戴震所纂乾隆《汾州府志》，采取了「分列綱目，以綱爲斷，以目爲案」（光緒《代州志》例言）的做法。

二、記事詳贍。如卷四祠祀志詳載社稷壇、風雲雷雨山川城隍壇、先農壇、厲壇、文昌帝君祠、奎樓、龍神祠、火神祠、城隍廟、馬神祠、劉猛將軍祠、名臣祠、鄉賢祠、節孝祠、東嶽廟、大寧宫、黄帝廟、羊舌大夫祠、巧聖祠、趙武靈王祠、武王君祠、扶蘇太子祠、二聖祠、酒仙祠、藥王廟、茹僕射祠、李晋王祠、楊令公祠、滕奉使祠等近三十處祠祀場所，内容涉及方位、建築規模、祭祀、禮儀、祭文、樂譜等方面。社稷壇、先農壇祈求九土安寧、稼穡順遂、五穀豐登；風雲雷雨山川壇、東嶽廟主要是敬天地、祭自然神；文昌帝君祠、奎樓都是祭祀文神，表明古代崇文重教的心理訴求；其餘多爲祭祀人間神鬼、聖賢之所，體現古代尚鬼神、敬英雄的精神取向。值得注意的是，志書中寺廟宫觀等都不與祠祀並列，或分載，或附載。光緒《代州志》所記代州各類寺廟宫觀數量多達三十處，足見佛、道兩教在民間影響之大，但也僅僅是作爲「祠祀」的附屬來記録。再如，卷五賦役志「起運存留」一目所記雁平道、知州、州判、吏目、學正、廣武城巡檢等主要官吏俸銀及養廉銀數額，詳細具體，是研究清代官員薪俸制度的重要資料。學校志中完整記録了鄉飲酒禮、新生學儀，對研究清禮儀制度頗有價值；而鄉會試賓興儀經費對考察清代教育獎勵制度和教育基金運籌方法也大有裨益。

三、廣徵博引。歷代職官表和歷代封爵表基本出自《史記》《漢書》《後漢書》《三國志》《晋書》《魏書》《隋書》《唐書》《宋史》《金史》《遼史》《元史》《明史》《五代史》《北史》及《宰相世系表》等正史，間有《外國党項傳》《鐵圍山叢談》，以及元好問《雨山行記》等稗官野史。地理志中引用《周禮·職方氏》《左傳》《戰國策》《穀梁傳》《漢書·地理志》《魏書·地形志》《山海經》《水經注》《括地志》《太平寰宇記》《元和郡縣圖志》《日知録》《讀史方輿紀要》等。亦引述明清《一統志》、歷代《山西通志》，以及代州所轄各縣舊志。

四、事出有據。「歷代職官表」共記載西漢至清代六十餘種與代州有關的文武職官，職官名稱下注始設時間、俸禄待遇，歷任官員下注籍貫、身世，且所有内容均採自正史或歷史典籍。如「雁門太守」注明：「《續漢書·百官志》：每郡置太守一人，二千石。」首任太守郭涼注明：「《後漢書·杜茂傳》：右北平人，建武中，祀名宦。」卷三「地理志·物産」中引《太平寰宇記》云：「代州土産：麝香、豹尾、雕翎。賦：麻布、青碌彩。」附注《通典》：「雁門郡貢熟青二十兩，熟緑二十兩。」引《本草》云：「肉蓯蓉，一名黑司命，别録，生河西山谷及代郡雁門。」「地理志·形勝」引《吕氏春秋》云：「天下九塞，句注其一。」引《河東記》云：「句注亦曰陘嶺。自雁門以南謂之陘南，以北謂之陘北。」

五、注重考述。其一，考述份量大。如卷三地理志尤重考述，其中「沿革」中以「案」語形式所作考釋共十五條；「山川」中記載山峰二十座，即有十處考注。其二，考述内容廣。有糾正謬誤，如「地理志·沿革」中對《後漢書》誤將下館、善無兩地混爲一地的原由作了糾正。有延伸注釋，如「地理志·山川」「雁門山」條下，依據《山海經》《太平寰宇記》《戰國策》等對山西境内陽高縣陽和口、静樂縣雁門鄉、代州雁門山三處雁門進行了詳細闡釋。有辨析異説，如「地理志·古蹟」「蒲池」條下，對「滹沱」一詞的多種異説作了考辨。其中《山海經》作「虖勺」，又作「虖多」，《周禮》作「虖池」，《禮記》作「呼沲」，《禮記注》作「惡池」，《字林》作「滤池」，《秦詛楚文》作「亞駝」。有考釋佚書，如「藝文志·史類」「宋邵思《姓解》三卷」條下，依據《宋史·藝文志》《文獻通考》《蜀都雜鈔》等爲已經散佚的《姓解》一書作出詳明考述。

六、新意迭出。其一，志首所繪地圖全部計里畫方，對於提高地理要素標識的準確性有重要意義。其二，詩詞歌賦不單列、不匯總，而散注於各有關條例之下，便於結合記述主題參考閲讀。如「地理志·山川」「鳳凰山」條下，即附注金·元好問所作《雨山行記》，對瞭解鳳凰山整體情況即是一種很好的補充。「地理志·關隘」「雁門關」條下，録有清彭兆蓀《雁門關賦並序》，對瞭解雁門關概況、形勝極有參考作用。其三，以藝文志專門著録歷代著述，富有文獻學和目録學價值。其中邑人著述精選近四十種，並詳及著作主要内容，較有影響者還輯録部分序跋。其四，爲歷史人物立傳，以史傳、集傳、列傳加以區别，列入史傳的人物均爲歷代正史傳記所載人物，且歷史影響大、地位高；列入集傳者影響與地位稍遜於前，傳文多採自各類歷史典籍；舊志所載或采訪而得者編入列傳。其五，「例言」言簡意賅、直入主題，務實祛虚。既闡明全志體例規定，又明確記事手法、引文注釋，同時還對圖、表、志、傳、記各部門旨歸要義作了界定和説明。

光緒《代州志》由方志學大家楊篤直接參與編纂，其體例完備、刊刻精美，被學界公認爲晚清時期的上乘佳志，山西省圖書館、山西大學圖書館藏有清光緒八年（一八八二）初刻本，二〇〇七年五月代縣整理出版了點校本。

此次入選《山西文華》叢書，據初刻本影印，以保持原書面貌。爲更好地保留古籍原貌，便於讀者使用，我們在整理過程中保留了原書目録，並重新編製了目録。該志前有序文兩篇，第一篇標爲「代州志序」，第二篇無標題，爲方便區分，我們按慣例將第一篇在頁眉、目録上體現爲「廣蔭序」，第二篇在頁眉、目録上體現爲「俞廉三序」。特此説明。

劉益令

二〇一六年十月

目録

第一册

第二册

第三册

卷十

代州志序

道太原而北有關三雁門為大介陘嶺之間有州曰代為大鎮古雁門山在焉極壯其郡治為善無為陰館所領諸縣今大朔寧三府地也古代國在飛狐壯其郡治為桑乾為高柳所領諸縣今大同以東及直隸之蔚州西寧地也皆與

代州舊涉今州在秦漢為廣武屬太原
其為雁門郡自魏黃初始其為代州自
隋開皇始其以郡名為開名又自唐宋
以來始唐於此置都督府督代忻蔚新
靈順六州宋於此設沿邊安撫使兼轄
麟府二州兵馬準其規制與今雁平道
分轄府州相仿雖中外異形控馭異勢

要其爲上游阨要北門筦鑰則古今所
同也州有志始於前明萬歷間
國朝乾隆中知州吳重光再修之明志成
於判官周宏禴史操入藝文稱名筆而
失之太簡於代雁門之辨茫然也吳書
取材通志知古代在蔚州而語焉不詳
於雁門爲郡爲國之所自亦茫然也夫

志乘之要莫先地理必明於古今之形勢
而後攻守利害有所述必詳於都邑之
變遷而後文獻掌故有所稽未可徇名
求合鑿空爲説也逸仙刺史來領是州
政事之暇取舊志而新之就商於余余
惟志州難於府邪志代又難於他州蓋
縣志專記一隅府志彙載所屬州則疆

索視縣例必獨詳統屬視府誌雖要略而代又居九塞之首當二鎮之衝稽古證今家為繁劇自非學優括地才諳畫山而野勤為有用之書垂為不刊之典亦甚未易哉刺史不謬余言毅然力任旁搜遠紹實事求是復延楊秋湄學博佐其考訂積九閱月書成別定義例規

代州志 序 卷首 三

模史裁大旨在揚近事之芳懿訂舊文之舛踈而於地理尤極精審如謂雁門在晉者有三今之關史但云句注西陘陘嶺陘口不稱雁門稱雁門者郡縣名也廣武在州境者有四州西之故城為漢舊縣關北之故城為晉舊縣原平在州屬者有三元魏之縣在今崞北非兩

漢之舊孝明之所即今州城又非太和之舊雁門郡凡五徙而劉宋之僑置不與代國凡八遷郡亦互易而今之新皆不與並是以正鎮來記載之失昔顧亭林謂代有三遷閻百詩駁之曰代有七遷亭林知其三然百詩歷舉中都晉陽高柳盛樂雲中平城而竟不知後周以

上黨爲代國隋初以馬邑爲代郡以顧閻之學猶不免於踈略則信乎考核之難而益彰刺史用心之勤爲不可及矣乃揭其要端書諸簡首至於州郡之志爲一方政治所關風教所繫非徒取備遊覽佐摛藻詞體例宜仿正史不當效圖經其說至近世而失明本書例言刺

史自序已詳之矣余故不復贅云

光緒六年歲次庚辰嘉平之月

雁平兵備道長白廣蔭譔並書

宮保威毅伯湘鄉曾公撫晉之三年治洽人和百廢並舉遂
奏請纂修通志既奉
俞旨下檄州縣各續故乘廣備採擇廉三時居幕府佐治文書
與聞其議未幾補官於代代雄州也亦人文藪也閱舊志
頗病疎略思別輯爲書會津門杜君幼坡方攝是州集鄉
先生採訪近事具有端緒乃據正史外取掌故諸書金石
殘文先達遺集雜撮瑣綴閱旬三十所積遂富自維謭陋
攟摭爲能有同記簿無當立言獨念入晉以來河防振務
無役不從十餘年中未嘗不歎仕國之多故而陘嶺南北
最稱清晏代介其間蔚爲名邦風塵末吏幸兹綰符每值

訟閣公暇環列古籍披閱有得伸紙疾書此景此情視昔之鞅掌軍檄胜心尸版有不可同年而語者固

國家聲教遠暨涵濡醞釀致邊郡數百載之庥嘉抑亦守土者遭際之榮也爰授藁於學博楊君秋湄詳加釐訂商定義法略仿史體不敢言作竊比於述九塞之首夙爲重防抗規裴賈申畫井疆設險興利壯我金湯分率必準佤離必詳述圖五曰疆域圖曰城池圖曰鄉都圖曰渠道圖曰邊關圖年經月緯統系以別方乘之要厥惟沿革頒爵命吏載臚名籍籲俊升賢亦以次列述表四曰地表曰封爵表曰職官表曰選舉表外史所掌誦訓所詔有社有民乃

資富教惟祀與戎悉爲政要文物燦焉爲輶軒告述志八曰地理志曰建置志曰祠祀志曰賦役志曰學校志曰兵志曰金石志曰藝文志句注以南代有偉人汗青彬或書名書勳旁徵誌狀近羅見聞彤編有稽並播清芬述傳四曰史傳曰集傳曰列傳曰列女傳志傳未備別爲論著爰舉循良次及流寓其他事文連犿類聚或裨掌故或資談助述記四曰宦績記曰僑居記曰大事記曰雜記凡爲目二十有五爲卷十二圖冠之卷首光緒庚辰嘉平既望知州俞廉三序

代州志　卷首　七

代州志

纂修姓氏

監修

欽加三品銜鴈平大朔甯忻代保驛傳兵備道　廣蔭

承修

署代州直隸州知州甲辰科舉人　杜崧年

纂修

欽加鹽運使銜　賞戴花翎代州知州候補知府　俞廉三

參閱

代州直隸州水利州判恩貢生　徐秉元

代州儒學學正甲午科舉人王鈞
代州儒學訓導壬戌科舉人高鑌泉
參訂
代州繁峙縣儒學教諭甲子科舉人楊篤
編次
五品銜代州直隸州吏目蔣模
總理紳士
大挑甘肅知縣己未科舉人李宗鈺
大挑江蘇知縣癸酉科舉人王寀
六品頂戴廩生馮丙祥

候選訓導署河津縣教諭廩貢生范渤

校對紳士

廩　　　　　　　　生王志道

候補八旗教習己卯科舉人郝秀楠

廩　　　　　　　　生李清溪

採訪紳士

萬泉縣教諭己未科舉人李資生

庚　午　科　舉　人高國佐

丙　子　科　舉　人郝秀椿

恩　　　貢　　　生姚清

歲貢生 趙悅祖
光祿寺署正銜附貢生 趙碩
附貢生 王耀德
附貢生 李淑龍
廩生 宋際昌
廩生 趙悳
增生 王文臺
候選從九品附生 張遇庚
翰林院待詔銜附貢生 周甫辰
六品頂戴附生 趙作辛

附生翟萬里
附生王振綱
附生耶鍾秀
附生姚瀛
附生劉培真
附生周應甲
附生韓誠
翰林院孔目銜監生賈作舟
候選從九品附監生耶汝瑚
六品頂戴監生李殿榮

武生孫廷秀

武生李桂元

武生薛鎮東

勸捐紳士

候選州吏目附生馮鏞

廩生賈鳴鑾

代州志

目録

卷首

期吳璞吳嘉會趙立安嘉善張崇榮弟崇禮
國朝馮亨期子右京馮如京子雲驤雲驌郎居相子大
士劉㯳施幼秉弟陽林馮壅子元方允升光裕馮欽
子祖悅馮璽馮慶會弟慶長郎廷勛子長卿嘉卿馮
祁弟鄺子廷丞馮郁馮鄭弟邵馮履豐弟履謙郎若
伊郎錦駒弟錦駿錦驥崔五峰馮猜聘馮佶馬鍾靈
趙麟書王廷梅馮宬子壽榕崔鼇
峰郝應宿馮志沂馮福基賈秉衡

卷十

列傳

唐茹汝升元司艮輔　明高智甫王鑰孫鳳趙
精崔震馬驥張檄馮盛謝璽孫紹先陳皋謨張定
王汝敬阿其麟謝蘭王夢弼吳嘉聰王大順陳玉馬
珍楊鼎樞施重光喬應虎魏登高張三光王裴孫元
震崔賢張本順閻士俊侯一位張令聞弟令名張令
德劉靖民
國朝馮配京馮之京龐泉張綸世王應虎黃毓松張瑜
苑林嵋黃秉銓陳錦華楊鎮馮鍾宿馮章宿黃必賈
成玉張祥鳳趙全璧劉廷璧高瑾張國維劉懷琮喬
全吳傑劉岕邢國起董宗孔郭登仕李青登李廷仕

李蒞民祁丕昭李渭郎千里劉耀德張用章馮廷工
馮廷運黃元吉賈仰奎陳錫睿馮士龍趙定王素孚
李國興李淩漢喬磐王懷德張伯儒李春林郎廷傑
馮爲憲馮立山張國華王數錫馮偉馮梓郝相清李
秀山柳得善周應瑞弟應聘馮德銘劉琹弟址墉王
大鵬陳溶李招慶安淸垣任汝舟任貴昌趙諠從弟
閶張受教郎振緒任廷獻柳森弟營瑞張恒趙光祖
閶象恒楊萬魁弟聯魁劉錫齡弟錫祉郎汝琦子桂
森郎汝璘趙永年馮格馮士林王廷相劉華張映淮
張萬庫劉永善郎輔庚陳克昌馮閏生尹秉政張用
永姚震楊撝謙劉之
望高佩紳李福將

列女傳

卷十一

宦績記

僑居記 使臣 客將 寓賢

代州志

例言

志規仿史體以表志傳記標名冠圖於首用武虛谷志魯山例敘述之法分列綱目以綱爲斷以目爲案用戴東原志汾州例詩文卽散注於各條之下不别彙爲篇用康對山志武功例援引書籍皆一一注明所出以示徵信用吳東壁志宣化例

州志異於府志不及屬縣例也而土地人民政事有爲司牧所必宜知者又難概略茲編於三縣沿革疆域城池關隘驛遞戶口田賦兵防各條皆依類附載牽連書之詳略懸殊不

爲破例

地非圖不明繪圖無法徒滋人惑茲所列圖自城池外悉計里畫方燎如指掌有裨實政非侈虛觀

地表外立封爵職官選舉三表年經月緯用便核稽其有事實可書者別見傳記表不具詳間有考訂以資互參

建置地理事也祠祀學校又建置事也惟名目繁多轉失體要茲以沿革疆域晷度形勝風俗山川古蹟冢墓物產各條歸入地理以城池廨宇鄉都關隘津梁市集坊表各條歸入建置或以義比或以類從而祠祀學校特別爲篇備採會典通禮諸書臚陳爍著闡教正俗莫先乎此故不嫌於同也

金石遺文有裨考證往往有記載所無而此獨詳者並採輯之著爲典要特深山窮谷未徧搜羅擴摭漏遺猶望來哲

藝文惟載書目從史例也前賢著述散佚多矣幸有存者錄其序跋就所見及猶儼備經史子集之目甄錄較寬表章惟力庶學者理端推緒不致昧於所從

史傳備錄全文集傳節舉大略其僅見於舊志及採訪者則爲列傳不復別標鄉賢耆善忠義文苑諸名列女難盡立傳擬仿唐書傳孝友例而姓氏連綴艱於檢尋仍條書之並詳守節年分旌典用限年格不得而略也

名宦流寓宜並立傳而舍循吏隱逸無可名者又嫌與州人

無别也入之記中爲宦績僑居二記使臣客將與寓賢類也
而流寓不足以統之爰變名以示義

地圖

疆域圖　城池圖　鄉都圖

渠衢圖　邊關圖

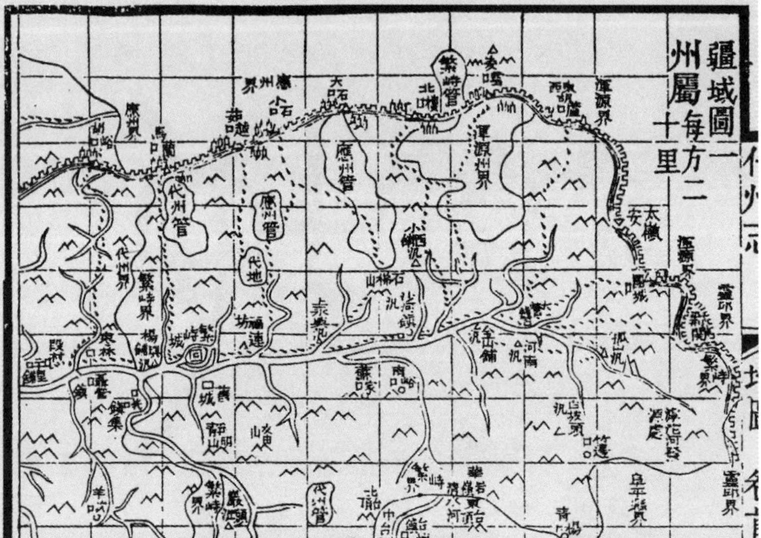
疆域圖一
州屬每方二十里
繁峙管
代州管
應州管
渾源州界
靈邱界
龍泉關
清水河
滹沱河
五台界
盂縣界

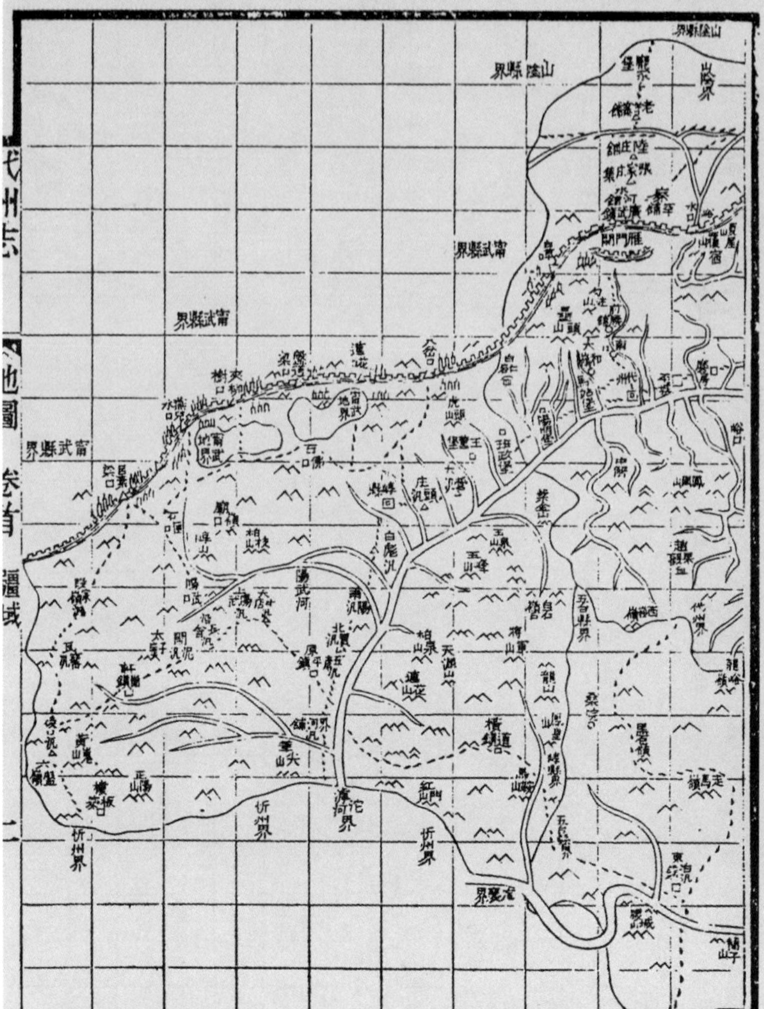
代州志
地圖　卷首　疆域
山陰縣界
寧武縣界
雁門關
代州
陽武河
五台縣界
忻州界
定襄界

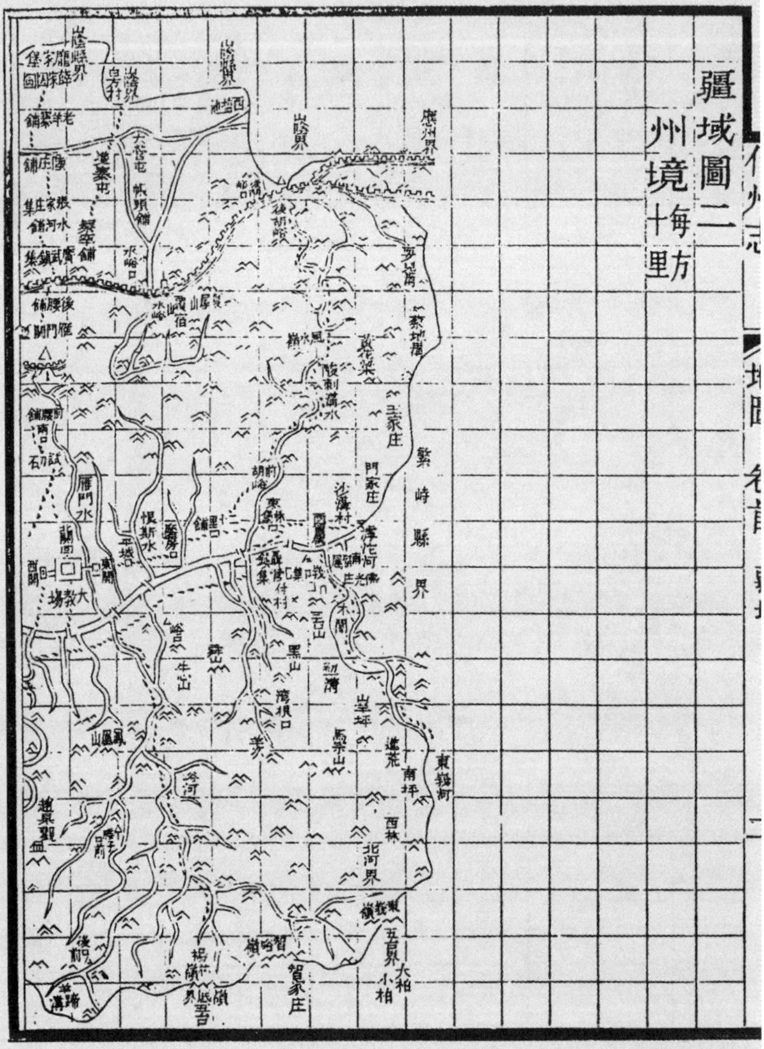
疆域圖二
州境每方十里

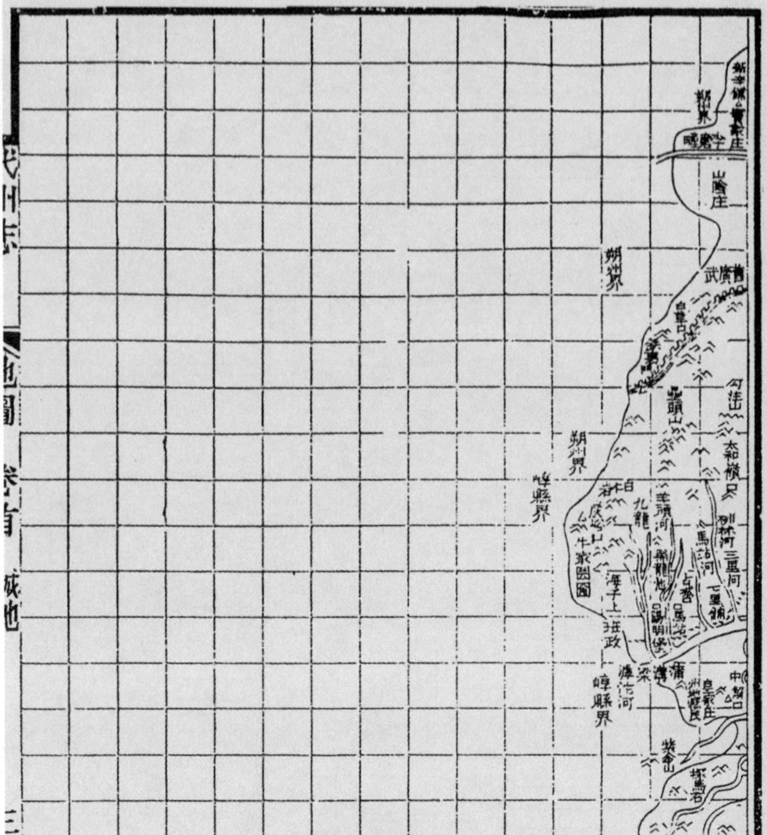
山陰庄
朔州界
朔州界
崞縣界
馬站河
三里河
七里鋪
九龍
牛家
班政
滹沱河
崞縣界
崞縣界
康家灣
五台界
太乙庄

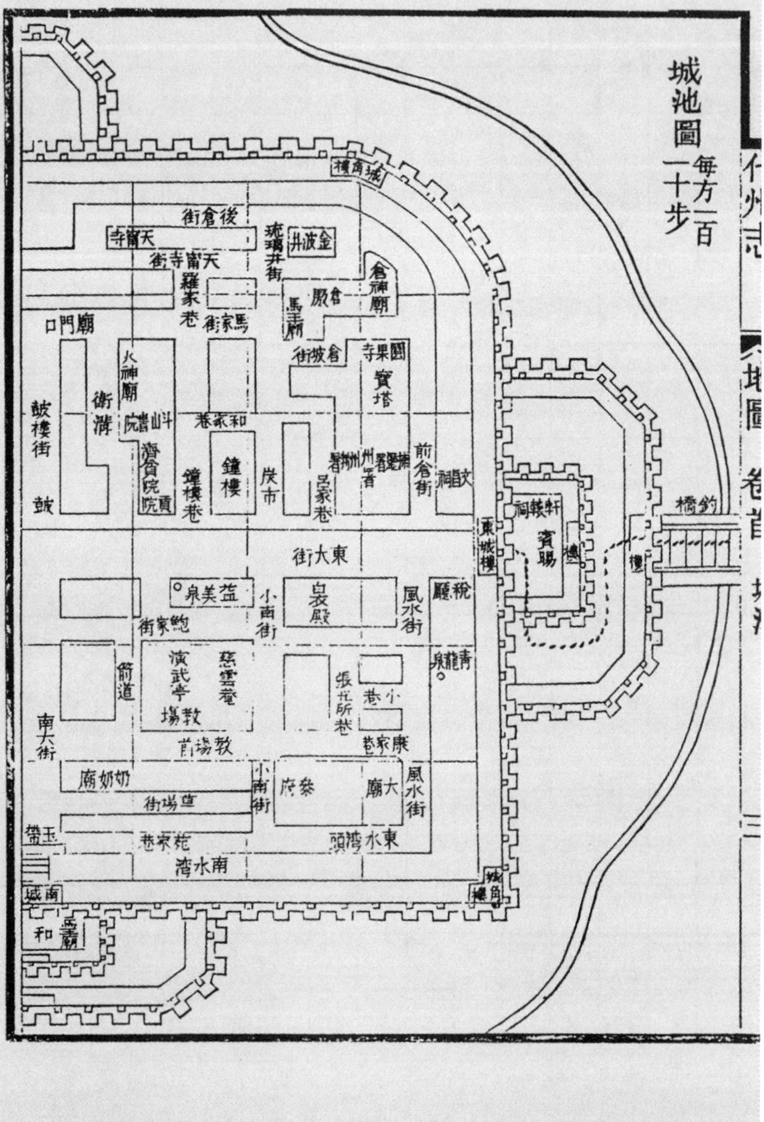
城池圖
每方一百一十步
城角樓
後倉街
天甯寺
天甯寺街
金波井
琉璃井街
羅家巷
倉神廟
倉厫
馬家街
馬神廟
廟門口
倉坡街
圓果寺
寶塔
火神廟
鼓樓街
和家巷
鐘樓
鐘樓巷
炭市
呂家巷
州署
前倉街
東大街
東城樓
軒轅祠
賓暘
樓
釣橋
稅廳
風水街
小南街
鮑家街
青龍泉
慈雲菴
演武亭
教場
箭道
小巷
康家巷
教場前
南大街
奶奶廟
大廟
參府
草場街
東水灣頭
南水灣
玉帶
南城
城角樓

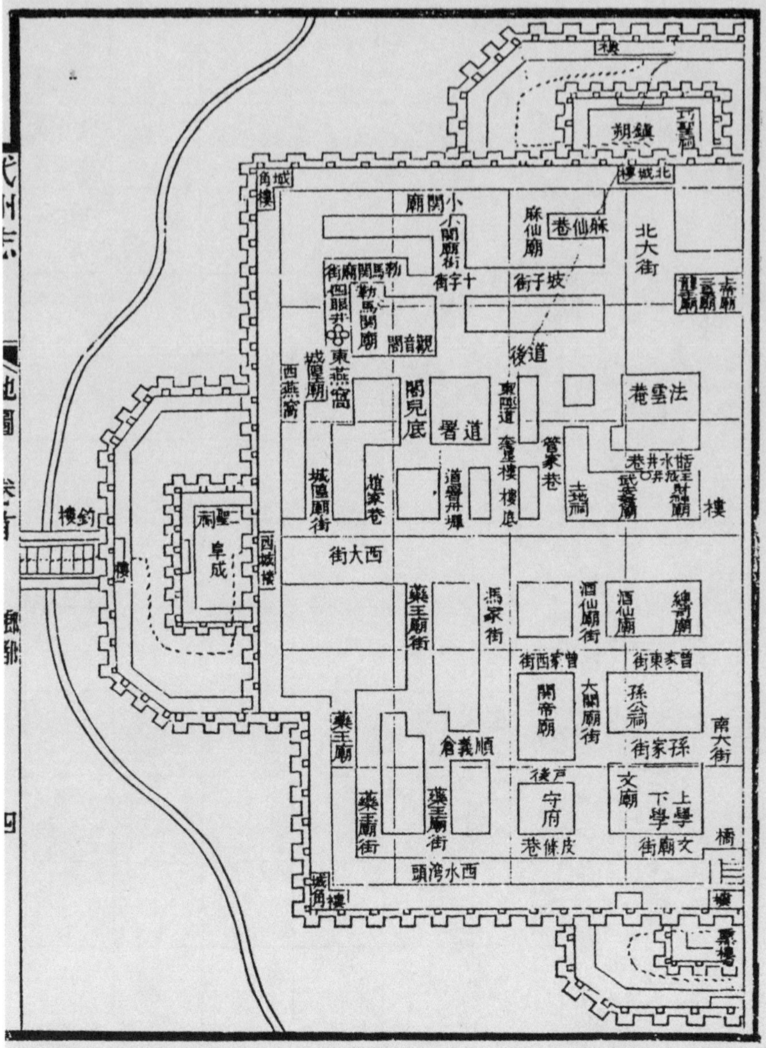
北城樓
麻仙卷
麻仙廟
北大街
十字街
坡子街
觀音閣
道後
法雲卷
道署
底兒閣
東燕窩
西燕窩
管家卷
西城樓
西大街
成皇
馬家街
順義倉
守府
皮條卷
文廟
上學
下學
文廟街
孫家街
孫公祠
南大街
關帝廟
西水灣頭
角城樓
釣樓
橋

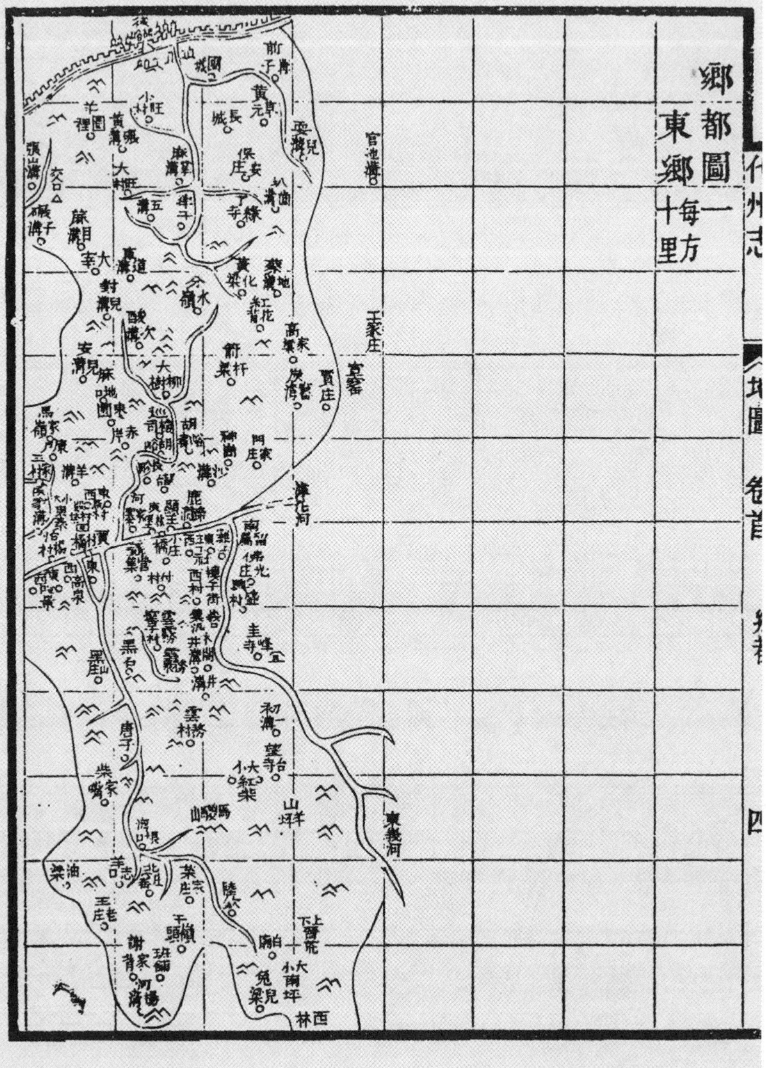
鄉都圖一
東鄉
每方十里

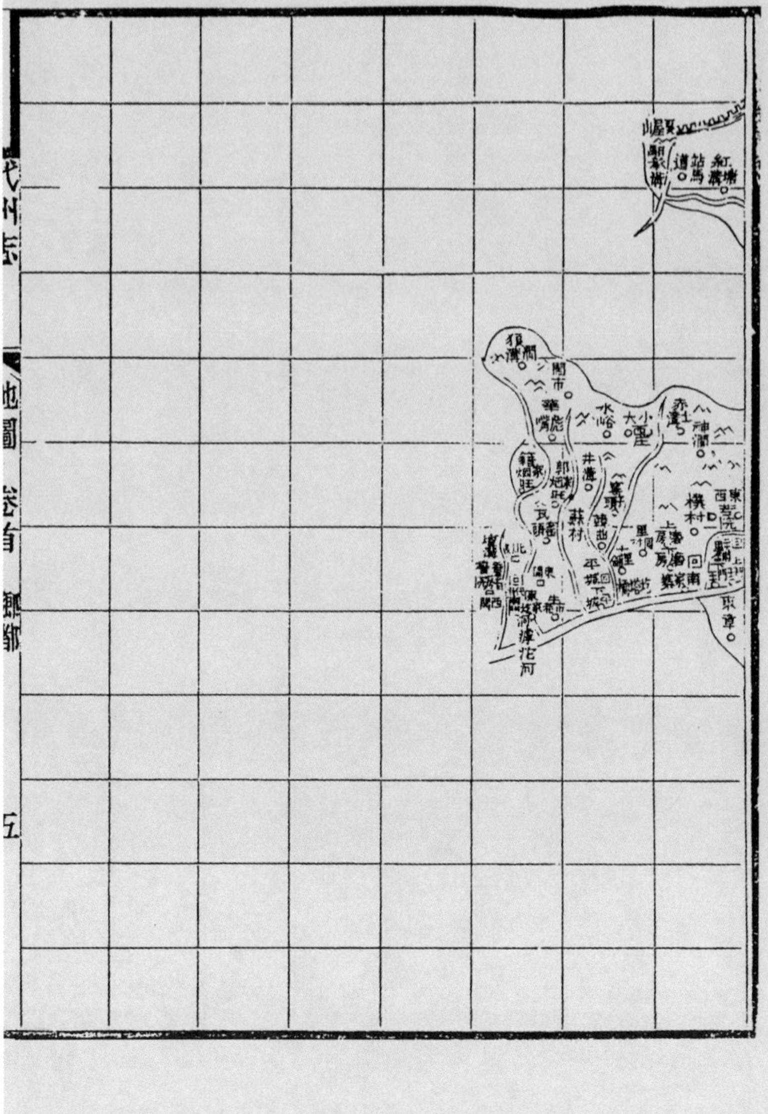
水峪
井溝
蘇村
横村
東章

鄉都圖二 每方十里

西鄉

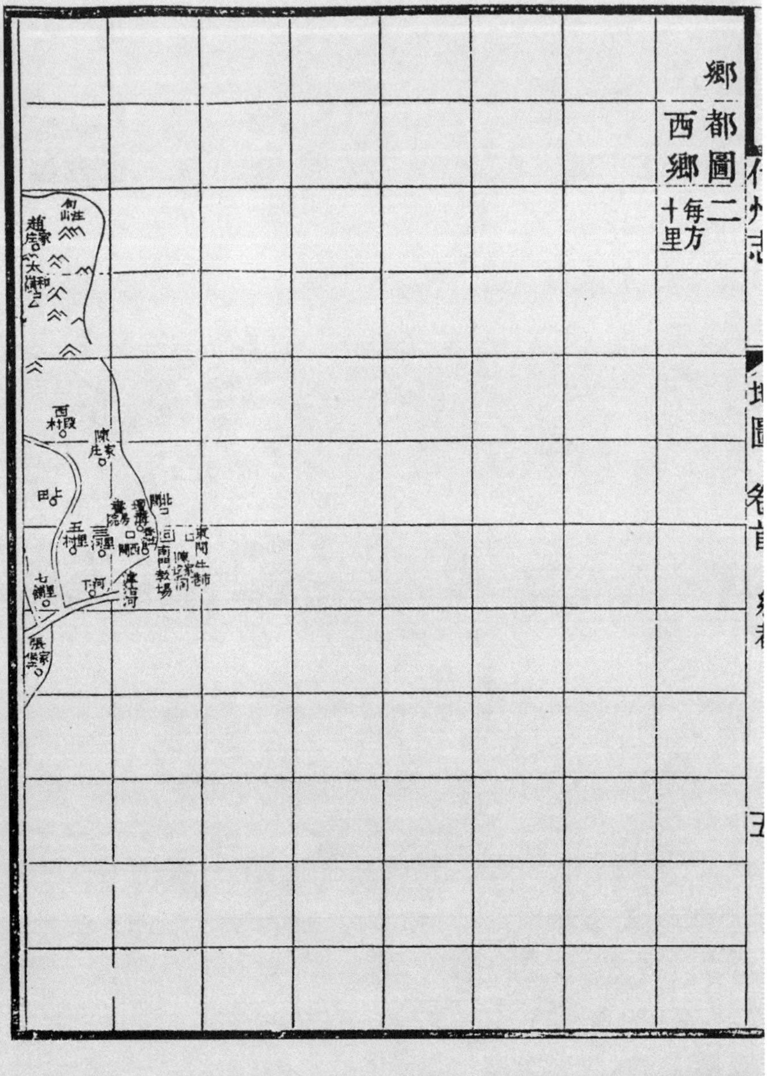

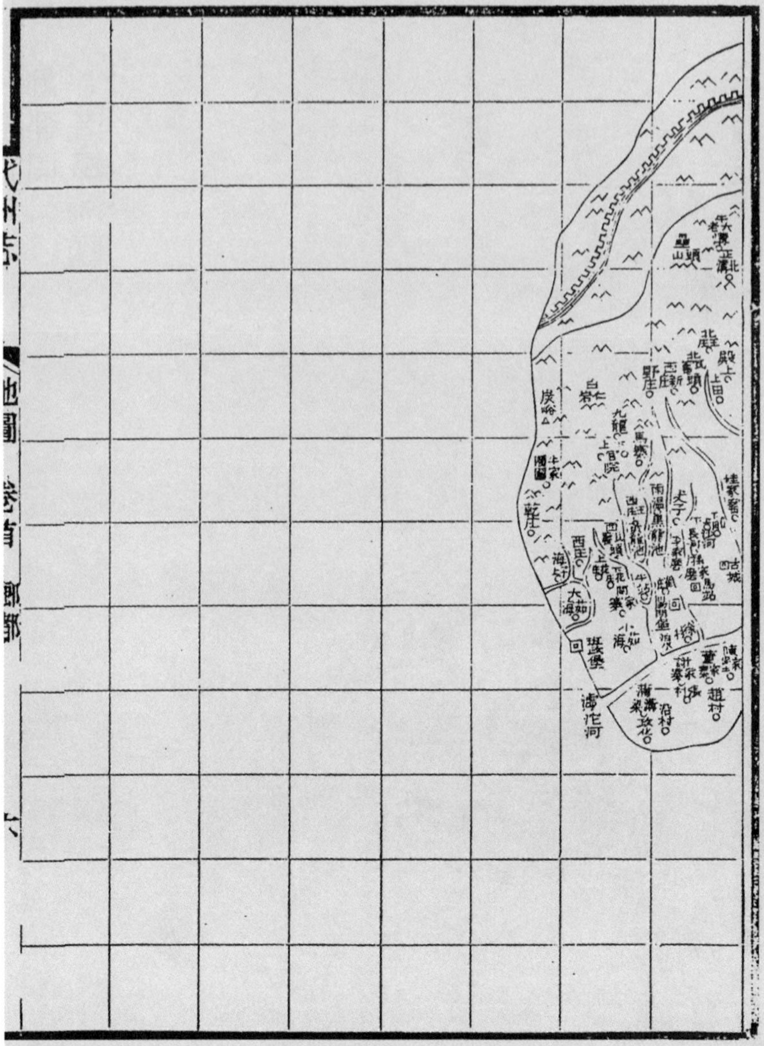
上田
野庄
九龍
西庄
古城
趙村
沿村
滹沱河

鄉都圖三

南鄉每方十里

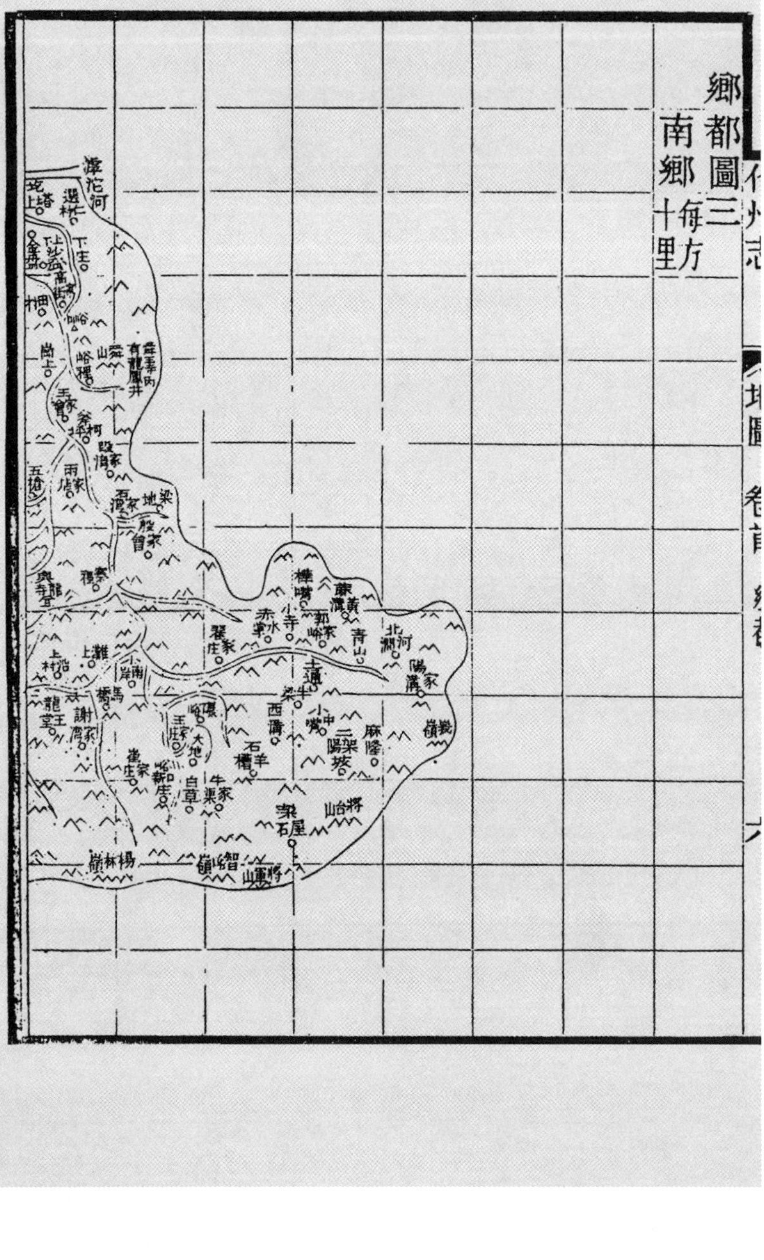

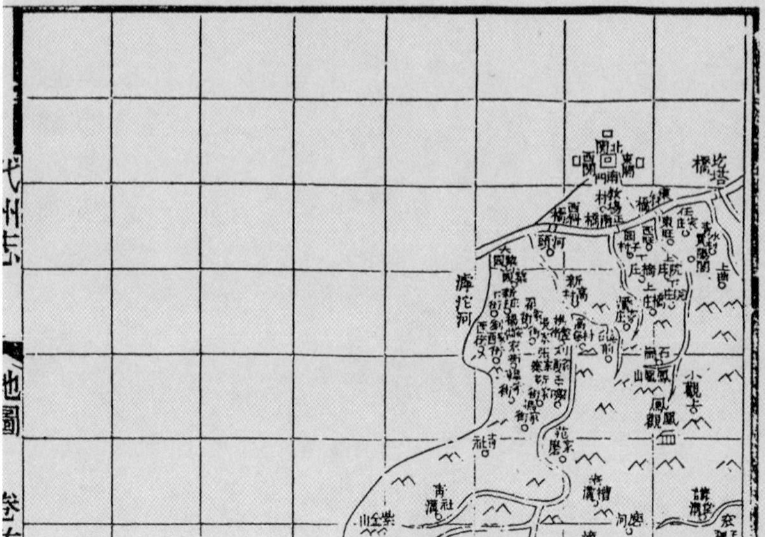
地圖
卷首
鄉都
七
滹沱河
紅寺
張庄
小觀寺

鄉都圖四

北鄉　每方十里

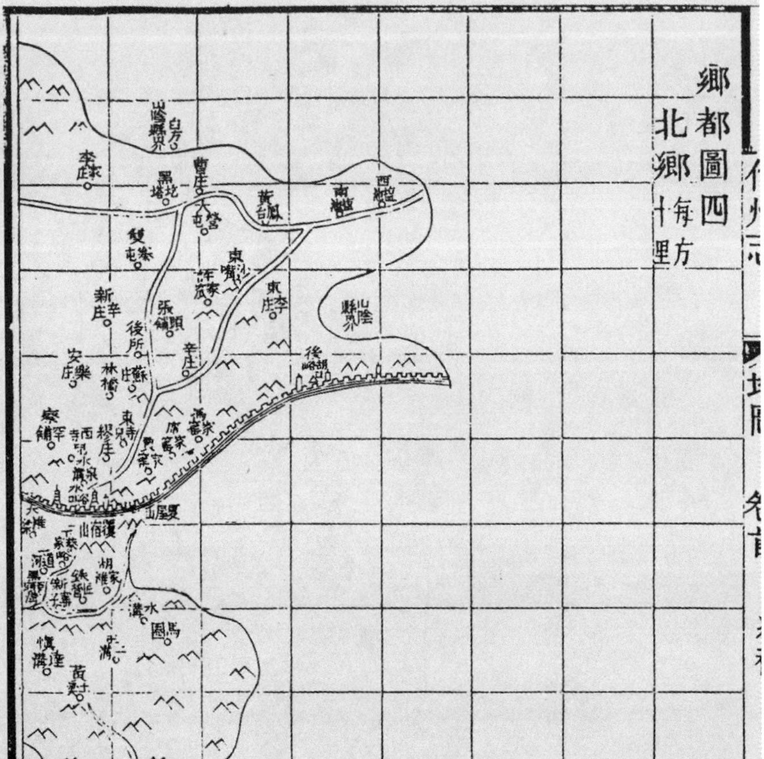

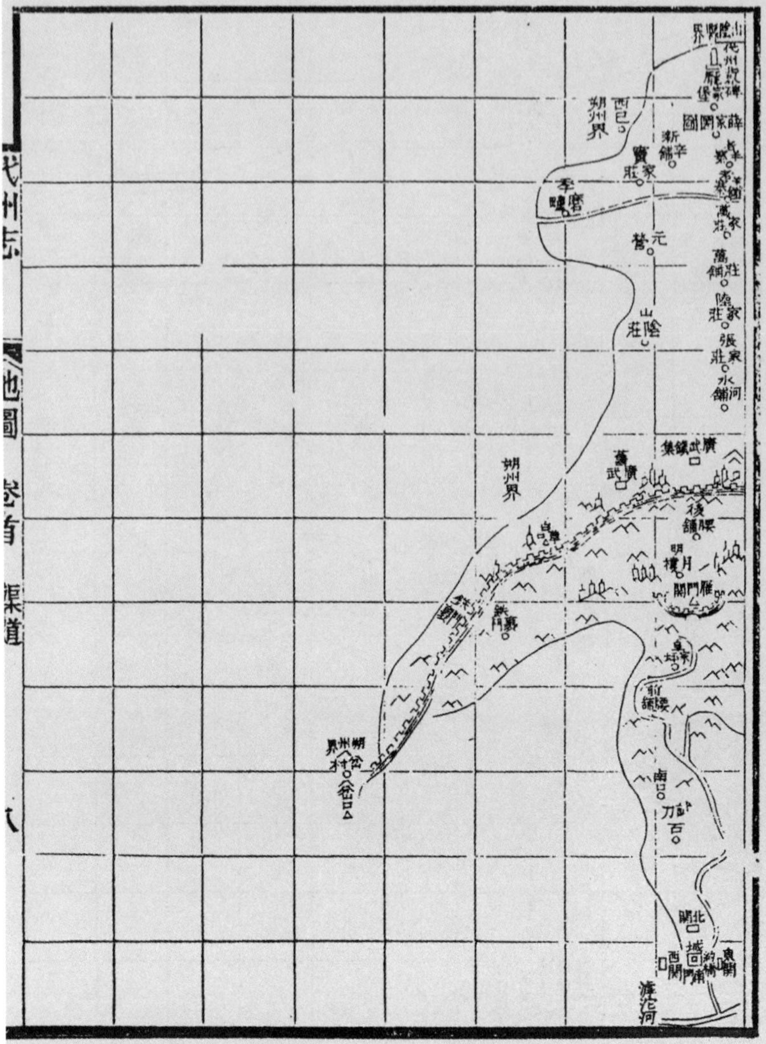
代州志
地圖
卷首
渠道
朔州界
西巳
元營
山陰莊
水河鋪
張家莊
廣武鎮集
舊廣武
後腰鋪
明月樓
雁門關
鐵門鋪
前腰鋪
朔州界
滹沱河
北關
城
東關
西關

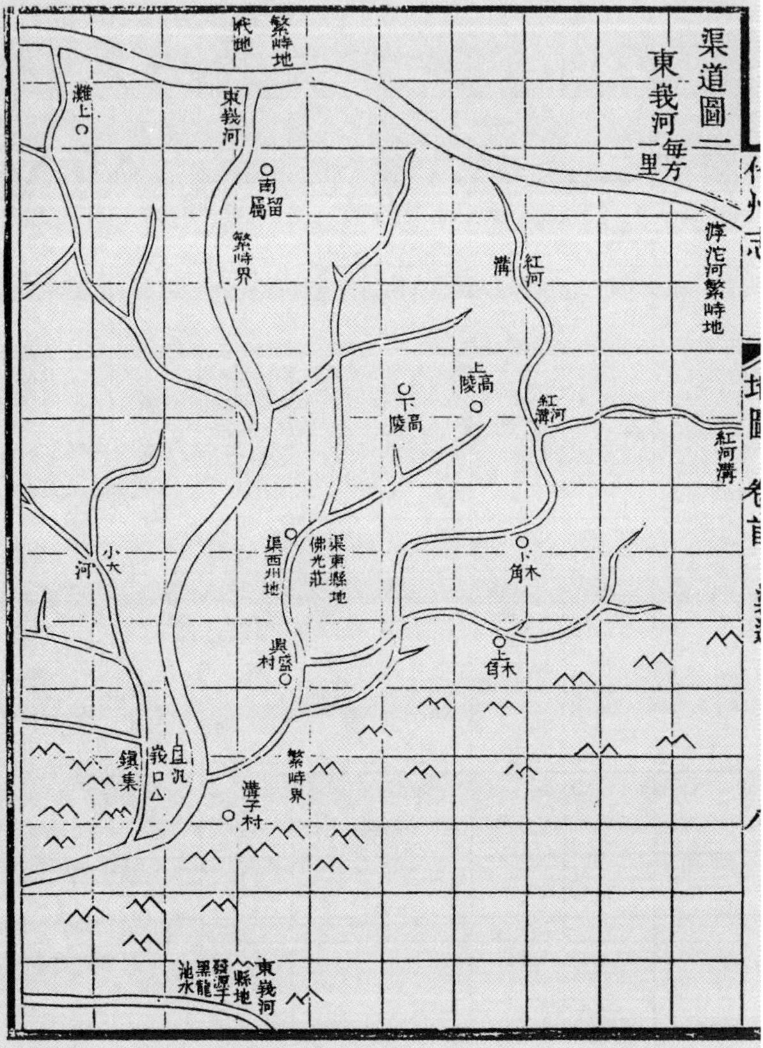
渠道圖二
東峩河
每方一里
繁峙地
代地
灘上
東峩河
南留屬
繁峙界
紅河溝
滹沱河繁峙地
上高陵
下高陵
紅溝河
紅河溝
渠西州地
佛光莊
渠東縣地
下木角
上木角
小大河
興盛村
鎮集
峩口
繁峙界
溝子村
東峩河縣地
發源子黑龍池水

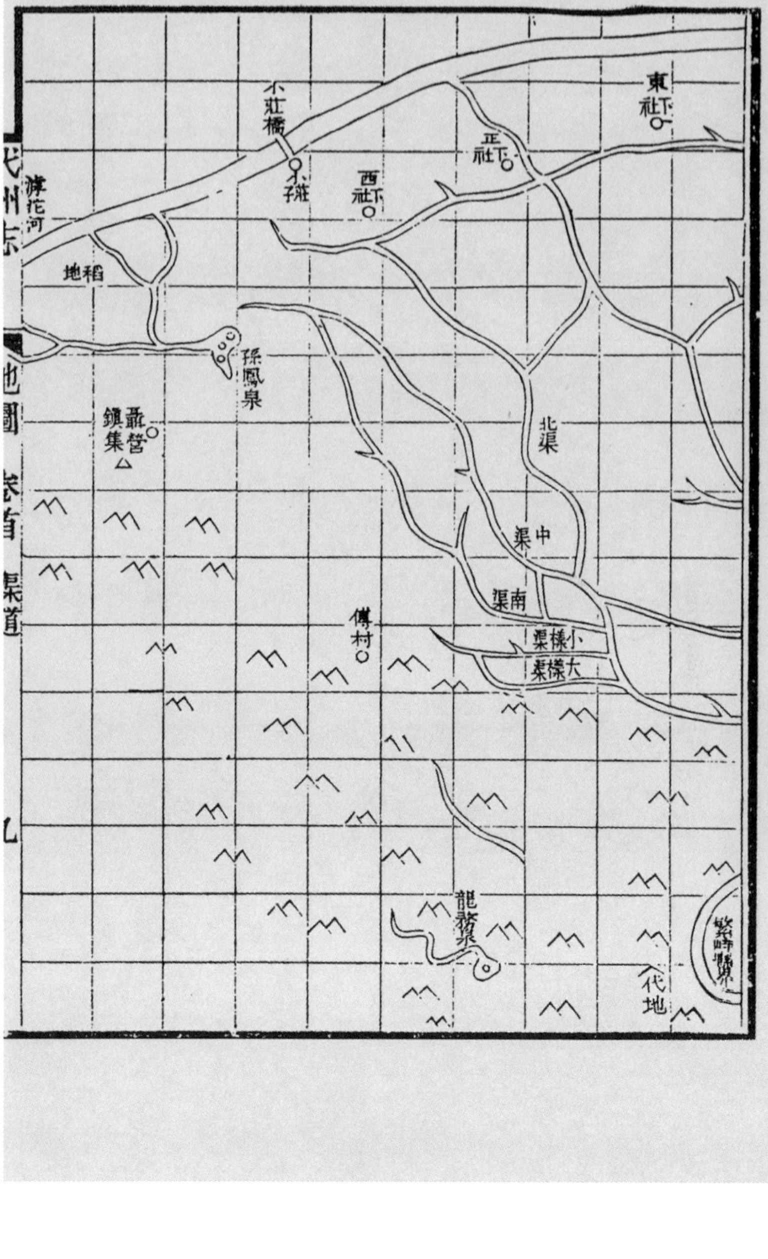
小莊橋
小莊子
西社下
正社下
東社下
滹沱河
稻地
孫鳳泉
聶營鎮集
北渠
中渠
南渠
小樣渠
大樣渠
傅村
代地
繁峙縣界

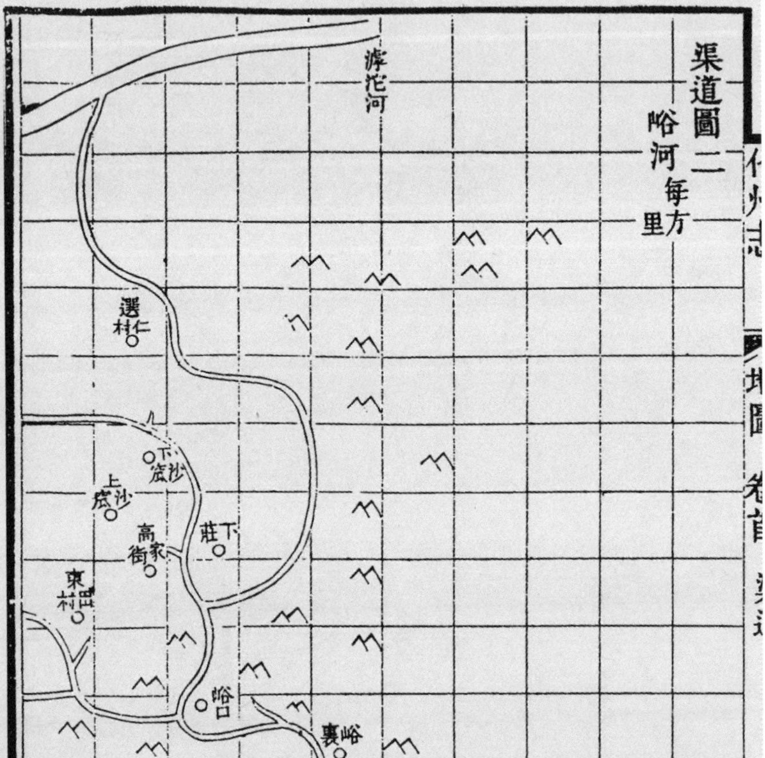
渠道圖二
峪河
每方
里
滹沱河
選仁村
高家街
下莊
峪口
峪裏
上同
王家會
峪河發源于殷家會

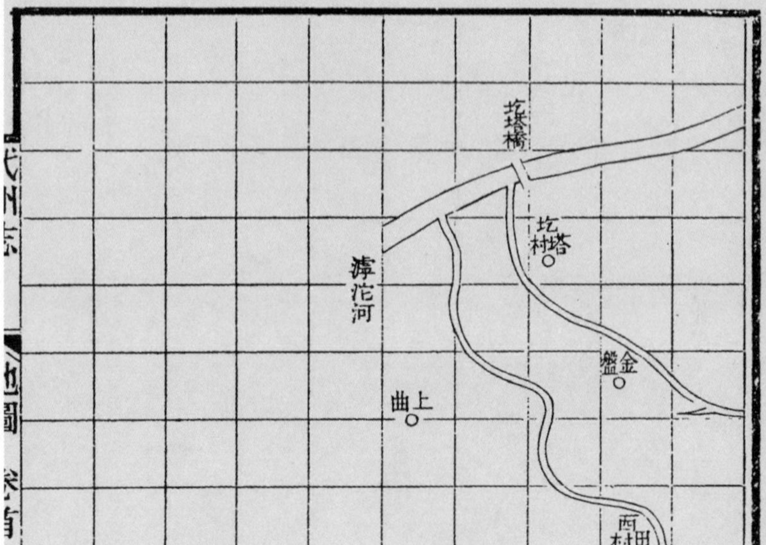
圪塔橋
圪塔村
滹沱河
金盤
上曲
西田村

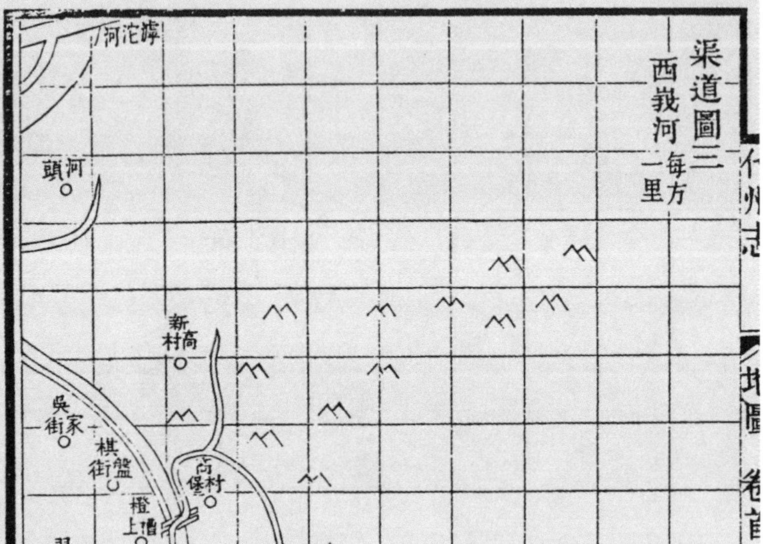
渠道圖三
西峩河
每方一里
滹沱河
河頭
新高村
吳家街
棋盤街
高村堡
翟家街
劉家坨洞
老峋河
靳家街
張家街
中殷村
西峩河
西峩河發源于探馬石

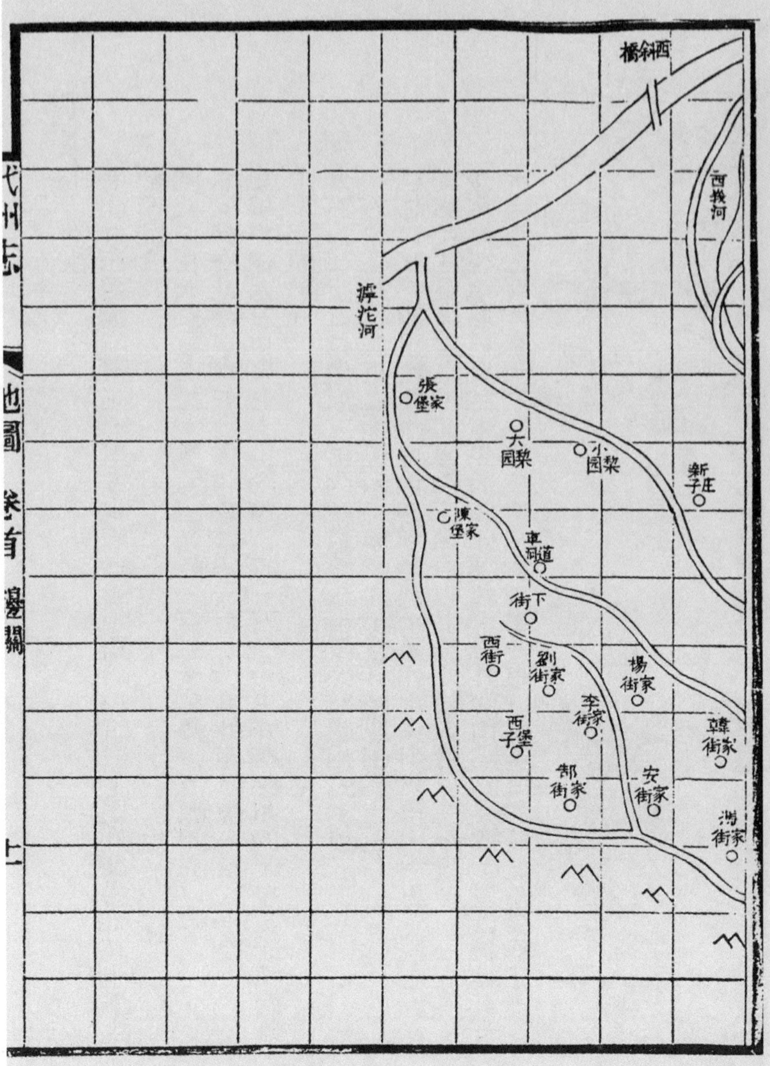
西斜橋
西峩河
滹沱河
張家堡
大園梁
小園梁
新庄子
陳家堡
車道河
下街
西街
劉家街
楊家街
李家街
西堡子
郜家街
安家街
韓家街
湯家街
代州志
地圖
卷首

邊關圖 每方十五里

平刑口在團城口東三十里古瓶形嶺內距繁峙一百三十里外距靈邱九十里設都司駐守

團城口在太安嶺東二十里內距繁峙一百三十里外接渾源州界

太安嶺在北樓口東五十里內距繁峙一百三十里外距渾源一百二十里

北樓口在大石口東三十里內距繁峙一百一十里外距應州四十里古北樓關設中軍守備駐守

大石口在小石口堡東五里內距繁峙八十里外距應州三十里

小石口在茹越堡東二十里內距繁峙八十里外距應州三十里

茹越口在馬蘭堡東二十里內距繁峙六十里外距應州龍湾山十里

馬蘭口在壺峪堡東十五里內距繁峙六十里外距山陰界三十里

壺峪口在水峪口東三十里內距州城九十里外距山陰縣界四十里設把總駐守

水峪口在廣武東十五里內距州城六十里外距山陰界四十里設外委駐守

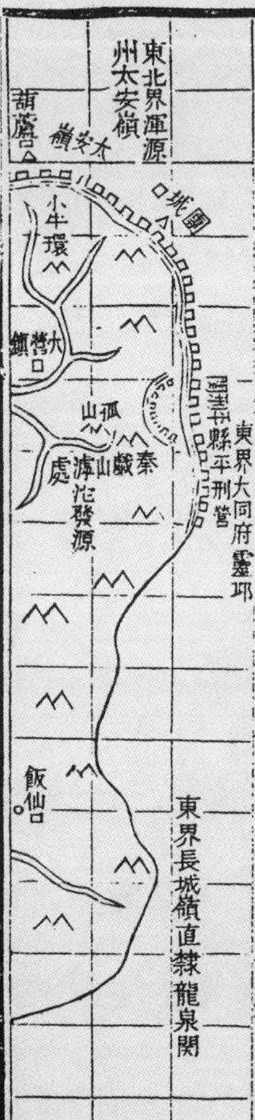

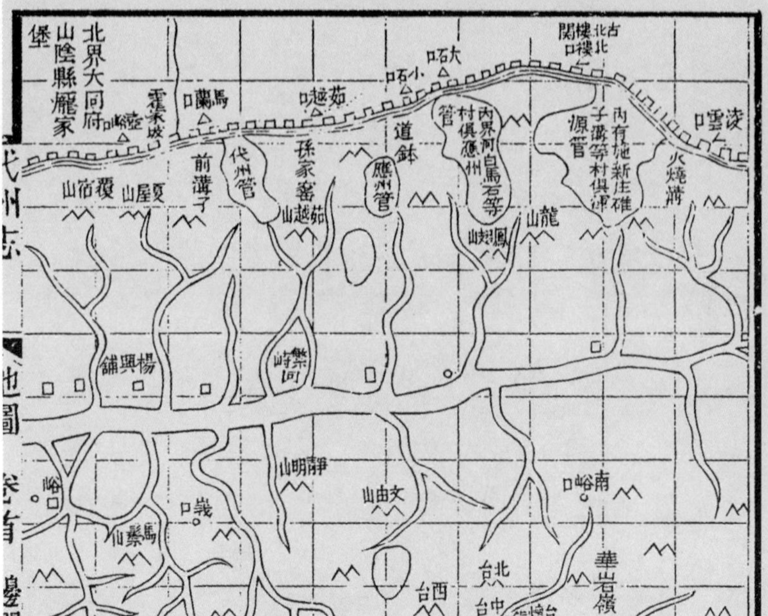
北界大同府山陰縣雁家堡
馬蘭口
茹越口
小石口
大石口
凌雲口
覆宿山
夏屋山
前溝子
代州管
孫家窰
茹越山
應州管
道鉢
內界河白馬石等村俱應州管
內有地新庄碓子溝等村俱渾源管
火燒溝
龍山
楊興舖
靜明山
文曲山
南峪口
北台
西台
中台
台懷鎮
華岩嶺
東台
楊林嶺
南台
寶村
大峪口
三台山
射虎川
摩天嶺
龍泉山
東南界直隷平山縣黑山關
南界平定州孟縣牛道嶺
縣東南七十里有高洪口

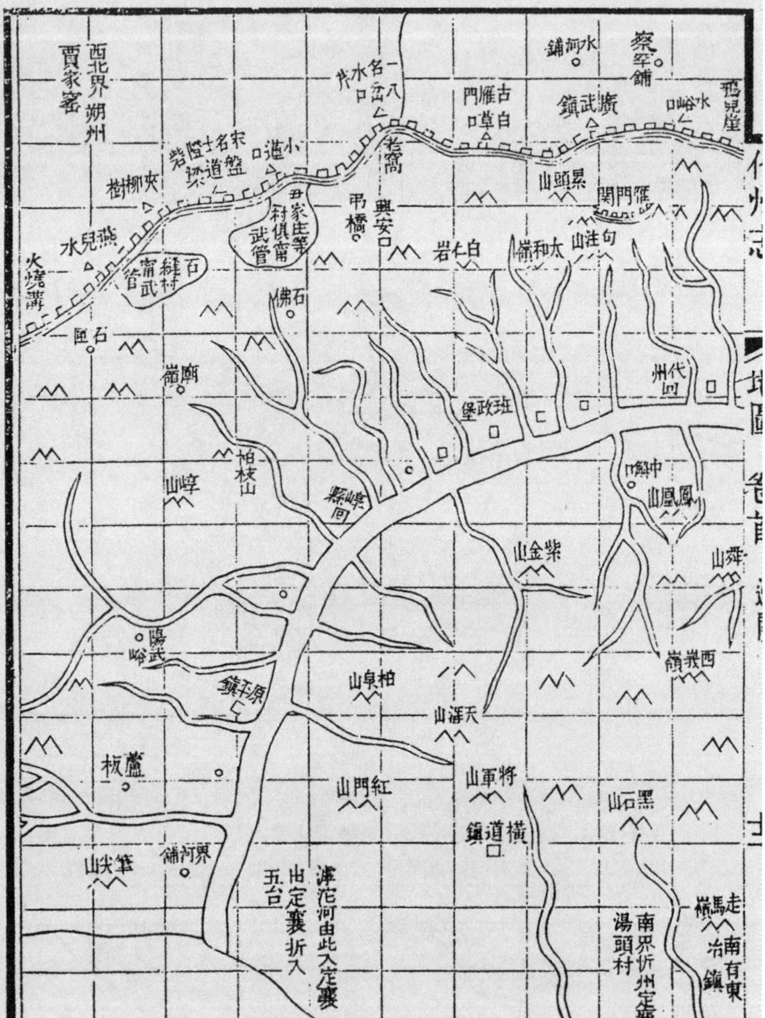
西北界朔州
賈家窰
夾柳樹
燕兒水
火燒溝
石匣
宋名士隱跡盤道梁
古雁門
白草口
廣武鎮
水河鋪
察罕鋪
水峪口
雁門關
累頭山
句注山
太和嶺
白仁岩
安興
石佛
廟嶺
代州
班政堡
中解口
鳳凰山
柏枝山
崞縣
紫金山
舜山
陽武峪
原平鎮
柏泉山
天涯山
將軍山
紅門山
黑石山
橫道鎮
蘆板
界河鋪
筆尖山
滹沱河由此入定襄出定襄折入五台
南界忻州定襄湯頭村
走馬嶺
南有東冶鎮

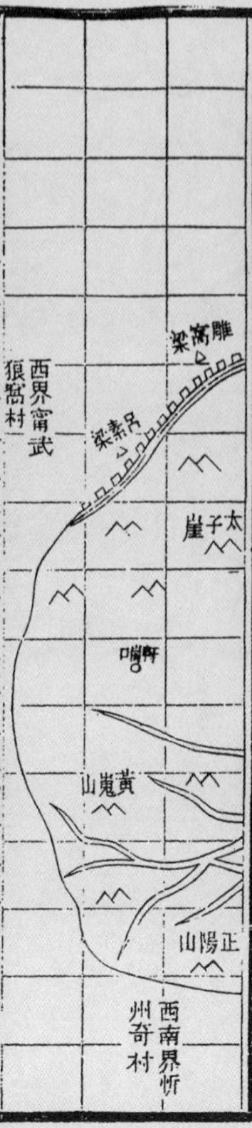

白草口在州西北五十里即西陘也內距岑莊十二里外距油房村十里設外委駐守
八岔口在崞縣西北一百里內距老窩八里外距八岔村二里屬朔州
小蓮花口在崞縣西北八十里內距章奇溝十五里外距朔州東窊二十里屬朔州
盤道梁口在崞縣西北七十五里內距南嶺二十里外距朔州水窊村五里去甯武關百餘里界朔甯
夾柳樹堡在崞縣西北七十五里內距東西紅河十里外距朔州白泉村五里界朔甯
燕兒水口在崞縣西北七十五里內距白鴿川二十里外距臥羊坡五里界朔甯
雕窩口在崞縣西八十里內距西地村五里外距朔州薛家窊五里界朔甯
軒崗口在崞縣西南八十里外距後口上五里內距後梁上五里

代州志卷一

表一

地表

朝代	地名	年月	隸屬	改領縣 徙
秦	廣武縣	莊襄王三年	屬太原郡	
	樓煩縣 陰館鄉	始皇十三年置		
		二十六年	屬雁門郡	
漢	廣武縣	漢王三年	屬太原郡	
	陰館縣	景帝後三年改樓煩鄉置		

後漢	廣武縣 陰館縣	建武二十七年七月	改屬雁門郡 雁門郡自善無縣徙治	
魏	雁門郡	黄初元年	徙置治廣武縣屬并州	
晉	雁門郡		屬并州	廣武郡治 崞 洼陶 平城

	後魏		後周
	雁門郡		肆州
	太和十八年屬肆州		大象元年
			自九原徙治
葰人 繁畤 原平 馬邑	原平	廣武 二縣並在州境孝明時徙郡治於廣武東古上館城即今州治也	

隋	代州	開皇五年	改肆州置	雁門本廣武
	雁門郡	大業三年	復置屬冀州	繁畤
				崞
				五臺
				靈邱
唐	代州雁門郡	武德元年	置代州總管府	雁門州治
				五臺
		天寶元年	改郡	繁畤
		乾元元年	復爲州屬河東道	崞
				唐林

宋	代州雁門郡太平興國四年	屬河東路	雁門州治	崞　五臺　繁畤
金	代州震武軍天會六年	屬河東北路	雁門州治	崞　五臺　廣武舊屬朔州　繁畤
元	代州	中統四年	併雁門縣入	

			州屬冀甯路	
		至元三年	改屬忻州尋	
			復舊	
明	代州	洪武二年	改代縣	五臺
		八年	復爲州屬太	繁峙
			原府	崞
	振武衛	洪武七年	置在州城	
國朝	代州	雍正二年	直隸山西布	五臺
			政司	崞
				繁峙

屬縣坿表

縣名	五臺縣	崞縣
漢	慮虒二漢並屬太原郡	原平屬太原郡
晉	廢　案地屬新興郡爲北部帥單于劉猛所居	屬
後魏	慮虒初爲鎮太和十年改驢夷屬永安郡	石城永興二年
北齊 周	屬	北顯州齊省
隋	五臺大業初改慮虒置屬	崞開皇十年改石
唐	屬	崞縣屬唐林
宋	屬	崞縣屬唐林景德二
金	臺州貞祐二年升	屬
元	仍爲州屬冀甯路	崞州中統十四
明	五臺洪武二年改縣屬	崞縣洪武二年

後漢屬雁門郡

置屬秀容郡

敷城 始光初置郡真君七年改縣屬秀容郡

廓州 武定元年置領廣安

廓州三郡改置周廢

北靈州齊武改置州廢周

城置平寇縣大業初改崞縣屬

證聖元年分五臺崞置武延縣神龍後改唐林又改白鹿後唐初復爲唐林石晉改廣武

年廢

年升屬冀甯路

改縣屬

繁峙縣

蕿人　本春秋晉霍人屬太

蕿人　屬鹵城省

永定建安三郡　武州　武定元年置領吐京齊郡新安三郡廢　案為雁門郡廣武地

繁畤　開皇十八年置大業

屬　聖歷二年徙治今縣

屬寶興軍本北

堅州　貞祐二年升

仍為州屬冀甯路

繁峙　洪武二年改縣屬

原郡後漢省

鹵城

屬代郡後漢屬雁門郡

十二南年移於武州城

漢鍊冶之所屬五臺山寺宋因之

案郡縣肇於秦故表自秦始三縣於秦無徵矣則斷自漢始地理之書沿乎漢也

表二

歷代封爵表

封邑	爵	朝代	名籍
廣武	君	楚漢之際	李左車　唐書宰相世系表趙郡人李牧孫史記淮陰侯傳趙王歇時
廣武	侯	後漢	郭涼　後漢書杜茂傳右北平人建武中以從擊彭寵功封
廣武	侯	晉	張華　晉書本傳范陽方城人太康元年以平吳功由關內侯進封增邑萬戶
廣武	侯	晉	劉琨　晉書本傳中山魏昌人光熙中迎大駕於長安以勳封邑二千戶
廣武	亭侯	晉	范班　魏書衛操傳懷帝時代王猗盧表授
廣武	縣伯	西魏	侯莫陳崇　北史本傳代郡武川人以臨涇縣侯從周太祖平侯莫陳悅別

雁門								
郡			郡王					
唐	北周		北漢	唐				
苾悉頡力 唐書突厥傳景雲中封	隋煬帝廣 隋書本紀周末以高祖勳封	田宏 北史本傳高平人孝閔踐阼由鶉邑縣公進郡公子仁恭襲	呼延冀 晉書載記劉淵后父由大司空封	王智興 唐書本傳河內溫人甯武節度使太和初以破李同捷勳封	田承嗣 唐書藩鎮傳北平盧龍人初從安祿山代宗時歸降以節度就加同平章事封卒子緒由常山郡王徙王卒子季安襲	李渟 唐書宗室世系表澶王忼長子	茹元曜 張賁然忠武將軍茹公神道碑雁門人天寶時	封邑七百戶大統元年進爵為公

代	朝	人名	注
公	元	塔塔統阿	元史本傳，畏兀人，至大二年追封
		力渾迷失	塔塔統阿子，世祖即位，統宿衛，使遼東，卒封
王	隋	恭帝侑	隋書本紀，元德太子子，大業末由陳王徙封
	唐	李簡	唐書本紀，太宗子，貞觀五年封
		太子宏	唐書本紀，高宗子，永徽六年封，顯慶元年立爲太子，薨，謚孝敬皇帝
		李諲	唐書諸王傳，德宗子，建中二年追封
	金	完顏宗雅	金史宗室表，太宗子，追封
		高楨	金史本傳，遼陽渤海人，熙宗時由莒王進封，正隆例降冀國公
		完顏充	金史宗幹傳，宗幹子，本名神土懣，皇統間封，淄國公，正隆初進封
	元	達里麻	明史藍玉傳，元宗室

代國公

朝代	姓名	事蹟
唐	李靖	唐書本傳京兆三原人貞觀八年以破突厥功由縣公進封後改衛國
唐	安金藏	唐書忠義傳長安人武后時嘗剖腹明睿宗冤開元初封
唐	郭元振	唐書本傳魏州貴鄉人景雲三年以誅太平公主由館陶縣男進封
唐	郭子儀	唐書本傳華州鄭人至德二載以功加司徒封上元中進汾陽王
唐	李俘	唐書宗室世系表陳王珪子
唐	郭曜	子儀長子至德中以父勳封太原公子儀卒徙封謚曰孝貞
唐	王涯	唐書本傳太原人太和元年由尚書右僕射封
唐	郭曖	子儀六子貞元三年由駙馬都尉清源侯襲兄封卒子鑄襲
宋	潘美	宋史本傳大名人乾德七年以功封
宋	趙元億	宋史本紀真宗弟至道三年封

金

完顏劾眞保 金史宗室表景祖子追封

完顏歡都 金史本傳完顏部人天會十五年追贈

完顏活女 金史本傳完顏部人廣平郡王以正隆例改封公

朮思黑 金史后妃傳德昭皇后祖大定中追贈

完顏宗尹 金史本傳本名阿里罕以宗室子大定八年拜平章政事封

代國公主唐睿宗第五女名婉字華婉鄭萬鈞尚主金熙

宗女唐括辯尚主

案五等之爵魏晉以後多虛封然食封或虛而爵號非虛也舊志概不徵及殊疏爰稽史文參以通志得四十人並譜次之而統以封邑廣武秦故縣也左車受封其名始見

於史宜先書者郡古於雁門而州爲郡治自魏黄初始故
次之國古於代而州有代名自隋開皇始故又次之蓋自
楚漢相爭而滎陽之廣武最著元魏遂以名郡其定爵以
郡封王公縣封侯子後多因之故凡北史所云廣武王廣
武公皆非州地顧亭林謂代有三遷閻百詩辨爲七遷近
蔚州志謂自西漢至北周國實八遷故凡隋以前史所云
代王皆非州地均不羼入

表三　歷代職官表

漢

太原都尉　漢書百官公卿表郡尉掌佐守典武職甲卒秩比二千石景帝中二年更名都尉地理志太原郡廣武都尉治

蕭由　漢書蕭望之傳東海蘭陵人望之子哀帝時

後漢

雁門太守　續漢書百官志每郡置太守一人二千石

郭涼　後漢書杜茂傳右北平人建武中祀名宦

龐奮　後漢書南匈奴傳永元七年

廣武令　百官志縣萬戶以上爲令不滿爲長

董卓　三國志本傳隴西臨洮人桓帝末由郎中遷

皇甫節　後漢書皇甫嵩傳安定朝那人嵩父

竇統　北史竇熾傳扶風人以竇武之難亡入匈奴

宿祥　元和姓纂祥一作禕爲雁門太守因家焉

王澤　唐書宰相世系表太原人魏司空昶之父

案周志職官斷自明始前代從略吳志採輯山西通志列西漢雁門太守八人雁門都尉一人考地理志雁門郡領縣十四太守治善無故城在今右玉縣南都尉一治沃陽爲今左雲縣地一治平城爲今大同府治代州在彼時爲廣武縣屬太原郡惟州北之句注山在陰館屬雁門郡十四縣之地而謂一山足以統之此必不可茲表於西漢惟

書太原都尉以廣武爲都尉治所如今駐防之員得同於守土吏也於東漢始書雁門太守以郡治在陰館而廣武原平鹵城諸縣皆自他郡改隸其地近在州界舉凡崞縣繁峙悉彼時太守所部也郭涼以下吳志載有馬援鄧鴻杜密據密本傳但爲代郡泰山太守無雁門蓋沿通志之誤馬鄧諸人與所載趙李牧漢蘇意等非守土吏而有事蹟者宜別志職官題名並列非例王澤三國志王昶傳注爲代郡太守晉書王湛傳云雁門太守通志惟載代郡

魏	雁門太守
	牽招 三國志本傳安平觀津人黃初中 祀名宦

傅容 牽招傳漁陽人明帝時

郭縕 三國志郭淮傳注淮父太原陽曲人

范方 晉書范隆傳隆父雁門人

晉

雁門太守

吾彥 晉書本傳吳郡吳人武帝時祀名宦

索靖 晉書本傳敦煌人武帝時

劉義 晉書劉牢之傳彭城人牢之曾祖

王據 晉書劉琨傳建興中琨所署

後燕廣武令 卅

段乾 魏書段霸傳雁門原平人霸父慕容垂時

後魏

雁門太守

官氏志州置三刺史郡置三太守縣置三令長太守

廣武令

趙泓 北周書趙昶傳天水南安人昶祖

以上有刺史，下有令長，雖置而未嘗臨民

梁越　魏書儒林傳，新興人，太宗時。

許洛陽　魏書許謙傳，代人，謙子，太宗時。

司馬寶允　之魏書司馬楚之傳，晉宗室。

羊規之　魏書羊祉傳，太山鉅平人，世祖時。

鄭雲　魏書鄭羲傳，滎陽開封人，羲從子。

徐紇　魏書本傳，樂安博平人，肅宗時。

祖愼　北史祖鴻勳傳，涿郡范陽人，鴻勳父。

案吳志載有魏太守范嵩後魏太守鄭尙檢史並無其人

當由晉書范隆傳隆字元嵩父方雁門太守而誤方爲嵩

魏書鄭義傳義叔父簡簡子尙尙從父兄雲歷雁門睢陽二郡太守而誤雲為尙通志纂修者不出一手遂致歧出吳志直踵其訛耳又載北齊廣武太守魏騫鄭曉諸人案地形志廣武郡屬南豫州魏天平中分滎陽置其地卽楚漢相爭處也若雁門之廣武縣自漢至隋未嘗為郡不當有太守則又以名稱相混者晉吾彥舊作吳彥司馬寶允舊作寶印祖愼舊列之西魏皆誤

隋	代州總管代州刺史 長史 司馬 參軍	雁門太守 郡丞 雁門令

隋書地理志開皇五年置總管府大業初府廢

隋書百官志州置刺史總管刺史加使持節

宇文弼 隋書本傳河南洛陽人開皇中

王頍 隋書本傳太原祁人開皇中

韓洪 隋書本傳河南東垣人開皇中

邛和 新唐書本傳河南洛陽人大業中

崔仲方 隋書本傳博陵安平人仁

百官志開皇初罷郡以州統縣改別駕贊務以爲長史司馬又置士法曹等行參軍

長史柳銓 隋書敬劍傳大業三年

司馬馮孝慈 隋書李景傳仁壽末

百官志煬帝罷州置郡郡置太守罷長史司馬置贊務一人後改爲郡丞

杜保 唐書宰相世系表濮陽人

李孝叡 宰相世系表趙郡人

郡丞楊長仁 隋書陳孝意傳

王確 大業末 陳孝意傳

壽
中
李景 隋書本傳 天水休官人仁壽末

崔寶山 敬釗傳 大業三年
陳孝意 本傳 河東人 祀名宦
司法參軍
呂玉 李景傳

唐

代州總管都督

唐書百官志邊置總管以統軍旅加號使持節武德七年改爲
元和郡縣志代州都督府督代忻蔚朔靈五州

代州刺史鴈門太守

別駕

丞

百官志武德元年改太守日刺史加使持節改郡丞日別駕

百官志天寶元年改刺史日太守乾元二年復

司功
司戶參軍
司法

百官志上州司功參軍一人司戶參軍二人司法參軍一人

都督其後有軍旅則設行軍總管案行軍總管多稱某道如雁門道總管王孝傑是也以非常設之員不具書書武德初年二人

李孝基唐書宗室傳封永安王諡莊武德二年

藺謩元和姓纂華陰鄭人唐書突厥傳武德八年

張公謹唐書本傳魏州繁水人祀名官

劉蘭唐書本傳青州北海人貞觀中

薛萬徹唐書本傳京兆咸陽人

王孝德唐書苑君璋傳武德時

李光進唐書本傳河曲部人居太原至德中

辛雲京唐書本傳蘭州金城人

張光晟唐書本紀大歷十三年

元韶貞元十一

吉温唐書本傳洛陽人天寶中

賈循唐書忠義傳京兆華原人天寶末

韋鯤續幽怪錄杜陵人

雁門丞竇璿唐書宰相世系表河南洛陽人

司功張知古宰相世系表平原人

鄭若宰相世系表隴西人

鄭履順宰相世系表隴西人

司戶郭仲翔唐書吳保安傳魏州人開元中

李大恩 唐書本紀武德五年

張儉 唐書本傳京兆新豐人祀名宦

年見令狐楚白楊碑

薛待詔 宰相世系表河東汾陰人

司法蔡宜明 冥報記

李光顏 光進弟元和中祀名宦

薛仁貴 唐書本傳絳州龍門人祀名宦

韓重華 唐書渾鎬傳元和中

李全略 唐書方鎮傳元和中

杜希望 唐書杜佑傳佑父京兆萬年人開元中

李國昌 唐書沙陀傳會昌中刺史中和中代北節度

李行褒 唐書

宗室世系表

馬盰元和姓纂扶風人

李克用國昌子中和時雁門節度

李克讓國昌子見柏林寺碑

李克柔克用從弟

別駕王忠嗣唐書本傳華州鄭人開元中

節度使中和二年治代州可稽者止李國昌父子已見刺

史表不備列

代州西部將軍尉遲羅見元和姓纂後唐明宗父霓爲雁門部將見五代史帝紀

案吳志於隋載楊素知代州杜彥代州總管於唐載李靖代州行軍總管敬暉朱玫並代州刺史考諸人本傳杜彥總管朔州敬暉刺太州朱玫刺晉州楊素李靖亦無代州事而其最謬者載岑羲於嗣聖末爲廣武令無論隋避煬帝諱改廣武縣爲雁門縣唐未嘗復故名卽以岑羲傳核之義爲汜水令非廣武且在則天時不當云嗣聖末嗣聖爲中宗建元僅二十五日耳唐大同節度治朔州後徙代

州爲雁門節度及李克用父子建節又賜號爲代北節度。而代北實爲雲蔚朔三州地其官職有代北制置招討監軍水陸發運諸使皆非常設之員通志不得不書吳志一概羼入亦誤並削之而益以馬盱元部李克讓韋餛蔡宜明尉遲羅李霓七八

五代 唐 晉		
代州刺史	李嗣本	五代史本傳。雁門人。天祐中。案唐亡於天祐四年李克用及子存勖承用其號至十九年滅梁始改元同光。
代州別駕	畢球	宋史畢士安傳。士安祖。雲中人。後唐時
軍事推官 虞候將	呂琦	五代史本傳。幽州安次人。莊宗時

李嗣恩 五代史本傳吐谷渾人天祐中

李嗣肱 五代史唐家人傳

李紹文 舊五代史本傳鄆州人本姓張名從楚天祐中

周德威 五代史唐臣傳馬邑人天祐中

唐明宗嗣源 五代史本紀莊宗時

王建及 五代史唐臣傳許州人莊宗時

白文珂 舊五代史本傳太原人晉開運元年

李暉 五代史漢本紀晉天福十二年

王建立 五代史本傳遼州榆社人明宗刺代州時爲虞候將

北漢雁門節度使劉繼文見遼史景宗紀代州守將鄭處

謙見歐史周本紀而漢世家則謂處謙爲代州防禦使別
有守將桑珪五代史糾謬會辨之不能決其孰是也並埘
著
案吳志於天祐中諸人並列之唐末然唐至天祐已爲朱
梁所篡徒以年號繫之耳茲改入五代以從其實而檢新
舊史益以明宗及周德威李紹文三人李嗣肱舊作克肱
王建及舊作建極皆傳寫之誤無足怪獨其從周志名宦
載宋柳開仕後周爲監察御史出知代州後歸宋則大謬
據宋史文苑傳開舉宋太祖開寶六年進士太宗時爲監
察御史眞宗即位自桂州徙知代州去宋受禪時已四十

年矣卽其父承翰爲御史亦在太祖乾德中周志不知何所據而謂其仕後周也愚謂仲塗一代奇才文宗韓柳始掃五代陋習開北宋風氣而爲歐陽公所掩名不甚著歷刺邊州並有政績而脊人傳其生膾人肝以致朝廷按問方志又誣爲會事二姓抑何其多不幸也膾肝事見蔡絛鐵圍山叢談絛蔡京子也

宋

代州防禦使	代州刺史	沿邊安撫使
知代州	通判代州	參軍都監
并代路都總管	副總管	
兵馬鈐轄		
并代路都部署	副都部署	巡檢經略各使

宋史職官志防禦使諸州刺史無定員多遙領亦無正任地理志代州雁門郡防禦舊置沿邊安撫司案宋制凡州建軍者爲節鎮無軍者爲防禦團練而節度防禦諸使皆虛設無實任刺史亦同徵五代藩	
百官志文武官參知州軍事二品以上稱判州不及萬戶不簽通判武臣知州則特置	康保裔宋史本傳河南洛陽人開寶中　張齊賢宋史本傳曹州寃句人
百官志州置總管一員崇帥中以知州爲部總管副總管以武臣爲之路州府並設都監掌屯戍兵甲訓練亦以武臣爲之	石普宋史本傳太原人眞宗時　楊崇勳宋史本傳薊州人眞宗時
百官志沿邊州郡或當一道衝並兼軍馬鈐轄巡檢	杜守元宋史本傳定州安喜人至道中　李繼和宋史本傳上黨人咸平中　韓崇訓宋史本傳磁州武安人咸
百官志都部署爲使職事畢卽停案巡檢經略並使職不常設者巡檢爲武階宋初職頗尊中興後州縣多設之職遂卑矣	盧漢贇宋史本紀雍熙三年副　高瓊宋史本傳

鎮之禍也其後防禦使專爲宗室封贈之官安撫使掌一路兵民之事官卑無使字

趙宗保　宋史昭成太子傳襲封燕國公

趙茹之　宋史宗室世系表以上防禦使

祀名官

魏震　宋史本傳不詳其籍湻化二年

陳恕　宋史本傳洪州南昌人

譚延美　宋史本傳大名朝城人太宗時

李允正　宋史本傳并州盂人太宗

副

夏守恩　宋史本傳太原榆次人仁宗時

張孜　宋史本傳開封人仁宗時副

夏守贇　守恩弟仁宗時

許懷德　宋史本傳開封祥符人仁

平中

慕容德琛　宋史本傳太原人景德中

石知顒　宋史本傳眞定人大中祥符三年

張煦　宋史本傳開封人天禧三年

張耆　宋史本傳

亳州蒙城人端拱二年

皇甫繼明　宋史本傳冀州蓚人端拱二年副

陳興　宋史本傳澶州衛南人端拱中副

張永德　宋史本傳并州陽曲人湻

魏丕　宋史本傳　相州人開寶九年
楊業　宋史本傳　太原人太平興國中
程德元　宋史本傳　鄭州滎澤人太平興國中以上刺史
程戩　宋史本傳　陽翟人寶元初

時
曹燦　宋史本傳　眞定靈壽人太宗時
柳開　宋史本傳　大名人咸平初
王承衍　宋史本傳　洛陽人咸平中
許均　宋史本傳　開封人眞宗時
米鋭　許均傳

宗時
張亢　見知州仁宗時副
盧政　宋史本傳　并州文水人熙甯中副以上都總管及副都總管
郭進　宋史本傳　深州博野人開寶九年

開封人眞宗時
韓守英　宋史宦者傳　開封祥符人眞宗時
閻守恭　宋史本傳　并州榆次人明道中
趙振　宋史本傳　雄州歸信人仁宗時
蘇安靜　宋時

化中
范廷召　宋史本傳　冀州棗強人湻化中
王昭遠　宋史王繼升傳　冀州阜城人湻化中副
李重貴　宋史本傳　河陽人至道中
王嗣宗　宋史

史抗 宋史本傳濟源人宣和末祀名宦 以上安撫使

潞州上黨人眞宗時
張昭遠 宋史本傳滄州無棣人眞宗時
張利一 宋史本傳開封人眞宗時
劉文質 宋史本傳保州保塞人天禧中
馮行已 宋史

石全斌 宋史本傳眞定人仁宗時
郝質 宋史本傳汾州介休人仁宗時 以上都監

外國夏國傳嘉祐二年
王凱 宋史王全斌傳并州太原人仁宗時
石元孫 宋史石守信傳開封浚儀人仁宗時
郭恩 宋史本傳開封人仁宗時

本傳汾州人咸平中
張進 宋史本傳兗州曲阜人咸平中
雷有終 宋史雷克讓傳同州郃陽人景德初副
葛霸 宋史本傳眞定人景德中
杜彥鈞 宋史外戚傳大中祥符九

本傳河陽人皇祐中

郭承祐　宋史郭從義傳太原人仁宗時

劉永年　宋史外戚傳并州人仁宗時

張亢　宋史本傳臨濮人仁宗時

安俊　宋史本傳

趙滋　宋史本傳開封人仁宗時

孟元　宋史本傳洺州人仁宗時

年以上都部署及副都部署

解暉　宋史本傳洺州臨洺人雍熙初

郭遵　宋史本傳開封人仁宗時

武英　宋史本傳太原人仁宗時

李稟　宋史本傳麟州新秦人宣和末

太原人仁宗時

王仲寶 宋史本傳密州高密人仁宗時

康德輿 宋史本傳洛陽人仁宗時

李昭亮 宋史外戚傳潞州上黨人仁宗時

呂大忠 宋史

西路都巡檢使

董粲 宣和中巡檢見清涼山志

錢若水 宋史本傳河南新安人仁宗初并經略使

代州志　表三　卷一　職官表

呂大防傳
京兆藍田
人熙
甯中

劉舜卿宋史
本傳開封
人神宗時
祀名宦

周永清宋史
本傳靈州
人神宗時

王忠植宋史
本傳澤州
人靖康二
年祀
名宦

王機　政和七年　元好問兩山行記

趙康彌　宣和八年見淸涼山志　以上知代州

吳君偁　元祐中通判　見張商英聖鐙記

姚孝錫　豐縣人　宣和中兵曹參軍

見中州集

滕裪　宋史滕茂實傳杭州臨安人宣和末通判代州

外國酋領遙授代州刺史者建隆中有折也埋見外國党項傳太平興國中有折羅遇見李繼隆傳

案州在宋初為要邊其路官如都總管都監鈐轄諸職多駐於州或即以知州兼之吳志載自刺史以及諸使職約七十八茲盖以趙茹之柳開陳恕劉文質郭進王昭遠皇甫繼明盧政趙滋陳興張進解暉錢若水王機吳君偁姚

孝錫十六人並次於篇若所載潘美翟守素據宋史美爲北路招討制置使守素爲代北方田都部署代北北路不止并代名無可繫其於刺史首折也埋次党項則不知党項爲國名而誤分爲二人也考折氏授刺史者尚有折羅遇後叛宋爲李繼隆所誅茲並附見不與楊業諸人並列者宋初解藩鎮兵權節度刺史皆無正任其大臣將帥雖遥領不莅州而其身故在朝籍若外國則僅以虛名羈縻之而已固宜從略

	代州震武軍同知代州	知法	經略使
金	節度使	同知節度使指揮使	提控各職

	金史百官志諸節鎮節度使一員從三品總判本鎮兵馬之事　高昌福金史本傳中都宛平人天會十年進士除授　田灝金史本傳興中人遼天慶八年進士太祖時移鎮
觀察使副使	百官志同知節度使一員正五品通判節度使事並州事者仍帶同知管內觀察使副使一員從五品　迪里金史郭企忠傳天會四年同知州事　稍哈住金史移刺幹窩傳大定二年同知節度
	百官志諸節鎮知法一員正八品節鎮軍都指揮使掌軍率差役廵捕盜賊總判軍事從七品　趙晦中州集管城人金初代州法曹　完顏衷金史本傳漢中都司屬司人大定中代州宣鋭軍都指揮使
	金史地理志代州貞祐二年七月僑置西面經略使旋罷百官志提挃無定職
	奧敦醜和尙金史忠義傳貞祐四年代州經略使本紀奧敦作奧屯　粘割幹特刺

完顏宗承金史宗室表	完顏宗憲金史本傳本名阿懶天德初由太原尹遷	僕散忠義金史本傳上京拔盧古河人天德中	李天吉金史食貨志大定中
巨構金史本傳薊州平谷人進士大定中遷副使	粱襄金史本傳絳州人大定二年進士同知節度	鄧秉鈞通志大定中同知節度	李復亨金史本傳榮州河津人泰和中同知
金史本傳蓋州別里賣猛安奚屈謀克人大定二十二年提控阜通監	張大節見節度大定中提控阜通監	李鵬飛金史完顏伯嘉傳貞祐中提控泰和嶺各監副統	

完顏永元金史宗翰傳大定中遷

張大節金史本傳五臺人大定中

徒單貞金史逆臣傳大定中

烏古倫榮祖金史本傳河間人明昌二年進士除

完顏定奴金史

節度

張著元好問同知河間府事張公墓表泰和四年同知

節度

高閭山金史酷吏傳澄州析木人崇慶中副使

完顏綱傳衛紹王大安二年

完顏伯嘉本傳北京路猛安人大安中

古里甲石倫金史本傳隆安人貞祐二年

完顏蒲都刺金史本傳西南路按出灰必刺罕猛安人崇慶元年

郭企忠遼人天會三年鎮代州見本傳時未置震武節度也坿著

案通志載十七人可稽者十四人鄧秉鈞不見於金史存之以俟考其高昌福完顏宗承宗憲僕散忠義完顏永元烏古倫榮祖完顏定奴古里甲石倫張著梁襄李鵬飛趙晦郭企忠十三人通志吳志並失載唐朔州有振武軍遼置振武縣其地在今歸化城南金代州軍別名震武地理志及紀傳凡數十見悉同不得因唐之軍明之衞而疑史文之譌乃通志竟改震武為振武遂並天興中振武都尉張翼亦列入不知金元帥府所轄有建威折衝振武盪寇

諸都尉乃武臣勳階與節鎮軍號全別且兵志天興初置十五都尉如陳州振武嵩汝振武亦可援爲代州軍職乎完顏綱之弟定奴爲節度使在衛紹王大安二年通志旣誤以定奴爲綱吳志復誤合完顏綱衛紹王爲一人大書特書異哉

元	
代州達魯花赤	元史百官志下州達魯花赤知州並從五品地理志代州下案達魯花赤
代州知州	劉懷玉堅州人至元初代州刺史見至元十五年故都元帥劉會神道
判官	百官志下州判官一員正八品 皇甫德崞縣人
雁門驛提領	百官志衝重站赤設提領二員司吏二名閒散慢驛止設提領一員司吏一名

為掌印官在州者稱監州碑銘

楊思恭代州人見楊氏家譜

韓仲彬堅州人王正時見繁峙縣志

李元鳳汝甯人至正末見席公舉重修廟學碑記

案崞縣志云本州觀察判官蓋蒙古時仍金制也若世祖中統以後則判官無觀察之稱崞縣亦別為州不屬代矣

王仲澤堅州人見元堅州王氏世德碑

至大四年

王思問堅州人見至正二年中衛教授勵綬王公幢記

堅定永定軍節度使楊友震武軍節度使楊思聰並見楊氏先塋誥命碑

案有元一代職官周志吳志並闕境內元碑存者絕尠無

可稽也極意蒐羅僅得七人承定震武節度之名見楊氏繁峙先塋碑而不入表者非元經制也世祖以前草昧初開其豪長鳩集荒殘能成一旅即置爲帥如崞縣之崞山軍五臺之淸涼軍皆有節度仍金官制與堅代之承定軍皆一時權宜至建設路府而軍號並革矣碑刻制詞固足爲據惟思聰爲楊友從子計其授官當去世祖不遠而軍名反改爲金時之震武殊不可曉

	代州知州	州同知	判官	學正	訓導	吏目
明	明史職官志知	職官志州同知從六	職官志判官無	職官志州學正	職官志州訓導三人	職官志州屬吏

	洪武	永樂	宣德
州從五品屬州視縣直隸州視府而品秩則同	侯彥實建昌人三十年任		
品里不滿三十無屬縣者無同知判官		薛著元年任	
定員秩從六品		司温元年任	
一人洪武二年設秩從九品十三年改未入流	成璡興化人	肅昇元年任	曹鼐甯晉人舉人二年任
設同學正二十四年定訓導位雜職上	程睿霍州人		
目一人從九品		柴鋒元年任	

正統

齊整八年任　高山松九年任　李磐十三年任　田立十八年任

汪信八年任　何器十三年任

崔鐸八年任　楊觶二十年任

張本八年任　楊顯十三年任

景泰

楊懲歸德

	天順	成化
八二年任	郭璘七年任	朱釗山東人監生二十二年任祀名宦　張佐臨潼人監生二十五
	周節元年任　衞鼎臣八年任	朱錦二年任
	褚成璋七年任　石鑄七年任	楊畯四年任　段秀十九年任
	周鑑七年任	王惠隆慶人舉人十七年任　曹寶狄道人舉人十九年
	趙翔七年任	呂璸三年任　王訪九年任　陳俊十年任　王璋大城人舉人十八年任
	張照七年任　朱濬九年任	藺裔十四年任　宋允十九年任

宏治

年任

劉淵 山東人舉人元年任
蹇璇 陝西人舉人二年任
馬駉 舉人五年任
劉泰 固安人進士九年任
田耘 祥符

劉淵 益都人進士元年任
郝盤 十五年任祀名宦
詹信 十八年任

任

謝鎰 曲周人舉人七年任
高福 陳留人舉人十八年任

劉賢 二年任
王侃 五年任
楊昂 七年任
徐行 十一年任
朱明 十五年任

人舉人十四年任

正德

邊節歷城人舉人元年任
朱銳齊河人舉人四年任
田聰揚州人舉人五年任
陳翀同樂人進士八年任

張茂元年任
王繡三年任
王黻五年任
崔榮八年任
孫宗堯十一年任
盛瑞十三年任
孔繼道十五

王輿九年任
呂輅十年任

鄭翰龍谿人舉人六年任
顧紹蘭州人歲貢十二年

閻轍元年任
劉釗三年任
吉延齡四年任
趙廷賓五年任
辛奎六年任
王納言八年

李進二年任
尙貴七年任

張鍰 滄州人舉人九年任祀名官
馬希龍 均州人舉人十二年任
秦川 大名人舉人十六年任

年任
吉鍾 十六年任

宋啓 十五年任

任

任
丁俊 九年任
李文偉 十年任
杜子華 二十年任
裴邦輔 三十年任
趙昱 十四年任
陳顯 十六年任

張繼本 十年任
郭勳 十五年任

嘉靖

胡偉　德州人舉人六年任
夏濬　餘姚人舉人八年任
冀進　唐山人舉人十一年任
周應龍　博興人舉人十五年任

陳永達　濱州人監生元年任
馬禮　通州人舉人八年任
王雄　六安州人十一年任
賈朝翰　陝西人監生十年任
劉文　山東人十一年任

王雄　錦衣衛人進士二年任
楊琇　東安人監生六年任
侯勳　甯州人監生十二年任
趙憲　濟縣人監生十六年任

廉正　伏羌人歲貢六年任
唐珍　咸甯人舉人八年任
張泰　南昌人歲貢十三年任
宋圭　新城人歲貢十七年任

宋寬　昌黎人歲貢二年任
邵敏學　甯州人歲貢二年任
張介　蒙陰人歲貢六年任
郁莘　天津衛人歲貢九年任
嚴振　順天人歲貢十年任

張丙　天津衛人監生四年任
李旻　廣宗人監生八年任
徐棠　武進人監生十年任
魯一佐　隆平人監生十四年任

楊孟芳華州人舉人十八年任
王艮卿獲鹿人舉人二十年任
蕭韶邯鄲人舉人二十一年任
馬貟圖

張時雍十二年任
安永清遼東人進士十三年任
宋熙東河人十四年任
王經任邛人十四年任
李孟陽涇縣人吏員二十二年任

任
董汝鳳雄縣人監生十八年任
王大衢陽信人監生二十一年任
唐佑杞縣人監生二十三年任

唐炳博興人歲貢二十三年任
王相肅甯人歲貢二十六年任
趙澄沙河人歲貢三十三年任
李仲誠

左朝源羅州人歲貢十七年任
韓天爵階州人歲貢十七年任
李棨嘉魚人歲貢二十一年任
龐朝宗博興人歲貢二十二年任
齊進府谷人歲貢二十三年任

董琛翟縣人監生十六年任
李隆霑化人十八年任
劉一魁東平人監生二十一年任
岳文敷博平人監生二

韓城人舉人二十二年任秋逢吉汝陽人舉人二十三年任顧玉柱常熟人進士二十五年任李良能郟縣人舉人二

焦瑞青城人監生二十三年任師溥武清人監生二十六年任馬錫臨潼人監生二十六年任辛玠耀州人二十七年任邱瓚留守中都人進士三十年任歷

陸宗續興濟人監生二年任張雲從秦州人監生三十二年任歷知縣崔朝鹽山人監生三十六年任

安平人歲貢四十一年任王晃保定人歲貢四十一年任

何銘登州衛人歲貢二十三年任高鳴鳳府谷人歲貢二十六年任王律容城人歲貢二十七年任樊璞蒲城人歲貢二十八年任任銑府谷人歲貢三十二年任

十四年任耿臣膠州人吏員二十九年任中珠葭州人監生三十七年任陳緼應城人吏員四十年任

十八年任

知州

鄒士元 萬安人舉人三十年任

王佐 恩縣人三十年任

司珂 清苑人舉人三十年任

馬緯 廣平人三十一年任

席珍 鳳陽人三十二年任

王尚友 清化人舉人三十三年任陞治

楊橋 安定人監生三十六年任

馮恩 昌黎人三

王礪 甯州人監生三十八年任

楊相 興濟人監生四十二年任

胥繼榮 同官人監生四十四年任

郭起莘 高邑人歲貢三十三年任

石敏仁 河間人歲貢三十四年任

王道行 海豐人歲貢三十六年任

張崇儒 壽陽人歲貢三十八年任

張允壁 榆林人歲貢四十一年任

張效官 安平人監生四十四年任

中

張朝憲雲南人舉人三十五年任

來賀三原人舉人三十六年任

李之本永甯人四十年任

十八年任

崔繼經易州人監生三十八年任

辛佩許州人監生四十一年任

沈汝芸阜城人監生四十一年任

梁棟寶坻人四十二年任

楊成周邠州

許昇井陘人歲貢四十一年任

閻緒高陽人歲貢四十四年任

杜鶴齡 山東人舉人四十三年任

人監生四十三年任

周郊 即墨人監生四十五年任

李士元 洛陽人舉人四十四年任加銜府同知祀名宦

隆慶

葉露新 雲南人舉人二年任陞長史祀

賀甫 永新人監生元年任

王濟民 唐山

李承勳 涪化人舉人二年任

梁惠 鷄澤人歲貢二年任

王希稷

陳釜 東安人歲貢元年任

賈祿 萬全人歲

宋麒 容城人監生三年任

張繼芳

名宦　許際可　固始人舉人五年任陞府同知

人監生二年任　唐山　冀州人監生四年任　王德恒　永清人監生五年任　張問達　郯縣人監生五年任　張子瀾　恩縣人監生六年任

徐恩　建安人吏員三年任　張思義　容縣人監生四年任　鄭溥　東光人監生六年任

蓬萊人四年任

貢元年任陞趙府教授　呂韶　靈州人歲貢四年任　張朝臣　西安人歲貢五年任陞教諭　陳忠言　萬全人歲貢五年任陞教諭

興濟人監生六年任

萬歷

劉延齡 德州人舉人元年任
蘇應聘 靈山人元年任
何思 儀隴人監生三年任陞知縣
王一芝 河間人歲貢元年任
王天祿 滎河人歲貢元年任
胡書 原武人監生二年任

李志道 定興人舉人四年任
李穡 上元人監生三年任
康惟漸 舜陽人監生四年任
馬廷菌 臨邑人歲貢三年任
王訪 崇邑人歲貢三年任陞教諭
李文沾 肅甯人監生四年任

賈西土 真定人舉人五年任
林鑾 吳縣人三年任
仵應中 鎮平人監生五年任
王開 清苑人進士五年任陞府通判
趙瑞 陵川人歲貢三年任
王汝謨 萬泉人歲貢四年任陞教諭
趙伸德 河間人吏員八年任

石朝選
馬負圖 永清人五年任
宋繼傳
田玘 密雲人歲貢五年任
薛乾 臨晉人歲貢七年任陞教諭
王介 靈石人歲
路旭 饒陽人監生九年任

同州人舉人六年任陞府同知　張維翰茌平人進士九年任陞府同知　陳宗凱衡陽人舉人十三年任陞府同知　黃思道

楊宥涇陽人七年任　張邦傑長垣人十年任　許惟一三水人歲貢十二年任　孫惟顯合肥人儒士十二年任　劉春生高陵人選貢十四年任

博興人監生六年任陞經歷　陳省吾山陽人監生十年任　劉璩太康人儒士十一年任陞同知　周宏綸麻城人進士十

王汝鎮吳橋人歲貢七年任　李榛鄉甯人歲貢十年任　張橋獲鹿人舉人十一年任陞通判　魏大觀甯山衞人十六

貢八年任　劉遇夏沁州人歲貢八年任　賈時恭元氏人歲貢十二年任　李一中岐山人歲貢十二年任　衞根陽曲沃人歲貢十二年任　張效易臨汾

陳願賢鄒平人監生十一年任　張鵬翼東河人吏員十六年任　牟東周曹州人吏員十七年任

天啟

錢塘人李克勤隆三年任年
舉人十平陞推官任
七年任人選貢十
周志五年任
蘇棐石棣
吳志並山人選貢
傳夢弼
載止此陰十六年
以後至人選貢十任
明末各六年任
職俱
闕

田秋實
汪應辰見句
見萬歷注廟
三十五碑
年勾注
廟碑

何居廉
郭崢並見

人歲貢十
七年任
李繼武藍田
人歲貢十
七年任

何應先
陳天福
孫汝芳並見
見句注
廟碑
句注
廟碑

吳志補遺	職官	注
	雁門平道兵備副使	明史職官志按察副使僉事分司諸道雁北道駐代州整飭兵備周志備兵使者設於成化二十二年稱雁門道嘉靖三十八年設苛嵐道駐偏頭
	行太僕寺　戶部分司	職官志洪武三十年置行太僕寺於山西寺設少卿一人丞三人掌各邊衛所營壘之馬政永樂四年許令寺官按治所轄衛所鎮撫首領官吏周
	東府通判	周志都御史防秋至代州則太原平陽各以判府者一人隨理軍餉稱東西府部御史去則俱去後設甯武道而西府移駐甯武其東府駐代州者
	東路參將　守備	周志洪武初有守備嘉靖十九年移守備於廣武而設參將於代稱東路與北樓相犄角而備三關其兵則隸甯武之元帥府
	振武衛　雁門守禦所	明史兵志振武衛雁門千戶所並屬山西都司隸後軍都督府職官志衛所之制洪武七年定每衛設前後中左右五千戶所大率以五千六百人

關而在雁門者則轄廣武平刑北樓三備禦仍駐代州稱雁平道案明史以雁門道爲分巡道以雁平道爲兵備道又書雁平爲雁北似誤

志行太僕寺居代最久隆慶中裁甯武備兵使以寺臣攝之卿佐俱移甯武代舍遂虛又云戶部分司設於嘉靖十五年三關軍馬之糧餉芻藁咸取給焉并理淮浙河東鹽糧以足邊餉案分司有督餉郎中督

不復還太原平潞等處兵民之輸班工作於雁平者其餉則東府主之

成化

毛松齡　江西人進士二十二年任

宏治

王濬　邢臺人舉

爲一衛一千一百二十人爲一千戶所一百十二人爲一百戶所每百戶所設總旗二人小旗十人二十年始命各衛立掌印僉書以理職事專指揮使掌印同知一事各領僉所自衛指揮以下其官多世襲其

人。元年任
馬隆　鞏縣人進士四年任
胡漢　鉛山人進士七年任
吳道甯　河內人進士九年任
郭鏞　延安人進士十二年任
楊綸　安化人進

餉主事郎中駐大同主事駐代州周志名爲司倉使非行太僕寺在山西者三代居一焉

軍士亦父子相繼又云凡管理衞事惟屬掌印僉書不論指揮使同知僉事考選其才者充之分理屯田驗軍營操巡捕漕運備禦出哨入衞戍守軍器諸雜務曰見任管事不任事入隊曰帶俸差操征行則率

士十五年任

正德

賈欽 魯山人進士元年任

張文 河南人進士四年任

汪獲麟 騰驤衛人進士五年任歷陞布政使

張鳳羾 夾江人進士七年任

其屬聽所命主帥調度案掌印指揮使外有管屯指揮一員為左軍政巡捕指揮一員為右軍政以本衛指揮同知僉事任之同知秩從三品僉事秩正四品其千戶每所亦設掌印一人正五品副二人從五品

嘉靖

劉澤 濟甯人進士十一年任以軍功陞本省左参政

孫清 餘姚人進士十二年任

秦偉 三原人進士十三年任祀名宦

周安 宣德時指揮僉事祀名宦

鎮撫二人正六品又衞屬有經歷一人所屬有吏目一人其所爲守禦所者則不隸衞而自達於都司

閔槐 任邱人進士元年任

行太僕寺少卿周志闕名

周應龍 博興人舉人十四年任

李珂 榆林衞人二十二年任

衞掌印指揮陳剛 八年任

楊輔 邛州人進

寺丞闕名

黃棟 湯陰人舉

杜輝 宣府前衞

士二年任
王九峰鄠縣人進士
潘倣洛陽人進士五年任
陳伯安黃陂人進士八年任祀名宦
底蘊考城人進士十年任

主簿闕名
戶部督餉主事
許登瀛蘭州人進士十五年任
彭大有陳州人進士十九年任
張鎬定興人進士二十一年任陞宣府都御史

人二十四年任
沈恩廣平衞人舉人二十九年任
來賀三原人舉人三十二年任陞汾州知州改代州知州
張嵐高陽人舉人三十五年任陞知州
鎖九峰永甯

人二十四年任
孫臏榆林衞人二十六年任
杜漸保定前衞人二十七年任
白欽大同前衞人二十九年任
張宗玉林衞人三十一年任陞副總兵

蔣繼宗十年任
何堯卿二十五年任
高宗泰二十八年任
許昭訓三十年任
陳祥正江都人三十一年任

賈啟　黃岡人進士十三年任
呂祚　眞定人進士十五年任
郭宗皋　福山人進士十八年任祀名宦
王鎬　灤州人進士十八年任
盧應正　肥城

尹綸　齊河人進士二十二年任歷陞雁門道副使
馬愼　大城人進士二十五年任陞冀南道兵備
崔嶷　新城人進士二十八年任陞陝西僉事
王艮貴　河津

人監生三十八年任
王印　雞澤人監生四十三年任
尹際可　平陰人舉人四十四年任陞知州

施霽　固原人三十一年任
白清　太原左衞人三十四年任
霍岱　太原前衛人三十七年任
常林　偏頭所人三十九年任
申紹祖　潞州衛人四十二年任

蔣勵　三十二年任
霍宗岱　太原衞人三十三年任
施相　三十四年任四十二年復任
劉芳　三十八年任
彭時萬　四十四年任

人進士二十年任
劉璽宛平人進士二十三年任
楊守約彭城人進士二十七年任
蘇志皋固始人進士二十九年任歷陞總督
尹綸齊河人進士三十年任

人進士二十九年任陞霸州兵備
張守忠思南人進士三十二年任
岳粹寇縣人進士三十四年任陞肇昌府知府
賀榮神木人進士三十五年任陞本部郎中

林爵太原右衞人四十三年任
廣武城守備周志闕名

南逢吉 渭南人進士三十年任

趙大綱 賓州人進士三十五年任

路可由 曹縣人進士三十四年任

陳夢鶴 益都人進士三十九年任

張禖 祥符人進士三十八年任

夏惟純 冀州人進士三十六年任陞肇昌府知府

牛山木 曲周人進士三十八年任陞宣府僉事

李世藩 臨城人進士四十一年任

劉宗岱 歷城人進士四十二年任

	隆慶
張蘊 南京人進士三十九年任陞延綏副使 李玭 霸州人進士四十三年任 王汝梅 安肅人進士四十五年任陞宣府副使	楊綵 泰和人進士元年任歷陞山西都御史 王基 益都人進士二年任陞大同府知府 朱裳 溫縣人進士四年任 席上珍 南鄭人舉人三年任陞永平府知府 劉漢儒 沈邛
	尼三顧 鉅鹿人監生三年任
	戴椿 榆林衛人元年任 王化熙 磁州守禦所人五年任陞副總兵
	呂管 二年任 趙承恩 五年任萬歷三年復任

人進士六年任陞本省左參政

姜密　夏津人舉人三年任陞郎中

周宇　咸陽人舉人五年任

萬歷

韓宰　隆平人進士二年任

胡來貢　萊州人進士五年任歷陞大同都御史

李遐齡　夏津

薛亨　韓城人舉人三年任陞本省督學僉事

胡來縉　秦州人舉人三年任

劉啟元　武城

邢子嚴　南鄭人舉人元年任陞太原府同知

戴公溥　懷來人監生四年任

李際春　安陽

范恭　威遠衛人元年任

王世儒　宣府右衞人武進士二年任

牛應詔　西安

許其選　五年任

李元臣　七年任

王階　十年任

周都　十二年任

人舉人七年任陞冀北道參議

張惟誠　永清人進士九年任陞本省參議祀名宦

以上周志

吳同春　固始人十九年任

何應奇　陝州人進士二十年任

人進士六年任

程沂　武昌人進士八年任

趙範　漳浦人進士十年任陞郎中

邢孔陽　文安人進士十三年任

孫元　東平人進士十五年任歷陞郎中

人舉人六年任陞知州

周評　延津人監生十一年任陞太原府同知

後衛人五年任

魏廷臣　延慶左衛人六年任

潘雲程　甯化所人十年任

郭晥　文水人十三年任

李應徵　太原衛人武舉十三年任

黃天愛　太原衛人十六年任

屯田指揮

郭民悅

巡捕指揮

李國相

城操指揮

呂仁　並十三年

王元命蒲城人進士二十三年任
趙彥膚施人進士二十五年任
劉汝康曹州人進士二十六年任
李茂春杞縣人進士三十年任陞右參政
閻士選江都

任
經歷李文經富平人八年任
王一經鳳陽人十三年任
鎮撫黃中正十三年任
鮑國陽
掌印千戶
戴世爵左所

人進士三十七年任歴右布政使

南居益 渭南人進士四十四年任歴本省按察使

王于陛 朝邑人進士四十七年任

阿譚 中左所

王棟 中所

嚴厲 前所

張陞 後所

聶尚忠 中後所並十三年任

雁門守禦所掌印千戶

鄒孔 太原衞人

吏目李時

天啟	周仕三原人進士四年任陞本省按察使　張耀采濟甯人進士六年任陞參政
崇禎	丁啟睿濟甯人進士二年任

登岐山人並十一年任

衛官不詳履任年分者周志載有指揮使呂光祚同知何承功僉事吳東周王昆趙永恩高擢劉本清周謨許承恩趙陽應襲同知李國勳僉事蔣紹芳左所

胡福宏 永年人進士四年任
胡沾恩 永甯人進士五年任陞大同巡撫
田時震 富平人進士六年任
王獻哲 臨潼人進士八年任
李喬崑 高陵

正千戶彭
柳副劉荆
吳天龍郭
凰公庭胡
宗堯　中
左所正千
戶王尚斌
副周吳周
詩王蓁
中所正千
戶張大荔
副張裕臣
周印王謙
劉繼宗
前所副千
戶曹懷捷
廖雲鳳陳
惠　後所
副千戶王
進朝葉天

人進士九年任
閻夢夔鹿邑人進士十二年任
以上吳志

才中後所正千戶
周光遠應襲正千戶
施應地副蔣志周
應岐聶紀
馮世恩

雜職吳志不載周志有邊儲倉大使趙志儒洛城人陸鍾大同人周榮傑城固人樊應暘安化人郝懷德沁州人王喜元深州人廣濟倉大使郭正陽蒲州人郭宗口趙城人口思忠山陰人王守平東勝衛人于朋寶坻人王登相大同人朱朝用曲周人草場大使王鐸景州人佝萬良猗氐人郭士宏湯陰人董大經保安人王槃樂安人王宰甯州人屈宗達三原人何相安平人雁門驛丞咎逢春商河人劉

汝枏翼城人王朝官任縣人均萬歷時任又衞百戸可稽者五十三人趙繼祖成紀梅枝費重建石泰陳本新謝承恩王輔吳麟曹金朱印張勳孫普崔二元張紀崔磐楊時泰曹昇袁朝舉黃菊劉勳劉承祖孫成先張九德苑登蔣進朝王鵬祖黃廷弼周鎧王登雲文載忠邱天福宮高鄭芝劉繼祖徐天寵李繼蘭屈亨劉漢臣劉承恩劉繼志董承祖康治沈希尹黃廷覲吳學寬並坿見太和嶺水勤口二巡檢司闕

案前明州衞並置設官既多名籍亦備周志所載自知州以下皆經制之員有民事之責者也自衞所以上皆劄駐之員應邊防之寄者也爰分表之以便稽閱兵備之職史謂仿自洪熙定於宏治周志以爲成化二十二年所設而於題名則書葉盛於成化元年書賈俊於成化二年考明

史葉爲參政非副使且在景泰時賈爲巡按非備兵且在天順時蓋以其名臣而傳合也並删之而書自成化二十二年毛松齡始

國朝職官表

年號	雁平兵備道	代州知州	州判	學正	訓導	吏目	廣武城巡檢
	晉政輯要雁平道駐劄代州彈壓邊關管轄大朔甯三府忻代	通志舊屬太原府雍正四年陞直隸州晉政輯要地當衝要本	吳志雍正九年添設晉政輯要糧捕州判駐劄州城管理邊備		通志康熙三年裁十八復設		吳志雍正五年添設

保三州所屬倉庫錢糧驛站馬匹督緝逃盜案件本衝繁中缺乾隆三十二年加兵備銜改要缺請旨簡用吳志康熙六年裁缺十年復設

州并屬錢穀刑名政務紛紜原擬衝繁難要缺在外題補

倉糧督捕竊盜原擬專繁中缺嗣查事務不繁改為簡缺歸部銓選

順治

焦安民

王維新

牛士奇

代州志　表三　卷一　職官表

奉天義州人元年任歷陞陝西甯夏巡撫

奉天遼陽人元年任

盧震陽　奉天廣甯人二年任

許可用　奉天蓋州人四年任祀名宦

吳騰蛟　直隸開州人拔貢生四年任

劉正　直隸

年籍未詳

余應奎　奉天錦州人七年任

柯臣　順天宛平人十年任

任邱人拔貢生四年任

羅士能　奉天全州人貢生六年任

方澐　順天大興人貢生九年任

朱麟祥　奉天杏山人十

王天眷山東濟甯州人進士十三年任

徐來麟奉天人生員十六年任

陳上年直隸清苑人進士十七年任康熙六年裁缺回

二年任

郭廷弼奉天遼陽人貢生十四年任

籍

康熙

杜丞盛　順天通州人監生元年任

時進

張世榮　江南華亭人貢生十年題復

吳泰　奉天遼陽人蔭生十一年任

張道祥　江南徐州人官生十五年任祀

楊聲遠　奉天廣甯人監生十三年任祀

孫綋

名宦

趙振　河南新野人生員二十三年任

陳其政　奉天遼陽人舉人三十五年任

李基和

名宦

程憲　奉天甯遠人蔭生十七年任

熊遠　江西南昌人舉人二十九年任

胡鳴皋　湖廣江夏人進士三十年任

鑲紅旗漢軍人進士三十五年任

十士宏　江南丹徒人進士三十二年任

李毓柱　鑲紅旗漢軍人蔭生三十八年任祀名宦

劉效曾　湖廣潛江人貢生三十七年任

滕天憲　正白旗漢軍人監生四十一年任

楊宗義　鑲白旗漢軍人監生四十五年

李棲鵬

任

孫纘功
順天昌平州人進士五十年任

李培嘉
曹祚允

郭顯龍
年籍未詳

毛奮翮
太平縣人舉人六十年任

田肇修

俞釗

沈昌國
浙江山陰人監生五十八年任

雍正

謝王寵
陝西甯夏後衞人進士元年任

高遐年
浙江會稽人監生元年任

湯豫誠

楊宏志

高逸
翼城縣人歲貢元年任

王肇修

尉藝
順天通州人五年任

河南開封人進士六年任

白石　滿洲鑲黃旗人筆帖式十二年任

鑲紅旗人官生六年任陞朔平府知府

戈鳴岐　直隸景州人舉人十二年任陞甯武府知府

王宗岱　福建晉江人副貢十年任

賀方泰　臨縣人進士十一年任

應州人歲貢七年任

乾隆

拖奇納　滿洲人元年任

郭麟生　山東博平人四年任

黃文暉

何裔芳

杜首瀛　太谷縣人進士

劉嵒　曲陽縣人廩貢二年任

代州志　卷一　表三　職官表

福建永春州人蔭生九年任

黃祐　江西新城人翰林十一年任

葛爾福　滿洲鑲黃旗人監生十二年任

明德　滿洲正紅旗人監生

顧世衡　鑲黃旗人筆帖式十年任陞朔平府知府

楊龍文　山東歷城人貢

福建晉江人副貢九年任

田信　直隸邢臺人拔貢生十年任

八年任

閻泮源　孟縣人舉人十

陸朝錫　浙江會稽人十年任

十四年任歷陞山西巡撫
豐紳正藍旗漢軍人監生十五年任
福尼漢滿洲正黃旗人官生十九年任
彭波廣東羅定州人貢生

生十四年任
李由中福建邵武人拔貢生十六年任陞彰德府知府
書敏正白旗人進士十八年任陞重慶府知府
王綬山東

楊秀亨江西安義人拔貢生二十年任
武甲登

五年任
劉嵓二十一年由訓導陞
趙復元襄垣縣人舉人

李杰汾陽縣人歲貢二十年任

胡鍾湖南武陵人監生十六年任
顧錫江蘇

吳周甸甘肅甯朔人十六年任
朱曰辰廣東番禺人十九年任
申廷棟浙江錢塘人二

二十一年任

達靈阿　滿洲鑲黃旗官生二十二年任

張耀會　直隸景州人貢生二十三年任

富勒渾　滿洲正藍旗舉人三十一年任

掖縣人舉人二十四年任陞泉州府知府

陳鐸　廣東歸善人貢生二十五年任

方體泰　正白旗人監生二十九年任陞延平府知府

直隸密雲人拔貢生二十四年任

二十三年任

班良篤　聞喜縣人舉人二十四年任

衞勤　臨汾縣人優貢二十五年任

杜方盛　太谷縣人歲貢二十六年任

吳縣人監生二十四年任

十年任

歷陞浙閩總督

時廷靄山東濟甯人貢生三十二年任

邢璵陝西涇陽人貢生三十四年任陞慶遠府知府

錦格滿洲正紅旗人官學生三十三年任

施敬勝浙江仁和人進士三十五年任

方應清湖南巴陵人貢生四十二年任

吳重光江蘇江都人舉人四十一年任

王澤永直隸欒城人副榜四十三年任

李登瀛猗氏縣舉人四十二年任

藥華永和縣人歲貢四十三年任

張元晉壽陽縣人舉人三十六年任

羅奇仕四川合江人監生三十三年任

余標順天大興人內閣供事三十六年任

陳履道江蘇江甯人三十三年任

林良弼廣東嘉應州人三十四年任

季學錦 詳宦績
徐攀桂 河南鄭州人，副榜，四十四年任
牛人麟 徐溝縣人，舉人，四十五年任
王思恭 安邑運司學廩貢生，四十八年任
黃盛瑜 四川眉州人，監生，四十六年任
江蘇昭文人，翰林，五十一年任

陳學穎 福建閩縣人，進士，五十五年任
曹勷礎 江西新建人，五十四年任
張觀 五十九年任
李崧歲 沁州人，舉人，四十七年任
王百里 五十二年任
祝雲龍 五十五年任
林艮昂 五十八年任

齊布森 滿洲鑲紅旗人，五十七年任
王秉韜 奉天鑲紅旗人，舉人
許安瀾 五十九年任

嘉慶
張師誠
呂燕標
黃思瀚
王彭齡
王明福

浙江歸安人進士二年任

胡鈺河南光山人進士四年任

喬維鏞元年任

佟謹思四年任

申允恭河南延津人進士六年任

趙文楷安徽太湖人狀

舒翰十年任

元年任

范伯棠六年任

元年任

牛書田五年任

郭如雍十一年任

三年任

元九年任

常格 滿洲鑲紅旗人官生十三年任

瑞麟 滿洲正黃旗人筆帖式十三年任

福海 滿洲正藍旗人官生十八年任

孫樹新 浙江山陰人舉人十六年任

張誠修 十三年任

岳鳳池 十二年任

符勤勳 二十年任

張應斗 十一年任

孫貽謀 十七年任

王謙 二十一年任

韓杰 十五年任

	道光
永和 滿洲正藍旗人監生二十一年任 世甯 滿洲鑲白旗人舉人二十二年任	俞恒潤 順天大興人進士二年任 章沅 江蘇
秦基 二十二年任	范承詰 順天大興人附生二年任 張維勤
汪應璧 二十二年任	張映南 元年任 紀樹喬 四年任
	李鵬飛 元年任 阮晉修 陽曲人六年任
	蘇於醋 徐溝人二年任 范濟川 七年任
楊璐 二十三年任	趙作賓 四年任 韓雲第 七年任
杜宗嘉 二十二年任	姚廷棟 七年任 章青選 八年任

上元人進士十五年任
廣東連州人進士十三年任

葉名琛　湖北漢陽人進士十九年任
崔光笏　直隸慶雲人進士十八年任
薩興阿　滿洲鑲黃旗人官生二十年任
李廷揚　四川樂口人廿九年任
陳鼎雯

孔傳格　山東曲阜人監生十六年任
范銘章　十一年任
武椿年　二十年任
盧文藩
劉慧乙　平定州人舉人十一年任
齊斗南
李必貴　十五年任
吳保定　十九年任
朱俊　天順
夏煃　二十年任
程銘義　十二年任
張承之　十五年任
周寶書　二十年任
張俊　安徽

安徽定遠人進士二十五年任

長治人舉人二十五年任

平定州人舉人二十五年任

大興人二十五年任

安慶人二十五年任

昌祿　漢軍人進士三十年任

孫德鈞　直隸清苑人副貢三十年任

范思明　平遙人廩貢二十六年任

咸豐

崇泰　蒙古鑲黃旗人舉人元年任

李汝霖　山東聊城人附貢四年任

程國觀

邛學沛　四川金州人拔貢四年任

馬德齡

裴釗　長治人舉人五年任

王亮功　定襄人舉人四年任

周克念　四川廣安人二年任

施棣林

曾丞彬　四川金堂人監生四年任

李繼先

代州志　表三　卷一　職官表

	同治
	興奎滿洲正藍旗人官生元年任　貴肇滿洲鑲藍旗人舉人四年任　程豫陜西山陽人進士十
順天宛平人監生九年任	昌祿見前六年復任
順天通州人副貢九年任	蔣慶符直隸玉田人附貢二年任
	任懷炳榆次人舉人九年任　郭儀臨汾人舉人十三年任
一	牛捷三平遙人附貢九年任
江蘇泰州人監生八年任	岑樓浙江山陰人監生十二年
河南光州人監生九年任	夏爲霖江西南豐人監生八年任　陳興業順天通州人監生十年任

二年任

光緒

文治滿洲正白旗人官生元年任

阮棻安徽懷甯人舉人元年任

徐秉元湖北鶴峰州人恩貢六年任

王鈞陽曲人舉人三年任

高鏡泉介休人舉人元年任

蔣模廣西永福人監生三年任

慶錫綸安徽含山人進士二年任

俞廉三浙江山陰人監生五年任

廣蔭滿洲鑲藍旗人生員三年任

兵備道攝署者嘉慶中有袁知麻汞年吉蓬阿慶玉戈瑶
隆起河洲富綸嵩山道光中有王志瀜張集馨李光涵咸
豐中有田澗孫晉墀陳景謨同治中有保齡恆佑吳春杰
馬服侯李啟訥鮑桂生光緒中有丁彝綬劉賡瀛寶誠

知州攝署者乾隆中有沈榮昌道光中有林樹雲周貽祖
文明顧春芳林德奎楊國棻閻敦五周雲鳳長惠朱士廉
陳棻夏寶晉秦恩嘉介昌戈其邁朱謹度咸豐中有王承
泗沈大謨魏克敦同治中有李全義玉山李樹南夏寶仁
楊立旭光緒中有杜崧年余振芳

東路營參將　中軍守備　廣武城千總本城　雁門關把總

				壺峪口
順治	劉日善奉天遼陽人世職七年任 陳元魁奉天錦州人十一年任 于可訓陝西靖遠人行伍十三年任 趙彝鼎陝西榆林人廩生十七年任	吳志順治年缺名	吳志載乾隆時一人以前並缺	吳志載乾隆時三人以前並缺
康熙	許國璧直隸井陘人九			

年任

劉觀朝　河南夏邑人世襲十四年任

關彪　福建詔安人十九年任

卓策　福建惠安人拖沙喇哈番二十二年任

黃瑞　福建惠安人世襲二十六年任

林恭　福建莆田人三十二年任

劉尚文　三十一年

年任

徐勇福建漳浦人三十三年任

焦宗祈陝西興武人三十九年任

盧士聯山東歷城人四十八年任

楊鯤甯武人四十九年任

楊天縱陝西渭南人四十九年任

賴富三十六年任

曹福四十五年任

楊繼文四十九年任

艾期方五十一年任

劉啟龍　湖廣人五十三年任
陳國相　直隸宣化人五十九年任
雍正
杜森　陝西甯夏人三年任
王紀　太原府人三年任
劉廷瑛　陝西長安人四年任
章應甲　雲南羅平州人九年任

呂廷瑛　元年任
畢國祥　四年任
王謨　十三年任

乾隆

傅祿 滿洲人侍衛二年任

常保住 滿洲正黃旗人侍衛七年任

圖爾禪 滿洲人年任

楚爾哈那 滿洲鑲白旗人十二年任

諾倫 滿洲人十八年任

經泰 滿洲人十八年任

曹龍驤 漢軍正紅旗人進士二十六年任

李國棟 元年任

楊天運 三年任

耿宏道 十一年任

馬國才 十五年任

蔡錫伯 二十五年任

任

李淑廣　陝西綏德州人。進士二十八年任

張景烈　雲南建水人侍衛三十二年任

書林　滿洲人四十三年任

明文　滿洲人四十三年任

三福　漢軍鑲黃旗人。世襲三等男四十三年任

伊天培　三十五年任

吳登魁　四十六年任

陳愷龍

陳魁元　四十九年任

王安　四十七年任

張衍　三十三年任本城

劉文彪　四十一年任雁門關

倘斌　三十三年任壺峪口

嘉慶

崔德恆　漢軍旗人。六年任

劉洪春　貴州大定府人十九年任

道光

西爾泰蒙古鑲黃旗人七年任
善誠蒙古正白旗人九年任
阮開基陝西韓城人進士二十三年任
趙雲鵬河南人狀元二十七年任

趙得甫直隸正定人進士八年任
鄭邦俊臨汾人十九年任

史廷弼大同人九年任
特保滿洲鑲藍旗人武舉十七年任

秦鳳雲大同人
張天相代州人
姚俊靈邱人武舉
西克譚佈駐防武舉以上並本城人
席奏捷代州人
陳永和大同人以上並雁門關人
席績大同人
劉永陞大同人

李有富大同人
賀恩大同人以上並壺峪口

咸豐
秀魁滿洲鑲黃旗人元年任
高培漢軍人九年任
粱玉柱直隸安肅人進士三年任
范梓大同人五年任
魏殿甲直隸行唐人進士十一年任
李天秀聞喜人六年任
劉世勳甯武人六年任本城
史致遠大同人六年任雁門關

同治
成興滿洲鑲黃旗人四年任
郝步垣陽曲人八年任
杜生榮大同人世襲七年任
曹恆榮渾源人十一年任雁門關

代州志　表三　卷一　職官表

侯維藩右玉人十一年任
壺峪口

光緒
施紹恆湖北江夏人軍功二年任
杜天德左雲人元年任
賀龍圖大同人世襲二年任
賈連城大同人元年任
本城
潘文喜大同人三年任
雁門關

裁缺之員文職有州同雍正四年裁雁門驛丞雍正中裁邊儲倉大使雍正九年裁常盈庫大使康熙中裁武職有京塘千總雍正中裁吳志辰武衙各職並缺名

國朝革明世襲改掌印指揮僉事爲掌印守備指揮千戶爲

衞千總雍正四年衞裁歷任名籍皆無可稽

代州志卷一終

代州志卷二

表四

選舉表附薦辟　仕籍　武宦　封贈　蔭襲

朝代	進士武科附	舉人武科附	貢
唐	解琬唐書本傳幽素科進士文獻通考乾封元年以幽素科登第者七人　吳志載唐進士于邵案唐書文藝傳邵京兆萬年人 茹義忠張賁然忠武將軍茹	吳志乙科載有漢孝廉科班況賢良方正科班游　案漢書敘傳班氏之先爲樓煩人賢良方正乃制科以爲乙科未審	

公神道碑開元中武部試甲科

宋

李光輔 宋史眞宗本紀咸平時

代淵 宋史本傳舉進士甲科仕至祠部員外郎

何宏中 中州集武舉進士宣和元年廷試策中第二仕至河東河北兩路統制接應使

何子奇 中州集政和中武舉高第仕武州宣甯尉

何子霖 子奇弟同武舉高第守豐州安豐砦

金

趙秦 見元李冶魯琊大都路總管姚公神道碑

元

薩都拉　干文傳雁門集序泰定丁卯進士第仕至江南諸道行臺侍御史

仲禮　薩龍光雁門集編注薩都拉從子登元統元年進士官福建行中書省檢校

剌忽丁　雁門集編注薩都拉弟至正丁亥鄉科

司良輔　通志至正中鄉科除學正

明

洪武

劉鑑　二十三年庚午科任訓導

王舜卿　庚午科任知州

案周志選舉於諸人所歷官職皆不詳部寺州縣名無從稽也注其可知

李公敏　授御史

齊整　蔚州知州

吳璧　授知縣

者餘悉仍舊

永樂

弋謙 九年辛卯科交趾左布政使

張觀 十年壬辰科翰林院庶吉士歷御史

王瓚 壬辰科任少卿

蔡英 二十二年甲辰科翰林院庶吉士

弋謙 元年癸未科

濮玉 癸未科

石麟 三年乙酉科任教授

王瓚 乙酉科

張觀 乙酉科

孟弼 六年戊子科經元任訓導

于琳 戊子科任主事

史祥 九年辛卯科任府同知

李素 辛卯科任主事

王豫 任主事

劉義 任縣丞

席珍 任通判

賈節 任主事

張讓 歷參政

趙忠 任知縣

薛瓛 任縣丞

宣德

蔡英辛卯科

劉敔十二年甲午科歷給事中

居簡十五年丁酉科任兵馬司

車輻丁酉科任經歷

張振二十一年癸卯科

席貴元年丙午科歷任知府

高璉七年壬子科任知縣

楊節十年乙卯科陝西綏德州知州

紀振任檢校

冀武任大理寺評事

張泰任照磨

正統

齊讓十五年乙丑科歷僉事

白英三年戊午科歷御史

李文輔任知縣

代州志 表四 卷二 選舉表 三

王儁　六年辛酉科任府同知

齊讓　辛酉科

陳凱　九年甲子科任教諭

李林　甲子科任推官

齊詹　十二年丁卯科任兵馬司

郭信　歷僉事

王琮　任經歷

閆紳　任縣丞

劉俊　任縣丞

白潔　任主簿

劉貫　任吏目

吳鏞　任經歷

閻輔　任吏目

戈用徵　任驛丞

李執中　任檢校

景泰

趙文博五年甲戌科歷任河南巡撫

元年庚午科

趙文博

馮泰庚午科任知州

劉銘庚午科

曹文昌庚午科任知縣

謝鐸四年癸酉科任推官

李嶽癸酉科任知縣

成章癸酉科任知縣

閻輔癸酉科

趙永正癸酉科任訓導

師賓任知縣

賈文昌任知縣

龐湝任知縣

王玟任推官

劉軏任主簿

天順

王錀三年己卯科任開封府訓

李泰任王府長史

導

濮壽己卯科任知縣

馬俊六年壬午科

齊諒任州判

王健任知縣

劉昌任知縣

劉瓚任吏目

王冕任縣丞

王佑任經歷

賈克中任知縣

閻迪任主簿

劉經任縣丞

曹文慶任照磨

張泰任主簿
詹中任主簿

成化

張濬十七年辛丑科歷任御史
劉盛之辛丑科任知縣
弋福二十三年丁未科歷任御史

席珍四年戊子科任知縣
楊泰七年辛卯科任王府長史
任爵辛卯科任知縣
謝璽辛卯科
王卿十年甲午科任推官
張仲義甲午科任州判
劉盛之十三年丁酉科
師敏政丁酉科任經歷

崔震任泰安州判官
張縉任訓導
安允泰任知縣
劉益任州判
王滋任王府典儀
薛舉任主簿
沈文輔任主簿
李廷弼任檢校

馬驥　十六年庚子科亞元任海權軏任吏目

甯州同知

張濬　庚子科

趙清　十九年癸卯科任齊河知縣

弋福　癸卯科

李舉　癸卯科

張檄　癸卯科歷任副使

趙琛　癸卯科任通判

吳璡　二十二年丙午科任太僕

宏治

謝璽 三年庚戌科歷任僉事
李舉 六年癸丑科歷任山東僉事
院賓 癸丑科歷任僉事
劉繹 九年丙辰科任長蘆鹽運使
季春 丙辰科歷任少卿
馬駿 十二年己未科任江西道

寺寺
丞
李彬 丙午科
劉繹 二年己酉科
孫璽 己酉科任扶風知縣殉難贈少卿
劉文舉 己酉科任知縣
孫璋 五年壬子科亞元
謝國表 壬子科
高士魁 壬子科任知縣
王銳 壬子科任知縣

董忠 任訓導
王翰 任知縣
李宗 任州判
趙爵 任訓導
安仁 任訓導
郭經
劉瓚 任縣丞
王堂 任訓導

代州志　表四　卷二　六

御史
孫紹先　十八年乙丑科任翰林院檢討
謝國表　乙丑科歷任御史

武進士

林彪　乙丑科百戶
張成化　科分未詳

院賓　壬子科
張煥　八年乙卯科經魁任知縣
季春　乙卯科
謝國詔　乙卯科
蔡麟　乙卯科
李樸　乙卯科任知州
鄭聰　十一年戊午科任知縣
劉孟之　戊午科任知縣
馬駿　戊午科
趙玥　十四年辛酉科任王府長

張銘　任訓導
韓鼎
王鏞　任縣丞
劉資　任教授
孫繼振　任訓導
趙宗正　任經歷
安琦　任州判
龐會　任訓導
孫清　任經歷

史

吳嘉聰　辛酉科

趙泳　辛酉科任知縣

毛鍠　辛酉科

孫紹先　十七年甲子科解元

王汝敬　甲子科亞元

吳寅　甲子科

馬雲程　甲子科任府同知

龐順卿　甲子科任知縣

孫歧　甲子科任知州

正德賣信三年戊辰科歷任御史

孫紹祖六年辛未科任左中允

吳寅辛未科任主事

吳嘉聰辛未科歷任副使

李先芳辛未科任推官

謝芝九年甲戌科任副使

韓肇甲戌科任知縣

王汝敬甲戌科任行人

毛鏜甲戌科

孫紹祖二年丁卯科

楊鑑丁卯科任知縣

韓肇丁卯科

郭鉉丁卯科

謝芝丁卯科

賣信丁卯科

陳皋謨五年庚午科解元

王世忠庚午科任知縣

趙漢庚午科任知縣

馬蒨庚午科

白琯任訓導

段輔任訓導

趙繼蕃任縣丞

劉琮任主簿

劉光裕任教授

朱綬任訓導

趙泊任教授

楊汝齡任訓導

戴公器任訓導

劉濟任州判

季芳十二年丁丑科歷任參政
張經綸十六年辛巳科任王府長史
陳皐謨辛巳科任工科都給事中
賈世祥辛巳科任僉事

董槐庚午科任知州
崔允庚午科
李先芳庚午科
謝國徵庚午科
陸光祖八年癸酉科亞元
王應魁癸酉科經元任通判
季芳癸酉科
崔充癸酉科
蔣卿癸酉科
閻仲宇癸酉科任同州同知

李槐任訓導
院鳳諭任教
濮文琛
王樞
李通儒
張永昌任知縣
白文盛

武進士
李懷忠十二年丁丑科任指揮僉事
鄭虞卿十五年庚辰科任千

戶陛總
兵費畫

黃雲 癸酉科任知縣
吳璦 十一年丙子科任知縣
孫紹魁 丙子科
張經綸 丙子科
阿其麟 丙子科
王治 丙子科任教諭
胡布仁 丙子科任王府長史
賈世祥 十四年己卯科亞元
謝蘭 己卯科
李煥 己卯科任知縣

李勤　己卯科任通判

鮑德　己卯科任知州

董琛　己卯科任教諭

張定　己卯科任貴州參政

安明善　己卯科任知縣

趙趨　己卯科

王志軏

楊潛修

案己卯捷者十人城中有十儁坊儁書九人舊志同而又誤己卯爲乙卯

採訪冊有王志軌楊潛修並云卽十儁之一也未知孰是

嘉靖

崔允	二年癸未科歷任參政
郭鋐	癸未科任主事
張弁	癸未科任僉事
馬蓿	癸未科任主事
阿其麟	癸未科任甯晉知縣
蔣卿	五年丙戌科歷任副使
謝蘭	丙戌科歷任工部侍郎
許天倫	十四年乙未科歷任

劉焯	元年壬午科任知縣
李光先	壬午科任知州
張弁	壬午科
張文繡	壬午科任知州
閻世祿	壬午科任知州
王烣	壬午科
張偉	四年乙酉科任知縣
李光華	乙酉科任知縣

趙鏜	任吏目
趙瑜	
賈梁	
王崇儒	
吳思中	
趙繼蘭	任訓導
高才用	任經歷
劉來鳳	

參政
吳嘉會乙未科歷任兵部侍郎
王夢弼乙未科歷任甯夏巡撫
謝蒲二十九年庚戌科歷任參議
王三聘三十五年丙辰科任中部郎主事
安嘉善四十四年乙丑科歷

張寅之乙酉科
安激乙酉科任通判
李薷乙酉科
許天倫七年戊子科解元
王錫戊子科任知州
沈道充戊子科任知縣
吳璞十年辛卯科亞魁歷任戶
王夢弼辛卯科
董邦佐辛卯科

石琮任訓導
安宗仁任訓導
田時雍歷任經
戴紹
王應文任通判
弋之紀任訓導
魏經任訓導
王瑞任訓導
王縉任訓導
崔紳

任河南布政使

薛鑰任副使乙丑科歷

戴祺辛卯科

吳嘉會十三年甲午科經元

謝菁甲午科

高明甲午科任知縣

孫宗派甲午科

劉夔十六年丁酉科任知縣

毛鳳丁酉科任知縣

張堯弼丁酉科任知縣

王鎮十九年庚子科任知縣

張沖庚子科

董世文任教諭

陳珉任訓導

劉維翰

劉綸

趙世臣任教諭

張安之任教授

段漢臣任訓導

吳瑤任知縣

張琦任訓導

馬翰如

薛鑰 二十二年癸卯科
王三聘 二十五年丙午科
劉源潔 丙午科
吳國詔 二十八年己酉科經魁任知縣
張日庠 己酉科亞魁
安嘉善 三十四年乙卯科
趙允升 四十三年甲子科

楊國法 任訓導
劉尚坤 任州判
謝菊 任訓導
李藻 任訓導
劉一清 任訓導

武進士
張孟元 四十四年乙丑科總

武舉
孫紹相 科分未詳

旗陞千戶

簣武

周寶 軍生殉難

孫紹光

王光先 民生殉難

任奇 軍生

胡希賢 任都司

鄭棟 官生

高文選 軍生冠帶

孔倫 民生冠帶

李世儀 民生冠帶

戴豸民生冠帶
孫允濂軍生冠帶
李憲之民生冠帶
張鴻軍生
龐萃民生
董用威民生冠帶
王翰臣
鹿會賓軍生冠帶

隆慶趙允升二年戊辰科歷任參議
郭九疇元年丁卯科任知縣
王鶴丁卯科
王夢曉任訓導
謝草任訓導

王舉 丁卯科
王乾亨 四年庚午科
武舉 科分未詳
劉倘潔 軍生
趙承恩 任指揮守備
張述元
崔豸 軍生
靖邊 軍生
朱世德 軍生
劉承業 官生

趙立 任三水縣訓導
吳珠 任訓導
劉舜年 任知縣
胡兆麒 任知縣
趙雍 任訓導
王嶠 任縣丞
劉祐豐 任經歷
馬士祿 任教諭
張洲 任教諭
郝士奇

萬歷

王乾亨　八年庚辰科，任主事

楊恂　十一年癸未科，歷任戶科給事中

張崇禮　十七年己丑科傳臚，歷任南京通政使

施重光　二十九年辛丑科，歷任郎中

胡雙　官生

胡宗堯

張化　軍生冠帶

劉中正　元年癸酉科，任保定府同知

馮恩　癸酉科，任昌黎知縣

張崇禮　四年丙子科

張以重　丙子科，任知縣

施重光　七年己卯科

楊恂　己卯科

劉策　二十二年選拔，兩中副榜，任榆林衛教授。案拔貢始於明宏治時，萬歷中以妨歲貢停止，啟禎時復行之。周志與副榜皆統書於歲貢中，自劉策以前無可稽者

謝錫金　以下並歲貢

張正　任訓導

糜有象　三十二年甲辰科榜名武于光歷任參政
張鳳翼　四十一年癸丑科歷任兵部尚書
孫傳庭　四十七年己未科歷任陝西總督經略七省國朝賜諡忠靖
楊鼎樞　己未科歷任雲南臨元兵備道

張崇榮　十年壬午科任平陰知縣
李橋　壬午科任安州知州
劉通　十九年辛卯科
孫嗣約　辛卯科任觀城知縣
孫元震　二十五年丁酉科
馮明期　二十八年庚子科亞元
任尚約　庚子科
糜有象　庚子科順天榜

劉成效　任訓導
張汝勤
徐學禮　任訓導
劉宦　任教諭
董九法　任訓導
劉成仁　任訓導
原時中
王鶚
馮愈
楊應期　任知縣

代州志　表四　卷二　選舉表

張鳳翼三十一年癸卯科亞元　李榛
郝騰鳳癸卯科任知縣　趙明輔任蔚州知州
楊鼎樞三十四年丙午科　張子銘任漢陽府通判
崔允升三十七年己酉科　馬遙任名山知縣
馬珍己酉科歷任陝西固原兵備右參政　張本順
任志宏四十年壬子科　侯諒任曲陽知縣
李升吉四十三年乙卯科歷任戶部郎中　崔相

孫傳庭四十六年戊午科

武舉科分未詳

王承業軍生冠帶

馮惠軍生任指揮僉事

喬柱石

劉楠任馬蘭口守備

王瑞民生

龐蒲民生

胡璋民生

李琢民生

任萬鍾 軍生

劉啟策 武元

喬賓吾

喬榮吾

天啟

崔賢 四年甲子科任新河知縣

武舉 科分未詳

孫元乾 任北樓營參將加副總兵

喬擢

李維鼎 元年選拔

歲貢

趙煦 任潞安府教授以下並

劉思恭

劉思敬

劉爵

崇禎

劉靖民三年庚午科任河南府推官

馮大京六年癸酉科亞魁

馮容十五年壬午科任清河知縣

張三槐科分失考任昌黎知縣

劉鍾任河陰訓導

馮如京元年恩拔貢再中副榜歷任廣東布政使

高悌八年選貢任祥符知縣

馮如敬恩貢任山海關推官

馮徵期以下並歲貢

馮右京

楊國清任磁州學正

趙允任清苑訓導陞教授

國朝

馮右京四年丁亥科翰林院

馮右京三年丙戌科

李爾蕙二年乙酉科拔貢任

順治

庶吉士，歷任山東巡按御史。

馮雲驤　十二年乙未科，歷任四川提學僉事。

馮雲驤　八年辛卯科。

李言恭　十四年丁酉科，任臨海知縣。

武舉

孫傳臚　二年乙酉科，任甘肅甯遠堡遊擊。

孫傳甲　乙酉科。

鞏昌府同知。

張如煥　乙酉科拔貢，任兖州府通判。

孫元鼎　五年戊子科拔貢，任貴陽府通判。

劉桐　八年辛卯科拔貢，任汜水知縣。

馮雲龍　辛卯科拔貢，任盩厔知縣。

馮之京　十一年甲午科拔貢。

任樂安　知縣

孫傳經　任聞喜教諭以下並

歲貢

劉思睿

喬士偉

孫世瑞

陳世祿

王心一　任孝義訓導

黃甲英

陳世奇

康熙

馮雲驌 十五年丙辰科翰林院庶吉士任禮科給事中

馮⿱雨襄 二十七年戊辰科任南甯府同知

劉愫 三十九年庚辰科任長武知縣

苑林嵋 五十二年癸巳科任孝豐知縣

馮雲驌 八年己酉科

馮璧 十四年乙卯科亞魁

范沾 十七年戊午科

馮⿱雨襄 二十六年丁卯科亞元

劉愫 三十二年癸酉科亞元

張嶼 三十五年丙子科經魁

施陽彬 丙子科亞魁

李藝 四十一年壬午科任洪洞

施三汲 任永甯州訓導

李瀚

張綸世 己酉科拔貢十一年壬子科副榜任南豐知縣

張瑜 二十二年甲子科副榜

原長善 三十八年己卯科副

榜

郎大士 辛巳恩貢任老營所訓導

劉應庚 癸未恩貢

教諭

喬而湝　壬午科

王晟　四十四年乙酉科任平遙教諭

劉生春　乙酉科任趙城教諭

原體善　乙酉科考授內閣中書任隰州學正

苑林嵋　四十六年戊子科亞魁

黃秉鍵　戊子科

李臨民　四十六年丁亥拔貢

馮元方　五十年辛卯科副榜

馮超　五十二年癸巳科副榜

趙光星　辛丑恩貢任太平教諭

張鑾　以下並歲貢

李爾蓀

黃元第　任廣靈教諭

張定

郎哲嗣

馮光裕五十年辛卯科歷任湖南巡撫
施幼秉辛卯科
馮欽辛卯科順天榜任刑部主事
馮允升五十三年甲午科
謝珉五十六年丁酉科
劉帝隲五十九年庚子科經魁

劉縉任蔚州學正
黃家珂任甯鄉訓導
劉綏民
崔維勤任廣昌訓導
馬劭
侯王佐
張發祥
張撰
賈宏先
王家賓

武進士

武舉

馮朝輔三十年辛未科任安慶衛守備
張震麟六十年辛丑科御前侍衛
任振翼辛丑科任江南長淮衛備守

馮雲翼十一年壬子科
馮朝輔二十年辛酉科
劉甦民二十三年甲子科任雁門關千總
高佐宸甲子科
高弼宸二十六年丁卯科
張大宗三十二年癸酉科
馮之麟三十五年丙子科任揚州衛千總
黃元裳丙子科

劉漢傑
李元瑞
張大啟
原浩
王續顏
馮好善
王士美
馮振業
田英任介休訓導
李尚榮任嵐縣訓導

張義丙子科任南贛鎮守備

張珍四十一年壬午科

周威光壬午科兵部差官

張秉誠四十四年乙酉科任東路營把總

吳振龍乙酉科

李治四十七年戊子科解元

苑洄戊子科

楊公祥五十年辛卯科

馮振翔辛卯科

陳師庠任樂平訓導

黃淑憲

馮瑛

韓九開

韓九會

張秉忠

王暐任石樓訓導

王士善任臨汾訓導

高際雲任靈邱訓導

張起鵬任山陰訓導

龐佩辛卯科
吳澤龍辛卯科
周桂五十二年癸巳科
賈雲龍癸巳亞元
于璧五十三年甲午科
曹禹賜甲午科
賀祺甲午科
張震麟甲午科
張秉鈞五十六年丁酉科
白必顯丁酉科

馮錫璵任永甯州訓導
黃秉銓

曹永濬丁酉科

王振翼五十九年庚子科

張珽庚子科

張振先庚子科

雍正

馮允升元年癸卯科任嘉禾知縣

馮元方二年甲辰科會魁歷任廣西按察使

施陽林甲辰科

馮祖悅甲辰科歷任陝西洮

馮元方元年癸卯科

馮祖悅癸卯科

王修德二年甲辰科經魁

施陽林甲辰科

張鳳瑞四年丙午科經魁

縣丞

黃元第丙午科廣靈教諭

苑渭元年恩貢

楊鎮癸卯科拔貢任芮城教諭

劉宅揆丙午科拔貢

趙之頁己酉科拔貢任商邱

王昶十三年恩貢

岷道

武進士

賀祺 癸卯科任江南金沙衛守備

安泰 七年己酉科

馮祁 十年壬子科

黃秉鍈 十三年乙卯科亞魁副榜

黃榮鎮 乙卯科任安義知縣

張允明 乙卯科

張遠舉 乙卯科

武舉

楊宗時 元年癸卯科

魏國佐 二年甲辰科

范而治 甲辰科

馮愼徽 乙卯科拔貢

趙會雲 甲寅科優貢乙卯科

劉振 任甯鄉訓導以下並歲貢

陳錦華

孫裕治

郭賢

陳誠 任平順訓導案舊志歲貢無年分據汾州潞安志以劉振已前諸人歸之康熙時陳誠以後諸人

乾隆

安泰　元年丙辰科任樂亭知縣

馮祁　二年丁巳科任翰林院編修

賈軨　四年己未科任鄭縣知縣

任振瑕　四年丙午科

劉瑗　丙午科

張大鐸　七年己酉科

張夢麟　十年壬子科

李昌祁　十三年乙卯科任直隸龍門把總

賈軨　元年丙辰科

黃澄　三年戊午科賜國子監典簿銜

黃榮錩　戊午科

歸之乾隆時

馮履咸　六年辛酉科拔貢

馮履泰　辛酉科副榜

馬旂　十六年恩貢

張鶴齡　十七年恩貢

張鳳瑞　己未科。任汾州府教授
馮履咸　十九年甲戌科。任文安知縣
黃泌　二十二年丁丑科。任南昌府同知
馮履謙　丁丑科。任順德知縣
馮晉祚　二十五年庚辰科。翰林院庶吉士。歷任東河總督
崔映淮　二十八年癸未科。任

馮鄺　戊午科。任秀山知縣
郭衞　九年甲子科亞魁。任葉縣知縣
賈彭年　甲子科。任文水教諭
馮廷丞　十七年壬申科。歷任湖北按察使
籍永禧　壬申科。任汾西訓導
馮履咸　壬申科順天榜
馮履泰　壬申科順天榜甲戌科明通。任禹州知州

李林森　十八年癸酉科拔貢。任榮河教諭
張國維　癸酉科副榜。
孫湜　二十年乙亥科優貢。任平陽府訓導
張爲楝　二十六年恩貢
馮鄖　三十六年乙酉科拔貢
馮振徽　乙酉科副榜。任平定州訓導
馮兆峋　三十三年戊子科。順

運司教授

郎若伊　三十六年辛卯科歷任直隸按察使

馮兆岣　四十五年庚子科任刑部主事

崔特峰　庚子科歷任成都府同知

郎千里　五十四年己酉科任安義知縣

黃泌　十八年癸酉科經魁

馬鍾謙　癸酉科亞魁任汾陽教諭

高必元　癸酉科任臨縣教諭

崔映淮　二十一年丙子科

馮履謙　丙子科順天榜

馮晉祚　二十四年己卯科順天榜

張國維　二十五年庚辰科

趙子厚　庚辰科任解州訓導

天副榜

趙璠　三十七年恩貢

郎千里　四十二年丁酉科拔貢任陽高訓導

馮步崐　四十四年己亥科順天副榜

李作梅　四十五年庚子科副榜

賈德峻　四十六年恩貢

馮蔭松　四十八年癸卯科順

劉瑛 二十七年壬午科

安光祖 壬午科任全椒知縣

馮履豫 壬午科順天榜任工部都水司主事

姚秉哲 三十年乙酉科解元任保昌知縣

馮廷相 乙酉科順天榜亞魁任福建烈嶼場鹽大使

馮履豐 三十三年戊子科順天榜任歙縣知縣一

天副榜

郎錦騏 五十一年丙午科副榜

范麟趾 五十四年己酉科拔貢任絳縣教諭

郎錦駿 五十七年壬子科副榜任荊門州知州

崔九峰 五十九年甲寅科副榜任湖北州判

楊仙界 以下並歲貢

李新倫三十五年庚寅科亞元
郎若伊庚寅科順天榜
崔特峰三十六年辛卯科
崔五峰辛卯科歷任甯羌州知州
馮方岳辛卯科順天榜
周爕釆三十九年甲午科
周展親甲午科
馮鄭甲午科順天榜

張虞言
賈讖
靖道謨任滎河訓導
陳諡選偏關訓導
賈克敬任五寨訓導
常超
劉慶昌
石璉
李祚長
胡存誠

曹維盈 四十二年丁酉科	馮時達
李晉佩 丁酉科	劉繩慜
郎錦騤 丁酉順天榜	劉堯相
郎錦驥 丁酉順天榜	劉子效
郎百里 四十四年己亥科任曲沃教諭	張鳳乾
賈廷萱 己亥科	張湖
馮兆峋 己亥科順天榜	趙震發
任助 四十五年庚子科	孫梅
馮宬 庚子科任建德知縣	李汝弼 任汾陽訓導
	賈爾才 任永和訓導

郎錦騧四十八年癸卯科	周大樂
馮文煥癸卯科	王如星乙丑
郎千里五十一年丙午科	任昌宗辛巳
王守誠五十四年己酉科任安縣知縣	李洐庚戌
	張勳
馮景嶠己酉科任渾源州學正	賈學實
	賈久徵
郎錦騏己酉科順天榜任桂林府知府賞戴花翎	郎廷勳
	高岱
郎汝琛五十九年甲寅科	閻坦

陳謔甲寅科任壺關教諭
馮達六十年乙卯科
馮維嶽乙卯科任交城教諭
馮清聘乙卯科
陳丹書欽賜舉人科分未詳

武進士

張夢麟二年丁巳科
孫爾桂四年己未千科御前總侍衛歷任雲南普洱鎮總兵官

武舉

胡汝梅元年丙辰科任裕州
籍永煥丙辰科任故城把總

孫爾桂　三年戊午科

馮翰　戊午科任天津營把總

于思孔　六年辛酉科

陳王謨　九年甲子科任直隸馬蘭鎮守備

黃甲　甲子科任易州營千總

席攀麟　甲子科任修武把總

王錦章　十二年丁卯科任兗州鎮守備

陳雲峰　丁卯科任多倫諾爾

千總

劉廷政　甲子科任泗州都司

高無疆　十五年庚午科任河南撫標守備

田壘　庚午科任桐柏千總

張廷亮　庚午科署廣武千總

喬讜　十八年癸酉科任嵩縣把總

王嶟　二十四年己卯科任興漢鎮舊縣關守備

張應麟　二十五年庚辰科任荊州衛千總署守備

周天昌　二十七年壬午科

李鳳翥　壬午科任范縣守備

李世祺　三十年乙酉科任嚴州協營守備

黃裕璸　乙酉科

賈超倫　三十三年戊子科

郎起鳳　五十五年庚寅科亞元

趙倬　庚寅科任南召把總
張天相　庚寅科
楊培旺　庚寅科
李開甲　三十六年辛卯科
張鵬翰　三十九年甲午科亞元
楊會雲　甲午科
姚秉乾　四十二年丁酉科亞元
楊長雲　丁酉科

劉耀德　丁酉科

王廷璧　四十四年　己亥科

劉岳　四十五年　庚子科

王輯瑞　庚子科

張維烈　庚子科

張聯登　四十八年　癸卯科

張用章　癸卯科任八角堡把總漢中殉難

孫漢錦　五十一年　丙午科

黃煥彩　五十四年　己酉科任

陝西守備

崔映淵己酉科署雁門把總

李連元五十七年壬子科

姚秉震壬子科

趙珩五十九年甲寅科

郎清淵六十年乙卯科解元

馮維世乙卯科任鳳陽衞守備

柳秀陽乙卯科

李鶴鳴科分未詳

嘉慶

郎汝琛元年丙辰科任國子監正義堂助教

馮清聘十三年戊辰科翰林院庶吉士歷任紹興府知府

馮芝戊辰科翰林院庶吉士歷任順天學政禮部左侍郎

陳丹書丙辰科恩賜翰林院檢討

馮衍洛三年戊午科任滿城知縣

馮淇瞻戊午科任江甯知縣

喬應遷戊午科

馮治平五年庚申科亞元任永從知縣

馮淑度庚申科任鄆城知縣

馮芝六年辛酉科

楊謙辛酉科

馮士龍十八年癸酉科任太

金聲遠戊午科副榜任平陸教諭

崔世嶽辛酉科拔貢

趙懷瑾癸酉科拔貢

張郁丙辰以下並歲貢

崔玉峰戊午

陳錫睿辛未

周召南庚申

賈如川癸亥

賈如山任襄陵訓導

武進士

郎清淵　六年辛未科任安徽佃湖營都司

谷訓導

白含章　二十一年丙子科

范福康　二十四年己卯科任沈邱知縣

趙雲封　己卯科

武舉

李文秀　五年庚申科

馮兆峒　十三年戊辰科任德安衛守備

張步霞　二十一年丙子科

崔雲峰　乙丑

張光裕　戊辰

王維世　己巳

任昌齡　戊寅

李洸

韓城　丙寅

李毓慶　庚辰任馬邑訓導

邱思義

程廷璧

李龍會

張佩雲　二十三年戊寅科

李文緯

道光

馮江錦　六年丙戌科候選知縣

馮志沂　十六年丙申科任安徽徽甯池道賞戴花翎光祿卿銜

郝應宿　二十七年丁未科任吏部考功司主事

趙懷瑾　元年辛巳科覺羅官學教習任聞喜教諭

趙訏　辛巳科任絳州學正

孫九皋　二年壬午科經魁

馮江錦　壬午科

崔志伊　五年乙酉科任松滋知縣

施天鑄　乙酉科

趙麟書　乙酉科任峽江知縣

黃鶴年　元年辛巳恩貢

馮紹彭　辛巳科副榜

賈懿秉　壬午科副榜

趙重光　乙酉科拔貢

郝應宿　丁酉科拔貢

張治　庚子科副榜

賈道源　庚子科副榜

解盛　乙巳恩貢

姚焌煒　己酉科拔貢

馮士林 八年戊子科任霍州學正

馮志濳 戊子科順天榜

李蘅 十一年辛卯科任榆社教諭

馮志沂 十五年乙未科

馮嘉詔 十九年己亥科任保德州學正

郎銘石 己亥科

張蓮峰 二十三年癸卯科

李用楫 恩貢

張志振 乙酉任甯武府教授

以下並歲貢

張繼善 丙戌

王志 丁亥

張璜 己丑

賈光增 癸巳

韓培 乙未

張琳 戊戌

周朗 己亥

楊撝謙癸卯科任介休訓導	韓捷升辛丑
郝應宿二十四年甲辰科	王子敬甲辰
賈道源二十六年丙午科	馮清瑞乙巳
武舉	趙念祖乙巳任汾西訓導
席奏捷元年辛巳科任雁門關把總	李祚長丁未
	陳溶戊申
郎大定辛巳科	高佩紳庚戌
崔鳳閣辛巳科	郎載言
張宗孔八年戊子科任馬市口千總	姚秉璧
	姚勳榮庚寅

梁進亭十五年乙未科任汀 / 喬磐辛巳

州鎮標守備 / 安清垣丙申

王侃乙未科任五臺把總 / 楊景檀任平順鄉訓導

席子和十九年己亥科任阻 / 崔志灝

虎堡把總 / 黃元吉

高獻麟己亥科豐川營守備 / 賈仰奎

馬鵬程二十年庚子科亞魁 / 劉之望壬寅

任千總

張守中二十三年癸卯科任

北樓營千總

王起相　二十四年甲辰科解元

李步月　甲辰科，任樓子把總

戴堯垣　二十九年己酉科

咸豐

賈履亨　二年壬子科，任朔州學正

賈道濟　五年乙卯科，任岳陽訓導

張驥遠　乙卯科，任大同訓導

蘇靈崶　乙卯科

李師筠　辛亥恩貢

賈履亨　元年辛亥科副榜

劉炳辰　壬子科副榜

張驥遠　壬子科副榜

邢上治　癸丑恩貢

賈懿淵　甲寅恩貢

李宗鈺　九年己未科大挑分發甘肅知縣

李資生　己未科任萬泉教諭

馮灼　己未科署陽曲教諭

陳作辛　十一年辛酉科

劉恆業　辛酉科任陽曲教諭

馮嘉謨　乙卯科優貢

于洲　己未恩貢

李逢坡　己未科恩賜副貢

劉恆業　辛酉科拔貢

施萬淮　辛酉科副榜

趙龍光　丙辰恩貢

武進士

馮敬　九年己未科都司銜賞戴藍翎任江蘇太倉衛守備

武舉

王國元　二年壬子科

張桂林　壬子科任大同鎮右營千總

韓高升　辛亥以下並歲貢

賈壽安　癸丑

賈慶會　丙辰

劉汝翼　丁巳

張賁亨壬子科
王萬壽五年乙卯科
田見龍乙卯科
張鳳林八年戊午科
郭郡城戊午科
馮敬戊午科
李維藩九年己未科任河保營千總
李開盛十一年辛酉科試用千總

張銳己未
賈康安庚申

同治趙履道十年辛未科翰林院庶吉士

龐璽十三年甲戌科任翰林院編修

知縣

劉炳辰元年壬戌科任石埭

趙履道壬戌科

鄭東寅三年甲子科署鳳臺

訓導

劉珩甲子科

龐璽六年丁卯科亞魁

賈鍾秀丁卯科

張裕丁卯科

高國佐九年庚午科

崔士琦壬戌恩貢

趙斌丙寅恩貢

張士俊丁卯科副榜

韓重升丁卯科恩賜副貢

張簡丁卯科恩賜副貢

王宗庚午科優貢

張培庚午科副榜

姚清壬申恩貢

郝秀楠癸酉科拔貢入旗教習

武進士

王子元十年辛未科署東路營守備

趙履中十二年癸酉科解元

王宗癸酉科大挑分發江蘇知縣

董廷麟癸酉科大挑教職

馬廷璧癸酉科

武舉

王兆飛元年壬戌科任北樓營千總

秦萬庫壬戌科

劉綽然壬戌科任胡峪把總

崔省三壬戌以下並歲貢

趙應斗癸亥候銓訓導

崔鼇峰甲子特擢孝廉方正

張詔乙丑

張履亨丙寅

劉建業戊辰

張重光己巳

劉繼業辛未

孫佼壬申

趙齡甲戌

皇甫鍾三年甲子科。任河曲

把總。

劉柱甲子科。

魏連城甲子科

李逢春甲子科

孫桂林甲子科。署廣武千總。

李虎臣六年丁卯科。任得勝口千總

張貢元丁卯科。兵部差官

鞏占魁丁卯科。兵部差官

光緒

李中和三年丁丑科直隸即用知縣署內邱縣

王子元九年庚午科
郝誌鏜十二年癸酉科署繁峙千總
李九如癸酉科
郝秀桂癸酉科
張培元年乙亥科任河津教諭
李中和二年丙子科
郝秀椿丙子科
郝秀楠五年己卯科
武舉

賈義安乙亥恩貢
孫樹功乙亥科恩賜副貢
郝秀芝己卯恩貢
趙悅祖乙亥以下並歲貢
郝菖丁丑候選訓導

李攀桂五年己卯科

李逢丙己卯科

李世傑己卯科

田得雨己卯科

張驥佶己卯科

劉蔚八年壬午科

孫藝文壬午科

王兆高戊寅侯選訓導

劉翰書庚辰

曹上義辛巳

劉建寅癸未

薦辟後魏神麚中以博士徵者有李熙官至太平太守王道
雅閔弼並官祕書郎
國朝孝廉方正有馮廷工嘉慶初由廩生舉任貴昌道光初由
附生舉崔鼇峰同治初由歲貢舉
案薦辟與科目並重前志不載稽諸史傳及採訪册僅得
數人無可表也書之以存其概
仕籍附見其有傳者不復著明趙璋縣丞劉激吏目崔儒兵馬司張
世雄縣丞馬鵬程主簿弋之綱青縣知縣謝國聘縣丞趙懋照磨吳嘉智州判
王希學經歷劉中立照磨張天與州同李華主簿張芳吏目湯濯縣丞湯澤
縣丞湯激照磨季重吏目崔亢禮部儒士任鴻臚寺主簿張天佑縣丞劉中孚主簿孔

化主簿劉繩檢校王之宗照磨王之臣主簿崔潤吏目張紹光主簿席繒主簿
湯潤主簿于鏄吏目吳嘉虞兵馬司崔夢徵禮部儒士任鴻臚寺序班郭祚興序班
劉中德禮部儒士劉中行禮部引禮王鶼晉府教授馮賓期陳州知州郎悌增城知縣
以上並舊志例貢施應圻光祿寺署正龐餘慶永年縣典史趙世榮會寗縣巡檢秦
朝用廣平縣典史王訪青縣典史張國治德州倉監督張蒿蘭州經歷郎蒿山膠州
吏目郎萬山陝西靜寗州吏目以上並舊志雜職

國朝孫世甯新田縣知縣馮纘京元城縣知縣于鯤寗遠縣知縣馮雲奏荔波縣知
縣馮慶衍棲霞縣知縣馮光宿貴州黔西知州馮奕宿淮寗縣知縣苑林嵲榆次
縣訓導馮振鴻魚臺縣知縣郎嘉卿雲南白鹽井提舉馮覲吉鄧州州同馮觀民
金壇縣知縣陳譜漢陽縣知縣王天德長陽縣知縣陳璡吉州學正馮觀祚定興知縣

馮福昌恩平知縣 馮福膺平陽府訓導上並舊志例貢 以王定國德安府通判 劉
帝舉兩淮東臺場鹽大使 馮慶餘南陵縣丞 馮振元簡州州判 張光祖滿城縣典史
王昌運鴻臚寺序班 馮鴻業鳳山縣縣丞 馮從霨德興縣縣丞 劉帝猷故城巡檢
馮聯芳聊城縣典史 馮忱詹廣西布政司經歷 馮覲錦浙江鹽運司經歷 張廷翰
白沙司巡檢 賈學誼通州吏目 李含翠句容縣縣丞 龐善修湖北白虎司巡檢 張廷
弼南陽府經歷 孫炳寶山縣縣丞 孫煜分發江蘇吏目 馮用中沭陽縣典史 馮廷正
廣東潮州府南澳同知 馮麟趾分發陝西典史 馮揚祚桃源縣縣丞 馮允欽分發河南吏目
陳錫楷分發貴州經歷 馮鄲四川開縣典史 馮雲駓蕪湖縣縣丞 馮恕行甘肅大河驛驛
丞 馮舟澧州清化司巡檢 馮廷槐禹州吏目 郎錦駒四庫館議敘同分發安徽欽州 劉帝
臨廣東青藍司巡檢 劉振羅源縣典史上並舊志雜職 以馮裕祚廩貢任靈石縣訓導 李景

望　候補巡檢姚象斗　合浦縣丞李春翠　州同李偆　易州龍門司巡檢馮益善　貴州

候補州同馮從善　河南候補州同馮從善　江南候補州同馮嘉善　廣西候補州同馮覽輝

河南候補州同馮懋功　長安縣主簿馮聯祚　歸安縣縣丞李浩然　廩貢絳州學正馮安

行　山東候補州同馮永祚　陝西候補縣丞李元錫　候選縣丞馮承祐　雲南候補州同馮鳴

陽　江蘇候補縣丞馮瑞岐　海州州同李楷模　候選縣丞馮廷丕　巫山縣知縣馮廷重

清河縣縣丞馮宗皓　雲南永升廳經歷馮步崑　候選州判馮慶有　候選訓導馮慶遠

候選訓導馮樂善　候選州同馮好善　候選訓導郎錦騂　候選鹽大使郎廷勳　候選州同

劉廷珍　布政司理問趙愼業　廩貢陽曲縣教諭郎桂馨　廩貢生候選訓導馮克敏

東河閘官趙論　候選府知事李桔　直隸山海關巡檢馮廷經　南昌縣典史馮澧蘭　四川

蓬溪場鹽大使馮興俶　甘肅濟木薩巡檢馮源星　溧陽縣典史馮澄思　天全州吏目馮

侃四川候補縣丞　馮隆大沽河巡檢　馮寬江西糧儲道大使　馮蓺直隸候補鹽大使　馮壽
椿江南候補鹽大使　馮家桂雲南滄浪江巡檢　郎載文紹興府經歷　郎載元商河縣典
史　郎載芬候補布政司理問　郎汝瑛保定縣知縣　郎汝琳歷任長沙府知府加道銜　郎
若曾遼陽州知州　郎綬昌新河縣典史保舉知縣　郎汝璋浙江浦東場鹽大使　郎汝璠
元城縣典史　郎汝瑋新化縣典史　郎汝瑗范縣知縣　馮汝鈞陝西葭州知州　馮乃熊
雲南中甸同知　賈名德候選州同　賈允昌候選州同　張惇候選巡檢　馬雲程附貢虞鄉縣訓
導　趙鸞書布政司理問　郎汝鈺貴州府經歷　郎汝瑀貴州候補知縣殉難　常步雲
甕安縣典史　張琢廩貢任襄陵縣訓導　馮嘉謨廩貢平定州訓導　王若臣馬平縣穿山司巡檢
葉蕙廩貢榆次教諭　劉灝附貢候補府知事　王鏡附貢署平陽府教授　王錠候選州同　王鑣
任大理寺評事　馮樾候補刑部司獄　馮棨候選鹽大使　馮橒雲南麗江井鹽大使　馮棠候補巡檢

代州志　表四　卷二　選舉表

馮格縉雲縣知縣　馮晉婺源縣項村司巡檢　馮劼商邱縣典史　郎宗緒增貢翼城教諭　馮
志仁湖北候補巡檢　馮焯安徽練潭司巡檢候陞縣丞　馮榕紫陽縣典史　馮鍪陝西黃關嶺巡
檢　馮瀚達東平州靳家口閘官　馮栻廣平縣典史　馮福全文水縣訓導　馮嶸候選按察
司司獄　馮鈺候補聖廟佾官　馮清曙候選縣丞　馮鵬翼候補兵馬司吏目　馮棣陝西候補
典史　馮士松廣東候補典史　劉錫極布政司經歷　李殿卿附貢署朔平府教授　馮培嵺
廩貢候選訓導　馮廷恆廩貢候選訓導　李殿臚廩貢候選訓導　郎恆陝西按察司經歷保舉知縣
史琳候選巡檢　郎煥章善化縣典史　郎士傑青城縣知縣　郎希尚候選縣丞　郎汝
琨候選鹽大使　郎攀龍按察司照磨　柳營布政司照磨　賈爾才永和縣訓導　趙樹
滋洵陽縣典史　馮麟角祁州吏目保舉知縣　馮三重州同　賈成章州同　崔宣翰林院待
詔　崔尉試用經歷　崔士慎試用司務　李鵾試用州判　孫豐上海縣知縣同知銜賞戴花翎　孫

逢年 江蘇試用道賞戴花翎 孫彭年 江蘇試用知州賞戴花翎 孫頤年 江蘇試用庫大使

孫康年 安徽試用巡檢 孫蔭涵 河南試用知縣同知銜賞戴花翎 王璞 候選府知事 張升

亨 廪貢署山陰縣訓導 張星六 廪貢候選訓導 王希賢 候補司務 孫昌後 主簿 王懷安

州同 孫三聘 廪貢署榮河縣訓導 孫待聘 廪貢署高平縣教諭 王鉞 附貢署平定州學正 張昭

文 增貢署汾州府教授 張克明 候選巡檢 張三奇 候選府知事 賈作楨 中書科候補中書

賞戴藍翎 賈作舟 議敘翰林院孔目 賈作賓 議敘光祿寺署正 劉址 附貢署臨縣訓導 劉

永貞 附貢候選郎中 劉永吉 附貢戶部候補郎中三品銜賞戴花翎 劉桂芬 候選員外郎四品銜

賞戴花翎 劉桂芳 議敘國子監典簿 劉桂馨 候選主事 劉廷相 候選通判 劉書田 廪貢

平陸縣教諭 孔繼曾 附貢署永甯州學正 孔繼昌 州同 王家瑞 附貢聞喜縣訓導 侯佩

玉 附貢汾陽縣訓導 柳毓華 候選州同 柳洲 候選州判 柳恭 翰林院待詔 趙應溥 廪貢

署陽曲縣教諭 郎汝琮 直隸豐財廠大使 柳傑 廩貢署孟縣訓導 王丕承 廩貢署左雲縣訓導

王爵 廩貢候選訓導 王雋 廩貢候選訓導 劉鉞 增貢候選訓導 郝秀蘭 增貢署壽陽縣訓導

李林深 附貢署孝義縣教諭 李清瑜 候選巡檢 李晉珍 候選府知事 李儒珍 候選按經歷

郎應奎 增貢國子監典籍 郎映辰 附貢候選府知事 趙碩 附貢光祿寺署正 安生財 翰林院待詔

張志德 候選府知事 馮爾熾 河南汜水縣知縣 趙惇典 候補按察司照磨

馮志沅 廩貢署平陸縣訓導 王承誥 候選府知事 張鳳翔 候選吏目 張志俊 候選兵馬司吏目

周琮 議敘同知 周之俊 國子監典簿 周之儆 布政司理問 賈章 增貢署安邑縣教諭

李穠 隴西縣典史理問衛賞戴藍翎 范渤 廩貢試用訓導署河津縣教諭 高國治 廩貢試用訓導

侯銘西 廩貢永濟縣教諭直隸候補知縣 王清瑞 增貢試用訓導 賈如綱 候選州同 韓心銘 增貢署萬泉縣教諭

閻如錦 增貢署解州訓導 馮鏞 五品銜候選吏目 張存智 翰林

院待詔。郝芹布政司經歷　郎汝瑚附監候選巡檢。周甫辰附貢候選待詔。李春和主簿

武宦　明王懷邦由指揮鎮守山西總兵　劉承嗣由百戶佩鎮羌將軍印甘肅固原鎮總兵　許

昭訓由指揮歷左軍都督府僉事　崔應奇由百戶分守定邊　周文由指揮分守延綏參將　李

周由千戶分守河南參將　施相由指揮分守朔州參將　彭時萬由指揮分守南山參將。周一

鳳由千戶分守右衛參將。鄭尚金由千戶分守偏關參將。張承業由千戶分守西甯參將　吳

莽由指揮分守太原參將。施應地歷東路營指揮僉事。周宏祚由指揮歷陝西延綏安邊懷遠等處

參將。宮居仁由百戶歷北樓口參將　吳若由副千戶歷太原左參將。吳學恭由官生歷清平營參

將　陳祥正功陞都指揮領河澗遊擊。施歷欽江南撫標遊擊。周安由指揮歷都司　周應岐

田千戶領河南都司。李高由指揮掌萬全印　黃應麟由鎮撫歷燕山左衛指揮同知。胡希賢由千

戶歷山西都司。黃鶴由鎮撫歷陝西榆林衛指揮使。金鐙由千戶歷山東都司。周之鼎由指揮歷正定

府都司陣亡

吳調陽由指揮歷守備　會宣由指揮歷守備　李鎮由指揮歷守備　周策由指揮守備神池

李先春由百戶守備水泉　趙承恩由指揮守備捕箭嶺　崔允昌由鎮撫守備廣武

許其選由指揮歷守備　李元臣由指揮歷守備　周俊由百戶歷守備　張大友由磁州千總

國朝

王應虎由行伍歷福建福州副都統左都督世襲拖沙喇哈番　王邦甯由行伍歷廣東高雷廉羅鎮總兵官

王一柱由行伍積官至總兵記名提督　任懷德由行伍歷陝西興漢鎮總兵官　李佐喜由行伍賜侍衛歷陝西花馬池副將

李廣才由行伍歷直隸固關參將　劉遴由行伍歷廣東新會營參將

王泰臨由行伍歷廣東南雄協都司　田秀由行伍歷江南瓜州營遊擊　原遇盛由行伍歷四川松潘鎮左營都司

趙靈臺由行伍歷直隸大名協都司　張崇本由行伍歷北樓營守備　黃大統由舍人任偏頭關守備

張舉直由行伍歷守備　張起任由行伍歷柳州守備　郭龍由行伍任殺虎口千總

楊際時由武生任聚樂堡千總　王發科由行伍任左衛千總　李儀由行伍任

紫荊關千總張建業由武生任神池縣千總。劉大達由軍功任雁門關把總。郭澄由行伍任
東路營把總劉繼美由行伍任三岔口把總周式序由武生任水峪口把總。李作楫由行
伍任五臺縣把總王登科由行伍任甯武營把總王萬清由行伍任樓子營把總以上舊志。張
天相由武生歷任湖南守備陣亡贈都司世襲雲騎尉李秉鈞候選衛千總李呈瑞候選衛千
總周維揚候選千總。劉壁議敘遊擊。劉清相議敘守備。劉配義議敘遊擊劉第元
議敘守備。丁炳由行伍歷威虎城守備郎錦騄歷任貴州長霸營遊擊郎攀桂由武生歷任東
路營守備。郎汝瑜由行伍任北樓營千總郎得臣由軍功歷宣化府都司楊景魁候選衛千
總趙應酉候選千總楊振林候選千總楊鳳翔候選千總。郎兆翼候選千總。郎士
俊候選千總。郎鴻緒候選千總。趙承祖候選千總。趙續祖候選千總。崔硏由行伍歷任蕭
山營都司。張任由行伍歷任陝西撫標中軍參將。張德河會營把總。張鉅榆次縣把總張延

齡孟壽營外委把總張盛竇村鎮外委把總崔霞峰試用千總孫鴻舉武生撫標千總守備
衘周恆德福建連江營遊擊王銳候選衛千總王親賢候選營千總席邦彥候選
千總王錫命候選守備王欽標署平陽左營守備張聯標候選千總王珍候選守備李
晙署崞縣把總韓萱偏關營把總曾懷仁由行伍署崞縣把總閻子英候選千總李廷
相候選千總馬步高候選千總喬榮桂候選千總李廷臣署東路營把總李培之候選
守禦所千總任福竇村鎮外委把總張璦孟壽營外委把總高定基署水峪口外委把總張
步霄孟壽營外委把總崔而嶷把總崔全忠把總張敬廷東路營外委署雁門關把總千
總衘李士棫馬邑鄉把總趙君佐偏關營千總李沛然東路營把總王宓候選都司
王三詔候選都司梁作霖候選千總李灃塘候選守備柳重華千總柳瑾千總周
璜議敘遊擊李僖由行伍任易州龍門把總

封贈可稽者從舊志附著
明崔璟以曾孫元爵贈京山侯
崔震州判以孫元爵贈京山侯
崔儒以子元爵贈京山侯
弋良貴以子謙官贈大理寺少卿
弋用徵驛丞以子福官贈知縣
張宏以子濟官贈兵馬司
于士能以子琳官贈員外郎
謝璽僉事以孫蘭官誥贈兵部右侍郎
謝國詔舉人以子蘭官贈兵部右侍郎
劉纘吏目以子繹官贈主事
季源以子春官贈御史
孫璋亞元以子紹先官贈翰林院檢討
陳吉以子皋謨官贈給事中
蔣海以子卿官贈郎中
王翃以孫夢弼官贈兵部右侍郎
王世忠知州以子夢弼官贈兵部右侍郎
吳安以子璉官贈太僕寺丞
吳甯以孫嘉會官贈兵部右侍郎
吳琇以子嘉會官贈兵部右侍郎
張世雄縣丞以子定官贈郎中
閆滋以子仲宇官贈主事
馬俊舉人以子驂官贈御史
張政以子弁官贈通判
趙傑以子玥官贈國子監監丞
馬驥同知以子雲程官贈通判
安琦判官以子嘉善官贈郎中
趙立學正以子允升官贈御史
薛瑀以子鑰官贈郎中
謝錫命官生以子溱官贈太僕寺主簿
王寵以孫懷邦官贈驃騎

將軍。王儒以子懷邦官贈驃騎將軍。許印千戶以孫昭訓官贈驃騎將軍。胡希義以子兆麒官贈知縣。

崔仁以子亢官封鴻臚寺主簿。楊繼美以子恂官封行人司行人。張進禮以孫鳳翼官贈兵部尚書。

張倫以子鳳翼官贈兵部尚書。馬翰如以子遙官贈知縣。馬遙拔貢以子琜官贈郎中。楊應

期以子鼎樞官臨元兵備道。劉綸歲貢以子中正官封知府。馮天祿以子恩官封知縣。馮續

文以子之京官贈文林郎。馮忠以子賓期官封奉直大夫。郎鷺先以子悌官贈文林郎。張孟珂

以曾孫崇禮官贈資政大夫。張天福以孫崇禮官贈資政大夫。張效成以子安之官封文林郎。張

官之將仕佐郎。張薈以子崇榮官贈文林郎。張蕎以子崇本官贈明威將軍。

國朝馮亭期照磨以子右京官封朝議大夫。馮愈以孫如京官贈通奉大夫。馮明期舉人以子如京

官贈通奉大夫。劉恂以孫遴官贈懷遠將軍。劉景秀以子遴官贈懷遠將軍。李儲精經歷以子

爾蕙官封奉直大夫。張令德增生以子綸世官封文林郎。任之甯以孫懷德官贈榮祿大夫。任有

以子懷德官贈榮祿大夫　馮雲驌進士以孫光裕官贈通奉大夫　馮璽進士以子光裕官贈通奉大夫郎

居相例貢以子大士官馳贈登仕郎　賀祥以孫祺官馳贈武德將軍　賀萬慶以子祺官贈武德將軍

馮雲奏以子慶長官贈中憲大夫　馮欽舉人以子祖悅官贈中憲大夫　王全忠以孫泰臨官贈武德

將軍　王玉以子泰臨官贈武德將軍　原珍以子遇盛官贈昭武大夫　張進英以孫鳳瑞官馳贈文林郎

張柱以子鳳瑞官贈文林郎　陳桂苗以孫雲峰官贈武信郎　陳嘉謨以子雲峰官贈武信郎

張晃以子起任官贈武德郎　李養道以孫廣才官贈懷遠將軍　李權以子廣才官贈懷遠將軍　籍

維元以孫永煥官馳贈奮武郎　籍光榮以子永煥官贈奮武郎　胡存誠歲貢以子汝梅官封武信

郎　陳莪峰武生以子王謨官封武信佐郎　馮至善以子振鴻官贈文林郎　馮益善以降服子

振鴻官馳贈文林郎　陳葵以孫譜官贈文林郎　陳廷歇以子譜官贈文林郎　田成億以子壘官封昭

信校尉　高宗禮以孫無疆官馳贈武信佐郎　高覲觀以子無疆官封武信佐郎　馮慶長知府

代州志　表四　卷二　選舉表

以子章宿官贈中憲大夫。馮鍾宿中書，以子履豫官贈朝議大夫。黃淑儀監生，以孫祕官貤贈文林郎。

黃秉銓歲貢，以子祕官贈文林郎。馮祁進士，以子廷丞官贈朝議大夫。張大欽監生，以子廷弼官贈修職郎。陳元一監生，以子璡官貤贈修職佐郎。賈爾復增生，以子彭年官貤贈修職郎。李六德監生，以孫世祺官貤贈武信佐郎。李春浡武生，以子世祺官贈武信佐郎。王對以降服子錦章官贈武信郎。王謐以子錦章官贈武德郎。

郎大士以曾孫若伊官貤贈朝議大夫。郎廷勵以孫若伊官贈朝議大夫。郎嘉卿提舉，以子若伊官封朝議大夫。郎長卿以姪若伊官貤贈奉政大夫。王晟舉人，以孫發科官貤贈武信郎。王問名武生，以子發科官贈武信郎。趙定生員，以子子厚官貤贈修職郎。崔鳳英以孫映淮官貤贈文林郎。崔永祚以子映淮官贈文林郎。李明府以孫鳳翥官貤贈奮武郎。李美材以子鳳翥官貤贈奮武郎。張大錦生員，以孫應麟官貤贈武信郎。張廷亮武舉，以子應麟官贈武信郎。馮炳宿以姪履泰官貤贈奉直大夫。馮鄉監生，以弟郁官貤封奉直大夫。郎茂齡

監生，以子千里官貤封修職郎
劉尚榮　以孫廷政官貤贈昭武都尉
劉軍　以子廷政官贈昭武都尉
馮

繼善　以子振徽官貤贈修職佐郎
賈文輔　以子克敬官貤贈修職佐郎
孫世瑞　以會孫爾桂官

貤贈懷遠將軍
孫章錦　以孫爾桂官贈武義都尉
孫裕潤　以子爾桂官贈武義都尉
黃淑度　以子

秉鉒官貤贈修職郎
王錦　以孫嶟官貤贈武信佐郎
王居中　以子嶟官封武信佐郎
王天英　以子

萬清官貤贈奮武郎
李沆　以子林森官貤贈修職郎
馮承啟　以子福貴官封奉政大夫
馮良期　以子

纘京官封文林郎
馮章宿　以子晉祚官封通奉大夫
馮奕宿　以姪晉祚官贈通奉大夫
馮光宿

以姪晉祚官贈通奉大夫
馮履咸　以姪兆峋官贈中憲大夫
馮履豫　以子兆峋官封中憲大夫
馮履

泰　以姪兆峋官封中憲大夫
馮履豐　以姪兆峋官封中憲大夫
馮履謙　以孫清聘官贈中憲大夫
馮

昌祚　以子鳴陽官贈修職郎
馮紹崙　以姪治平官贈文林郎
馮起嶠　以姪治平官贈文林郎

馮棨　以子爾熾官贈奉政大夫
馮橒　以子乃熊官贈奉政大夫
馮肇崧　以子清聘官封中憲大夫
馮

慶會以孫履豫官晉贈朝議大夫　馮璽知府以元孫芝官貤贈光祿大夫　馮覲吉州同以曾孫芝官贈光祿大夫　馮興典史以孫芝官贈光祿大夫　馮廷經典史以子芝官贈光祿大夫　馮郡監生以子廷丕官贈文林郎　馮廷愷增生以子士龍官贈修職郎　馮鄆舉人以曾孫志沂官贈通奉大夫

馮郯廩生以胞姪廷重官貤贈修職郎　馮邵監生以曾孫志沅官貤贈修職佐郎　馮廷重清河縣丞以孫志沂官贈通奉大夫　馮廷誼增生以姪孫志沂官貤贈朝議大夫　馮儼吏員以子志沂官贈通奉大夫

馮佶監生以姪志沂官封奉直大夫　劉墉附貢以姪永吉官貤封朝議大夫　張選以子天相官封武德騎尉　張天錫以弟天相官封武略騎尉　劉址附貢以子永吉官封朝議大夫　張德章以子用官贈昭武都尉

張瑛以姪廷杰官封武德騎尉　劉錫鉞以子熾官封武略騎尉　席厚以孫奏捷官封武德騎尉　席現美以子奏捷官封武德騎尉　席奏凱以子子和官封武德騎尉　席子敬以弟子和官貤封武德騎尉

劉九思以曾孫壁官贈武翼都尉　劉岷以孫壁官貤贈武翼都尉　劉天元以孫

永吉官贈朝議大夫。

劉汝翼歲貢，以子恒業官貽封修職郎。

楊足瑋增生，以孫會雲官貽贈武略騎尉。

楊翰璧增生，以子會雲官貽贈武略騎尉。

楊慶雲生員，以子景檀官貽贈修職郎。

楊汝舟貢生，以子撝謙官貽贈修職郎。

張思孔例貢，以孫志振官貽贈修職郎。

張惇巡檢，以子志振官貽贈修職郎。

張士魁武生，以子守中官封武略騎尉。

趙岐生員，以孫倬官貽贈武翼都尉。

趙世隆監生，以子倬官贈武翼都尉。

趙思恭監生，以孫麟書官贈奉直大夫。

趙裴然以子麟書官贈奉直大夫。

趙步魁以子崇毅官贈修職郎。

趙孟起以子惇典官貽贈修職郎。

張起虎以子任官封武德騎尉。

張纘以子秉誠官封武信騎尉。

郎廷勳歲貢，以孫千里官貽贈文林郎。

郎錦駿舉人，以子汝琛官贈徵仕郎。

郎錦驥以子汝琦官贈承德郎。

郎錦驊以姪汝琳官貽封修職郎。

郎錦駒供事，以弟錦駿官貽封昭武都尉。

郎純德以子清淵官封昭武都尉。

郎毓德以姪清淵官貽封昭武都尉。

郎清太以姪錦駿官貽封昭武都尉。

郎永盛以孫攀桂官貽贈武略騎尉。

郎宗緒增貢，以子攀桂官封武略騎尉。

郝

美以孫應宿官贈中憲大夫。郝義以從孫應宿官貤贈中憲大夫。郝相清廪生以子應宿官封中憲大夫

郝應斗增生以弟應宿官貤封中憲大夫　郝應躩以子秀蘭官封儒林郎。張泰增生以外孫郝

應宿官贈奉政大夫　王崇先以孫宓官貤贈昭武都尉。王廷相貢生以子宓官封昭武都尉。趙閶

武生以孫履道官贈奉政大夫。趙誼生員以子念祖官貤贈修職郎。趙映滹廪貢以子履道官贈奉政大夫

趙爾俟以孫見龍官贈武德騎尉。趙秉義以姪見龍官贈武德騎尉。鞏鸞以孫占魁官贈武德騎尉

鞏有泰以子占魁官封武德騎尉。鞏有明以姪占魁官貤封武德騎尉。郎若皋以子錦驪官贈

文林郎。郎若端以子錦駒官贈儒林郎。王作霖以子子元官贈昭武都尉。梁培昌以子進亭

官封武德騎尉。梁獻亭以弟進亭官貤封武德騎尉。高成崙以子獻麟官封武德騎尉。侯上殿

以子佩玉官貤封修職郎。王占魁附貢以子家瑞官貤封修職郎。侯佩玉附貢以子銘西官封奉直大夫

李實以孫佐喜官贈驃騎將軍。李養榮以子佐喜官封驃騎將軍。李秀山以子賚生官貤封修職郎

范麟角以子福康官封文林郎
張用洽以子琢官貤贈修職佐郎
馮藻以子維世官封昭信校尉
賈知臨以子如山官貤封修職郎
賈光業以子成章官貤贈文林郎
崔永祚以孫特峰官貤贈奉直大夫
崔映淮進士以子特峰官贈朝議大夫
崔永達以孫霞峰官贈武略騎尉
崔據琪以子霞峰官贈武略騎尉
劉纘武生以子綽然官封武德騎尉
劉浩然以弟綽然官貤贈武德騎尉
劉浡然以弟綽然官貤贈武德騎尉
賈周鼎以弟超倫官貤贈武德騎尉
孫義生生員以子蔭涵官贈朝議大夫
李正華待詔以子林深官貤贈修職郎
王璦以孫錠官貤贈承德郎
王象賢貢生以子錠官贈承德郎
張永久以子聯登官贈武略騎尉
王錫朋以子鉞官貤贈修職郎
張聯科以子宗孔官貤贈武信騎尉
張承孔以弟宗孔官貤贈武信騎尉
張⿰山賓以孫聯登官貤贈武信騎尉
李福成監生以姪僖官貤贈武信騎尉
李福將附監生以姪儀官貤贈武略騎尉
張萬俊武生以子桂林官封武略騎尉
張桂榮從九以弟桂林官貤封武略騎尉
張恆歲貢以孫敬廷官貤贈武德騎尉

張志俊吏目以子敬廷官贈武德騎尉　李華封武德騎尉　李熙宗封武德騎尉　郝先登監生以孫芹官贈奉直大夫　郝多佑武生以子芹官贈奉直大夫　郝山峪以子誌鐘官封武德騎尉

趙連元以子應甲官封武德騎尉　李天元以孫中和官贈奉政大夫　李潔以子中和官封奉政大夫

蔭襲古任子也重同科目宜並著明　孫紹卿以父璽死節蔭歷知州　崔龔徵以父京山侯元迎立功蔭錦衣指揮　謝錫命以父蘭巡撫考滿蔭未仕　謝溱以父錫命蔭歷通判

吳棠以父嘉會巡撫考滿蔭任通政使經歷　吳荐以父嘉會功蔭未仕　吳若以父嘉會功蔭千戶歷太原參將　王峰以父夢弼巡撫考滿蔭歷應天府治中　王岸以父夢弼功蔭任光祿寺主簿　馬之良以父琜軍功蔭振武衛指揮僉事　張夢椒以父鳳翼功世襲錦衣衛指揮同知入國朝兗推陝西都司歷任經略右營參將　張夢錦以父鳳翼功世襲錦衣衛指揮同知　張如綱以父崇禮通政使考滿蔭任光祿寺署正

國朝王柱國以父應虎一品蔭任奉天府治中

王廷棟以祖應虎功世襲拖沙喇哈番賜御前侍衛

任廣東營守備

馮廷丞舉人以祖光裕二品蔭歷任湖北按察使

馮郁以父元方功蔭歷永豐州知州

馮崢以父晉祚二品蔭候補知縣

馮魁以祖配京殉難蔭恩騎尉未仕以孫助承襲

劉錫鈁以父耀德殉難世襲雲騎尉

劉錫鈇承襲雲騎尉署東路營守備

劉熾承襲恩騎尉署東路營把總

張璵以父用章殉難世襲雲騎尉歷陝西鄜州營都司

張廷杰武生承襲雲騎尉署大同鎮右營守備

郎桂芬以父汝琦殉難世襲雲騎尉

郎煥辰以父桂森殉難世襲雲騎尉署神池守備

趙青雲以族叔永年殉難承襲雲騎尉

趙見龍承襲雲騎尉

馮廉以父志沂功蔭知縣

代州志卷二終

代州志卷三

志一

沿革

州境禹貢屬冀州周職方屬并州

禹貢既修太原穀梁傳云中國曰太原夷狄曰大鹵詩譜云在禹貢冀州太行恆山之西周禮職方氏并州其川虖池

案馬氏融謂禹平水土置九州舜以冀州之北廣大分置并州蓋卽據周禮職方正北并州之文而推知也禹貢山

川不詳職方川虖池出繁峙縣經州境爾雅北陵西隃雁門是也先儒以爾雅九州爲殷制然十藪等所稱諸國名皆非殷時所有以此例之則九州容可屬殷八陵必非殷制不復徵及

周志吳志並云代古唐國又殷人同姓國案唐國詩譜在晉陽近地理家顧亭林戴東原皆辨定叔虞故封在翼城縣西二十里古唐城故代國一統志在直隸蔚州東二十里古代王城其初封史家失其譜系兩鎮三關志因路史有湯時貸子相傳合爲殷同姓子爵耳翼城去此一千四十里蔚州去此四百里皆不相涉

春秋時爲晉地

史記鄭世家晉景公求壯士得霍人解揚左傳晉悼公滅偪陽納其族嗣於霍人霍人正義曰即葰人括地志故城在代州繁畤縣界內

案州屬古地名惟霍人始見於載籍繁峙界內則今州東地蓋晉中葉滅狄和戎攘地至此也

戰國屬趙

國策蘇厲爲齊遺趙王書云秦以三郡攻王之上黨羊腸之西句注之南非王有已又云反巠分先俞於趙史記正義曰句注山一名西陘山分字誤當作山字西先聲相近

陘山西險二山之地並在代州雁門縣皆趙地也漢書地理志趙西有太原匈奴傳趙有代句注之北武靈王破林胡樓煩自代並陰山下至高闕爲塞而置雲中雁門代郡

案趙自簡子居晉陽有太原地襄子併代有大同地蔚州舊屬大同武靈王破林胡樓煩有朔甯苛嵐地所置三郡並在關外今州乃太原之北境地扼句注疆分代國其爲趙有當在簡子時矣

秦併天下爲太原雁門二郡地

太平寰宇記引河東記云秦莊襄王二年攻狼孟取三十七城即此地又云始皇十三年移樓煩郡於善無縣今句

注山北下館城是也、案秦無樓煩郡郡當作縣然陰館乃樓煩之一鄉亦非秦時善無記誤

案狼孟在今陽曲縣北六十里所云三十七城忻代二州皆當在內下館城即漢雁門郡陰館縣水經注陰館故樓煩鄉也秦三十六郡證以漢地理志皆符惟所領縣無明文如記所云則句注以南之縣當屬太原以北之縣當屬雁門略同漢制也

漢太原郡廣武縣其北境爲陰館縣地別屬雁門郡

漢書地理志太原郡秦置屬并州縣二十一廣武注云河主夏屋山在北都尉治莽曰信桓雁門郡秦置句注山在陰館屬并州縣十四陰館注云樓煩鄉景帝後三年置累

頭山治水所出
案廣武故城在州西南十五里趙李左車號廣武君以此
蓋秦舊縣也河主當是句注之譌隸書句字與可相似寫
者又迻注之水旁於上遂誤爲河主耳史記趙世家襄子
北登夏屋請代王張儀傳言與代王遇句注之塞二山本
相毗連志於雁門郡云句注山在陰館於廣武縣復云句
注夏屋山在北正明其爲一山所分界若河主則無地以
實之矣漢邊郡皆置都尉典兵有分縣比太守故詳書所
治廣武爲太原都尉治也陰館故城寰宇記云在朔州今
名下館城水經漯水出雁門陰館縣酈道元注水出累頭

山東北流逕陰館縣西縣故樓煩鄉也景帝後三年置魏天安二年於縣立平齊郡灅水又北流左合桑乾水云云案今桑乾河即漢志治水水經通謂之灅水平齊郡魏書崔道固傳謂在句注山北故陰館城之西與酈注略同以山川地望考之則陰館故城當在今馬邑鄉東南雁門關北口之西去代州約六七十里乃州界非州地也而一統志云在州西北四十里是其地正當句注山脊無論非灅水所經嶺復澗曲等於蟻封安得有此大城邑乎

後漢廣武縣改屬雁門郡郡治陰館隸并州刺史部

續漢書郡國志雁門郡十四城陰館第一凡縣名先書者郡所治也廣武

故屬太原有夏屋山

案前漢郡治善無後漢徙治陰館而改善無屬定襄爲定襄郡治水經注引十三州志與郡國志悉同善無故縣一統志在今右玉縣南與陰館相距二百餘里而河東記乃云始皇移樓煩郡於善無縣今句注山北下館城是故續漢書云雁門郡領縣十四理陰館漢因之誤以樓煩鄉爲樓煩郡以下館善無爲一地一若秦郡治已在此而兩漢皆沿其舊蓋緣王莽會改善無爲陰館名稱混淆記載遂相參錯寰宇記書號詳賅而雜採地志失於抉擇若是又何怪後人以雁門關爲雁門郡周志竟謂漢陰館縣即今

代州城平

魏文帝始移雁門郡南度句注治廣武縣晉因之仍屬并州
愍帝之末陷於劉聰其後石勒慕容儁苻堅慕容永慕容垂
迭有其地太元二十一年入於後魏

晉書地理志漢建安十八年并州省入冀州魏黃初元年
復置并州自陘嶺以北並棄之晉因而不改雁門郡統縣
八廣武崞滍陶平城葰人繁畤原平馬邑

太平寰宇記謝承後漢書云建安二年立新興郡於太原
北界後廢之漢末匈奴侵邊其地荒廢魏文帝移雁門郡
南度句注治廣武城卽今州西故城是也

案北魏帝紀猗盧爲大單于封代公以封邑去國懸遠乃從劉琨求句注陘北之地琨乃徙馬邑陰館樓煩繁畤崞五縣之民於陘南更立城邑盡獻其地是晉初於陘嶺以北之縣未嘗盡棄也志於所統縣又無樓煩陰館皆未審然因此而推可知州東之有平城肇於曹魏州西之有樓煩始於劉琨又今崞縣繁峙建立城邑之權輿也

又案晉書建興四年劉琨爲石勒所敗琨長史李宏以并州叛降於勒時石勒爲北漢劉聰將載記勒稱趙王其地西至龍門北至塞垣冉閔之亂石季龍將張平跨有雁門新興諸郡爲慕容儁所逼併有其地在晉永和升平間太和五年秦

滅燕其陪縣盡降於苻堅堅敗慕容氏相繼僭號爲慕容永地永僭號八年爲西燕太元十九年慕容垂滅永北舉晉陽垂僭號爲後燕魏書段霸傳霸父乾爲廣武令在其時垂死魏道武大舉南伐遂平并州史稱其出馬邑踰句注鼓行而前屋瓦皆震時太元二十一年魏皇始元年也凡爲戰國者八十年

後魏雁門郡初屬司州後屬肆州領原平廣武二縣明帝時移郡治於古上館城卽今城也後周爲肆州治

魏書地形志肆州治九原今忻州領郡三雁門郡天興中屬司州太和十八年改屬領縣二原平有陰館城樓煩城廣武城

龍淵神亞澤神廣武有東西二平原

太平寰宇記後魏置梁城繁時二郡於廣武城尋廢之明帝又移置廣武東古上館城卽今城是也後周大象元年自九原移肆州於此

案元魏地制數變道武都平城置司州天興初定京邑南極陰館其時鴈門爲畿輔郡地形志天興中屬司州是也孝文遷都洛陽改司州爲恆州其時句注以南石嶺以北別爲一州地形志太和十八年屬肆州是也孝昌中六鎮之亂恆代以北並爲邱墟恆州所領郡皆寄治於肆州寰宇記所舉梁城繁時二郡是也案此不甚確地形志謂恆州郡縣寄治肆州秀容郡

則當在今忻州崞縣考崞縣南六十里有板寺村爲古唐林縣地石晉時曾改唐林爲廣武宋初廢疑板寺卽繁時之訛元魏時僑治之郡嘗在彼故猶存其名也觀寰宇記於定襄縣又云梁城東魏郡也而地形志繁時郡治崞山縣則二郡一僑治於定襄一僑治於唐林皆元魏之秀容地樂史宋人偶誤以石晉之廣武爲雁門之古廣武城耳

原平本漢舊縣故城在崞縣南四十里元魏時爲秀容縣地亦見地形志若此原平據志有陰館樓煩廣武三城龍淵亞澤二神龍淵卽龍泉寰宇記出雁門縣西北今龍躍泉也亞澤當卽滹沱秦詛楚滹沱書爲亞駝也其地並在今州境則卽爲郡治之上館城無疑其與漢縣同名者據元和郡縣志後魏宣武帝移雁門郡理崞縣意其時宣武帝於今崞縣北別立原平縣崞縣時爲石城屬秀容郡漢原平又在其南故知非一地徙雁門郡治之後十餘年明帝復東徙於上

館城而上館遂亦名原平廣武縣適居其中故地形志云廣武有東西二原平也今本倒為平原張黎傳同至高齊時併省北魏浮置之郡縣復改為一縣而統名為廣武元魏地制最為紛紜魏收據武定亂後之籍隋志又兼志五朝並多疎略而酈道元水經注復佚虖沱一卷幸賴元和志寰宇記二書遺文可麤得其概耳

又案地形志東燕州有偏城郡領廣武沃野二縣東夏州有偏城郡領廣武沃野二縣今本誤沃為汳東燕州在今順天昌平州東夏州在今陝西延安府皆元魏浮置僑立之郡縣通志誤羼入謂又於此置偏城郡殊混考晉自永嘉後中

原喪亂國土厖裂流民遠徙多成聚落爲僑置郡縣之始。其見於南宋州郡志者南兗州有雁門郡領樓煩陰館廣武崞馬邑五縣地在盱眙爲永初時所僑立元嘉中改屬南徐州又以樓煩陰館廣武併入南東平郡而何承天志則仍以三縣屬雁門郡大抵皆北人隨晉南渡者流寓本無定憩故至劉宋時猶未爲土著其人物見於史者如南齊解叔謙爲雁門人實則居於彼土數世矣史以姓望書其故郡耳宋書州郡志云陰館前漢作觀後漢晉作館沈約所見漢書蓋與今本異

隋開皇五年改肆州爲代州置總管府十八年改廣武爲雁門縣大業初府廢仍置雁門郡屬冀州

隋書地理志雁門郡屬冀州統縣五雁門繁時崞五臺靈
邱雁門縣舊曰廣武置雁門郡開皇初郡廢十八年改曰
雁門大業初置郡有關官有長城有累頭山夏屋山
元和郡縣志開皇三年罷郡縣屬肆州後改肆州爲代州
十八年改廣武縣爲雁門縣避太子之諱也
日知錄春秋時代未通中國趙襄子乃言從常山上臨代
代可取也正義曰地道志云恒山在上曲陽縣西北一百
四十里北行四百五十里得恒山岌號飛狐口北則代郡
也水經注引梅福上封事曰代谷者恒山在其南北塞在
其北谷中之地上谷在東代郡在西此則今之蔚州乃古

代國項羽徙趙王歇爲代王更立陳餘爲代王漢高更立劉仲爲代王皆此地也十年陳豨反十一年破豨立子恒爲代王都晉陽（原注高祖紀）則今之太原縣矣孝文紀則云都中都（原注陳豨傳同）而文帝過太原復晉陽中都二歲（原注如湻以爲先都晉陽後徙中都）又立子武爲代王都中都則今之平遥縣矣（原注正義引括地志中都故城在汾州平遥縣西南十二里）又案衞綰代大陵人大陵在文水縣而屬代代都中都故也代凡三遷而皆非今代州今代州之名自隋始

灊邱劄記漢光武以盧芳爲代王居高柳高柳故城在唐雲州定襄縣晉愍帝以猗盧爲代王城盛樂爲北都修故

平城爲南都拓跋珪爲代王都雲中在朔州北三百餘里。後徙都平城置代尹是代尚有四不僅如顧氏所云三遷也

蔚州志後周宇文達封代國公大象元年詔以上黨郡爲代達出就國是又一遷也皆在隋前又云自漢高以雲中雁門代郡五十三縣封兄喜爲代王代之名遂西文帝都晉陽都中都代之名又南拓跋受封傳國五世歷年八十有七始改號魏代之名又北閻百詩言代有七遷亭林知其三以今考之國實八遷而唐以後之代州不與郡有五徙而隋以前之靈邱亦不與原注西漢治桑乾東漢治高柳晉治古代後魏治平城隋

初治馬邑。案桑乾今直隸西甯縣。高柳今陽高縣平城今大同府。馬邑今朔州治。古代國則蔚州也

唐初爲代州置都督府天寶元年改雁門郡都督府如故乾元元年復爲州領縣五屬河東道

唐書地理志代州雁門郡都督府縣五雁門五臺繁時崞唐林有府三曰五臺東治雁門有守捉兵其北有大同軍本大武軍調露二年曰神武軍天授二年曰平狄軍大足元年復更名其西有天安軍天寶十二載置又有代北軍永泰元年置

太平寰宇記唐武德元年置代州總管管代忻蔚三州五年廢總管六年又置管代忻蔚朔四州貞觀四年又督靈

州六年又督順州十二年省順州以懷化縣來屬地理志分突厥思結部落置懷化縣僑治秀容今督代忻蔚朔靈五州高宗廢懷化縣證聖元年置武延縣後改唐林天寶元年改爲雁門郡依舊爲都督府乾元元年復爲代州

唐書方鎮表中和二年以忻代二州隸雁門節度更大同節度爲雁門節度領左神策軍天甯鎮遏觀察使三年賜雁門節度爲代北節度

五代唐晉漢皆爲屬州後周嘗取之旋復爲東漢所有

五代史職方考代州唐晉漢東漢有周本紀顯德元年五月代州守將鄭處謙叛於漢來附契丹救漢符彥卿及契

丹戰於忻口敗績
宋屬河東路領鴈門崞五臺繁畤四縣金天會六年置震武軍節度使屬河東北路領縣同宋貞祐三年割朔州廣武縣隸之元屬冀甯路省附郭之鴈門縣入州明洪武二年改代縣八年復升爲州屬太原府仍領五臺繁峙崞三縣又於州城置振武衛成化中設鴈門道後改鴈平道
宋史地理志代州上鴈門郡防禦景德二年廢唐林縣舊置沿邊安撫司縣四鴈門有西陘胡谷鴈門三砦
金史地理志河東北路代州中天會六年置震武軍節度使貞祐二年四月僑置西面經略司八月罷縣五鎮十三

鴈門鎮三同宋三砦崞鎮一五臺鎮二繁畤鎮七廣武貞祐三年七月來屬

元史地理志代州下中統四年併鴈門縣入州屬冀甯路

世祖本紀至元三年七月以崞代堅臺四州隸忻州

明史地理志太原府代州洪武二年降爲縣八年二月復升爲州領縣三五臺繁峙崞鴈門關鴈門守禦千戸所洪武十二年十月置又於關北置廣武營城又有太和嶺水勤巳二廵檢司後俱廢兵志代州振武衛鴈門千戸所屬山西都司隸後軍都督府

案金地理志西京道下云貞祐三年七月割朔州之廣武

縣隸代州而不詳其縣之山川及建置之始然屬朔州則明在關外爲今州北六十里之廣武城無疑明洪武中於其東別置廣武營城土人名爲新廣武而以金故縣爲舊廣武不知者遂以爲漢高械婁敬處誤通志謂廣武舊站卽北魏所徙郡治失於舍近徵遠而一統志又謂金故縣在崞縣南四十里以石晉之唐林當朔州之屬邑尤誤元世祖時州改隸忻州僅見於本紀地理志不書蓋不久卽復故略之然元制以路領州州領縣或以路領府府領州未有以州隸州者方輿紀要忻州元初置九原府而本紀不詳又不再書其改復亦史文之疏也

國朝初仍明制屬太原府雍正二年升爲直隸州四年裁振武衛領縣三五臺崞繁峙雁平道駐州城轄大朔甯忻代保六府州

案古皆以州統郡以郡統縣故漢止十三州晉止十九州自南北分疆洊置州郡以相侈耀而北魏之州多至一百十有三然未有州不領郡者也隋始罷郡以州統縣後代因之而州遂與郡等然未有州不置縣者也元始間裁倚郭縣或升縣爲州分隸路府而州又幾於縣同明改元之中書省置布政司革諸路總管府盡設爲府裁各州附郭縣盡併入州於是有直隸州有屬州屬州者率所領之縣

以屬於府而轉達於布政司直隸州則不屬府而直隸於布政司者也屬州多有領縣山西直隸州三屬州十六不領縣惟太原屬之保德州平陽屬之霍州大同屬之渾源州直隸州亦間有不領縣者

國朝始盡改領縣者爲直隸州其不領縣者爲散州仍屬於

府

五臺縣漢慮虒縣也屬太原郡漢末匈奴擾亂縣廢晉初爲單于鐵弗劉虎所居永和中石勒將張平會築城據有其地後魏神麚初嘗爲鎮太和十年置縣改曰驢夷屬新興郡永安中改新興郡爲永安郡縣仍屬北齊屬雁門郡隋大業二年始改縣曰五臺因縣北五臺山爲名也唐因之五代唐晉

漢迭有其地東漢劉繼元又於北境建寶興軍宋因之並爲代州屬縣金貞祐二年升爲臺州元因之明洪武二年復改爲縣

國朝因之

崞縣漢太原郡原平縣地古史考曰趙襄居原故名原平非蓋襄子所居也後漢改屬雁門郡晉仍屬後魏永興二年置石城縣即今治也其西有敷城始光中置郡眞君時改縣此二縣並屬肆州秀容郡而南境之漢原平故城時則爲秀容縣地又有廓州治郭城在敷城縣界領廣安永安建安三郡高齊改爲北顯州又有武州治齊郡在石城縣北領吐京齊

郡新安三郡高齊改北靈州此二州皆東魏武定中所置以統軍戶者而盡廢於北周隋開皇十年自秀容移平寇縣於石城別於秀容置銅川縣卽今縣東南之銅川也大業初並廢之而改平寇曰崞縣唐因之證聖元年復於南界置武延縣神龍後爲唐林五代唐改白鹿晉改廣武尋復爲唐林宋景德二年廢爲縣地金仍唐宋屬代州元初置崞山軍後升爲崞州屬冀甯路明洪武八年復隸代州爲屬縣

國朝因之

繁峙縣春秋晉霍人地也漢爲葰人縣屬太原郡其東境爲鹵城縣屬代郡後漢省葰人入鹵城晉復省鹵城入葰人並

屬雁門郡後魏廢爲廣武縣地隋開皇十八年始置繁畤縣於今縣東六十里大堡戍大業十二年移於武州城唐聖歷二年復東移於今縣南故城五代之季東漢於縣東南境建寶興軍宋因之縣自隋迄北宋並屬代州金因之貞祐二年升爲堅州元因之中統二年屬冀甯路明復屬代州爲縣而改畤爲峙萬歷四年自滹沱河南移縣於今治

國朝因之

案二漢崞繁畤並屬雁門郡據水經注在今應州之東渾源之北爲桑乾水所經地自劉琨徙五縣之民於陘南而關以北惟存故城自元魏僑置郡縣於肆州而隋以後遂

在今治代有更革地異名同而地形志五朝志元和志寰宇記猶仍其故稱書爲漢縣疎矣爰稽史文參以他籍志州而類及所屬冣其因革大略坿著於篇

疆域

州境東西廣三百八十里南北袤三百四十里

四至東至大同府靈邱縣界二百二里西至甯武府甯武縣界一百七十三里南至平定州盂縣界二百二十里北至大同府山陰縣界一百二十里

八到東南至直隸正定府平山縣界二百四十五里西南至忻州界一百四十里東北至大同府渾源州界一百九

十里西北至朔州界一百四十里

州治在布政東北三百二十里東西廣九十里南北袤一百九十里

四至東至西留屬村爲界去城四十五里與繁峙縣境東屬留村接西至陽明堡西界碑爲界去城三十里與崞縣境班聶村接南至楊林嶺爲界去城七十里與五臺縣境嶺底村接北至老羊寨爲界去城一百二十里與大同府山陰縣境龐家堡村接

八到東南至峩口村爲界去城五十里與繁峙縣境東峩接西南至蒲溝梁爲界去城三十里與崞縣境下政化村

接東北至蒙家莊爲界去城五十里與繁峙縣境西莊村接西北至乾莊爲界去城三十七里與崞縣境炭峪接少北至廣武城去城六十里與朔州境榆林村接

東南一百四十里五臺縣

縣境東西廣二百七里南北袤一百八十里東至直隸正定府阜平縣界長城嶺一百四十七里西至崞縣界榆車嶺六十里少北至崞縣治一百四十里南至平定州盂縣界牛道嶺八十里少東至盂縣治一百九十里北至繁峙縣界瓦廠梁一百里東南到直隸正定府平山縣界黑山關九十里平山縣治二百七十里西南到忻州定襄縣界芳蘭鎮六十五里定襄縣治一百里東北到繁峙縣界東城嶺一百里西北到州界西峩嶺八十里

西南六十里崞縣

縣境東西廣一百九十五里南北袤一百五里東至五臺縣界小嶺八十里西至甯武縣界莊窩村一百十五里南至忻州界土堡七十五里北至州界陽明堡四十里東南到忻州定襄縣界七十里西南到忻州界八十里忻州治一百二十里西北到朔平府朔州界八十里到甯武縣治一百十里

東六十里繁峙縣

縣境東西廣一百五十里南北袤一百六十里東至大同府靈邱縣界平刑營一百三十里石橋澗一百三十五里西至州界東留屬村十五里南至五臺縣界大名煙八十里華嚴嶺一百里五臺縣治一百五十里北至大同府應州界茹越堡六十里應州治一百里東南到直隸正定府阜平縣界韓家莊一百五十里西南到五臺縣界峩嶺八十里東北到大同府渾源州界大安嶺一百三十里渾源州治二百二十里西北到大同府應州界馬蘭口六十里大同府山陰縣界胡峪堡六十里山陰縣治九十里

元和郡縣志州境東西三百二十里南北三百二十八里八到西南至上都一千六百里南至東都一千二百三十里北至朔州一百二十里西至嵐州三百里東北至蔚州四百里東南取崩石嶺至恒州五百四十里

太平寰宇記南至東京一千七百里東至蔚州二百六十里南至太原府五百里西至嵐州一百六十里北至朔州界一百四十六里西南至忻州二百五十里西北至朔州二百二十四里案記多訛文存以備考其與元和志同者不復錄

周志州隸太原府距府東北三百二十里東五十里抵繁峙之楊興堡西三十里抵崞縣之班聶村南七十里抵五

臺之楊林嶺北四十五里抵馬邑之北嶺下南北袤百十五里東西廣八十里輪則三倍之

晷度

代州北極出地三十九度七分偏京師西三度三十二分測日出入與京師同度測節氣時刻早都城一刻遲太原府二分弱

五臺極高三十八度四十七分偏西三度四分崞縣極高三十八度五十三分偏西三度四十二分繁峙極高三十九度十四分偏西三度十二分

州之分野周志云冀州實沈之次申宮晉分參井分野參

十度平井三十四度井度不盡於晉半入陝太原屬參井之交則代屬參分參六星西角入玉井則西入玉井者正代州星野之分度也

案晷度惟各省會爲實測餘依地圖起算分野之說悠謬莫稽舊志主晉初分星不從三關占昴畢之文猶爲近是因記里差而附及之以存古說其躔度占候不復贅焉

形勝

呂氏春秋天下九塞句注其一

晉地道記北方之險有盧龍飛狐句注爲之首天下之阻所以分別內外也

河東記句注亦曰陘嶺自雁門以南謂之陘南以北謂之陘北

兩鎮三關志雁門封山表郡舊矣十八隘自宋有之宋失山後以此爲防

通志雁門平刑盤道梁爲阨隘由雁門東顧則平刑西顧則盤道梁介乎東者則水峪胡峪馬蘭茹越小石大石大安團城淩雲壺盧焉介乎西者則太和白草八岔小蓮夾柳燕水鵰窩元岡焉是所名十八隘也自宋有之

讀史方輿紀要州外壯大同之藩衛内固太原之鎖鑰根柢三關咽喉全晉 唐李頎塞下曲黄雲雁門郡日暮風沙裏千騎黑貂裘皆稱羽林子金笳吹朔雪鐵馬嘶

雲水帳下飲葡萄平生寸心是　宋范仲淹行代因話江山
數年風土塞門行說著江山意暫清求取罷兵南北去滿樓
蒼翠足平生　明方日乾代州道中山城禾稼萬家秋豐葦
斜陽飽臥牛野老不愁烽燧警預修春耜理春疇關城西望
路迢迢玉鬣嘶風鐵馬驕日逐年來常款塞雁門新出漢嫖
姚長陽風雪黯雲偏一望狼胥路八千干羽不辜仁主意邊
臣且莫說燕然郵亭到處是吾家簾捲西峰看雪花日暮樓
頭一聲角等閒吹散遍城沙邊城笳鼓送殘昏近水人家隔
短垣煙堡不驚雞犬靜棗園初熟女郎喧雪夜相逢劍佩收
且將詩酒共賡酬曉風吹落梅花角惹起江湖一片愁　國
朝張秉忠雁門懷古策蹇登高興自狂河山一覽俯鴻荒雲
中殘照連畿甸冀北寒煙鎖朔方趙國將軍同　羨李宋家名
宦獨稱楊塞垣紫色仍依舊留得英風萬古長　陸耀雁門
懷古二首數聲清磬四山幽古柏林中問故邱心事殘唐亞
子在功名三箭老奴愁寒餘句注祠宮閟水落滹沱塞馬秋
最是緋袍圖畫裏晉王遺像肅珠旒百雉樓高朔氣清城頭
日落彩霞明秋陰狐火蒙恬墓荒壘金笳李牧營細酌寒泉
烹玉液重扶殘醉倒瓊罌昇平歲久除烽燧故老猶能說戰
爭　邑人馮璧雁門形勝雁門天險扼平刑勢控中原若建
瓴幢疊雲山瞻象魏名雄表裏壯藩屏椎牛昔重龍城戍牧

馬虞窺塞草青。皇建今茲歸會極，車書一統奠清甯。附錄明施重光八景詩：雁門紫塞：塞古黃雲暗，城高紫色連。忽聞南度雁，戰士泣衣單。覆宿晴嵐：望嶽遙相拱，參天勢欲擎。晴嵐朝暮靄，何必市傳瀛。鳳山秋月：鳳去臺空在，丹成人已仙。不知三五月，歲歲在山巔。南樓夜雨：樓外星窺闥，樓中雨打廊。明朝田舍裏，猶自賽龍王。晉陵古柏：古柏倚荒冢，霜皮百尺高。英雄徒蓋世，畢竟此蓬蒿。岩寺晚鐘：一徑躡招提，煙蘿覆丹井。鐘鳴月上樓，人在瑤華境。滹沱孤舟：滹水名天下，孤舟此探源。灌疇農汲喜，洗甲士安餐。古城殘照：樓閣秋風址，煙霞落日霄。棲烏相對語，疑是話前朝。案八景始於宋，而濫觴於明，久爲通人所誚。吳志所載題詠皆七絕，閱之生厭。吳又改雁門紫塞爲雁門霽雪，滹沱孤舟爲滹沱新漲，而以古城殘照語特衰颯，易爲句注春雲。然句注與雁門本一山，又重複矣。姑錄明人舊作，存其名。餘詩可例觀也。

風俗

元志：民馴訟簡，務實勤業，無游惰之習，絕澆薄之風。

祝志：質直樸野，鄙嗇勇悍

周志俗尙戎馬少事文學宏正以來二史並芳三卿鼎立文武稱彬彬矣而仕宦馳馬不入里閭婚姻恥於論財尤爲近古

吳志地無宿麥種春麥者不過十之二三稻惟滹沱南北諸村種之民食以粟爲主佐以蕎麥燕麥貧者黍菽即爲珍膳有終歲不識膏粱之味者俗善居積穀賤時富民率於山後諸州郡糴粟豆轉輸爲利而凶歉之歲民食亦賴以濟焉

又云居喪待客及會葬者祗設豆粥蔬食不用酒肉後少變而靡而守禮之士尙有仍其舊者馮邵雷州君軼事記代州鄉俗凡葬必刻楮爲鬼神人物禽獸之狀數百事五色燦爛備諸工巧臚列市衢至墓焚之名曰紙火多者費數百金少者亦不下數十緡先王父

之葬先大夫以其非禮而妄費革之自後士大夫家無用者商賈間用之亦漸無曩時之靡矣特重墓祭廟祀惟元旦備物餘如端陽中秋諸節則以時物薦焉

山川

累頭山在州西北六十里與朔州界寰宇記云即句注陘西北三十五里之山也

通志累頭山在雁門廢縣西北六十里即句注七峰之首也漢志中陵有累頭案隋改廣武縣爲雁門縣即今州城元省縣入州別無所謂雁門廢縣也水經灅水出雁門陰館縣注水出累頭山漢書地理志陰館有累頭山治水所出灅治同聲字今桑乾河也通志謂在中陵緣漢志中陵

陰館二縣連書而誤山近臨雁門凡朔州之南山甯武之北山受其通稱實句注之西支也

句注山在州西北二十五里亦曰西陘爾雅北陵西隃雁門是也水經注云雁門郡北對句注東陘其南天下九塞之一也河東記謂以山形句轉水勢注流爲名今土人名曰北斗山以山有七峰似斗也又呼爲牛斗譌爲牛頭則因西與累頭山相連而有其稱實一山也其上有太和崖一名太和嶺下有白龍池南出爲太和嶺口一名神仙隘古雁門關道也

王鑰詩注太和嶺口之內有獨立石約高五仞爲賦詩云世態澆漓豈可醫雲根仍舊獨稀奇形存太古崚嶒勢色帶鴻荒混沌姿野火燒時元不壞中流屹處未曾欹媧皇重補蒼天漏何爾當年獨見遺

雁門山在州北三十五里舊志曰兩山對峙雁度其間上有過雁峰特高與應州龍首山相應也明初建關於此雁樓在焉其南爲李收祠峰之半有雲際泉上覆以亭曰九龍元張翥雁

自代過晉嶺客中感興雁行初自雁門來遠度平沙陣勢開光祿塞空霜氣冽受降城廢水聲哀烏孫公主歌難和猿臂將軍射未回今日客中腸易斷不須更上最高臺　明王宗沐登雁門絕頂危峰千丈界南北歲歲惟容雁得過此日振衣臨朔漠何時歸翼伴陽和席依上界侵晴漢水落人間作大河何事殷勤苦修築漢廷飛將本無多　王錀雁樓塞上巍巍百尺臺臺端樓觀倚雲開一聲鴻雁闌干外帶得滿天霜信來　國朝馮雲驤過雁門雲際泉亭四首樓閣青天上雲霞几席前池空惟受月松老不知年倦客看山立孤僧枕石眠使君功不滅靈境闢飛仙萬古流泉色淒清送夕陽珠樓新氣象玉塞亦輝光獨鶴松雲靜盤螭花雨香他時重過此指點說甘棠紅亭圍古木青嶂掛危泉六月淡忘暑看山花豔欲然雲霞互明滅沙石莽飛懸更喜無征戰疎墩息戍煙重關天險哉峭壁倚崔巍忽有泉聲瀉疑從雲際來鷺飛明

夜雨龍起掣驚雷北望平沙遠登臨萬古臺張瑜雁樓陡絕雄關天作戍危樓直上倍崢嶸人遊澗底形疑小峰列雲邊勢似平李牧祠堂荒草閉趙王城堞野煙橫憑欄弔古愴百感風日淒涼山鳥鳴九龍亭探幽遠上翠微間石磴連雲傍鐵關古木垂陰不受暑虛堂無礙可投閒寒泉脈脈通龍沼野草茸茸起雁山輿劇只因清景勝奚囊滿貯夕陽還

案雁門在晉有三一爲今陽高縣北之陽和口雁門水出焉即西洋河山海經云雁門山雁出其間在高柳北是也一爲今靜樂縣南之雁門鄉太平寰宇記雁門關在憲州東南六十里屬天池縣其關東臨汾水西倚高山是也而惟代州之山最著然自宋以前史但謂之句注西陘陘嶺陘口凡云雁門者悉郡縣名非山名也或曰爾雅之西隃亦在高柳戰國策蘇厲與趙王書云反巠分先俞於趙巠

分郎陘山先俞郎西隃陘隃對舉明是二地

白仁巖在州西北四十五里巖東鄰陘口北倚累頭與崞縣界舊志曰晉釋慧遠於此建寺巨石上有石浮圖峰頭有說法臺棋枰石定心石崖下石井五瀾汋者二其三清洌可鑒山徑盤曲古松萬株梵宮琳宇縹緲天際寺後峭壁屏列摩崖刻白人巖字其大盈丈明侍郎萬恭書也　明邑人馮明期讀書白仁巖作　讀書學避世結屋山之東開戶白雲裏行歌秋色中鳥啼高樹靜猿掛石樓空憶昔巖居者將無此意同　王三聘遊白仁巖　步入崎嶇石徑高山風六月透征袍巖前久坐無人到靜聽松風拂海濤松下何勞問小童白雲深處有仙翁自從覓得長生訣懶出桃花第一峰　國朝邑人馮錫旟白仁巖八詠　說法臺　遠公臺畔日華明四望千村隴陌平閒倚松根捫石筍古今獨爾解無生　玉龍宮　水晶宮闊勝崑崙靈爽干秋廟貌存老衲打鐘迎社鼓昨朝山下雨翻盆　古南菴　晉代

開山自遠公勝遊會此駐仙翁只今遺迹空鼯鼠壓屋山花照眼紅玉皇閣巍峩輪奐壯乾坤拱揖諸天象魏尊梵唄似從天上落雲來虎豹九關蹲試心石窅然大壑石森森矗立孤危幾百尋縱使懸崖能撒手何如清夜問吾心棋枰石紛紛黑白競元黃一局頻消歲月長不爲疇躇難措手危機應鑑錯中忙七星泉高巖巖畔草青青平列靈泉號七星呼起神龍作好雨山中一夜走雷霆桃源洞蠶叢鳥道半天橫險設重關此避兵　聖代久經戎馬息頹垣斜傍夕陽明　知州吳重光遊白仁巖雜詠入山久知巖畔闢幽棲七載於今快馬蹄紅日盪胸臨絕巘翠微深處白雲低石壁嶙峋千丈屹如屏誰信當年役五丁疊翠拖藍開淨域懸崖直對半山亭嶺松作陣松風吼怒濤穿林一過興偏豪龍鱗未老千年植盤錯由來更幾遭七星泉聞道神龍此伏潛清甘最是七星泉何當奮發春雷起飛灑村村大有年棋枰石未經鑿削儼棋枰誰共仙家一局爭莫道滿盤無著處舉頭峰外看輪贏試心石孤懸片石聳危崖如履如臨怵素懷但使捫心常自定直教坦步上雲階講經臺句注晴光拂檻開登臨暫憩講經臺若能不昧前因果狐鼠會經醒悟來歸途夕陽斜掛影重重歸路猶聽傍晚鐘蒼翠滿山藏暮靄一輪明月出高峰　馮志沂遊白仁巖八首勝地聞名舊今來廿載餘言尋

青嶂路同叩白雲居不負平生約如逢未見書相看成一笑吾道在樵漁僧臘八旬上安禪甲子周須眉疑太古麋鹿與同遊老樹昔曾種清陰今已稠不知白雲外人世幾春秋洞口雲深處縈紆似篆煙須臾成白地咫尺失青天草露滴爲雨松風吹作泉試登高閣望晴日滿前川一榻雨聲上四山雲氣中峰巒俄隱見臺榭入空濛澗樹籠逾碧崖花洗更紅歸途不可見吾欲馭長風殘滴檐前歇微風木末來溼雲團作絮削壁淨無埃已見峰頭日猶聞澗底雷客懷與陰曀向晚一時開雨霽天如拭雲奔月倒行鐙前千嶂暗林際一川明古佛寂無語幽禽時自鳴山居狎雲物漸欲識陰晴翠壁劃天色白雲棲寺門干霄花作態穿石樹盤根苔滑難容步蘿高不可捫延緣懶歸去萬壑已黃昏巖棲才信宿忽忽易歸期此後應相憶重遊未可知欲尋鋤藥伴更蓄買山貲獨恨無飛瀑何由洗惡詩

周家儼遊白仁巖

幽巖碧漢間古寺白雲裏登臨萬念空魄如冰壺洗空翠欲溼衣寒濤時在耳種松自何人無乃赤松子慧遠之廬山夢魂應戀此臥佛了無言至今呼不起

案晉永嘉五年劉琨徙樓煩縣於陘南即今崞縣之古樓

煩城也蓮社高賢傳慧遠雁門樓煩人居盧山以宋義熙十二年卒年八十三則生於晉咸和八年在劉琨徙縣之後其爲崞人無疑今崞縣西北二十五里有樓煩寺蘇潛甫西遊日記云寺有聖井爲遠公生處是也其地去白仁巖不過一舍世所傳巖中遺迹不爲無徵特據高賢傳遠年十三隨舅令狐氏遊學許洛二十一欲渡江從范甯後遇釋道安云云始終未嘗北歸則當其鄉居時甫過就傅之年猶是儒家之子安得有建寺說法諸事巖中詩碣甚多獨馮觀察八詩無一語詠及之名下固無虛士也

夏屋山在州東北五十里一名夏壺一名賈屋括地志云今

名賈母皆一音之轉也史記趙世家襄子北登夏屋使人請代王張儀傳云與代王遇於句注之塞今山在陘東實句注之支峰也土人名曰草垛山

案北史後魏天興六年幸南平城規度灅南面夏屋山背黃瓜堆以建新邑水經注灅水東北左合夏屋山水今皆在山陰縣則山乃代州以東山陰以南諸山之通稱舊志山側有西峩谷誤峩谷在滹沱河南地望迥別無因襲其名也

覆宿山在州東北三十五里夏屋之中峰也舊志曰形圓似星一名饅頭一名牛心州主山也

案太平寰宇記覆宿山在雁門縣東南十五里誤
書屋山在覆宿東北上有化悲巖石窟闊邃中構祠宇以祀
北岳亦異境也
胡峪山在州東北四十五里有東津口或以爲卽東陘關也
杜佑曰關甚險固與西陘關並爲句注之險而水經注以爲
在雁門郡南非所詳矣舊志峪口有脫甲石石痕如甲掛焉
陽岐山在州東北五十里舊有桂門關不知建於何時今閉
塞無行者其東爲馬蘭峪入繁峙界王鑰桂門關云桂門古
關隘歲久斷人行巖穴
蛇虺走徑路荊榛生鴟梟鳴高樹豺虎伏深陘狐狸時出沒
魍魎競傖傭御步不敢前貯立仍自驚中道杖策還要我舊
時盟

舊志試刀石在州北八里大路旁一石中分俗傳楊六郎拔劒試之遂剖爲兩

邑人郎若伊試刀石弔楊無敵父子

雁門重鎭秦漢雄折戟久埋沙漠中有石屹立分礧砢云是楊家紀戰功楊家威名邊塞重登壇世佩專城印無敵聲威更絕倫橫刀叱咤風雲振少年馳獵志虹霓鷹犬談兵日色淒擁旄一怒干軍駭瞋目三關萬馬嘶一朝敵騎如雲集侁也嫉賢美無術轉戰催軍白羽飛師出不謀占以律奇計不用無奈何決起還戰行負戈丈夫有死誓不顧指揮左右如張羅強弩暗伏陳家谷預識旗靡此敗績援軍不發力已窮橫槊長號淚霑臆馬革尸橫塞草殷從戎有子恥生還受恩殘卒同時盡白骨堆成白雪山將軍雖死名不死六郎眞是將門子抽刀斷石石爲分五丁神力北平矢吁嗟有宋重邊動瑀戈鐵騎屯如雲烽火不驚楊氏壘先聲何減岳家軍岳家東南楊西北三百餘年同戰迹路旁指點七郎墳山頂驚看千載石舊事淪亡人不知莫邪猶作陰風吹巍然留鎭雁門塞此石無異燕然碑

鳳凰石在南山東山之麓形瘦端立亭亭然上有鳳爪痕虎迹石在州北二

十里大石上如虎爪攫然鹿蹄石在州東四十里石上有雙鹿蹄痕並附見又磨笄石云代夫人磨笄自殺者殺子谷云秦太子扶蘇死其地案磨笄山在古代見水經注扶蘇死於上郡見史記古代今直隸蔚州上郡今陝西延安府.

方輿紀要豺山在州西北故善無縣境黃嵬山在州北案善無故城在右玉縣北魏都平城其京邑西至善無故築宮於畿內爲豺山宮遼人所爭之黃嵬山當去甯武之天池不遠今崞縣之西山也又云獵嶺在夏屋東北晉太元二十一年慕容垂自將伐魏至獵嶺云云據晉書載記垂

至參合鑿山開道次於獵嶺其地當在塞外顧氏蓋採之明人地志而未詳核者

東峩峪在州東南五十里峩水出焉卽中臺山之太華泉也.兩山壁立高數十仞東與繁峙界

圭峰山在峩峪內舊志曰山本豐而末嶠象圭之終葵山下明月巖其石似月盈時東澗有峰半巔石竅洞開名穿心洞.俛入洞口輒高朗可容數十人宋末夏丞相姪吉祥避元兵於此明正德八年敵大入棲洞者俱不及難.明王思任遊五臺山記由滹沱溯峩峪.潺潺聽廣長舌也.先得圭峰寺.山巔肉土.其堅踰石.躋藤而上.前捧一峰如璧.右蓄勺泉.嘉靖中虜闌入谷民保焉.鏃飛三日不下.老僧以脫粟話古.苦境也.

案周志夏丞相名俊其人無考據宋史宰輔表有夏士林德祐二年正月丁丑除簽書樞密事庚辰遁在樞院三日耳豈即其人歟然何以避兵於此殊不可曉

三台山在圭峰西距城四十四里舊志曰三峰矗峙若泰階然

黑山在州東南三十五里有古刹曰黑山寺其地巖谷深邃陰晦中時有光怪照山皆明土人謂之神鐙。邑人郎汝琛黑山莊神鐙曲驪龍夜眠斗山旁頷珠垂作寒星光是誰移來照夜明黑山鬱鬱生微芒今我出城夜將半陰雲黯淡疲驢僵須臾嶺畔一鐙出晶瑩似欲來相望傳是峰頭古祠樹神光奕奕留山莊風回若隱忽若見窺之不定來無方離奇變化近復遠是一是二安得詳豈是羣真朝北斗列炬前引排雲閶否則覆宿舊隕星寒精凝彩明空冏雨不能濡風不滅長年谷口懸煌

代州志　志一　卷三　地理志　壹

煌君不見古來戰地鬼燐青行人往往迷沙場得此神鐙一出照空際頓使魑魅夜遁百怪藏

牛心山一名伏牛山在州東南二十五里

案寰宇記山在雁門縣東南十五里即覆宿山考覆宿亦有牛心之名實則一南一北截然不同元好問兩山行記謂鳳山之鳳游池轉而爲伏牛由山麓毗連故胥有其稱

舜山在州東南十五里上有舜祠舜子寺寺外井泉清冽名龍鳳井亦曰舜井山下臨鳳游峪峪即東陘關也水經注曰雁門郡北對句注東陘其南寰宇記東陘關地甚險固在州東南二十里今峪道修阻南通五臺元和志代州東南取崩石嶺至鎮州崩石嶺今楊林嶺也北距峪口五十里爲州與

五臺之界唐郭子儀收雲中馬邑遂開東陘引軍東下井陘即由此道山之西有王通山又名龍谷志云距州二十五里舜爲天子故名王通則流俗之謬傳也

鳳凰山在州南三十里後魏太武時鳳凰見此故名上建來儀觀唐改名爲嘉瑞山有天柱玉女玉案會仙養龍五峰其北爲眞人谷風門南爲青龍門觀旁有鳳游洗參飲虎諸池桃花水簾丹砂藏劍諸洞唐朱自然宋海蟾子休休子皆嘗棲息其處金元好問兩山行記甲辰夏五月八日予以事當至崞縣初約定襄李之和偕往適幕府從事宣德劉惠之平陽李幹臣還軍官山過吾州遂與同行是日行八十里野宿天涯山前明日入縣劉李别去予獨遊神清觀舊聞行臺員外郎廣甯王純甫棄官學道築環堵而居甚欲見之乃屬其徒潞人和志沖道姓名純甫聞予來欣然出迎予

謂先生方宴坐不肖之來將無妨靜業乎日習靜固道人事然亦有不應靜時因相與大笑已而之和至同郡莊錬師通元時住此縣之天慶觀攜酒見過乃聚話於西齋純甫先隱前高予問前高景趣比雁門鳳凰山爲何如純甫言前高去此五十里而近君能一遊到則當自知之予竊念先東巖君生平愛鳳凰山然竟不一到故詩有鳳凰聞說似天壇北去南來馬上看想得松聲滿巖谷秋風無際海波寒之句予二十許時自燕都試乃與客登南樓亡友蘇莘老閻德潤張九成王仲容輩說山中道人所居有松風軒層檐高棟半出空際長松滿澗谷如雲幢煙蓋植立欄楯之下山空夜寂石上聞墜露聲使人耿耿不寐曩時聞此固嘗以不一遊爲恨矣北渡又十年每過雁門壽甯武尊師子和圓果慶上人鍾秀李丈必以此山爲言是則夙志爲不可負而前高之遊當亥第及之也即日與純甫之和並山而東出雁門之南夜宿王仲章道正瑞雲菴菴在鳳山之麓山中來儀觀仲章主之道士孫守眞年八十童丱入道其家爲此觀黃冠者至渠十五世矣亂後無圖志可考山之故事多從此翁得之十一日仲章步送入山由眞人谷行夾道雜花盛開水聲激激自澗壑而下且行且止不知登頓之爲勞也半山一峰爲釣魚臺其上爲十八盤爲青龍嶺爲風門而下繞佩劍峰之右爲來儀

觀觀在山腹峰迴路轉臺殿突起雲林峭然別有天地信靈
境之絕異也觀有天寶四載石記是道士董思珍所造思珍
殆學究之麤能秉筆者文鄙而義隱讀之或不能句故雖鄉
人少有知來儀之始末者予爲之反復數過始見崖略蓋後
魏太武嘗都於此師事寇謙之授祕籙自嵩高迎謙之來居
此山時有鳳凰見太武爲立觀且以鳳凰名之觀歷周隋至
唐而廢眞人谷本以謙之爲言而訛爲質兒鳳游池以鳳凰
來游爲言亦轉爲伏牛開元初北岳先生諫議胡山隱案圖
志求故實嘗爲辨之天寶元載赦天下元元廟有頹毀者所
在長官量事修建又古今得道昇仙之地代遠迹存者皆虔
加禮醮此山應焉北京居士高談幽辟穀練師高敬臣共補
葺之碑文刻云天寶五載改鳳凰山爲嘉瑞山八年置天長
觀蓋唐以元元爲祖天長者以允祚而言之也觀度道士七
人高悟眞董參元馮通元朱自然孫洽然餘二人石闕供養
童子尉遲如玉朱自然姓字下別刻云自然以天寶十三年
七月十五日昇天其日未時至京陳謝唐天子天子異焉敕
中使覆勘如玉以後十日亦上昇孫守眞言朱仙翁上昇事
觀會有敕書碑唐以後荐經喪亂焚毀略盡獨董記僅存耳
來儀觀額政和七年五月兵馬鈐轄知代州王機建權發遣
河東沿邊安撫司公事王誨書觀之東有養虎峰及飲虎五

斗二泉南有天柱峰峰之南有神山與五臺境接西南有玉案峰西北有鍊丹峰洗藥池次有玉女峰峰南有會仙峰旁有五蔆樹北有王母池佩劍峰有白虎池中有水簾朱砂白龍三洞青龍嶺旁有桃花洞觀北少西洗蔆池又名青龍池門之下有鳳游池中殿曰太霄太霄前石壇上有大松名昇仙樹門右有松高與壇樹等名望仙佩劍之下有燒藥鑪疊石故在白虎池之下有鳳棲樹立石爲識凡洗蔆望仙昇仙藥竈悉朱自然遺迹也其餘葛洪鍊丹鑪孫眞人養虎峰四子峰有莊列亢倉文子祠土人便謂向上諸人皆嘗隱於此殆齊東語也予恐識者或并其可信者而疑之故不錄守眞又言神仙劉海蟾以天聖九年遊歷名山所至並有留迹代州壽甯觀詩十韵云醉走白驢來倒提銅尾秉引箇碧眼奴擔著獨壺癭自言秦世事家住葛洪井不讀黃庭經豈燒龍虎鼎獨立都市中不受俗人請欲攜霹靂琴去上芙蓉頂矣牛買十角谿田耕半頃種秫釀白醪便是仙家景醉卧古松陰閒立白雲嶺要去即便去直入秋霞影仍自寫眞其旁撮襟書龜鶴齊壽四字題云廣甯間民劉操書此詩宋白皡子西會次韵子西於詩號爲專門極力追之曾不能彷彿仙材凡筆固自不同世俗所傳劉翁入道詩所謂予因太歲生燕地十六早登科甲第者吾知翁碧眼奴亦當羞道之矣今全

眞家推翁爲祖翁之姓名鄉里且不能知況其道乎是又可爲一嘆也來儀亦自寫眞飛白清安福壽四字所畫五星惟土宿獨存已上皆在太霄殿壁上土宿閉目倚一幡坐下一牛四字清安在東福壽在西說者以爲心清而安則福壽從之翁此書不爲無意也寫眞在西南一幅巾黃衣右肩挑酒瓢左肩提布囊破處裰補之氣韵古澹望之知爲有道者年歲既久將就湮滅惜無名手爲臨摹之耳守眞住山五十年不省有爲猛獸毒螫所傷害者山中靈異甚多佩劍峰劍聲錚然陰晦中時有光怪照山谷皆明靜夜或聞音樂雜作琴筑箏笛歷歷可辨仙犬時吠今年上元村落來燒鐙者及問之子和持莊鍊師所餉酒來約月中飲之是夕雷雨大作遂不果山氣蒸鬱可喜可愕雨從林際謖謖有聲雲煙草樹濃淡覆露不兩時頃而極陰晴晦明之變夜參半星月清潤中庭散步森然魄動惜清景之不可久留也子和賦詩予亦漫作樂府一首欲爲純甫醉後歌之明日期城中諸公不至留題殿壁而去下山宿孫張道院又明日爲前高之遊　元德明過鳳凰山詩見記中不復錄　元好問南樓月夕望鳳山有懷武鍊師子和山望不相見山中君得知南樓今夜月也到洗參池　明邑人王鑰鳳游池亂碧叢中一小池池荒不見鳳游斯祇緣塵世多繒繳還向丹山惜羽儀老去無由瞻

聖瑞岡來有遺費新詩長年恬淡何人到渴鳥常常下飲時
釣魚臺禹治洪水患始休臺邊不見纜扁舟桑麻掩映無魚
釣草木扶疏有鹿遊山繞故墟時屢變雲迷廢址水空流幾
回欲寄漁樵迹叵奈塵緣未得酬自注臺在鳳山西昔洪流
泛濫有人垂釣於此又青龍嶺盤旋曲徑繞羊腸十里松濤
入耳涼到此遊人休說倦登登南去是仙鄉風門行過龍嶺
到風門下見平川遠近村怪底眼前詩易就飄飄清興滿乾
坤佩劍峰六丁斬蜃汙青萍倒挽銀河洗血腥橫插山頭今
日化塞南魑
魅遠潛形

香罏山在州南二十里中解口之南舊志曰四角棱起儼若
鼎彝

將軍嶺在州南八十里俗名黑圪塔其山巃嵸高出雲霄上
平廣約及里許登之則常豁銅川近在杖履間矣南與五臺
界

西峩峪在州西南十里

紫荊山在州西南二十五里與崞縣界上有趙武靈王祠青峰瘦削高閣雲際西峩水所導源也

案州境之山以滹沱河分南北北山羣宗句注而桑乾更界其陰南山分支五臺而滹沱實環其外記曰兩山之間必有大川言地防之所限也故志北山自累頭始由西而東導乎灅水之源也志南山自峩口始由東而西循乎惡池之流也

滹沱河在州南二里繇繁峙流入州境沇沙浴泥環繞如帶。南北諸水悉會之西南入崞縣界隸州境七十里圖說河自州東南五十里留屬村入州境與東峩水合又西十里受龍務泉又西經棗林堡酸刺溝水自北來注之又十里至圪塔村北鳳游峪水自南來注之又西至平城堡南恨斯水入焉又五里至州城南左會雁門水右會三里河又數里有柳林河馬站河並自北流入又西十里合羊頭神河又西三里西峩水自南注之九龍泉自北注之西南經崞縣之班政村南出境邑人郎長卿滹沱河考余考禮經晉人將有事於河必先有事於惡池心竊異之惡池不甚鉅安能於黃河之上通銀漢下旋地軸爲四瀆之尊者同昭祀典哉然晉水若汾澮涑文源公洞渦諸河載在水經與滹沱等而祀典不與焉且周禮正北曰并州山曰恆山川曰虖池是其配嶽瀆而著靈莫滹沱若也戰國策趙攻中山以擅滹沱漢書郡國志蒲吾注永平十年作常山滹沱河蒲吾渠通漕

圖經魏改爲清甯河唐書五行志永淳二年八月恆州滹沱河及山水暴溢害稼開成元年七月鎮州滹沱河溢害稼隄防考宋天聖間曹馬口隄壞尋復修築金史河渠志元祐七年正定縣滹沱河北決隄寖近城每歲修築聞其源本微與治河不相通後二水合其勢遂猛惟治河自作一流滹沱河水十退三四韵會正韵滹沱在信都北入海史冊所記甚夥皆指滹沱之在正定以下而言今按滹沱源出繁峙縣泰戲山一名武夫山卽今州郡之北山相連雁門平刑關一帶其山最大今俗以其源出小山下名之曰孤山不知卽北山之尾閭伏而復起者也山海經謂產五金不虛也泉有三形類品字涓涓細流雖不僅濫觴亦不甚湍急行數里至下雁村沒於沙由地中行又數里至泊子村噴薄而出至聖水村水始盛一出一沒一盛三村卽以是名類於濟水之三伏三見也西流至州合南山之峩口中解聶營又北山之七里河馬站諸水勢益漲波濤湍悍雖河身闊僅丈而流無定瀆或南或北一月屢遷故兩岸相距數里許又西南經崞縣忻州定襄折而東南流經五臺縣南盂縣北所過山谷險仄水勢一束稍殺又東北入直隸平山縣界會平定之綿水一名阜槳卽治河所謂甘陶河者元初鑿而合之又東經靈壽縣南入正定經

府城南動蕩泛溢滔滔汩汩較之州更津涯莫測矣於是始設隄防以備患通舟楫以濟渡由正定出藁城晉州南入甯晉東溢東鹿出焦岡至冀州與漳滏二水會過衡水合武邑武强入獻縣完固口分為二一由西南入單家橋歷杜林村至鮑家嘴歸衛河此支流也其正流入臧家橋歷河間大城爲子牙河驚濤駭浪兩隄夾立至王家口趨東北入淀以歸海水經注漳水至昌亭與滹沱河會東經樂鄉縣北饒陽南又東南經武邑郡北而東入衡水謂之交津口按正定志滚口營在甯晉縣即其地也滹沱水急流濁所至塡淤易於壅塞每夏秋山水陡發兩山積石無大小入河即沒於沙於是州人有滹沱化石之諺歷考唐宋元明以來潰隄壞稼漫濾爲災或修築以遏流或蓄洩以分勢捍禦愈嚴猶不無衝突之害是其發源於晉歸宿於淀經行不過兩省耳然山西地形高峻又有陵谷統屬是以所至安流至直隸則愈趨愈卑以剽悍之渾流入平川大陸兼合漳滏諸流奔騰涌伏衝嚙於衛晉支分於河間蓋水性就下而不可過也雖有隄防焉能無患至我 朝則河伯效靈安瀾承慶所過州縣率循故道不溢不塞山西之定襄忻州直隸之河間甯晉諸處皆引流種稻爲利甚溥不獨代郡借資灌漑此禮記周禮所爲次黃河而並

恆山祭祀在所必先者亶有以也余家滹水之滸距其源不百里耳轍迹所經得之目覩每遊燕冀之間嘗咨訪其流派雖亦知汪洋浩瀚未能測其涯涘然稽歷代之修廢參諸書之異同獨怪桑欽水經並無其目卽濁漳巨馬諸篇亦不過一二散見者參綜錯伍不覺言之娓娓非敢補水經之缺以勒爲成書特爲居是鄉者知門前之袞袞長流咫尺而有千里之勢後有窮源竟委者可執斯篇以爲嚆矢云

東戢河源出中臺山水經注曰中臺山頂方三里近西北陬有一泉水不流謂之太華泉是也其水再發爲三源經西臺下合流入戢峪至戢口入州境有西泉注之北流入滹沱

西泉舊志云源出圭峰山西澗中澗有石形方正高百尺水由上瀉珠絡露垂涓流爲泉從石竇湧出又伏流百步許復出響若撫琴灌溉汲飲四時不竭

高泉在州東南二十五里黑山之北

龍務泉在州東南四十里龍務村北流入滹沱明邑人王錀詩南山一脈暗相通湧出靈源映碧空蘸筆欲題崖上石恐驚水底百年龍自注余初欲更務作霧後閱左傳龍見而畢務乃知古人取名之義

酸刺溝水在州東三十五里源出北山酸刺溝東南與分水嶺水合南流經望臺顯王諸村至棗戶城東入滹沱

峪口河在州東南十五里卽鳳游峪水也源出五臺楊林嶺峪道修阻澗溪交縈積爲巨流行者百步一涉也北出峪口村民引以溉田流數里入滹沱舊志曰峪中有異獸狀如羊一角一目目生耳後見則歲大豐俗呼曰𤚩

恨斯水出赤土溝北西南流至平城堡東左會磨坊水入滹沱俗謂秦太子扶蘇死於是間故水聲流恨如呼李斯殆齊東語也

雁門水出雁門山導源關城東門外循路奔流曰柏谷泉别有藍水注之山半爲雲際泉與之合曲行陘道中出山東南流至城北循隄而東過東關入滹沱或曰卽古常溪水也

柳林河在州西七里源出上田都經七里鋪入滹沱一名七里河

馬站河在州西十里

羊頭神河在州西二十里陽明堡源出茹解都有二源一自

黑龍導源流徑堡東曰東河一出黄龍池右匯龍祠水上池水流逕堡西曰西河並南入滹沱

三里河在州西三里源出三里村徑西關南入滹沱

龍躍泉在州西北二十五里水經注曰龍泉出雁門西平地其大三輪泉源湧沸騰波奮發以巨石投之水輒噴出亦云潛通燕京山之地也

西䕶河在州西南十里導源紫荊山出峪至中解其流始巨亦名中解河北入滹沱

九龍河在州西北三十五里南流入滹沱

豹突泉在州北四十里雁門關西門外平地突出其勢猛奮

故名北流入桑乾

玉帶河源出東門內有泉曰青龍循城而南至參將署前别有二泉會之以達於南門學宫在南門之右前有星聚泉潛源泮池舊甃石泉上作六孔象南斗嘉慶中知州孫樹新濬其流瀦爲塘駕橋中街使兩泉相通名玉帶河而建祠於青龍泉上築隄植蓮爲遊觀之所

舊志金波泉在城東北隅水甚甘釀酒號金波俗呼琉璃井玉液泉在譙樓西北澄玉泉在東門闉城內水並甘美

益美泉考棚前古井也塞而復濬味甘不減於前故名

峩河渠自峩口起由東而西溉峩口下社傅村南留屬各村地

中解河渠自中解口起溉中解十八街各村地

峪口河渠上游溉王家會岡上峪裏各村地出山經峪口上下沙窊田村選仁下莊金盤上曲各村並有支渠

滹沱河渠在河北者有看花臺平城堡南家寨下門王買村棗林堡西留屬各村在河南者有東張圪塔東旺西旺園子河頭羊角灣各村

各渠並自立夏日始按時日分水程以次引溉村設渠頭司之。

案州中經流以滹沱爲大而沙寒水勁南北遷徙不常瀆河渠堰時有淤塌其地半屬屯田頃畝既難稽實渠道亦無條貫至如城中之玉帶河城外之雁門水西鄉之柳林黑龍諸泉所溉率畸零均無渠堰可言故圖說不備惟峩河中解峪口三渠則自唐時已享其利州中營田六百餘頃三渠蓋不啻居其半矣

古蹟

漢廣武故城在州西十五里前漢屬太原郡爲太原都尉治所後漢改屬雁門郡魏晉並爲雁門郡治後魏徙治上館城此城遂廢今名古城村寰宇記曰漢高祖械繫劉敬於此地

案楚漢之際李左車號廣武君以此蓋秦舊縣也通志謂隋開皇十八年改雁門縣非隋改縣在北魏徙治上館之後卽今城此地乃雁門故郡不得云雁門故縣也

漢陰館故城一名下館城在州西北七十里朔州界寰宇記朔州有陰館城是也或曰卽今廣武舊站考其地望當不甚遠地本秦樓煩鄉前漢爲雁門屬縣後漢爲雁門郡治後魏於此立平齊郡隋置桑乾鎮隋書王智辨討劉武周圍桑乾鎮陳孝意傳云戰於下館城是一地也

方輿紀要陰館城在州北四十里誤辨詳沿革又云善無城在州西北七十里尤誤善無爲前漢雁門郡治故城在

朔平府顧氏蓋因明人舊志州北四十里有雁門廢縣之說遂以爲陰館而西北七十里之確爲陰館城者反無地可實遂以前漢雁門郡治之善無當之也

漢平城縣故城今名平城堡在州東五里寰宇記後漢末立故縣城在西南

案漢平城屬雁門郡今大同府治後魏所都者漢末匈奴擾亂城邑荒蕪建安十八年曹操鳩集遺民立新興郡陘嶺以北之縣並移而南此城當建於其時方輿紀要云僑置是也城在州正東寰宇記誤爲西南

古上館城卽今州治續通典後漢雁門郡治陰館今句注山

北下館城是魏文帝丕移雁門郡南度句注治廣武縣今州西廣武故城是後魏明帝詡又移置廣武東古上館城今州城是也

方輿紀要云魏志牽招傳招爲雁門太守繕治陘北故上館城置屯戍以鎮內外或疑上館亦在陘北非蓋招傳謁以下館爲上館也

後魏原平故縣後周肆州並今州治

說詳沿革或疑此原平即今崞縣南四十里之原平鎮非魏書地形志肆州領郡三永安郡之定襄陽曲平寇蒲子驢夷五縣爲今定襄五臺及忻州以南陽曲以北之地秀

容郡之秀容石城肆盧敷城四縣爲今崞縣忻州定襄以
西及甯武以東之地雁門郡之原平廣武二縣則今代州
繁峙地地形志秀容縣有原平城確爲今原平鎭漢晉舊
縣也若雁門之原平縣志謂有陰館樓煩廣武三城龍淵
亞澤二神又確在今代州一爲秀容之屬地一爲雁門之
郡治地望遣別無從强合魏書段霸雁門原平人而世居
廣武城則其始分廣武地置原平其後仍倂爲一縣復名
廣武燎然無疑
隋雁門廢縣卽今州城開皇十八年改廣武縣置唐及宋金
因之元廢舊志雁門廢縣在州西北四十里誤

方輿紀要後魏徙縣於上館城仍曰廣武縣爲雁門郡而廢城亦曰古雁門城唐武德八年突厥寇廣武蓋卽雁門縣也

棗戸城在州東三十里今名棗林亦曰棗雲寰宇記云隋圖經初築此城以地多棗樹爲名土人云此棗多輸北京

金廣武縣故城在州西北六十里今名舊廣武金史地理志代州廣武縣舊屬朔州是也

一統志金廣武故城在崞縣南四十里通志今廣武舊站卽魏所徙郡治並誤辨詳沿革考廣武城在州境者有三一爲州西古城漢故縣也一廣武舊站金故縣也一廣武

營今名新廣武明所建雁門守禦所也若崞縣南之唐林石晉時亦名廣武與北魏北豫州之廣武郡東燕州東夏州之廣武縣皆名同地異

古長城在州北北齊及隋並嘗興築以備突厥北史周大象中于粟翼巡長城立亭障西自雁門東至碣石寰宇記隋長城自繁畤縣東入飛狐界是也飛狐今廣昌縣隋繁畤縣治武州在代州西六十里宋沈括言遼人彊地以古長城分界去黃嵬山三十里則城至宋時猶存明之三關內邊因其舊址而加築之耳

古雁門關在州西北五十里即太和嶺也宋靖康二年金人劫欽宗帝后自鄭州而北至代度太和嶺即其地也在句注

山巔所謂陘嶺之險者

方輿紀要雁門關舊名句注亦曰西陘在今關西數里元廢後遂移置於此蓋即句注故道改從直路南出耳案元史百官志太和嶺設千戸所未嘗廢也嶺前爲太和口後爲白草溝與今雁門關截然兩道顧氏約略言之耳

雁門渠在古城北寰宇記引圖經云邑地井泉鹹苦民皆遠汲魏牽招爲郡鑿原爲渠注水城内民賴其盜

方輿紀要謂即今東關水非今城乃牽招爲郡時上館城也

常谿今不知所在或云即雁門川漢韓安國曰孝文帝嘗擁

天下之精兵聚之廣武常谿郡國志雁門有常谿水

温湯北齊楊愔嘗就雁門温湯泉療疾今失所在

蒲池在陽明堡北今名滹沱店魏書太和十八年閏月癸亥

帝次句注陘南皇太子朝於蒲池

案滹沱字古書所載例無定體山海經作虖勺又作虖多

別本或作灌池周禮作虖池禮記作呼沲注作惡池字林

作滤池秦詛楚文作亞駝此蒲池當亦滹沱之異文

莫壁谷今不知所在隋書大業六年雁門人尉文通聚衆三

千保於莫壁谷

樂安鎮在州北七十里今譌爲安樂唐大順初幽州帥李匡

威引蕃漢兵攻雁門北鄙遮虜軍李克用遣李存信等擊之營渾河川之田村戰於樂安鎮幽州兵皆潰即其地也

大黃平在州北宋熙甯八年遼遣使來議疆事詔劉忱等會議於代州境上之大黃平

龍淵神魏書地形志原平有龍淵神案即水經注之龍泉也在州西北二十五里

亞澤神魏書地形志原平有亞澤神疑以祀滹沱者秦詛楚文要冊告亞駝亞讀爲惡爲滹沱之同聲字猶戴記之惡池也

唐河神祠在州城南元和郡縣志開元九年并州刺史張說

奏置

摩笄山神祠河東記李存古爲衙將擯於雁門郡雁門有摩笄山神存古常禱其廟願得生還

皁通監在譙樓西今爲武安君祠金大定十八年代州立監鑄錢二十年名監曰皁通二十九年以雁門五臺民訴言不便罷之

南樓明一統志在南門外蓮池間舊志西有看花臺今並圮金趙秉文代州南樓詞調望海潮雲朔南陲全趙寶符河山襟帶名藩有朱樓縹緲千雉迴旋雲度飛狐絕險天圍紫塞高寒弔興亡遺迹咫尺西陵煙樹蒼然時移事改極目傷心不堪獨倚危欄惟是年年飛雁霜雪知還樓上四時常好人生一世獨閒故人有酒一樽高興不減東山元好問代州門外南樓二首東洛西秦往復迴幾番風雨與塵埃家山

最與南樓近三十三年恰再來汀樹微茫岸草青滹河四月水洽洽鳳山可是生來巧堪與南樓作畫屏

宋使臣滕茂實故居在天甯寺奉使天甯節有感詩寺中作也詩云節臨重十慶天甯古殿焚香祝帝齡身在北方金佛刹眼看南極老人星千官花覆常陪讌萬里雲遙阻在廷松柏滿山聊獻壽小臣孤操亦青青注汴梁故老云嶽宗本以五月五日生以俗忌移之十月十日故此詩有重十之句案天甯寺建於唐貞觀中爲州中巨刹奉使至代蓋嘗居此而寺名適與徽宗聖節同名故詩有古殿焚香北方佛刹之語

瑞柏堂金郡人張氏居也趙秉文有詩今不知所在金趙秉文代郡張氏瑞柏堂詩鬱鬱何年植盤盤兀老蒼文章探篆籀忠義抱風霜子舍占烏鵲孫枝託鳳凰主人廊廟具會見拂雲長

郅君柏在郅都墓側寰宇記都葬雁門墓側有古柏五十餘

株號郅君柏墓今失所在或云在州東南舜山下
斷景樹在城東南二十里斷景村唐令狐楚白楊廟碑云魏孝文嘗繫馬其下故立廟名勝志謂漢文帝爲代王召立時猶豫不決倦臥樹下日將下舂樹爲停其陰誤
脫殼楸在北關太甯宮宮即宋壽甯觀也續夷堅志天聖中觀有一楸樹老且枯矣劉海蟾過州賣不死藥三日不售投藥樹中明年枯枝再茂人目爲脫殼楸又觀中舊有海蟾子自畫像及題壁詩十韵龜鶴齊壽四大字今並不存
李晉王像舊在柏林寺中後唐同光三年莊宗建寺內遺像共七人王衣緋袍距胡牀其右冠王冠而衣黃者亞子也其

左冠虎冠而衣青者存孝也其二東向侍其二西向侍莫知爲誰王挾矢睨視之蓋王眇一目號獨眼龍畫筆爲王諱之
明武宗過代持像去今摹像留寺中
案七頌堂識小錄以虎冠者爲安敬孜舊志謂爲存孝誤
武宗亦未嘗至代辨詳雜記
劉海蟾像一在壽甯觀一在鳳凰山來儀觀幅巾黃衣右肩挑酒瓢左肩提布囊又有所畫土星圖見元遺山兩山行記
今並亡
舊志東西花園在州西七里柏林寺旁云晉王克用游賞地潘家莊在州南十里鳳山麓云潘美守代時嘗游憩於

此附存又薄村俗傳漢文帝母薄太后葬此鹵城在州東百里則誤也通志樓煩鄉在州西三十五里案景帝改樓煩鄉爲陰館地在關北朔州界州西之樓煩乃劉琨所徙五縣之民於陘南別立城邑者詳見沿革魏書地形志雁門原平縣有陰館城樓煩城卽琨所立之城也陰館或云卽今州城今州爲上館城不知始於何時豈劉琨徙立時易其名與下館對言之耶若舊志謂卽漢之陰館則大謬樓煩城在崞縣東十五里又云懷化故縣貞觀中隸代州案唐志懷化縣僑治秀容以處突厥降人者高宗時廢證聖元年置武延縣後爲唐林今亦爲崞縣地又云鈃陘穆天子至此作黃竹詩案穆天子傳注鈃山在常山石邑縣

寰宇記謂卽井陘也以西陘當之非並刪之

方輿紀要神武軍城在州北案神武軍本名大武軍卽大同軍也在朔州馬邑鄉

寰宇記代州有靈邱城參合城武州塞拓跋陵案靈邱參合並漢代郡之屬縣武州塞在鴈門北拓跋魏建都平城魏書帝紀所載諸陵皆在今大同府境

冢墓

郅都墓見前古蹟彭兆蓀鴈門太守郅都墓歌蓬顆纍纍薇抔土酷吏雄威昔如虎僩宗三百不敢肆十郡畏之如大府持節防邊鴈門守六角十箭聞風走偶人不中中漢法終使蒼鷹遥授首嗚呼民樸畏罪班氏書獨先嚴酷胡爲蹴遺墟過者尙側目轉想漏網吞舟魚救火揚沸理不常豈但坐殺臨江王不聞同時桐鄉葬朱邑至今遺民

猶雨泣王軒雁門太守行术吏蒲鞭堪治邑畫地爲牢安可入柰何人命輕草菅一路甯如一家泣八駿游荒作選牘小邦亦事刑書鑄本意漸失文網繁愼祥一變爲嚴酷漢承秦儆獨煩苛約法三章民氣和豈知重吏輕儒術科條未免祟參何吏治西京號近古不獨杜母與召父雁門太守爾何人酷吏乃自爾作祖絕塞健兒善彈射東草陊弓走空壁重瞳怒咤樓煩驚遯爾身親冒鋒鏑九秋風急鷹飛同棱翩金距拏雲開中都豪貴盡側目當時部民呼可哀君不見南國甘棠猶愛樹桐鄉他日魂歸處故鄉咫尺荒雲山麥飯誰澆郅都墓自注去余家村東二里所師村東有漢中尉郅都墓

案寰宇記洪洞縣東南二十里有郅都墓洪洞漢楊縣都楊人死葬鄉里宜矣此地在漢爲廣武屬太原雁門太守時治善無在今右玉縣南都伏歐刀非自殺者當死於長安卽遣使賜死不得歸葬其墓亦當在所部之內何以踰二百餘里而羈棺於此寰宇記兩載之終疑所謂郅君柏

者出於附會也舊志郅都墓前載有魏拓跋陵云卽猗盧封代公卒葬雁門山中蒙恬墓云築城於代卒葬州東二十里案猗盧爲代王都定襄之盛樂在今歸化土默特南其子六脩鎭平城在今山陰縣北黃花梁西後討六脩爲所弑死於民間謂葬雁門山不爲無因故寰宇記亦謂州有拓跋陵然其疆土皆在陘北無舍本國而葬客土之理蒙恬死於上郡所築之長城起臨洮歷九原雲中以至遼東皆不在雁門通志疑爲蒙毅似是然毅禱祀山川於代爲二世所殺乃今蔚州之古代亦不在代州

唐雁門節度使李國昌墓在州西七里柏林寺東

晉王李克用墓在柏林寺東金天眷中爲寺僧所發元駙馬闕里吉思嘗置守冢二十餘家土人稱爲晉王陵　元李俊民題李晉王墓詩雄名凜凜震沙陀爲國功深奈老何多少三垂岡上恨伶人那進百年歌　國朝彭兆蓀李晉王墓下作三峰飄泊悲殘唐齊雲樓上歌淒涼誰援十八葉天子朱邪系出金婆陽赤馬將軍賜屬籍黑鴉突騎威戎羌渭橋轉戰果頭滅論功第一加平章霸才往往遭忌嫉山陽賊子東平王表誅山南稱亂首無乃有意相參商東遷奇變起椒殿三百世祼歸大梁雄心莫遂渡河志坐使朱子成天亡我來下馬拜殘冢豐碑剥蝕龜趺僵義兒子將盡安在楸梧松櫪森成行當年破賊過上黨還軍置酒三垂岡緇衣奏曲感衰老樽前涕泗淚汍瀾一笑風雲爲變色奇兒帳下排銀槍貔貅磨牙競竊國赤心家世眞堂堂英雄獨推獨眼獨豈得例彼邠岐梁柏林寺旁亂莎草射鳧川口霏煙霜西風蓬蓬墓門轉雁山日瘦天蒼黃靈光皓魄自來去長與兵氣同飛揚　曹溶李晉王墓詞調滿庭芳同朱彝尊作殿宿莓苔岡平贔屭虛寢遙控簾鉤義兒成隊左右列松楸誰放沙陀雁影盤仙李飛入并州收京闕赤心家世長拱紫宸樓　英雄誇亞子提刀百

戰囊矢前驅漸司香遺廟藿玉荒邱事去棠梨漫落滹沱化淚點長流金鳧出伶官天下麥飯一時休　朱彝尊詞獨眼龍飛鴉兒軍至百戰真是英雄沙陀去後席卷定河東多少義兒子將千人敵一一論功爭誇道生來亞子信不愧而翁　前驅囊矢日三垂岡上置酒臨風歎綠衣天下回首成空冷落珠襦散盡殘碑斷不辨魚蟲西林外哀湍斜照法鼓影堂中　顧炎武李克用墓唐綱既不振國姓賜沙陀遂據晉陽宮表裏收山河朱溫一篡弑發憤橫琱戈雖報上源仇大義良不磨竟得歸京雒九廟仍登歌伶官隕莊宗愛壻亡從珂傳祚頗不長功名誠足多我來雁門郡遺冢高嵯峨寺中設王像緋袍熊皮鞾旁有黃衣人年少神磊砢想見三垂岡百年淚滂沱敵人亦太息如此孺子何千載賜姓人流汗難獨過案顧集有太原贈朱彝尊詩注云盜發晉王墓得黃金數百斤不詳何時事附識於此

代州刺史李克讓墓

昭義節度使李嗣昭墓並在柏林寺東五代史嗣昭本姓韓太谷人太祖弟克柔養子也爲昭義節度戰死鎮州舊志明

正統己巳盜發一孔其內甃石爲壙上繪日月星斗下繪各
方神像南有一門土瘗其半成化庚寅鎮守總兵王公信命
工修治完固焉

明邑人王鑰弔李嗣昭墓文遊廣武之故墟
兮探往迹以追古感閒愁之萬種兮何獨勞
而獨苦慨將軍之既殞兮遺數尺之荒邱嗟九原之不作兮
終萬古以千秋昔將軍之在唐兮威風疾若霹靂橫行諸鎮
不憚兮伊誰與之爲敵邀處瑾於九門兮帥三軍以當道鎮
兵暗設危機兮流一矢以中腦拔流矢以返射兮仇人遂喪
其魄毒入骨不可療兮將軍亦斃是夕莊宗爲之痛惜兮連
日不御酒食諸子扶櫬歸晉兮卜兆安厝雁門孤冢突起崇
岡兮萬年棲止英魂斗山蒼蒼萬丈兮鎖杳靄之暮雲古城
隱隱數仞兮映蒼茫之夕曛穹碑苺苔繡澁兮雨剝前代之
銘荒塋荆棘叢雜兮歲發燒痕之青古木槎牙纏蔾兮月夜
寒鴉來啼衰草迷漫壠坂兮秋風飂兎潜茲歲月寂寞無人
兮春秋祭祀荒涼盜賊窮約不仁兮暮夜竊發所藏總戎修
飭甃固兮竁壙土而隧道堅土脈深厚蒼潤兮風水秀而草
木姸英魄爰止爰居兮眷戀常以是依也靈颷倏焉忽焉兮
恍惚不可以測也騷人墨客來弔兮幽憤鬱結難洩也爲撰

哀詞招挽兮未審將軍聞乎不聞也

案通鑑嗣昭帥師圍鎮州鎮將張處瑾遣千人迎糧嗣昭要擊殺獲殆盡忽矢中其腦嗣昭拔矢返射殪之是夕卒晉王聞之悲痛不御酒食命其諸子護喪歸葬晉陽其子繼能不受命帥兵擁喪歸潞舊志易晉陽字為代郡謬然其墓又確在此豈其子繼儔叛後歸正復自潞州遷葬於雁門歟朱竹垞晉王墓二碑跋一為國昌一為國昌之次子克讓云土人相傳王墓上舊有十三碑似克用父子兄弟並葬於茲而嗣昭墓當亦有碑可考以義見從葬殊不可曉而明人紀事疎略竟不舉一辭今則并竹垞所見之

二碑亦亡矣

宋工部侍郎滕茂實墓在州東七里有自題墓碑九篆字久亡明萬歷中都御史許守謙復豎石表之十八世孫季達有記兵備道廣藍謁滕侍郎墓詩靖康之變宋顛覆侍郎代食宋之祿主憂臣辱分當然時危焉敢安華屋持旌慷慨入朔雲謬荷吾君託心腹議和割地一力爭拘留代北冥窮蹙冰天雪窖強逼降義不能屈計已熟一朝故主徙青城宮車遥度雁門麓舊臣無敢問起居惟公獨伏路旁哭悲聲如咽滹沱水義氣直撼臺山木敵人見之更心傾誘以高官令易服哀詞早已託友朋後事安用問親屬馬角不生節旄落一死報君頁瞑目黃旛藁葬代城東篆碑九字鑱苔綠邊民相與起祠堂異世猶然禁樵牧嗟我去公八百載得居是邦景遺躅昔讀公傳爲泫然今謁公墓尤生肅一詩豈足表忠貞願爲萬世臣子勖

金祭酒劉復墓在州西七里極樂寺西北里許

四女冢在州西十里許舊志三冢相連又一冢稍北纍纍相望不審名氏

明都御史弋謙墓在城西半里許

都御史趙文博墓在州西北里許牛脊梁

贈光祿寺少卿孫璽及編修紹祖紹先墓在州東北一里孫家園

兵部侍郎謝蘭墓在州東三里謝家莊

兵部侍郎吳嘉會墓在州西二十里下花家莊

兵部侍郎王夢弼墓在州西四里段家河

布政使安嘉善墓在州西北五里

給事中楊恂墓在州東北三里
南京通政使張崇禮墓在州西北四里許考槃園
刑部郎中施重光墓在州東南十里上曲村東南
安州知州李橋墓在州東北二里瓦窰頭村
參議楊鼎樞墓在州東北五里蘇村西北
固原參政馬琜墓在州東北壩牆内
户部郎中李升吉墓在州東北二里瓦窰頭村
兵部尚書張鳳翼墓在州南六里張家園
孫忠靖公祖墓在州西二十里牛站村西
二張先生墓在城西北二里許張令聞及弟令名明末以諸

生殉節者

孝子王大順墓在城西北一里許四圪塔右

國朝江南左布政馮如京墓在州西二十里花家莊子參議雲驤給事中雲驌孫南甯府同知壐台州府知府塈曾孫廣西按察使元方並祔

浙江臨海縣知縣李言恭墓在州西北十二里下沙河村

御史馮右京墓在州西二十五里小茹解村知縣雲奏中書鍾宿知縣奕宿知州光宿知縣觀祚並祔

福建副都統王應虎墓在州西下花家莊西南

湖南巡撫馮光裕墓在州東北八里煙旺村子編修祁孫江

西按察使廷丞孝廉方正廷工並祔
杭嘉湖道馮章宿墓在州北十五里陳家莊
直隸按察使郎若伊墓在州東四十里西留屬村北
東河總督馮晉祚墓在城北陳家莊
知府馮清聘墓在銀盤梁
普洱鎮總兵孫爾桂墓
徽甯池道馮志沂墓在城北狼澗溝

物産

左傳冀之北土馬之所生戰國策北有代馬之用
爾雅郭注夏屋山有獸形如兔相負共行土人名曰蟨呂氏

春秋䴡兔後而鼠前

陸機詩疏芑菜似苦菜青白色摘其葉白汁出肥可生食亦可蒸爲茹青州謂之芑西河鴈門芑尤美

山海經鴈門山鴈出於間

穆天子傳注礝石出鴈門山白者如冰中有赤色

本草肉蓯蓉一名黑司命別錄生河西山谷及代郡鴈門陶宏景曰代郡鴈門屬并州多馬處便有之言是野馬精落地所生生時似肉作羊羹補虛乏極佳

元和郡縣志代州貢鵰翎五具

太平寰宇記代州土產麝香豹尾雕翎賦麻布青碌彩通典鴈門

郡貢熟青二十兩熟綠二十兩

案記所載皆唐當貢之物今並無之土人既不解織布皆取給於直隸至麻亦匙有植者漢崔寔政論曰僕前爲五原太守土地不知緝績乃賣儲峙二十餘萬詣雁門廣武迎織師使巧手作機以教民績云云當時蠶桑之利且爲邊郡所式今則不知爲何物矣風氣之相懸若此

段成式肉攫部鷹荆窩白者短身而大五斤有餘便鳥而快一名沙裏白生代北沙漠荆窩上向雁門馬邑飛

本草別錄赭石出代州者名代赭俗呼土朱鐵

張能臣酒名記代州有金波瓊酥舊志云味醨而厚醲而清

趙閒閒詩金波會醉雁門州

金史食貨志代州阜通監隨冶夫匠日辦淨銅四兩一統志銅出鳳遊峪今閉塞

陸深燕閒錄山西地寒陳汝止伯安兵備代州爲余言北上雁門更寒雲中更寒然煖木實產其間此陰中陽也

通志莎草出代州圖經名水莎爾雅名莎結李時珍曰莎葉如老韭而硬光澤有劍脊棱五六月抽莖開青花毬如黍子大者如羊棗昔人傳有病疝者客於代睪丸如盌腫脹作痛薰之痛可耐睡於牀醒則睪丸縮入八九矣問主人煬火之草則莎草也後疝發復薰之竟大愈想疝乃肝經病寒勞惱怒則發而以通肝行氣之火薰之自然血行寒散煞有至理也

周志山海經泰戲之山有獸曰𪊨𪊨其鳴自訆通典𪊨見則歲豐州峪口河有異獸狀如羊一角一目目生耳後見則歲豐俗呼爲䎱當亦𪊨之類然見亦罕矣

吳志代桃最美又名胡桃色白又一種質圓而形匾味尤甘美俗呼爲柿子桃

舊志穀之屬有黍稷稻高粱大麥小麥燕麥大豆小豆菉豆黑豆黃豆豌豆豇豆扁豆土之屬有石炭土鹽白土紫土包金土

案吳志物產悉依通志編纂而並三縣羼入茲略爲抉摘間搜古籍補一二餘仍其舊

代州志卷三終

《山西文華》編纂委員會　編

山西文華·史料編

代州志

清光緒版　第二册

卷四至卷卷卷八

清　俞廉三◎纂修　清　楊篤◎參訂

山西出版傳媒集團
三晉出版社

山西文華

代州志卷四

志二

建置志　城池　廨宇附園林　鄉都　關隘
津梁　驛遞　鎮集　坊表

城池

州城古上館城也後魏明帝自廣武城東移於此為鴈門郡治後周置肆州隋改代州歷唐迄元並因之而興修無可考明洪武六年吉安侯陸亨都指揮使王臻因舊城甎甃之周八里一百八十五步高三丈五尺池深二丈一尺（舊志中有活水四面故生蓮嘉靖中淤後西北二面復生今皆廢）門樓四角樓亦四鋪舍五十月城亦建四樓規制與門樓稱月城外又為羅城高及城之半各設

暗門吳志四門顏額東曰屏藩畿甸西曰車輔晉陽南曰滹沱帶繞北曰廣武雲屯南無關西關城
周三里一百九十六步壕深丈許景泰元年參政王英築東
關城周三里壕深二丈成化二年都指揮同知張懷築北關
城周二里許舊有濠今為沙河所淤三關悉土城也萬歷中
並甃以甎石唐王維送趙都督赴代州天官動將星漢地柳條青萬里鳴刁斗三軍出井陘忘身辭鳳闕報
國取龍庭豈學書生輩窗間著一經　李頎送邊將之雁門
防秋戎馬恐來奔詔發將軍出雁門遙領短兵登隴首獨橫
長劍向河源旌旗落日黃雲動鼓角陰風白草翻若使干戈
更深入應聞收捷到崑崙　陳去疾送韓將軍之雁門荒壘
煙烽百道馳雁門風色暗旌旗破圍鐵騎長驅疾飲血將軍
轉戰危畫角吹開邊月靜縵纓不信塞塵窺歸來長揖功成
後黃石當年故有期　金趙秉文代州書事金波會醉雁門
州端有人間六月秋萬里山河雄朔塞四時風月入南樓漢
家戰伐雲千里唐季英雄土一邱繫馬朱欄重回首煙波誰
在釣魚舟　明楊巍雁門九日小集無與登高二首九塞行

將徧三秋歲欲殘故鄉歸不得朋輩且相寬雲送川原暝風吹松桂寒干戈仍未息何處可憑欄把酒不能醉登高奈所思豈堪雲斷處正值雁回時風雨樓煩國關山李牧祠寒花無意賞況復鬢毛衰

劉渾成雁門閱兵落日蒼茫照大旗轅門新柳綠垂絲旌麾萬隊分前後虎豹千羣列正奇指顧風雲推將略笑談尊俎見英姿書生素抱封疆慮今日臨戎慰所思

魏允貞代州大雪風色邊城晚太驕雪花萬片故飄飄正愁將士防青海敢望君王賜紫貂縱酒欲謀烏府醉投醪不惜大河遙故園此際誰溫席白髮歸心一夜饒

又登代州城樓有作寄馮宮詹用韞形勢并州頗是雄高樓獨上意無窮秋禾競起千村雨塞馬嘶寒萬木風白白雲瞻漳水曲曈曈日麗未央宮故人不見經年面何處登臨感慨同

又明年至代再雪九月寒甚秋老霜臺紛見雪異寒邊地重傷神設奇安得澠爲酒盡醉能令戶有春紫塞尚傳黃竹曲青山一似白頭人遙憐故國親闈在卻恐西風吹去頻

李濂雁門用韵杳杳黃雲古城翩翩驄馬孤征磧塞風雕不下關河雪雁爭鳴何處寒營鼓角誰家暖閣簫笙回首難消旅恨斜陽無限邊情

郡人謝蘭雁門唱和風入草堂幽看山翠欲流絲絲簷外雨點點水中漚破敵思長技論兵足壯謀采薇歌出戍邊色不禁秋

馮明期秋日登城樓莽莽來

寒色蒼蒼落野柯白雲迴句注秋色滿滹沱此日登臨壯百年感慨多邊隅四戰地鎖鑰近如何　國朝彭兆蓀代州作斥堠并山路鞭絲鈃隥秋寒泉嘗豹突神水問羊頭塞迴榆陰直霜嚴馬色愁憑誰話鉤黨一訪吉祥樓自注趙南星謫戍代州所居小樓顏曰吉祥　王軒登代州城樓重闢百尺控三邊畫角聲寒咽晚天半壁晴開馬邑戍萬家秋擁雁門煙雕盤大漠雲垂白駝臥平沙月印圓弔古無人臨廣武至今長憶左車賢

案周志謂城爲魏文帝所築廣武軍吳志以爲後魏文帝考曹魏移雁門郡南度句注治廣武乃今城西十五里古城吳志從通志改爲後魏自廣武軍移於上館城是矣而又誤明帝爲孝文且廣武乃縣名以爲軍亦無稽

沙河雁門水也自城西北曲徑其東而北關實當其衝明時水漲及城兵備張濬築隄遏之而濁潦歲淤益淤益高

至於今日幾與堞平隄身既單又逼於隍無能爲重塹以制未雨綢繆急宜留意者也

光緒四年十二月西城坍塌二十餘丈署知州杜崧年率士民捐修未畢工南城復有圮者近議興築

屬縣五臺城後魏太和中建周三里二十步南北西三門明正統十四年知縣張智展築萬歷三十三年知縣李養才甃以甎石國朝乾隆三十一年發帑重修崞縣城隋開皇中建吳志晉永壽四年建案晉無永壽漢桓帝號永壽又僅三年周四里十三步高四丈餘池深三丈門四元末察罕因舊城截築明萬歷二十七年甎甃國朝順治六年知縣范印心重修繁峙城明萬歷十四年建周四里高三丈五尺池深一丈五尺東西南三門舊城建於唐聖歷二年在滹沱河南明知縣塗雲路移於河北國朝康熙四

十年知縣齊士琬修乾隆三十一年發帑重修

廨宇 附廢廨 園林

雁平道署在城中右方明成化中建正堂五楹前爲露臺夾以甬通中爲儀門儀門前爲大門皆三楹其外有坊曰觀察復爲甬道直達大街樹三坊中曰秉憲籌邊左曰三關筦鑰右曰六郡屏藩正堂之後爲退堂亦五楹東西各闢軒亭爲宴集賓客之所臨內宅有樓登之可以眺遠兵備黃祐心水軒試士有作舊代干戈地熙朝樂育深三關安作息多士洽謳吟夙有觀風意重叨秉憲臨清和乘令序蹌濟集儒林劍氣輝層漢文思積寸陰悲歌存趙俗勤儉嗣唐音詎有衡規模翼整稱壯才鑒常懷見獵心所期能利濟珍重爾爲霖觀焉乾隆五十八年兵備陳重修道光二十二年兵備薩繼

修。光緒五年兵備廣又修。廣蔭雁平道廳記：兵備有整飭戎務之名，而不司軍符；有督率吏治之責，而不親民事。故於諸官爲簡。　國家德威遠播，秋防久弛，昔之毳帳甌脫悉隸臣僕，地不當水陸舟車之會，職不任榷算轉輸之勞，故雁平兵備又於諸道爲簡。道署在代，舊稱巨麗。乾隆末閩縣陳公修之，道光中長白薩公再修之，葺故營新，寢居廓裕，獨門闕之壯觀瞻者，苴漏扶欹，未暇重治。寢久寖頹，材弛基陷，官此者以其工鉅費宏，艱與大役，相與坐聽其圮，或且假館於他所。嘻！建表設著之謂何，而傳舍視之，無乃太簡，重爲邊鄙滋口實也。余以光緒丁丑奉　命莅職，不自菲薄，輒欲營建。詢之僚屬，僉云前政度工屢矣，非五千金不辦，顧安所出？乃上其議於當道，久之得庫款五百，衆難之，余亦氣沮。既而曰：以治事勞心者也，吾才薄詠不逮人，以治居勞力者也，吾職閒猶可任已，苟有以藉手，吾已乎哉？遂以明年二月興工，材不維新，中程而已；役不及衆，稱事而已。經始於堂，由堂而內，爲廳事，爲客館，以及寢室庖偪，皆因其舊而繕完之；由堂而外，爲垣一，爲門二，爲闕四，以及文書掾曹、鼓角軍牙，皆拓其基而修復之。凡靡金二千五百有奇，再請於上，前後支諸藩庫者約及二千，不足益之以俸。四闕者其三臨市衢，工尤鉅，又二年始底於成，軍民聳觀，規制大備。

衆皆豪余之舉而不知余特自幸所遭不苟焉以處之規規於求可求成無所謂豪也夫世之揮霍者才足以剸鉅則起廢無難力足以動衆則勸功亦易余舉皆無能獨以樸拙性成值時清宴習處邊陲視若家室有優游卧治之樂無旦夕速遷之念事半而功倍亦不期而然者也易曰節以制度傳曰好整以暇竊有取焉顧非吾官簡而能以之治居若是乎而况其大於治居者乎書以自勵並以告後之居是而臨民者

州署在東門内大街北明洪武十年知州田立建正德中知州張鍰嘉靖中知州李良能萬歷中知州陳宗凱並增修之

國朝順治初知州羅士能乾隆中知州施敬勝再修其制大堂五楹左曰幕廳右曰齋室東西庫各一露臺前有坊書戒石四語儀門三楹大門一楹門之右有延賓館前有三闗古郡坊今並廢大堂後退堂三楹旁闢别院退堂後有正廨五楹

特宏敞其西有可軒。嘉慶中知州孫樹新所葺也。同治九年知州章節文重修

州判署在州署西。前有坊東向，堂三楹，廳事書室惟備

吏目署在州署東。前有坊西向，堂三楹，堂後內宅六楹，西闢小軒，古樹婆娑，殆數百年物也。光緒四年吏目蔣模重修

參將署在城東南隅，臨玉帶河，本御史行臺也。明萬歷戊申改建。吴志。明初設於城之艮方，因多怪異，遂移於此

守備署在城西南隅，即戸部分司改建

貢院在譙樓東。康熙二十二年建。乾隆四十九年知州吴重光重修。同治六年知州昌祿再修。邑人張瑜新建考院附義塾記。康熙二十有二年夏

六月考院成守雁平道參議張公之所建也公江南彭城人諱道祥字拙存性仁慈好義莅治十年布愷施恩興廢舉墜苟利斯人雖費不惜申酉之間民大饑公出數千金煮粥轉粟全活億萬尤篤意重文修廟學勸課文藝亹亹不倦而考院則與義塾合舉者也代距省會三百餘里學使者以例按臨較士是以有考院之置舊院在城內東北維年久弗葺遂至於廢士厯後歲試乃別就公署搭蓋席棚甚陋而且不堪其擾蓋其所需一切椽席繩索棹橙諸物悉責諸民而民間貧戶輒出錢賃貸以聯綴撐架之煩必延時日學使者先期檄催再三乃就而究不足以庇風雨事畢雖云拆還於民則已十損八九而士實不得其益即附近諸邑亦以協濟爲累如此者五六十載鄉士庶數議建復以絀於財用旋止其議即今院地平糴倉廢址也公初擇是地爽塏創建義塾教授貧民子弟而諸生以復立考院白州大夫程公共請於公公毅然以爲己任曰天子命官固使之興利而除害也建義塾爲爾代建考院亦爲爾代予數十家誦讀之益吾樂爲之去千百家供億之苦吾尤樂爲之況二者無妨並行哉乃命匠氏引尋執矩量地計工於是採木於林伐石於山陶瓦甓於原野載者載負者負掘者掘築者築鑿削者鑿削各執其事自壬戌六月始作越今年癸亥六月乃竣事於稽所建則外

樹一坊榜曰朝宗學海南向入坊爲官廳廳北爲大門皆東
向由大門入復折而入則爲儀門自此達內皆向南作小閣
以奎星主之東西角門制如常內建正樓三楹上奉文昌承
以趵廈以爲堂皇堂也奚樓爲樓早成旣成不可毁故因之
也堂前爲露臺左右爲茶房爲辦事房爲門皁房夾兩階爲
號舍各十三楹堂後分三院中爲燕寢所常時會諸生講藝
在斯其三院則皆義塾也前臨市面爲十廛以其課入爲塾
師修儀是役規畫周詳制作宏達鄉士庶數議建復而卒不
能者公一舉而成之不役一民不斂一錢而匠夫之衆物料
之廣僱募採買之需幾二千金皆出己橐而毫無悋惜之意
此人情之所大難也夫人之所難而公易之其意過人詎不
遠甚哉士若民感悅之深固不容口而遐邇歡異咸謂公功
德不泯且足以愧世之豐財嗇用與官其土而漠然於其事
者因記而勒諸石　德保代州試院有作高軒爽敞面青岑
問俗觀風偶駐臨雁塔風高連紫塞清涼地近接重陰樓中
椽筆斯文柄階下槐花客子心敢謂量才明似水滹沱聊借
滌清襟　附錄明提學文翔鳳詩代士之眷予者送至滹沱
之上留别有句兼示諸弟子員代州惡池據上游經營燕趙
紀神州由來地勢當天首自合心鋒貫月鉤跨蓋中原惟氣
骨憑陵遠海定冠旒久專入代文章座劍印還誰繼典籌

常平倉在州署後舊平糶倉也五廒又一倉別名儲消四廒

共屋六十一間

邊儲倉以儲兵米凡三廒

廉惠倉舊預備倉也一廒儲屯豆並在州署後

州冊同治十二年知州章節文動款重修

雁門驛在吏目署南

吳志舊在西關兵備道張惟誠移建州治南今移此

演武廳在參將署西北卽察院故址也一在南門外

譙樓在城中央洪武七年吉安侯陸亨建成化七年災都督

僉事劉寵副使蔡麟重建臺高四丈樓七楹檐四重高八丈

四眺可絕山河牓曰雁門第一樓

邑人苑林嵋重修譙樓記

凡物之鼎新而故故而更新莫不有其時而尤必待乎其人人固不能爲時也時至而力有不給勢有不暇或視爲非務之急而姑待焉則亦不免因仍而不能使後起之功與創始者等觀代郡之有譙樓也前明洪武七年吉安侯陸公亨建之暨成化七年災都督僉事劉公寵副使蔡公麟復增臺而重建焉歷今凡二百六十餘年崇宏壯麗爲一郡巨觀中間欹而振圮而修者蓋凡數四要必得賢者之官斯土則亦未數數也今歲癸丑樓之傾欹特甚州人士欲新之而未易舉也惟時雁平使湯公諱豫誠州大夫楊公諱宏志所謂大賢官斯土者也值時和歲豐百務俱舉議謂斯樓一郡之鎮而任其頹圮亦政之缺典也於是各捐重資爲重修計而郡之屬吏亦各有助焉顧經費頗鉅清俸有不能給也州人士則曰官斯士者有遷擢而斯樓永爲代人望坐視而弗爲助其何以安於是士紳商民罔不踴躍捐資恐後其詩所謂子來者耶易所謂說以使民者耶所謂値其時而値其人者耶工始於三月十五日告成於九月初六日用人之力萬有一千六百三十口食工役之費與夫瓦甓材木丹雘之用計銀二千二百有奇事竣而爲之記噫爲吏者官於四方凡考課之所不及則漠視之矣

否或姑待之矣今二公之於政典所不載者勤勤若此則其於政之所急者可知矣於民之休戚利病建於一時而流惠無窮者又可知矣是誠不可以無書也若夫登樓四眺興懷往昔覽關河之盛而晉陽資其保障神京增其鞏固則又斯樓之使人意遠也　明魏允貞鼓樓飲李戶部二首戎馬并州地相逢感慨同綠尊仍落日黃葉正西風爲問和親策何如轉餉功醉來向深夜說劍意猶雄繾綣通家意開筵及暮暉掄才能足食有貌不勝衣露白秋鴻過草深塞馬肥古來論禦敵有備是先幾　周宏禴代州譙樓天涯作客獨登樓長笛誰歌出塞愁句注遠從雲外落滹沱近向檻前流白狼漢壁人千古紫塞秦城土一抔正是逐臣堪灑淚涼風五月易成秋　邑人孫傳庭中秋十三夜李念騰餉部招飲鼓樓適微雨無月何事中秋景不賒先期約客意空奢月華應欲遲三夕雨色堪憐滿萬家臺上高樓生暮角城邊古戍斷霜笳相看酒既餘深款小集重圖譙晚衙　國朝焦汝敏譙樓遠眺譙樓高聳倚晴空登眺泠然欲御風四面雲山開錦障一川煙水走長虹雁歸紫塞黃沙外人逐南轅北轍中日暮憑欄無限意落霞飛映遠天紅　邑人張瑜登譙樓樓勢淩空起巍峩壓塞城丹楹晴煥彩玉漏夜飛聲雲靄千家屋山圍百代營登臨今昔異竊喜是時平

鐘樓在譙樓東高及譙樓之半其鐘金大定八年造也明萬
歷十四年兵備張惟誠葺新之
國朝康熙四十八年兵備楊宗義知州滕天憲重修
甯邊樓在雁門關外明嘉靖中建
威遠樓在雁門山巔亦明嘉靖中建
濟貧院在衞溝光緒四年知州阮蓁建
州冊養濟院舊在東關外額設孤貧二十七名又有普濟
堂乾隆五十九年知州王秉韜移於振武衞前歲設粥廠
復別籌經費收養孤貧四十一名年久廢弛經費無存光
緒四年知州阮蓁捐俸錢五百緡仿舊章就故址立濟貧

院、知州王原詳粥廠經費，有棗強屯山沙地畝，由官招佃承種，歲收莜麥租四十八石八斗三升一合，蕎麥租四十八石八斗三升一合，每歲孟冬變價交納糧銀一百二十六兩六錢五分外，尚可餘銀一百兩有奇，買米歸入粥廠，以濟貧民。於陽明堡、廣武鎮以及本城立粥廠三處云云。又籌添普濟堂生息原詳略云：州向於養濟院額設孤貧外，立有普濟堂，以官房地租為貧民養贍。前任代州楊牧於雍正四年捐銀一百五十兩，置下莊村水地二十畝，每年租銀二十二兩。又有贖地銀一百七十六兩，發商生息，每年息銀二十一兩一錢二分，並歸入普濟堂收養孝子節婦、鰥寡孤獨、殘廢篤疾之人，定額十三名，每名月給錢四百，日久弊竇百出，貧民鮮霑實惠。據董事人史維魯等稱：下莊官地賣給民間，可得價六百五十兩，加以生息銀一百七十六兩，以之營造市房，即可添租數倍等因。當即批准籌辦，於衞所兩旁建房若干間，通計每年得租錢二百五千六百，擬定收養貧民四十一名，每月每名發給制錢四百，其房租交紳士齋長經管云云。知州阮濟貧院原詳略云：茲將衞溝街官房二處改為濟貧院，留養貧民，擬定每年冬至小雪之日起，至次年節交雨水之日止，每日煮粥散放，所有廠內應用米石及人夫工食向有

白米官租二石黑豆官租一石四斗不敷支給因捐廉五百千發商生息每年得息錢六十千選派紳董經理云云

廢廨附

都察院督撫行臺也明制山西巡撫歲以九月防秋至代居焉今爲小校場

察院巡按御史行臺也今爲參將署

帥府總鎮都督府行臺也在振武衛北舊改學正署今廢

振武衛今爲斗山書院周志吉安侯陸亨建正堂退堂曹房各五楹東曹北爲鄭侯祠架閣庫西曹北爲火神廟神機庫預備倉經歷司列之左鎮撫司列之右吳志雍正四年衛裁改爲軍豆倉後別置倉即堂東西添建房若干甚莊麗爲駐節公所

太僕寺在振武衛西隆慶中行太僕卿移駐甯武署廢今

武安君廟西其故址也

戶部分司在城西南隅初名太府有草草亭水心亭並廢

故址爲守備署。明趙範春日坐草草亭次周槐宇韻四首

雪霽羣峰秀春同百卉知嫩花擎露重弱

柳拂風欹蝶舞頻驚夢鶯歌若解詩良辰逢好客且進紫

霞巵退食公庭暇兀然坐小軒洗鐺煎雀舌開徑蔭龍孫

月下琴三弄花前酒一尊南薰如有約爲我滌塵煩邊城

三月暮雲際雁聲稀樹色青浮逕苔斑綠上衣度支戎計

重情與賞心違試問芳萋草王孫何日歸晉地重關險閫

天萬里賒一從持使節三度見春花步月時籌國看雲獨

憶家所欣邊塞外處處靖煙沙。又秋坐池亭有作城闕

瞰遐陬關門動早秋金風凄野戍霜角隱烽樓地僻塘開

鑑天空月掛鈎峰巒留晚照亭榭跨中流朔雁連雲起輕

鷗逐水浮池柯芳已歇庭草雨初收歲月看華髮山川識

壯遊漫將騷客興還抱杞人憂國計三關

急邊防萬里修翩翩晴日鳥桑土好綢繆周志都御史防秋至代則

東糧府在州署東有甎庫今廢太原平陽二府各以判府通

者一人隨理軍餉，稱東西府，都御史去則俱去，後設甯武道，西府移駐甯武，其東府駐代者不復還太原平潞等處民兵之輪班工作於雁平者，其餉則東糧府主之，內有常盈庫，爲貯軍資所，今廢

布政司鄰雁平道在其東，按察司鄰察院在其西，守巡使者至則居焉，分司鄰東門，西府鄰西門，不時之賓則居焉

今並廢爲民居

稅課局在太僕寺西，成化中廢

神機營在南門外，嘉靖中廢

南箭亭在城東南壕上

愛蓮亭在城西北壕上，一名北箭亭，皆兵備張惟誠教射所也

雜造局在城西南隅參將舊署也案在今關帝廟北洪武中建本守備署嘉靖中移於城東北後又移於今署

供應庫在振武衛西

紡織局在西關

補助廠在紡織局西故雁門驛

轉輸場在補助廠西

醫藥局在道門前

農器庫布縷庫室家庫無息庫施粥廳施棺所各在城四門自南箭亭以下諸庫局皆兵備張惟誠所建並詳周志

西義學在譙樓西康熙四十年雁平道李毓桂建

東義學在州署左雍正二年知州高遐年建並廢

義倉舊有本城聶營陽明堡三處並乾隆十二年知州顧世衡建吳志存穀一千七百五十九石有奇今無存倉亦圮

園林附

南園在南門外明侍郎吳嘉會所築也鑿池引滹流注之環植楊柳侍郎罷官後奉親於此家居三十餘年每夏時荷花盛開輒幅巾同里中耆老泛舟其中一時稱勝今廢

胡來貢吳司馬招飲環翠亭環翠亭開獨樂園清溪曲曲抱晴軒松來覆坐當筵密花爲留賓向日翻千里鄉心虛夜月百年壯志寄秋垣尚書有約休孤負半醉斜陽問水源又登吳民部四宜樓云危樓百尺映清流躡蹬高攀最上頭暫渡滹沱尋勝蹟果從瀛島得仙洲山當睥睨春仍媚路入溪橋晩更幽酌酒徘徊思往事幾年孤負海門

舟。按民部名璞。侍郎從叔也。其居址當相近。附錄之

映碧園在西郊明尚書孫傳庭別墅也有西溪荷亭涵虛

閣元滌樓諸勝尚書並紀以詩。園居八首。其一云。闢地成三徑。誅茅構一廛。藜藿堪飽食。竹簞任高眠。夾岸千株柳。環溪百畝田。今年穡事好。足了酒家錢。其三云。迂僻真成性。終朝靜掩門。就中微有會。此外復何言。種得花千樹。沽來酒一尊。自非庭畔鶴。不許破苔痕。其四云。不是耽元寂。吾生合隱淪。煙霞支病骨。山水愛閒身。草閣全無暑。花田別有春。祇應成獨往。魚鳥御相親。西溪舟泛云。三尺平塘水。居然可放舟。新荷迎客豔。細柳拂隄柔。江海雙泡落。乾坤一葉浮。煙波如有意。郎此是滄洲。又有元滌樓五古。涵虛閣四詠。映碧園產並頭蓮三十首諸作。詩多不備錄。國朝彭兆蓀寄題孫白谷尚書郊園。尚書邸第近城闉。老屋當年綽楔新。龍漠已更浮世劫。鶯花猶為故侯春。蒼黃殘卒哀庚癸。惻愴斜陽話甲申。御指泰雲通雁塞。函關西望一傷神。

考槃園。在西關。明通政使張崇禮築。

知園馮給諫雲驌所築有滴翠樓半華亭今圮又西園一名城濠東園並在城中亦馮氏別業也德保代州試畢同人遊馮氏西園二首。園隣城市近。樹雜晚煙多。地僻花迎客。庭閒鳥弄歌。乘陰撫檜柏。待月藍藤蘿。結伴來遊此。蘭亭繼永和。武陵留勝迹。客到已花殘。問竹來蓬徑。探芳步藥欄。清風虛閣敞。仙露老松餐。更喜人呼引。登樓放眼看。馮廷工知園早秋云。秋風來不遠。三徑舊柴門。虛牖雲千片。疎簾月一痕。時移增感慨。樹老足精魂。至味幽居得。何人對榻論。又知園晚步云。娟娟新月碧天空小立春寒怯晚風衆雀飛來叢篠上一聲聲碎暝煙中

鄉都

在城曰坊近城曰廂鄉都曰里通制也州之地籍則無論城關皆統名爲都自前明已然舊分三十五都曰峪口曰上田曰茹解曰趙村曰段景曰黑山曰傅村曰峩口曰望臺曰馬

村曰門王曰薄村曰古城曰馬站曰中解二都曰高村二都曰孫茹二都曰上曲二都曰金盤二都曰顯旺二都曰王里二都曰里冋三都曰雁門四都後增六都曰在城曰東關二都曰西關三都合四十一都每都置十甲蓋以都領甲以甲分鄉而又各領其村堡爲地形參錯鄰於排比茲依保甲册分爲四鄉

東鄉一百一十九村

距城一里曰陳家圪洞二里曰瓦窰頭三里曰蘇村五里曰平城堡曰小煙望曰下平城曰韓曲七里曰東窰子頭八里曰籍家煙望曰郭家煙望十里曰井溝曰里冋村曰十里鋪十五里曰大西莊曰小西莊曰南家寨曰磨房堡

曰上磨房曰水峪曰花彪嘴十六里曰鬧市曰薄村二十里曰赤土溝曰東若院曰西若院曰神凋曰上門王曰下門王曰侯家溝曰東張曰東斷景曰西斷景曰二十里鋪二十二里曰大東素二十三里曰小東素曰富家窰曰三家村二十五里曰段村堡曰狼凋溝曰陽溝曰馮家嶺曰東高泉曰西高泉三十里曰何家寨曰棗林堡曰東馬村曰西馬村曰山底曰紅水貫村三十二里曰康戸三十五里曰顯旺曰黑山莊曰聶營鎮四十里曰望臺曰柴家嘴曰鹿蹄凋曰赤岸曰壺峪曰長畛曰西留屬曰小莊子曰傅村曰下社四十二里曰東留屬曰壺峪窰子四十五里

曰沙溝曰蒙家莊曰湯子村曰雲務四十七里曰巡檢司五十里曰峩口鎮曰南留屬曰油梁曰神岡曰棗園曰大柳樹五十五里曰安兒上六十里曰大紅柴曰黑石曰楊志曰分水嶺曰河陽溝曰王老莊曰蔡家莊六十二里曰黃花梁六十五里曰菜地溝七十里曰交口曰大宰曰車道溝曰麻目溝曰了緣寺曰啐干曰黃草曰碾子溝曰八齒溝曰對兒曰陸欽曰灣根七十五里曰羊圈曰酸刺溝曰紅唐子曰張山溝曰站馬道曰驛城溝八十里曰謝家背曰甘霖頭曰班鋪曰黃碾曰耍兒坡曰保安莊曰長城子曰團城子曰麻掌溝曰白廟子曰兎兒梁曰北座窰子

八十五里曰大小南平九十里曰西林曰上下晉黄

西鄉六十村

距城一里曰壇溝二里曰小關曰書房園曰河下三里曰三里河五里曰五里村七里曰陳家莊曰七里鋪十里曰下田十二里曰張家堡十三里曰陳家堡十五里曰西段村曰殿上曰馬站曰古城曰上沙河曰下沙河曰上田十七里曰董家寨十八里曰李家磨曰劉家磨二十里曰陽明堡曰長郝曰崔家莊曰下花家莊曰張村曰趙村曰謝家磨二十二里曰孫家磨曰西瓦窯頭二十三里曰馬寨曰西王家莊曰周流二十四里曰徐村二十五里曰閻家

寨曰小茹解曰泊水曰窰子曰牛站曰太和嶺口曰北王家莊曰上官院曰下官院曰丈子曰雨温曰上花家莊曰沿村曰蒲溝梁二十七里曰西新莊曰小寨子三十里曰大茹解曰西莊曰九龍曰牛家庫院三十五里曰趙家莊曰正北溝三十七里曰乾莊三十八里曰牛大老莊

南鄉一百四村

距城一里曰教場五里曰園子曰河頭曰東旺曰西旺曰任家莊八里曰上院莊曰下院莊曰楊格曰下橋莊九里曰上橋莊十里曰金盤曰堡子街曰大梨園曰小梨園曰上曲曰清水賈村十二里曰圪塔曰下沙窊十三里曰上

沙窊曰選仁十五里曰高村堡子曰高村棋盤街曰高村吳家街曰高村曰劉家圪洞曰潘家莊曰小峪口曰張家寨曰韓家街曰翟家街曰劉家街曰金家街曰馮家街曰下街曰西街曰楊安郜家街曰新莊曰田村曰高家街曰下莊十七里曰峪口十八里曰峪裏二十里曰中解口子曰石岡曰岡上二十五里曰小觀曰王家會三十里曰青社曰兩家店三十五里曰老槽溝曰石家灣四十里曰磨河村曰探馬石曰紅寺村曰梁地村曰殷家會四十五里曰上莊曰下莊曰滴水清五十里曰趙家灣曰張寺曰張寺掌曰韓家灣曰龍門曰張仙堡五十五里曰西會曰龍

八曰寨裏六十里曰講堂曰灘上曰小南岸曰後溝口前
六十五里曰馬橋七十里曰土通曰西溝曰嘴子曰小寺
曰上峪曰楊花王家莊曰峪口新莊八十里曰半粱曰赤
水曰大地曰南岸王家莊曰二架陽坡曰石羊槽曰樺嘴
曰碾峪曰正溝曰郭家峪曰麻黃曰小中嘴曰龍王堂曰
上楊花曰下楊花曰崔家莊曰雙柴樹曰謝家灣九十里
曰白草曰牛家渠曰麻隆曰新莊曰大石頭粱

北鄉七十村

距城十七里曰試刀石二十里曰南口三十里曰前腰鋪
曰西馬圈曰東馬圈三十二里曰黃土粱三十五里曰阜

家坪曰愼逹溝曰水溝曰王二溝四十里曰羅圈梁曰黑石頭灣曰羅家莊曰麻布袋溝曰吳家窰曰一道河四十二里曰下蔡家峪四十五里曰班長溝曰明月樓曰新窰曰上蔡家峪曰二灘村五十里曰後腰鋪曰大灘梁曰柳林曰東水泉五十二里曰岑家莊五十三里曰北王家莊五十五里曰第二村五十八里曰鐵匠營六十里曰廣武鎮曰胡家灘六十二里曰寺兒村六十五里曰舊廣武城六十八里曰老信溝七十里曰水合鋪七十三里曰張家莊七十五里曰水泉曰察罕鋪七十八里曰賈家窰曰繆家窰八十里曰西寺兒曰席家窰曰陸家莊八十五里曰

林橋曰張頭鋪曰安樂莊曰東寺兒八十七里曰馮家窨

九十里曰新莊曰新興莊曰蘇家莊曰後所曰萬家莊九

十五里曰雙寨曰元營一百里曰大營曰黑圪塔曰老羊

寨曰李家莊一百一十里曰東沙嘴曰許家窊曰黃鳳臺

自新興鋪一百一十五里曰前鹽池曰薛家庫院一百二

十里曰竇家莊曰南鹽池曰東李家莊一百二十五里曰

龐家堡

關隘

雁門關在州西北四十里關城洪武七年築周二里有奇嘉

靖中增修萬歷二十五年復築門樓久圮

國朝同治六年雁平道貴肇重修

國朝彭兆蓀雁門關賦并序

雁門關在代州西北四十里雁門山上雙關斗絕一名西陘子自少歲遊晉道出此關俯仰今昔輒形歌詠意有未盡復援筆而賦之辭曰凜凜凋歲巉巉塞垣黃蘆帀地層冰射天斜日奄忽薄於虞淵一徑入雲有關屹焉爾其俯滹沱通廣運隔六角障全晉圭峰夏屋承其址龍河豹突流其澗望虎落之周遭壓雲堆而稱峻厜㕒壁立闤闠洞開候火星爍堞齒鱗排風緊馬牖天空雁來飛樓矗其縹緲東旌紛以碚[illegible]西顧了角偏頭東睇紫荆倒馬山川鬱而相繚泉石渥兮成赭渺幾代之風煙判何年之夾夏緬漢唐之糾紛獨蒼然而淚灑想夫奉春既逝韓王隕身谷蠡方伉孤塗弗賓元光之代發卒萬人修土檐以遏衝儲藺石而拒塵終何險之能塞徒膏野而化燐況乃大黃不發太白當中將軍失李賢守悲馮戊己屯撤東西尉空凡夫五原吏卒三河美丰荆楚劍士蕃漢僰僮莫不攖白刃冒霜鋒飲羽有伎橫草無功壯士骨白佳人淚紅嗟此嶕嶢而摧崔幾經猨鶴與沙蟲若其就輦庭辭蘭苑驅玉輪張油幰明妃去番翁主嫁遠走跳跋之明駝感芳華之婉娩覩此天蒼野茫露宿星飯角起哀來雲黃春斷能無琵琶不和襜褕失暖長吁白登之臺彈淚紫濛之館更有雄主阿麼奇兒黑

鴉千乘萬騎獻獵射兕銀槍駐隊玉帳開牙刀奪霜皎風吹帽斜此皆蓋世之傑如搏得梟力鬬土宇威懾天驕奈何長星易隕霸業煙銷離宮歒兮蔓草白影堂寂兮靈風飄帷雙闕之如斗猶亭亭而岧嶤於是棄繻傀人龐眉書客駐鞭於句注之巔探符於常山之脊歎射虎之無人笑食雁之奚益聊煩寃而攄懷弔什一於千百關石兮峩峩關揄兮冐羅同颰颯兮生粟戍卒暇兮枕戈據鞍攬轡爲雁塞之歌歌曰紫崖高兮九邊伊阻遭時清兮一夫何禦折邊花兮醉邊醽吟勅勒兮悵無侶獨絞淚而徊徨兮感英雄與兒女

明胡希顏雁門用韻

雁門古路人到稀碧樹蒼煙入翠微林深山險無行處新踏輪蹄歸去遲晚天忽霽新晴雨日火炎蒸時祖暑登高款款步清涼極目龍沙大如許前年北上過斯關今過斯關訶往還山川城郭猶如舊板屋居人已半殘嗟哉此地多寒苦朔漠風沙戰場古人生秉賦自强梁十五便能事弓弩鼙鼓年來原有聲邊民遙憶李長城東風柳外聞征騎海闊天長無限情

謝榛雁門作

昔有雁門路霜氣逼征鞍野望天何慘徒行老更難人煙隔水靜鬼火照沙寒戰伐空悲感風淒戍角殘

胡謐過雁門關

憲節巡遊八月天雁門北下是窮邊畫樓粉堞雲中戍碧草黃沙塞外天歲稔戎車多輓粟秋清烽堠不生煙觀風兼得敷文教那用刀麾擁後

先江淵奉使過雁門劍騎翩翩出禁闈關河秋色照戎衣
雲中路阻人來少句注天空雁過稀落日牛羊沙際沒經宵
烽火積中微此行獨爲宣威武不帶蒲萄苜蓿歸沈鍾雁
門用前人韵故關屹立北山隈使節經行頗快哉深樹夕陽
人影小亂峰秋雨澗聲囘窮邊自合牢封守淸世何妨數往
來此日地靈應有識登高能賦最多才何喬新雁門用韵
征騎蕭蕭度雁關危巒絕巘力躋攀東瞻帝闕祥雲裏北望
邊庭落照間李牧壘荒煙樹老晉王碑在雨苔斑臨風慷慨
懷前烈撫劍長歌一愴顔熊翀雁門用韵危樓矗矗枕關
山駐馬閒登日未殘烽火防邊多斥堠河流歸漢有桑乾雲
依曲嶺旌旗遠霧壓晴峰劍戟寒戀闕心隨鴻雁去不知久
倚赤欄看喬宇過雁門關淸泉細路入雲濤雁嶺重關勝
百牢千里川原開陣壘三邊方鎭擁旌旄天垂絕漠龍沙遠
煙鎖重城雉堞高御憶雲中舊時守塞田耕盡控弦櫜國
朝朱彜尊雁門關作南登雁門道騁望句注巓山岡鬱參錯
石棧紛鉤連度嶺風漸微入關寒未捐層冰如玉龍萬丈來
蜿蜒飛光一相射我馬忽不前抗迹懷古人千載誠多賢郅
都守長城烽火靜居延劉琨發廣莫吟嘯扶風篇偉哉廣與
牧勇略天下傳時來英雄奮事去陵谷遷數子不可期勞歌
爲誰宣磬磬中澤鴻聆我慷慨言徐昂發雁門關昨升繫

舟山試望雁門塞巖業障雲黑勢與元岳配及茲赴谷口蹋
步入煙靄曲曲山根盤層層蒼壁對嵐光自摩蕩巖壑遞明
晦古雪滋陰崖新泉下奔瀨猨猱一綫路迥出飛鳥背側磴
上空曲攀危淩地籟始知經陟高足底羣峰會元冥操斗柄
制此天北戒插漢立雄關蕃畿隔內外東掠鳳凰城西極葛
蒲海呼吸萬里通形勝兵家最信乃天下蔽詎惟三晉隘時
清關門開耕田鑄矛鐵不見沙土中箭鏃餘腥在　陳廷敬
雁門行雁門關雁不度關上長城高插天鴻雁高飛從此去
雁飛長城間游子關門還雁南君北向相望何由攀雁山連
緜秋雲起西度五原東遼水傳語幽并輕俠兒雄飛雌伏休
相疑　陸應穀雁門行平沙堆雪草心白高崖矗天雲腳黑
巨靈手擘錦屏開鑿空雄關界南北危途九曲窮躋攀獅虎
怒蹲石巑岏手拍天門望大漠行人回首淚闌干鴻雁賓秋
暝色老蘆花瑟瑟汾陰道為報上林蘇武書一年一度雙飛
早駱駝小隊琵琶催斷送明妃胡地來青冢一堆春寂寂環
佩無聲魂夜回石家天子何委靡割地甘為耶律子坐令趙
氏三百年燕雲不能爭尺咫颯颯北風戰馬嘶碧眼吹笳白
骨悲李陵老去楊業死古來征戰幾人歸泰運天開重九驛
塞上名王悉拱極氈帳平鋪庭戶同嚴關未足稱險阨我攜
玉龍出朔方青眼高歌聲激昂葡萄滿泛玻璃紫一鞭驕騄

快騰驤。魏象樞雁門述所見邊氣春猶勁關門草未生荒
坡存漢廟古塞繫羊城徑曲隨人轉山高覺馬輕九龍亭上
字石斷戍雲横 王遵典雁門關古塞高無極行行望欲迷
雙峰方礙道半嶺竟無梯暗雪吹人面涼雲入馬蹄客來臨
雁堞邊影夕陽西 彭兆蓀入雁門關二首陟嶺山形變軒
然起大波谷深容雪厚峰斷得天多馬怯鷹窩峻人衝虎穴
過上關重頫首落日下滹沱寥落赫連營蒼茫李牧城風雪
三晉氣車馬半天聲延鷺看新堠椎牛問老兵萬山愁立馬
吾愧棄繻生 陸應穀雁門道中山高崖破碎路窄石縱横
深澗自流水行人空愴情飛鴻留遠響老馬識前程秋色關
門滿蕭蕭落木聲 梁錫珩春日過雁門關有懷氣清天朗
過關門盤馬高山此又登白日照殘千嶂雪春風吹斷一河
冰幸無蔞斐能成錦豈有雞鳴得似蠅回首去年南下路萁
裘霜急冷難勝 蔚崑秋日雁門懷古雁門弔古夕陽時立
馬層崖去更遲戰壘荒城俱寂寞朔雲邊月共凄其秋風雁
去樓煩國夜雨人歸李牧祠往日英雄淪落盡關山回首不
勝悲 王席民過雁門關北峙雄圖拱帝州登臨此日悵淹
留嵐開參井連高柱雲出居庸說上游雙岫依違寒抱郭一
泉隱見晚浸溝山花故故迷遊騎南望江蘺暗戍樓又崚
嶮危磴接雲中荒服從教九域通一自趙人初設險遂令代

馬獨依風何年戰伐餘平壘幾處臺隍峙遠空聞道越裳重
獻雉塵沙天地坐來同邑人馮如京白大中丞重修雁門
偶賦縹緲雄關萬仞開遙臨大漠亦雄哉龍沙廣武蒼煙迴
雁影桑乾秋色來更見煇煌新畫堞浩然憑眺一登臺百年
凋敝今重振玉塞眞勞鎖鑰材又重過雁門雁門重過又
清秋獨客徘徊望戍樓落日可憐關塞路浮雲不盡古今愁
白楊黃草依流水斷雁寒鴉弔古邱壯志未酬空碌碌西風
蕭瑟響吳鉤郎若伊過雁門關長嘯登高嶺同看萬嶂低
城隨山勢轉關並塞雲齊落日眠衰草寒風咽斷溪烽煙今
久靜憑弔尚悽悽詩餘朱彝尊度雁門調寄消息千里重
關憑誰踏偏雁銜蘆處亂水滹沱層霄冰雪鳥道連句注畫
角吹愁黃沙拂面猶有行人來去問長途斜陽瘦馬又穿入
離亭樹猨臂將軍鴉兒節度說盡英雄難據竊國眞王論功
醉尉世事都如許有限春衣無多山店酬酒徒成虛語垂楊
老東風不管
雨絲煙絮

天下郡國利病書雁門古句注西陘之地重巒疊巘霞舉
雲飛兩山對峙其形如門而蜚雁出於其間故名輿圖志

日天下九塞雁門爲首洪武初爲代縣尋改州以地密邇雲朔接壤沙漠開置振武衛轄六千戶所乃即代北四十里置雁門關關外大石牆三道小石牆二十五道北爲廣武站隘口十八東爲水峪爲壺峪爲馬蘭爲茹越爲小大石爲北樓爲太安爲團城爲平刑西爲太和（一名白草溝）爲水芹爲弔橋爲廟嶺（一名柳樹）爲石匣（一名鵰窩梁）爲陽武峪爲元岡爲蘆板口各有堡正德十一年都御史李鉞增築之堡十有一於北口在關東者七在關西者四又於通敵要路咸斬崖挑塹間以石牆

讀史方輿紀要雁門關舊名句注亦曰西陘在今關西數

里元廢後遂移置於此蓋卽句注故道改從直路南出耳、
史記趙襄子踰句注而破并代趙世家趙有代句注之北、
漢六年匈奴圍韓王信於馬邑信降匈奴匈奴遂引兵南
踰句注文帝後六年匈奴入上郡雲中以蘇意爲將軍屯
句注武帝元光五年詔發卒治雁門險阻自漢中平以後、
羌胡大擾陘北之地皆爲荒外魏晉時並以句注爲塞曹
魏青龍元年鮮卑軻比能誘保塞鮮卑步度根（原注時步度根保太原雁門塞）
與結和親自勒萬騎迎其累重於陘北并州刺史畢
軌請出師拒遏魏主詔曰愼勿越塞過句注也時軌軍已
先進果敗晉永嘉四年鮮卑拓跋猗盧帥部落自雲中入

雁門從并州刺史劉琨求句注陘北地琨徙樓煩馬邑陰館繁畤崞五縣之民於陘南以其地與之（原注曹魏時五縣俱已遷陘南遺民猶在陘北也）咸和二年後趙石虎擊代王紇那於句注陘北紇那兵敗徙都大甯以避之太元二十一年拓跋珪大舉伐燕南出馬邑踰句注後魏太和十八年太子恂將遷洛陽不欲行其黨元隆密謀留恂因舉斷關規據陘北不果關即東陘西陘二關也後周主邕保定二年遣楊忠會突厥自北道伐齊拔齊二十餘城齊人守陘嶺之隘忠擊破之至晉陽而還隋大業二年漢王諒舉兵并州遣其將喬鍾葵圍代州朔州刺史楊義臣奉詔往救夜出西陘鍾葵

敗走唐志西陘關名也在雁門山上東西山巖峭跋中有路盤旋崎嶇絕頂置關謂之西陘關亦曰雁門關西北去朔州馬邑縣七十里南去代州三十里原注今關因故址改置武德二年劉武周引突厥入句注寇太原五年突厥頡利入雁門寇并州永隆二年裴行儉討突厥餘黨伏念壁代州之陘口卽西陘也會昌二年回鶻犯塞詔河東節度劉沔進屯雁門關虜寇雲中沔擊卻之廣明初沙陀入雁門關寇忻代逼晉陽陷太谷五代唐清泰三年契丹救河東謂石敬瑭曰吾自北來唐若斷雁門諸路伏兵險要則吾不得進矣使人覘視皆無之吾是以知必勝也石晉天福九年

契丹南寇入雁門關宋太平興國五年楊業刺代州契丹
來寇業自西陘出至雁門北口南向擊之契丹大敗雍熙
三年楊業等自西陘追破契丹兵於寰州元豐志雁門山
有太和巖亦曰太和嶺靖康二年金人刼欽宗帝后離靑
城自鄭州而北至代度太和嶺至雲中明初傅友德克大
同引兵巡太和嶺天順二年掌古孛來等寇大同直抵雁
門忻代遣都督顏彪馮宗屯紫荆倒馬二關爲聲援寇益
肆動二關出雁門關乃卻嘉靖十九年吉囊由白泉口長
驅至甯武關太和嶺南掠至平遥俺答亦越太原至石州
而東掠平定壽陽間隆慶元年叛人趙全導以入山西塞

陷石州全曰自此塞雁門扼居庸據雲中上谷效石晉故事南北之形成矣今雁門關在州北四十里爲戍守重地與甯武偏頭爲山西三關原注所謂外三關也關城周二里有奇傍山就險屹爲巨防

案古雁門關在今關西十餘里卽太和嶺道也唐始置關宋金元因之今關雖建自明然亦唐以前北出之通衢北史河清三年突厥還至陘嶺凍滑鋪氈以度卽今關道蓋太和路乾而多峻坂今關稍夷而多激湍入冬則堅冰塞徑車馬蹭蹬不易度也

廣武城在雁門關北二十里亦曰廣武站洪武七年建萬歷

三年重築周三里有奇今有巡檢司並設千總駐守彭兆蓀廣武作

磴道層層轉風煙漠漠愁崖傾寒日隱山豁斷雲流齊虜名
何羨韓王骨孰收悲懷同阮籍揮淚過邊州　陸應穀作荒
荒大漠天落日古城邊關有秦時月村餘漢代煙單于空築
壘王霸自耕田俯仰情何極遺蹤弔昔賢　案二詩並以新
舊廣武城爲漢縣非高祖械劉敬處
在州西十五里之古城非關外地

兩鎮三關志廣武當朔州馬邑大川之衝忻代崞峙諸郡縣之要凡敵由大同左右衛而入勢當首犯東越廣武則北樓平刑皆敵衝也西越白草溝則夾柳樹雕窩梁皆要害也雁門警備於是爲急

白草溝在州西北五十五里即西陘也上爲太和嶺古雁門關在焉明設巡檢司後廢溝之東北有廣武舊站

水峪口在廣武站東十五里今設把總駐守

翁萬達疏自水峪鵶兒崖起東至馬蘭口霍家坡止爲垣

五十三里有奇添增敵臺九十六鋪屋二百八十八品窖

千八百四十

壺峪口在水峪口東三十里今設把總駐守

方輿紀要廣武營西十里爲白草溝堡東二十里爲水峪

堡又東三十里爲壺峪堡接繁峙縣之馬蘭堡

吳甡撫晉疏雁門廣武爲代州第一扼要之衝廣武西接

盤道梁十餘里俱有瓢牆其西白草溝路代崞歷廣武而

東寺兒溝水峪皆有險可守惟壺峪口寬衍

邊防考廣武當南北之衝去馬邑僅三十里水峪堡與山陰縣接界相去不過四十里內邊東起繁峙縣北樓堡界東津谷案東津谷或云卽東陘關然在北樓堡界去州約八十里準其地望似非西訖甯武界神樹梁凡百餘里皆嘉靖中敵嘗內犯之徑

雁門十八隘自宋有之明皆建立城堡惟白草溝水峪壺峪三隘屬州由壺峪而東爲隘八屬繁峙由白草溝而西爲隘七屬崞縣並附著於左

馬蘭口在壺峪堡東十五里北去山陰縣三十里

茹越口在馬蘭堡東二十里道通應州

小石口在茹越堡東二十里城周二里有奇今設把總駐

守禦北樓營邊防考小石口轄淩雲大石茹越馬蘭等四堡分管邊一百有六里堡東麻森嶺上胡同白道陂牛巢峪等處山谷平漫嘉靖中寇犯堡南黃草坪及龍王堂板鋪嶺俱由此逸出蓋衝要地也

大石口在小石堡東五里北去應州三十里

北樓口在繁峙縣東北一百二十里西去大石堡三十里古北樓關也堡城周四里有奇今北樓營中軍守備駐守方輿紀要北樓堡轄邊二百五十三里東起平刑界石窰菴西抵廣武界東津口皆近腹裏山南一帶層巒茂林爲內地保障東有正峪口西有白道陂俱爲衝要東三十五里有淩雲口堡東南接太安嶺

太安嶺在北樓口東五十里嶺西北二十里有車道口堡

團城口在太安嶺東南二十里

平刑關在繁峙縣東一百三十里關城周二里有奇古瓶

形嶺也路通靈邱西去雁門關二百三十里今設都司駐守繁峙縣志關至靈邱九十里北出大寨口至渾源州亦九十里南至直隸阜平縣二百里邊防考本關爲東路之門戶東控紫荆西轄雁門與圖城子堡分管內邊百二十四里關北平安窯及太安嶺一帶並衝要

水芹口在白草溝西二十里明設巡檢司今名八岔口屬朔州方輿紀要八岔口堡一名水芹堡 案明朔州地志作水勤圖說距崞縣老窩村八里

弔橋嶺在崞縣西北三十里明設巡檢司其北有小蓮花堡屬朔州 通志嘉靖二十年七月俺答由小蓮花口火燒溝入由山頂牛心寺宋家溝白九川廟嶺梁南下是月復由是口出 圖說

蓮花口在崞縣東北八十里

廟嶺在崞縣西北三十里其北有盤道梁堡夾柳樹堡今在朔州甯武界 通志梁宋土隘寨也在崞縣北七十里東至雁門所三十里夾柳樹堡在崞縣西北

六十里方輿紀要盤道梁在甯武關東百里有新舊二城新城萬歷中改築於邊內城西十里曰夾柳樹堡中間有駱駝梁又西十五里爲雕窩堡中間有火燒溝並爲衝火燒溝之東又有臥羊坡地平漫易於馳突因設燕兒水堡於其地

石匣口亦曰石硤口有雕窩梁堡界朔甯南去崞縣八十里通志石匣口在崞縣西北四十五里又佛峪口在縣西三十里北接朔州界元末用石壘寨明因之南通廟嶺其西北有郎嶺關又平山梁口在縣西北三十五里

陽武峪在崞縣西南六十五里明設巡檢司九域志崞縣有揚武寨劉份曰揚武寨其北有長城嶺方輿紀要今爲揚武峪口堡南至揚武村三十里西至蘆板寨四十里堡之西又有揚武上下關

元岡口在崞縣西南八十里方輿紀要堡去甯武關五十里中間有金家嘴爲要衝

蘆板口在崞縣西南六十里明設巡檢司

周志烽堠廣武西二十里至太和嶺太和嶺二十里至水勤口水勤口二十里至弔橋嶺弔橋嶺三十里至廟嶺廟嶺三十五里至石匣口石匣口十里至陽武峪陽武二十里至元岡元岡三十里接甯武關之蘆板寨

案雁門以西各隘明人所築城堡隨地命名茲以兩鎮三關志及周志爲據其名字歧出里數參錯見於他書者並附注之以備考核

東陘關在州東南二十里今名峪口道通五臺唐武元衡度東陘嶺又過雁門北不勝南客悲三邊上巖見雙淚望鄉垂暮角雲中戍殘陽天際旗更看飛白羽戎馬在封陲　案東陘水經注寰

宇記並云在代州南玩此詩似地又在代北者然詩人託興未可援以爲據

方輿紀要東陘關在代州南三十里天寶十四載祿山將高秀巖據大同河東太原閉關拒守朔方節度使郭子儀敗賊兵圍雲中拔馬邑遂開東陘關杜佑曰東陘關甚險固與西陘關並爲句注之險

吳志峪口在東西二峩之中峩嶺曲徑通微盤折而上越嶺復盤折而下五里至五臺白崖村案峩嶺當卽崩石嶺元和志代州東南取崩石嶺至鎮州是也

峩口在州東南五十里接繁峙界有峩口寨道通五臺

吳志堡西二十里有黑山寨堡又有西峩口在州西南二

十五里道通五臺定襄

內邊自平刑關而南東與直隸阜平界迤邐至龍泉關其隘道之在五臺者有飯仙口在縣東北百二十里明設巡檢司其西南二十里爲野狐口西北二十里爲大峪口在縣東北五十里明設巡檢司峪東通阜平北通繁峙峪西南有寶村鎮今設把總駐守趙勝口高洪口在縣東南七十里南連石佛口北接大峪明設巡檢司由口北進爲臺懷鎮又東北爲射虎川又東至長城嶺直隸龍泉關界去東臺六十里臺懷鎮在中臺下今設巡檢司黑山關在縣東南一百一十里東通直隸平山西南接盂縣界則皆與州南諸山毗連者也

津梁

普濟橋在城南門外滹沱河上今圮

吳志明正德間知州張鍰所建架木爲之可通車馬樹二

小坊於兩端嘉靖中圯鄉官吳嘉聰重修後又圯萬歷十三年兵備張惟誠修復長七十五丈寬八尺羅以修欄樹坊曰普濟橋

香奩沱橋在城西門外

沙河橋在城東門外

峪口橋在州東南十五里有邑人王應奎碑記

滹沱河歲以九月駕木爲橋至明春冰泮則解在城南者三曰正南橋曰東斜橋曰西斜橋在東鄉者三曰圪塔橋去城十里曰賈村橋去城三十里曰小莊橋去城四十里

長平橋在雁門關有邑人張瑜碑記天下莫不知雁門之險也雙峰屹立蔽日干霄

危崖大壑，盤迴紆曲，忽上忽下，若偃若仰，毀輪折轅，傷趾敝蹄。嗚呼！此天之所以限宇內也。經其險者，然後益信其險。顧天下知雁門之險可以限內外，而不知雁門之險亦可以利行旅。夫天作者不難以人治之，因勢就形，築土壘石，駕飛虹於深澗，不必鬼斧神工，而易崎嶇而爲康莊，則險而不險，長平橋之功於人也大矣哉！橋創於介邑王氏，王以關北賈，置家弗問，矢心苦行，日經理其間。初建有普濟、太平小橋凡七，人咸便之。最後營此橋，以費不貲，走募四方，聚工定趾，旁兩厓而起，甃以石，高三十餘尺，長五十尺，闊二十尺，兩閱月而橋成。覩斯橋也，巋然坦然，不壞不拔，橫截中谷，若綴景於名山，高駕危崖，實施仁於旅客。今而後經雁門之險者，而實不覺其險也。然經其險而不覺其險者，尚亦念作者之勞也哉！是爲記。

東張橋，在州東南二十里，王氏所建。地名磨溝，在村西二里許。

峩河橋，在州東南五十里。泊水橋、羊頭河橋，在州西二十里，並於冬初駕木爲之。

驛遞

雁門驛南至原平驛一百里東至沙澗驛一百二十里額設馬二十九匹馬夫十四名半所夫三十名原額馬四十七匹夫二十三名半康熙四十九年裁撥馬七匹馬夫三名半乾隆十年裁撥馬十一匹馬夫五名半　原額遞運所夫八十五名雍正三年裁三十名十年裁二十名

廣武站南至雁門驛七十里北至山陰驛六十里額設馬三十一匹馬夫十五名半廠夫三十三名原額馬四十五匹馬夫二十二名半乾隆十年裁撥馬十一匹馬夫五名半二十一年裁撥馬三匹馬夫一名半

屬縣有原平驛南至忻州九原驛八十里額設馬二十六匹馬夫十三名廠夫三十名閼泥驛西至甯武所八十里額設馬九匹馬夫四名半並在崞縣沙

澗驛東至平刑站七十里額設馬十二匹、馬夫六名。平刑驛、三泉廠、廠夫二十八名。北至靈邱縣太白站七十里額設馬十二匹、馬夫六名、並在繁峙

鋪司十五曰總鋪曰十里曰二十里曰棗林曰楊興曰砂角曰岡上曰柏林曰陽明堡曰班政曰聶家曰南口曰腰溝曰嶺底曰後腰

通志東經平城堡磨房堡二十里鋪棗林鋪凡五十里至西留屬繁峙界西經七里鋪陽明堡三十里至班政鋪崞縣界北經試刀石窊鋪大東溝胥十五里入山越雁門關經廣武堡張家莊陸家莊老羊寨凡一百十五里至龐家莊山陰界胥山開孔道而雁門南北四十里尤為危險東

越滹沱河經聶營四十里至峩口繁峙界南越滹沱河經岡上灘上七十里至陽嶺底五臺界西越滹沱河經大峪口塔馬石三十里至韓家灣五臺界爲山徑

鋪司在屬縣者五臺有西村東冶河邊王村下莊楊嶺龍王堂馬橋石家灣商上及總鋪凡十有一（通志臺非通衢從無驛傳依稀數鋪不過傳遞文書耳）崞縣有南陽北賈武陽原平唐林唐昌王東班政石封陽武鬧泥元岡榆溝及總鋪凡十有四（通志西經柏枝山柳坡胥二十五里又至莊窩村抵甯武縣南至土堡十五里又一百二十里至忻州北至陽明堡四十里抵代州六十里孔道而唐林岡尤係通衢爲三關要路）繁峙有花巖永興沙河金山三泉孤山平刑楊與及總鋪凡九（通志沙澗驛西接代州驛一百二十里東接平刑站七十里東北接靈邱太白驛七十里此孔

道也若北六十里至茹越口東北八十里至大石口小石口東北一百二十里至北樓城此孔道而實峻山崇壁險道也大小石口尤名天險若西北六十里至馬蘭口東百里至郎嶺關西南至東成嶺南至西瓦廠東南至峩嶺此爲山徑小道

案州當孔道驛站馬匹祇以馳遞公文遇有供應必借民力協濟故向設贏櫃以備騎頭設馬王社以備車輛軍興不敷支應咸豐末始立兵差局專備軍事與社皆由紳民經理惟贏櫃則多胥役任之號曰贏頭因緣爲姦民間久苦其擾同治十二年署知州夏乃從州人之請禁革之

鎮集

四鎮在河北者二曰陽明堡曰廣武城在河南者二曰聶營

日戕口

市集戕口以雙日廣武聶營以單日州城則朝聚夕散無定期也其非城鎮而日有集者爲張家莊在關北

坊表

十儁坊在譙樓東明正德己卯科賈世祥等題名也吳志誤爲乙卯科又云九人亦未核也詳選舉表

柱國坊在東關明駙馬崔元立

太傅坊在東關亦崔元立今並圮

延綏兵憲坊在大街明副使薛鑰立

黃閣調元坊在譙樓北明大學士王家屏立

宰相坊在譙樓東亦王家屏立今地家屏罷相後嘗卜居於此

天寵榮褒坊在馮家街明昌黎令馮恩父母誥命坊也圮

文武濟美坊在楊家街明昌黎令馮恩暨弟惠題名也圮

綸音纍錫坊在馬家街明參政馬琭立

纍朝科甲坊在十僑坊東明督師孫傳庭四世題名也圮

文武題名坊在譙樓前亦孫氏立

三世藩宣坊在譙樓西布政使馮如京祖父誥命坊也

兩憲闕西坊在武安君廟東馮如京任副使立

勳高五省坊在道署後亦馮如京立

進士坊在道署東御史馮右京立

兄弟進士坊在武安君廟西副使馮雲驤暨弟雲驌題名也

五子登科坊在道署東中書馮鍾宿子履咸履豫履泰履豐

履謙題名也

重闈正氣坊在南門前明觀城知縣孫嗣約妻傅氏立圮

柏舟苦節坊在馮家街蔡貴妻王氏立圮

懿德貞操坊在譙樓南陳宮華妻閻氏立圮

育材坊在衙溝前乾隆五十一年知州王秉韜建

武臣坊在鐘樓巷前咸豐元年重修

志三

祠祀志

社稷壇在城西北二里雍正十一年知州楊宏志建

州冊壇東西二丈五尺南北亦如之高三尺奉神牌各一

高二尺五寸寬六寸座高五寸寬九寸五分石主二定制

春秋仲月上戊日祭州稱州社之神州稷之神陳設黑色

帛一白瓷爵三羊一豕一鉶二簠二簋二籩四豆四社稷

並同

祭文維神奠安九土粒食萬邦分五色以表封圻育三農

而播稼穡恭承守土肅展明禋時居仲春秋敬修祀典庶丸

丸松柏鞏磐石以無疆翼翼黍苗佐神倉於不匱尙饗

風雲雷雨山川城隍壇在城西南二里雍正十一年知州楊宏志建

州册壇廣袤各二丈五尺高三尺奉風雲雷雨神牌一高二尺五寸寬六寸座高五寸寬九寸五分山川城隍神牌各一並如之石主三定制每歲春秋仲月上戊日祭風雲雷雨之神居中（帛四）山川稱某州境內山川之神居左（帛二）城隍稱某州城隍之神居右（帛一白色）並陳設行禮同社稷壇

祭文維神贊襄天澤福佑蒼黎佐靈化以流形生成永賴乘氣機而鼓盪溫肅攸宜磅礴高深永保安貞之吉憑依

鞏固實資捍禦之功幸民俗之殷盈仰神明之庇護恭修
歲祀正值良辰敬潔豆籩祗陳牲幣尚饗
先農壇在城東二里雍正五年知州高遐年建
州册壇內正殿三楹左右配房各一神牌高二尺四寸寬
六寸座高五寸寬九寸五分定制每歲二月亥日祭用羊
一豕一帛一鉶一簠四豆四簋二簋二祭畢主祭官行九
推禮各官播種耆老隨後覆土雍正十三年七月奉文同
城武職等一併行禮經費在耤田收穫穀黍內支給其農
具俱用赤色牛隻俱用黑色箱用青色所盛籽種悉照各
處土宜耤田四畝九分本折銀米概行蠲免

祭文維神肇興稼穡粒我蒸民頌思文之德克配彼天念率育之功陳常時夏茲當東作咸服先疇洪維九五之尊歲舉三推之典恭膺守土敢忘勞民謹奉彝章聿修祀事惟願五風十雨嘉祥常沐於神庥九穗雙歧上瑞頻書乎大有尚饗

雩祭禜祭

會典乾隆七年定每歲孟夏常雩之禮不另立雩壇即於先農壇行禮並合社稷山川諸神牌位

祭文某官恭膺　詔命撫育羣黎仰體　彤廷保赤之誠勤農勸稼維茲蔀屋資生之本力穡服田令甲爰頒肅舉

祈年之典惟寅將事用申守土之忱黍稷惟馨尚冀昭明之受賜來牟率育庶俾豐裕於蓋藏尚饗

凡旱歲祭雩祈雨潦則禜祭城門祈晴祭文云　詔命臨民職司守土惟兆人之攸賴並藉神功冀四序之常調羣蒙福蔭必使雨暘應候爰占物阜而民安庶其寒燠咸宜共慶時和而歲稔仰靈樞之默運聿集嘉祥襄元化以流行俾無災害尚饗

厲壇在城東北一里

州册定制每歲清明日七月十五日十月朔日祭無祀鬼神於本城之北郊稱爲州厲用羊三豕三飯米三石香燭

油紙隨用祭時祭告城隍之神

關聖大帝廟在城西南隅元天歷二年建明宏治十一年正殿災州人修之萬歷十三年兵備道張惟誠又修之其後屢有增建最稱鉅麗又二廟在道署後

州冊雍正二年封帝曾祖光昭公祖裕昌公考成忠公乾隆十七年始於殿後建樓五楹祀帝三代咸豐四年升入中祀加封帝忠義神武靈佑仁勇威顯護國保民關聖大帝五年加封帝曾祖光昭王祖裕昌王父成忠王五月十三日一祭春秋仲月各一祭

春秋祭文維神星日英靈乾坤正氣允文允武紹聖學於

千秋至大至剛顯神威於六合仰聲靈之赫濯崇祀典於馨香茲當仲春秋用昭時享惟祈昭格克鑒精誠五月十三日祭文維神九宇承庥兩儀合撰崧生嶽降溯誕聖之靈辰日午天中届恢台之令序聽明正直一者也千秋徵肸蠁之隆盛德大業至矣哉六幕肅馨香之薦爰循懋典式展明禋苾芬時陳精誠鑒格

後殿春秋祭文維王世澤覃庥令儀裕後靈鍾河嶽篤生神武之英誠溯淵源宜切尊崇之報班爵超躬桓而上馨香肅俎豆之陳茲際仲春秋爰修禮事尚其昭鑒式此苾芬

五月十三日告祭文惟王迪德承家累仁昌後崧生嶽降

誠毓聖之有基木本水源宜推恩之及遠封爵特超於五等馨香丞薦於千秋際仲夏之屆時命禮官而將事惟祈昭格鑒此精虔

樂譜春祭夾鐘爲宮應鐘起調工尺字注字右秋祭南呂爲宮仲呂起調工尺字注字左

迎神格平之章

懿伬伏鑠伬亿令伏仩熴伍伬煌伏仩神伍伬威伏伬靈伬伏令伍伬赫仩伬八伬伏方仩伬偉伏仩烈伬亿昭伍伬令伏仩累伬亿禩伏仩祀伬仩事伏伏明伍伬令伬伏丞伍伬光仩伬達仩伬精伍伬誠伬亿令伏仩黍伬亿稷伏仩馨伬伏香仩伬儼伬亿如伏仩在仩伬令伏仩洋伬亿洋伬伏

初獻翊平之章

英伬伏風伬亿颯伏仩令伍伬神伍伬格伍伬思仩伬紛伬亿綺伬伏蓋仩伬令伍伬龍伬亿旂伏仩輧伬亿桂伬伏醑仩伬令伍伬盈伍伬

卮．仕仉香伕仕始仉亿升伍伬兮伕仕明仉亿粢伕仕惟伍伬降仕仉鑒伬伕兮伍伬
在伬伕兹仕仉流仉亿景伬伕祚仕仉兮伍伬翊伕仕昌仉亿時伬伕
亞獻恢
平之章觴伬伕再仉亿酌伕仕兮伍伬告伬伕虔伍伬舞仉亿干伕仕戚伍伬兮
仕仉合仉亿宮伍伬縣伕仕歆仕仉苾伍伬芬伬伕兮仕仉潔伍伬蠲仕仉扇仉亿巍
伬伕顯仕仉翼伍伬兮仕仉神伕仕功仉亿宣伬伕
終獻靖平之章鬱伬伕
皀仉亿兮伕仕三伍伬申伬伕羅伬伕籩伬伕簋仕仉兮伍伬畢仉亿陳伕仕儀伬伕
卒伍伬度伍伬兮伕仕肅仉亿明伕仕禋伍伬神伍伬降伬伕福仕仉兮伍伬宜仉亿
民伕仕宜仉亿入伬伕
徹饌彝平之章物伬伕惟仉亿備伍伬兮伕仕咸
仉亿有伕仕明伍伬德仕仉惟伍伬馨伬伕兮仕仉神仉亿其伍伬受伕仕告伬伕徹
仕仉兮伍伬禮伍伬終仕仉罔伬伕咎．仉亿佑伬伕我仕仉家伍伬邦伍伬兮伕仕孔

仉亿厚伬伕

送神望燎康平之章幢伬伕葆仉亿葳伕仩蕤伍伬兮仩仉

神伍伬聿伍伬歸仩仉馭伬伕鳳伍伬軫仉亿兮伕仩驂伍伬虯仉亿騑伕仩降伬伕

烟仩仉熅伍伬兮仩仉餘伍伬馚伬伕霏.仩仉願仉亿囘伬伕靈仩仉眄伍伬兮仩仉

德仉亿洽伕仩明仉亿威伬伕其一焄伬伕蒿仉亿烈伕仩兮伍伬燎仉亿有伕仩

輝伍伬神伍伬光仩仉遙伍伬燭伬伕兮仩仉祥仉亿雲伍伬霏.伕仩祭伬伕受伍伬

福仉亿兮伕仩茂仉亿典伕仩無伍伬違仩仉庶仉亿揚伬伕駿仩仉烈伬伕兮伍伬

永仉亿奠伕仩疆仉亿畿伬伕其二

文昌帝君祠在城東門右本前明旗纛廟後改建春秋祀焉

又平城堡陽明堡並有祠

一州冊嘉慶六年神列祀典並祀三代咸豐六年升中祀禮

節祭品同文廟舞用六佾二月初三日一祭春秋仲月各
一祭
春秋祭文維神道闡苞符性敦孝友並行並育德侔天地
以同流乃聖乃神教炳星日而大顯仰鑒觀之有赫示明
德之維馨茲當仲春秋用昭時享惟祈歆格克鑒精虔二月
初三日祭文維神功參橐籥撰合乾坤溯誕降之靈辰三
臺紀瑞慶中和之令節九宇承暉若日月之有光明闡太
文於孝友如天地無不覆載感至治於馨香爰舉上儀敬
陳芳薦精禋罔斁神鑒式臨
後殿二月初三日告祭祝文維文昌帝君道備中和神超

亭毒稟貽謀而允紹欽毓聖之有基雲漢昭同際嶽降崧生之會馨香感格與水源木本之思式肇明禋用光彝典．尙祈神鑒享此清芬

樂譜春祭夾鐘爲宮應鐘起調注工尺字右秋祭南呂爲宮仲呂起調注工尺字左．

迎神丕平之章秉伬伏氣仉亿兮伏仩靈伍伬躔仩仉翊仉亿文伏伬運伍伏兮仩仉赫伍伏中伬仉天仩仩蜺伏仩旌仉亿兮伏仩戾仉亿止伏仩雕伬伏俎仩仉兮伍伬告伍伬虡仩仉廷仉亿神伏仩庥仩伬兮伍仉於仉亿萬伏仩斯仉仉年伬伏

初獻俶平之章神伬伏之仉亿來伍伬兮伏仩籩伍伬簠伍伬式仉仉陳伏仩神伍伬之仩仉格伬伏兮伍伬几仉亿筵伏仩式仩仉親伍伬極仉亿昭伬伏彰仩仉兮伍伬靈仉亿貺．伏仩致仉亿蠲伏仩潔伍伬兮仩仉明

仉亿禮伕仕升伬伕香仕仉兮伍伬伊仉亿始伕仕居伬伕歆仕仉兮伍伬佑伍伬我
伕仕民仉亿人伕伕亞獻煥平之章再伬伕酌仉亿兮伕仕瑤伍伬觴仕仉
燦伕仕爛仉亿兮伕仕庭仉亿燎伕仕之伍伬光仕仉申仉亿虔伕仕禱仕伬兮伍仕
神仉亿座伕仕儼伍伬陟仕仕降伬仉兮伍亿帝仉亿旁伕仕粢伕仕醴仉亿潔伕仕
兮伍伬齋仕仉遨仉亿將伕仕綏伬伕景仕仉運伍伬兮伕仕靈仉亿長伬伕終
獻煜平之章禮伬伕成仉亿三伕仕獻伍伬兮仕仉樂仉亿奏伕仕三伍伬終
仕仉覃仉亿敷伕仕元伬伕化仕仉兮伍伬繄仉亿神伕仕功伍仉馨伬伕香仉亿達
伍伬兮仕仉胙仉亿饗伕仕通伍伬歆仕仉明伍伬德伬伕兮仕仉昭仉亿察伕仕寅
仉亿衷伬伕徹饌懿平之章備伬伕物仉亿兮伕仕惟伍伬時仕仉告伬伕
徹仕仉兮伍伬終伕仕禮仉亿儀伕仕神仉亿悅伕仕懌伍伬兮仕仉鑒仉伬在伬伕

茲。仕仉垂仕仉鴻伍伬佑仉亿兮伏仕果仉亿洽伏仕重仉亿熙。伬伏送神望

燎。蔚平之章雲伬伏軿仉亿駕伏仕兮伍伬風仕仉旗仉亿招伏仕神伍伬之

仕仉歸伬伏兮伍伬天伏仕路仉亿遙伏仕瞻仕仉翠伬伏葆伍伬兮仕仉企伍伬丹

伬伏霄。仕仉願仉亿廻伬伏靈仕仉眷伍伬兮仕仉福伏仕我仉亿朝伬伏其一烟

伬伏熅仉亿降伍伬兮伏仕元伍伬氣仉亿和伏仕神仉亿光伏仕燭伍伬兮仕仉梓

仉亿潼伏仕之伍伬阿。伏仕化仉亿成伏仕者伬伏定仕仉兮伍伬櫜仉亿弓伏仕戢

伍伬戈。仕仉文仕仉治伍伬光伬伏兮仕仉受仉亿福伏仕則仉亿那伬伏其二

奎樓。一在南城上一在道署前

祭文維神七星冠首六合承輝德耀青陽祐人才之奮起。

祥開紫電煥文運之光昌天象照臨士林忭慶敬修羣祀。

肅展微忱尚饗

龍神祠在譙樓北

會典春秋致祭

祭文維神德洋寰海澤潤蒼生允襄水土之平經流順軌

廣濟泉源之用膏雨及時績奏安瀾占大川之利涉功資

育物欣庶類之蕃昌仰藉神庥宜隆報享謹遵祀典式協

良辰敬布几筵肅陳牲幣尚饗

火神祠在南門外演武廳東

會典六月下旬三日祭

城隍廟在城西門内之北

會典清明中元下元專祭春秋祭風雲雷雨又迎神合祭
於壇

馬神祠在州治西又一祠在南門甕城內
會典春秋仲月上戊日祭

八蜡廟

劉猛將軍祠在城南五里
舊志蚜蚄廟祀蜡也州册雍正十二年奉文冬至後第三
戊日祭及正月十三日祭今春秋仲月祭
八蜡神祭文於惟尊神實司歲功驅蝗斂螣五穀乃豐茲
當歲禴虔具犧牲神其保佑惠此生靈尚饗

將軍祭文惟神上贊帝德下惠生民時和年豐螭蝝不興
祇循歲祀式薦明馨神其昭格庶幾鑒歆尚饗

名宦祠

舊祀唐李靖薛仁貴張公瑾張儉敬暉賈循杜希望王忠
嗣張光晟五代王建立明曹鼐王鎬牛大任郝槃許銘周
遇吉今擬增祀漢蕭由東漢杜茂郭涼魏牽招傅容後魏
祖愼隋王頒李景陳孝意唐李大恩宋楊業張齊賢柳開
劉文質劉永年史抗李翼金郭企忠僕散忠義張大節完
顔衷完顔伯嘉奧敦醜和尚明陸仲亨周安張惟誠黃思
道

國朝許可用謝王寵楊宏志而去唐敬暉及張光晟說詳宦

績記

祭文卓哉羣公懋修厥職澤被生靈功垂社稷茲惟仲春秋

謹以牲醴用申常祭尙饗

鄉賢祠

舊祀漢王霸周黨殷謨北漢范隆後魏李栗南齊解叔謙

唐茹汝升五代郭崇韜史建瑭史儼李承嗣扆彥珂宋何

行宣金禹顯劉復倪民望許蛻元司頁輔明弋謙趙文博

陳皐謨孫璽崔震楊恂劉繹阿其麟閒仲宇趙清孫紹先

王鑰王夢弼謝璽馬驥王大順孫鳳張定馮明期孫傳庭

張令閭張令名費穆

國朝郎廷勔馮亨期馮如京馮右京馮鍾宿馮士龍今擬增

祀趙李左車漢荀慆前宋周續之後魏張黎李熙王道雅、

閭弼唐馬三寶解琬茹義忠五代李嗣本史敬思張敬達、

史匡翰宋代淵元薩天錫並詳史傳集傳

祭文於惟羣公毓秀茲邦懿德卓行奕世流芳茲惟仲春秋

謹以牲醴用申常祭尚饗

忠義孝弟祠在州學咸豐五年州人馮志沅捐貲建

內奉歷代忠義孝弟神位及馮佶馮福基今擬別書宋何

子奇何子霖何宏中元楊友明李斌孫紹祖王鐙陳玉何

印趙雲鳳崔賢張三光王斐

國朝馮配京劉耀德張用章郎汝琦郎桂森趙永年張天相

諸人神位

祭文惟靈秉貞純躬行篤實忠誠奮發貫金石而不渝

義聞昭宣表鄉閭而共式祇事懋彝倫之敘性摯義藹克

恭念天顯之親情殷棣蕚楷模咸推夫懿德綸恩特闡其

幽光祠宇維隆歲時式祀用陳尊簋來格几筵尚饗

節孝祠在州學

祀周代王夫人漢王霸妻明節婦十四人烈婦六人烈女

二人

國朝節婦三百餘人烈婦十八人烈女四人
祭文惟靈純心皎潔令德柔嘉矢志完貞全閨中之亮節
竭誠致敬彰闔內之芳型茹冰蘗而彌堅清操自勵奉盤
匜而匪懈篤孝傳徽絲綸特沛乎殊恩祠宇昭垂於令典
祗循歲祀式薦尊醪尚饗
右祠並載祀典祭期歲由禮部頒行
東嶽廟在北關太甯宮東
北極佑聖眞君祠在譙樓北明洪武二年內官吉祥建成化
十六年重修
案通禮歲祭北極佑聖眞君於永興之雞公山

句注山神祠在累頭山又名北斗廟宋仁宗時以禱雨有應封順應侯有王崇極碑記金元累封佑順公廣佑靈應王明洪武初改稱山神正德四年重修邑人孫紹先有記又神行殿在西關外亦前明所建

吳志云北斗山神祠神座下有七泉祈請者求水於泉雨輒應之即句注陘神通志分爲兩祠誤

太甯宮在北關即壽甯觀也宋初建明宏治間分觀東地祀東嶽而改壽甯爲太甯專祀后土有古楸大十餘圍或曰即劉海蟾所醫之脫殼楸也

吳志歲三月十八日祀又坤甯宮在陽明堡碧霞聖母廟

在城中東巷俗並呼爲奶奶廟

黄帝廟在東門闉城内

舜廟在州東南二十五里舜山上

羊舌大夫祠在城西二十里陽明堡祀晉大夫叔向

案陽明堡在漢廣武縣故城稍西堡有河名羊頭神水不知所自土人名堡爲羊頭城而以羊舌大夫傅會之吳志云俗傳有土人攘羊以肉遺叔向母母埋之故像塑有羊頭考攘羊事見左傳疏非無據者然世本羊舌突生職職生叔向則羊舌大夫乃叔向祖也其語殊不足信

巧聖祠在北門闉城内祀魯般

趙武靈王祠在紫荆山巔

武安君祠祀趙將李牧一在城中一在雁門關一在州東南三十五里聶營村光緒六年知州俞以將軍孫廣武君李左車祔祀。明蘇祐李牧祠下眺望作。泉源氷竇入春分。鳥語花香遲客聞。戍鼓寒沈龍塞月。夕烽晴照雪山雲。年來近野多兵壘。時過迴陽幾雁羣。險絕煩憐今昔地。莫教空說李將軍。邑人馮雲驤雁門關武安君祠李牧祠堂接雁門。青山萬仞古臺尊。龍蛇壞壁秋雲暗。劍戟虛廊夜月昏。千載風煙消舊壘。異時松柏老孤根。迢迢玉塞憑高望。過客還來薦野蘋。又河滿子詞趙將英靈杳冥。空餘老木殘霞。過客登臺頻下馬。雨凋古松槎牙。百尺雁門高峻。秋聲彷彿鳴笳。爭戰七雄已矣。閒尋斷戟崩沙。松柏蛟皮如帶。甲營開千騎歸鴉。悵望戍煙縹緲。看碑憑弔無涯。兵備道廣蔭武安君廟祔祀廣武君禮成紀之以詩。楚漢中原逐鹿秋。孱王裂土亦多謀。先生有策能全趙。天意誰知獨向劉。難得英風同祖武。故應師事到韓侯。剖符功狗紛無數。如此神龍豈易求。雁門山色鬱蒼蒼。地是遺封祀入當。奇節詎能甘泯沒。雹

神或恐誤傳揚荒祠風雨鍾靈氣故國川原
剩夕陽幸與邦人修曠典爲陳俎豆奠醪漿

吳志李將軍祠原建城南後乃移於城北尋又移於城中

扶蘇太子祠在州東二十里門王村宋政和八年建

二聖祠在西門甕城內祀關帝及二郎神

酒仙廟在城西南關廟側祀鍾離祖師配以劉伶杜康釀酒家所祀也

藥王廟在西門內之南

茹僕射祠東西峩口及峪口俱祀之唐僕射茹汝升嘗治水教民穿渠溉田

李晉王祠在柏林寺東

楊令公祠在鹿蹄澗村祀宋刺史楊業村楊氏悉其後裔也

滕奉使祠祀宋工部侍郎滕茂實

宋姚孝錫有過滕奉使祠詩詳僑居記祠久圮康熙五十四年知州滕天憲詳請列入祀典歲以春秋二仲祀晉王之日致祭於墓

滕天憲祭文維某年月日某官謹以牲醴庶羞之儀致祭於宋工部侍郎滕公墓而告之曰嗚呼君臣之義根於天性時窮節見乃以自靖嗟公之仕遭宋不競北轅既去南還莫定公於此時見危授命不入穹廬不踐敵境主辱臣死至代而瞑殯於宋土斯爲得正遺名在此千秋起敬緬維往烈如炙耿光昔在唐季忠有晉王公忠於宋王忠於唐一文一武可頡可頏祀典並舉俎豆輝煌順於人心僉曰允當椒漿桂醴薦此馨香自今以後無替蒸嘗尚饗

案奉使天甯節有感詩有身在北方金佛剎及古殿焚香

祝帝齡之句蓋當時正居於州之天甯寺也竊謂奉使祠雖久湮而寺爲其遺蹟別虛禪堂以奉木主則春秋之祀不至於或廢而忠賢之迹亦藉以爾彰視墓祭爲允宜矣

孫忠靖公祠在學宮後祀明兵部尚書孫傳庭歲以春秋仲月祭乾隆六十年雁平道陳設祭田十畝有記。陳學穎祭田碑記古之忠貞義烈爲朝廷所褒録者近卽在一時遠亦不越數世至於改物更姓歷久終彰是其大節之尤不可磨而正氣之常如生大司馬忠靖孫公其較著者也公丁明末造掃平流寇所至立奇勳時國步艱難天下方於公倚賴汝州之役本欲審機而動奈爲權右趣至事不可爲血濺行間闖門殉節秦晉俱耳熟能詳且史氏亦既載筆不遺矣但其祀典闕如當事者曾不一言於朝豈願爲良臣契懷不在是耶抑事屬勝代分誼不相及耶蓋公之孤忠勁節沈没不彰者且百有餘年我
皇上欽定明紀覽及公本傳深爲嘉美特賜易名惟代

之守土官吏爲修祠致祭此固 聖天子顯微闡幽激揚至意而亦公之植天經扶人紀足以昭垂於不朽者也余莅代初即赴祠瞻拜東廡則副使喬公副將張公從祀皆麾下僚佐同時陣沒者昔張睢陽義動人心將校雷南等俱從殉國二公慷慨捐生真性自過人要其附驥名顯未必非感於公之鼓勵因而取義成仁得與茲世享也然則天經人紀公之扶植固何如哉今遺徽丕煥廟貌式昭余謹於春秋官祀外更置祭田爲其雲礽殷薦計非敢以區區上邀靈鑒惟德馨香聊伸尸祝云爾後之崇祀典妥先賢俾俎豆常新更有望於官斯土者 田坐落牛市巷計園地十畝

黄鉞謌孫忠靖公祠蒙難三年獄輿尸七日霖此皆關國運於以見天心遺像妻孥聚荒祠風雨侵參軍應配食合奉瓣香歆

邑人馮廷工謌祠作箕尾英靈在千秋氣不撓鄉國存俎豆廊廡肅弓刀趣戰同兒戲酬恩撫孟勞兼旬絕糧糗霖雨敗旌旄碧化忠臣血燐飛大野膏紅顏葬胥井白馬走洪濤雁塞新祠麗潼關廢壘高我來瞻拜處松檜日蕭騷

右祠州中舊祀

寺觀附

圓果寺在城東北隅隋開皇中建寺內有古塔十三級高一百二十尺石幢書陀羅尼經字多剝落不詳時代或曰唐所造也寺在州最古稱巨剎明洪武初并福宏資聖興國青龍打地功德七寺入焉

天甯寺在城北門街東唐貞觀十七年建甚鉅麗明洪武初吉安侯陸仲亨截其半爲振武衛

柏林寺在七里鋪晉王墓側後唐莊宗同光三年建以奉陵寢者有金天會三年經幢元至正十三年重修碑元碑詳金石志國朝邑人馮雲驤重修柏林寺碑記柏林寺去代城七里余少時數遊之登閣縱眺平疇曠野襟帶河流茅

屋疎柳參差歷落鐘磬之音泠泠與老樹鳴嘯聲相和雨後斷虹蜿蜒橫挂木杪日氣霞彩流射殿閣作紫金相余心灑焉樂之誠雁門勝觀也戊己之變逆寇播虐四郊焚如此寺獨整於是代人追維之日寇禍深矣於寺返旆佛之力也雲朔瓦解吾代安磐佛之力也大兵之後田穀屢登梵宮前後數十里兩雹不傷佛之力也且寺舊有晉王像殿一區克用治兵晉陽今相傳寺後古郢為王冢畫壁靈旗瞻拜如在士肅厥祀宜哉然寺雖不毀於兵而歲月既久苔荒塵積鳥鼠蹧踐金碧剝落寺僧元極苦行精戒以其事募之剌史郭使君使君下車三載百廢咸舉若修學賑貧釐蠹卻帑諸惠政甚夥更能割廉吏之俸恢覺皇之宇自春徂夏起其圮者新其舊者別創鉅樓五間於殿後翼然施然觀者敬畏是役也郭使君捐槖數百金寺僧他有所募僅十之一蓋郭使君憂國愛民之心順輿情所康佑而為此非尋常飭造梵剎者可比代人享太平之樂挈茗椀載吟筆花晨月夕雪驢風馬叩寺樓而登之皆使君貽我人以名勝其明德遠矣寺工成僧求余言為記余書此令刻石以示後人使君諱廷弼奉天遼陽人貢士

明楊巍柏林寺別王計部

園林今作寺秋草向沙陀事歎千年往人憐兩度過山川明霽雪鐘磬帶煙蘿於此別知

己尊前意更多　王基次韻妙法眞無相園林郎普陀白
雲雙屋滿黃葉一　僧過斷碣眠莎草疎廊薜蘿不堪懷
古意回首夕陽多　楊緖次韻荒園留李晉野寺入沙陀
流水千年去樵人幾度過亂雲長護柏間徑自生蘿感慨
還尊酒西風暮色多　國朝李因篤趙驃騎招飲柏林寺
一徑緣谿入流雲野寺深殘碑餘晚照古屋帶歸禽地靜
連沙磧樓高俯碧岑幽懷何所寄搔首問諸林又題柏林
寺壁間達摩畫像此翁歸路已茫然何事相逢面壁年戶
外白雲看不盡春風吹散二陵煙　王席民春日諸君招
遊柏林寺觀劇二首無術能逃俗徵歌到上方登場憐帝
子顧曲羨周郎岫迴明春雪林疏駐夕陽浮生惟擾擾慣
默對空王繼賞宜茲日流光問去年憑欄窺木杪連騎趁
星前鼓角夕營劇燈竿春社妍歸途情未極潦倒愧諸賢
又柏林寺看驃騎公題鷲紫高含額字西郊並轡溯春風
春到郊原處處同野靄隔林妨躍馬疎鐘出寺落驚鴻狂
來看劍憐張旭興到臨溪笑遠公矯首危檐青不了文昌
原在白雲中　馮璧柏林寺餞李翰林辭官歸秦車遙遙
兮馬洋洋送子歸秦返故鄉今日終南無捷徑好支高枕
傲羲皇　兵備道廣蔭柏林寺謁晉王墓有感奸雄唐季
紛紛起荼毒生民若螻蟻宰相中官遞擅權碭山大盜挾

天子天子鑾輿幸東都錦繡江山歸賊朱當時藩鎮盡匍匐雁門僕射獨長吁吾家三代秉節鉞誓不與賊共日月忠憤填胸病轉加三矢遺兒晉陽沒亞子誓師三垂岡夾寨一戰破朱梁滅燕救趙直趨汴賊朱倉卒遭弑亡父子忠貞歷可舉無如宋儒猶不許妄以正朔歸朱梁後唐斥爲沙陀侶文王生岐西夷人舜生諸馮稱聖神不分正邪主中夏豈非作僞以亂眞大哉紫陽綱目作篡弑詳書梁之惡直以興復許後唐偉論一洗千古錯吾官代北訪舊聞西郊確有晉王墳公餘走輿曾展拜憑弔松楸悵夕曛小憩又過柏林寺瞻王畫像生忠義詩人題詠幅已盈聊作長歌記遺事

極樂寺在西關外劉雪溪墓側

延福寺在州南十五里中解村元至元二年建明洪武八年并文殊二聖二寺入焉

定祥寺在州西二十五里三家村有明邑人謝璽碑記、

觀音寺一在州東南十里上曲村一在東南二十里東張村有宋至道三年經幢

嘉聖寺在州東顯旺村有元延祐五年碑記

黑山寺在州東四十里黑山莊

白雲寺在州東南三十里聶營村

門王寺在州東二十里門王村

白仁巖寺在州西北四十五里白仁巖相傳晉遠公建明張尚書鳳翼讀書於此

邑人馮欽重修白仁巖寺記乾竺氏因緣之說豈偶然哉余幼讀先曾王父集有讀書白仁巖詩云開戶白雲行歌秋色想見風物之美雖不能至心嚮往之矣先王父亦有遊白仁巖記述其山勢之雄奇泉石之秀麗與夫名葩異卉珍禽馴獸之往來又不啻身歷其境也而神異之迹尤夥禱雨輒

應鄉人賴之有寺創於晉遠公葺於明慧微二菴明都御史弋公謙實志之且云有故碑可考而荒煙野蔓中踪跡滅沒矣余感而敬志之意當於暇時策杖周旋窮其勝槪以追述先人之迹而向平之志未遂又重之以薄宦四十餘年虛願靡酬今歲乾隆戊午余因病請急里居鄉君子章甫錦帶之徒十餘人儼然造焉曰郡西三十里古白仁巖代之勝也有寺肇於晉續於明千巖紫翠境逼仙都又有靈泉龍祠歲旱祈禱輒雨寺廟廢圮不治諸僧能事者無聞焉鄉之人聚族而謀度木於山計材任用贏其餘以計工撤內外基悉與更始若殿閣若祠若廡若鐘鼓樓一切飭舊而新之頹者與缺者備黯者丹堊陵夷者繚以周垣表裏莊嚴居然佛土費不勞而益無量於是晚鐘之景崖洞之幽泉石之瀫汋增奇顯異易簡之德業可與謀久焉願乞一言以徵後余與白仁巖四世因緣百餘年而遙矣今幸有其舉之重以金石之勒若山靈有待俾余厠名於末以當臥遊者矧諸君子趨義如流不忘舊諦儼然見之於堂構之間詎云人天小果有漏之因余又敢忘先人之夙志陳踪昧茲因緣也哉故喜且感焉而遂爲之記

舜子寺在舜山

王通寺在龍谷山

望臺寺在州東南四十五里宋太平興國五年建

洪濟寺在州東二十里若院村宋大觀四年僧祖深建金正隆中修佛像甚工相傳元劉鸞塑俗呼劉鸞寺

法雨寺在州南八十里新莊東近寺有龍王堂泉水清冽禱雨多應

菴頭寺在州東南五十里圭峰山下

妙覺寺在東關外俗呼二虎寺

七佛寺在北關外龍王堂西

靈巖院不知所在有金大定八年所鑄鐘今在鐘樓

積慶菴在城東南聶營鎮鎮人郎居相建

興隆寺在城南六十里碾峪溝同治四年僧澄沂重修

三清觀在西門外香窟沱明景泰初從西關移建

圓通觀在西關

崇元觀在州東南六里元至正中建今圮

瑞雲觀在州南八里潘家莊鳳山之麓唐貞觀十七年建

鳳凰觀在鳳山之陽一名來儀觀後魏寇謙之自嵩山來曾居此有唐朱自然洗參鍊藥昇仙遺跡宋闞道甯劉海蟾並寓觀中元初有道士孫守眞居山五十年元遺山嘗就訪之

逍杲觀在州南四十里鳳山之西名義未詳

神岡觀在州東南二十里金至德廣元大師居此

代州志卷四終

代州志卷五

志四

賦役志戸口　田賦　起運存留
稅課　鹽課　倉儲　蠲緩

戸口

實在戸一萬九千六百二十九口十萬八千七百九十

周志明萬歷十三年戸一萬九十二口五萬四千五百三十六吳志乾隆四十九年戸一萬九千五百七十九口十萬七千二百五十三

屬縣五臺戸一萬七千八百九十三口十二萬九百又五崞縣戸三萬一百三十口二十四萬一百一十二繁峙戸九千

三百八十四口十萬九千七百九十一

案歷代戶口之可稽者唐開元戶一萬五千七百七宋主戶三千五百六十七客戶二千四百一十五（並見太平寰宇記統州屬五縣而言）元下州不滿萬戶代崞臺堅並爲下州則亦不能遠軼唐宋明洪武二十四年編戶一萬三千三百三十八口六萬六千四百一十（見周志屬縣未詳）視前代爲盛而至萬歷初已減四之一今通計州屬合七萬七千四百四十戶五十七萬九千五百九十八口視前明倍過之視唐宋十倍過之生聚之樂繁昌之象誠未有如今日者也

田賦

原額民屯各田三千九百五十八頃二十五畝有奇共徵本色米一千六百二十六石八斗本色豆一千六百九十一石八斗一升九合共徵折色銀一萬三千三百二十九兩一錢六分四釐外行差人丁及地差銀六千九百六十六兩五錢四分六釐

民田水地四百八十七頃八十畝五分七釐四毫每畝徵糧九升五合平地二百九十八頃五十三畝二分三釐五毫每畝徵糧七升六合坡地三百二十二頃八十一畝六分五釐每畝徵糧五升三合次平地七百三十一頃一十四畝一分三釐每畝徵糧三升八合沙地二百八十四頃

三十六畝四分五釐每畝徵糧三升二合鹹地三百六十
頃八十二畝一分七釐一毫每畝徵糧三升二合以上各
地共二千四百八十五頃四十八畝二分一釐應徵糧一
萬三千四百五十六石八斗六升有奇內徵本色糧一千
六百二十六石八斗折色銀九千九百九十二兩九錢二
分九釐有奇每石折銀八錢四分四釐有奇
地畝九釐銀每畝徵銀四釐有奇共銀一千三十八兩六
錢六分有奇
驛站銀每糧一石派銀一錢六分有奇共銀一千九百一
兩一錢九分九釐有奇

地畝加增豐贍庫夏秋糧折色並馬草絲絹銀共四十四兩四錢三分一釐有奇

匠價銀五十五兩八錢七分七釐

振武衛原併屯田一千一百六頃八十四畝五分七釐五毫每畝徵本色糧豆一升五合有奇折色銀一毫有奇共糧一千六百九十一石八斗一升九合有奇銀一十七兩九錢四分五釐有奇

鴈門所原併屯田下地三百六十五頃九十二畝二分二釐三毫每畝徵糧一升三合有奇改徵折色銀二百七十八兩一錢二分三釐有奇糧四百四十石五斗一升有奇每石折銀六錢二分五釐有奇

民丁三門九則據康熙五十年審定丁冊定爲常額續生人丁永不加賦乾隆三十一年審編除紳衿優免本身一百八十三丁外實行差人八千二百三丁各徵不等共銀三千一百一十四兩四錢九分八釐有奇又順治十四年清出紳衿優免供丁六百八十八丁各徵不等共銀二百五十兩九錢三分四釐有奇共徵均徭並辦買本色顏料加增銀三千三百六十五兩四錢三分四釐有奇地差銀二千四百六十八兩一錢九分七釐有奇共五千八百三十三兩六錢三分二釐有奇

屯丁三門九則實行差人五千三百六十一丁太原左衛八八十九

丁共徵銀四十二兩七錢一分九釐有奇太原前衛人三丁共徵銀三兩六錢九分九釐有奇振武衛人四千四百九十一丁共徵銀九百一十八兩四分四釐有奇雁門所人七百七十八丁共徵銀一百六十八兩四錢四分二釐有奇共徵均徭銀一千一百三十二兩九錢一分四釐有奇

節年新收民屯地二千三百二十八頃四十四畝有奇各徵不等共徵本色糧二千六百七石一斗九升三合共徵折色銀四千六百八十三兩二分五釐又撥收繁峙縣本色豆六十一石二斗有奇

雍正六年以後節次開墾額內民田一百六十一頃一十四畝四分七釐有奇各徵不等共本色糧八十二石七斗九升一合有奇折色銀五百三十二兩三錢四分九釐有

奇順治八年以後節次開墾並清查出隱漏民田共地八百二十八頃九十畝九分三釐有奇各徵不等共徵折色銀三千七百七十二兩六錢一分四釐有奇

民屯田山沙地並自順治十二年後節次開墾及清查出屯田地共九百六十頃五十五畝六分九釐有奇共徵本色糧一千三十六石八斗八升一合有奇外折色銀五錢屯草十二束折銀一錢八分

更名熟田並自順治六年以後節次開墾共地三百二十四頃六十畝一分六釐有奇內稻地二百十九頃五十八畝九分有奇每畝糧六升五合沙地五十七頃一十七畝五分有奇每畝徵租銀二分四釐有奇滹沱河淤塌不常未定頃畝徵租銀四兩一錢

房園地課水磨碾坊課共銀二十二兩七錢二分二釐沙山地四頃每畝徵租銀二分有奇又沙山地二十八頃八十三畝每畝徵本色糧一升八合八勺折色租銀四分三釐有奇　共徵本色糧一千四百八十七石五斗三升一合有奇折色租課銀三百二十兩九錢七分八釐有奇

衛所屯地順治十四年後節次招勸開墾並清查出隱漏共地三十四頃九十二畝八分共徵折色銀二十八兩四錢四釐有奇

又額外河灘地一十八頃三十畝每畝徵租銀一分五釐共銀二十八兩

節年開除水沖沙壓民屯荒田一千二十二頃一十二畝三

分四釐共除本色米豆二千一百二十五石五斗六升二勺有奇共除折色銀一千四百二十三兩四錢一分三釐

自乾隆五十年至嘉慶末年節次因災豁除民屯荒田九百四十三頃四十九畝五分四釐五毫共除本色米九百九石九斗四升六合八勺本色豆八百八十七石九升五合七勺共除折色銀一千四百一十兩三錢九分七釐（內應除耗羨銀一百九十四兩九錢九分三釐）

光緒五年清查荒田豁除民田一頃八十一畝四分有奇屯田七十六頃八十一畝四分有奇共除本色米三石五斗一升一合四勺山米二十石八升五合屯米二百九十

八石二斗六升一合二勺屯豆六石六斗六升一勺共除

折色銀十三兩一分六釐耗羨銀一兩六錢四分一釐

實在民屯各地五千二百六十四頃五十六畝七分三釐有

奇實徵本色米並山米屯米二千三百三十三石六斗二升

八勺屯豆八百六十石六斗二升六合八勺實徵折色並丁

匠酒課攤入地畝共銀二萬三千五百二十九兩四錢五分

二釐遇閏加銀五兩六錢八分

外耗羨銀三千二兩五錢七分六釐遇閏加銀七錢三分九釐

本州徵收屯豆八百六十石六斗二升六合八勺州判徵

收民屯本色米一千六百三十六石九斗七升二合二勺

山糧米四百五十五石六斗四合屯米二百四十一石四升四合六勺民米舊有黑豆雜糧，後改每豆一石五斗徵粟米一石，粳米一石，徵粟米一石五斗蕎麥一石徵粟米六斗

折色糧一萬四十九石七斗一合六勺各折不等折銀一萬六千七百一十五兩四錢一分九釐地畝九釐，驛站豐贍庫各折色並在內

民丁銀三千二百五十八兩七錢四分三釐乾隆二十三年歸入地畝徵收銀一千五百八十八兩四錢二分一釐有奇餘於道光五年全數攤完屯丁銀一千一百三十二兩九錢一分五釐道光五年攤歸四百一十一兩六錢五釐七年攤歸七百二十一兩三錢一分

地差銀二千三百二兩九分八釐

匠價銀五十五兩八錢七分七釐

酒課銀六十四兩四錢遇閏加銀五兩三錢六分七釐

屬縣五臺縣實在地三千四百九十二頃五十七畝五釐徵本色米六百五十四石三斗二升二合三勺徵銀一萬二千五百七十七兩九錢一分九釐耗羨銀一千六百二十九兩三錢六分七釐崞縣實在地八千二百一十頃一十九畝八分一釐徵本色米一千三百八十九石八斗三升九合八勺本色豆七十八石九斗三升八合徵銀三萬六千三十九兩四錢七分二釐耗羨銀四千六百六十一兩七錢一分五釐繁峙縣實在地四千九十八頃八十一畝四分七釐徵本色米四百六石六斗四升五合四勺本色豆二千三百

三十七石一斗四升九合八勺徵銀一萬八百八十九兩四分二釐耗羨銀一千四百一十二兩八錢五分三釐凡商稅酒課丁匠等銀俱在額徵內

以上本州及屬縣共地二萬一千六十六頃一十五畝八釐共徵米豆八千六十一石一斗四升二合九勺共徵銀八萬三千三十五兩八錢八分五釐

吳志前明洪武間民田定額四千四百二十七頃五十二畝有奇夏稅麥八千二百二十九石有奇秋稅穀一萬九千七百一十石有奇歲桑一萬四百六十八株課絲六十五斤有奇棗五百六十七株課棗二十一石有奇永宣以後或不及額兩稅亦增減不常萬歷九年知州張維翰遵

新方田法量得地實在四千四百六十三頃七十二畝有奇視洪武時增三十六頃因其饒瘠而上下之故有水者稻者平者坡者沙者鹹者既復益以次平而定爲七則

國朝徵糧之制仍循其舊惟水地稻地併而爲一而次平則輕減過半蓋前明次平畝徵七升二合今僅三升八合而已至如丁差徭役前明兩歳一編有派者有補者今則自

康熙五十年審定後續生人丁永不加賦洎乾隆二十三年後復歸入地糧其他桑棗諸課以及門攤戶稅率行裁汰可謂薄賦輕徭寬仁浩蕩之至矣况今

聖天子軫念民依如傷在抱每遇水旱偏災蠲振動輒百萬

民亦何幸而生逢斯世哉

起運存留支銷附載

實起運戶部項下解布政司銀一萬六千五百五十二兩六分四釐

酒課銀六十四兩四錢遇閏加銀五兩三錢六分七釐

黃蠟腳價銀七錢四釐

買紬絹農桑顏料等銀四十二兩一錢九分五釐遇閏加銀六錢八分一釐

耗羨盈餘銀一千一百八十二兩五錢七分六釐遇閏加銀七錢三分九釐

驛站銀四千六百十二兩七錢五分遇閏加銀二百五十兩一錢二分四釐

實留支銀二千二百五十七兩三錢三分九釐

雁平道俸銀一百五兩門子四名工食銀二十四兩快手一十二名工食銀七十二兩皁隸一十二名工食銀七十二兩繖扇夫三名工食銀十八兩聽事吏二名工食銀十二兩解差二名工食銀十二兩轎夫四名工食銀二十四兩

知州俸銀八十兩門子二名工食銀十兩七錢二分皁隸一十六名工食銀七十七兩七錢五分六釐馬快八名工食銀四十四兩八錢七分二釐更夫五名工食銀三十兩禁卒八名工食銀六十四兩繖扇夫三名工食銀十六兩八錢二分八釐庫子四名工食銀二十二兩四錢三分六釐斗級四名工食銀二十二兩四錢三分六釐民壯四十名工食銀二百八十八兩捕役八名工食銀四十八兩仵作二名工食銀十二兩轎夫四名工食銀二十二兩四錢三分六釐咸豐四年裁汰鋪司兵二十八名工食銀一百六十八兩此項銀八成解司二成撥驛

州判俸銀四十五兩門子一名工食銀六兩皁隸六名工食銀三十六兩馬夫一名工食銀六兩斗級四名工食銀二十四兩

吏目俸銀三十一兩五錢二分門子一名工食銀六兩皁隸四名工食銀二十四兩馬夫一名工食銀六兩

學正俸銀四十兩訓導俸銀四十兩廩生三十名餼糧銀九十六兩齋夫三名工食銀十八兩膳夫二名工食銀十三兩三錢三分四釐門斗三名工食銀十八兩

廣武城巡檢俸銀三十一兩五錢二分皁隸二名工食銀十二兩弓兵工食銀六十兩廣武站各倉場募役工食銀二百十四兩二錢

孤貧冬衣布花銀二十五兩四錢八分八釐

文廟春秋二祭銀四十兩

崇聖名宦鄉賢三祠祭祀銀一十一兩一錢八分

風雲雷雨山川社稷八蜡各壇廟祭祀銀二十四兩

雩禮壇祭品銀三兩

關帝廟祭祀銀二十兩八錢三分

文昌祠祭祀銀十五兩七錢八分

州厲壇祭祀銀十二兩

北斗句注陘神李晉王各祠祭祀銀六兩

朔望行香紙燭銀五兩六錢

迎春神牛銀五錢

以上並於存留地丁銀項下支銷官俸役食於咸豐六年扣減三成給發

餞送新舉人會試卷價酒席每年銀五錢三分三釐

餞送舊舉人會試盤費酒席每年銀四十三兩五錢

舉人坊儀銀每年十五兩

舉人花紅銀每年五兩

新進士旗匾賀儀銀每年三兩三錢三分三釐

武舉會試盤費銀每年三兩

武宴銀每年十二兩

鄉飲酒禮銀每年十五兩

時憲書紙價銀十三兩三分

起送貢生旗匾花紅銀每年八兩扣存州庫

以上九項解存司庫一項存州庫

知州養廉銀一千五百兩繁費銀一百二十兩

州判養廉銀八十兩

吏目養廉銀六十兩

廣武城巡檢養廉銀六十兩

以上四款並於存留耗羨銀項下支銷

雁門廣武二驛歲支馬乾工食各銀四千六百一十二兩七錢五分遇閏加銀二百五十兩一錢二分四釐雁門驛馬匹草料銀六百二十六兩四錢馬夫工食銀一百五十六兩六錢所夫工食銀二百九十七兩三錢六釐遇小建扣銀三兩一釐廣武站馬匹草料銀六百六十九兩六錢馬夫工食銀一百六十七兩四錢廠夫工食銀三百二十一兩五

錢遇小建扣銀二兩三錢二分五釐惟廠夫遇閏不增小建不減每年修理棚廠添置鞍屜槽鍘等項雁門驛支銀三百二十一兩五錢五分二釐廣武站支銀八十兩四錢八分遇小建扣銀一兩一錢一分六釐康熙乾隆中雁門驛撥協河曲縣砂泉驛榆次縣王胡驛朔州上西河等三處馬十八匹夫九名每年額解銀六百八十五兩五錢八分四釐內扣小建銀十一兩四錢二分七釐有閏加銀五十七兩一錢三分二釐廣武站撥榆次縣王胡驛朔州上西河平遙縣洪善驛三處馬十四匹夫七名每年額解銀四百十四兩三錢四分四釐內扣小建銀六兩九錢六釐有閏加銀三十四兩五錢二分九釐又額解官支銀八百四十兩餘剩銀三十一兩九錢八分四釐

以上留支外俱解司　每年買補馬匹銀九十兩由司領支

稅課

田房稅契正額銀八兩五錢七分四釐盈餘銀八九十兩奇零不等

商稅正額銀一千四十八兩一錢二分四釐盈餘銀二百三四十兩不等

畜税正額銀三十九兩六分盈餘銀三四十兩奇零不等
牙税銀五十四兩四錢原額八十八兩四錢
以上各税每年兩季解司無存留支銷
設立關口八處
本城陽明堡峩口壺峪口大營堡小石口北樓口茹越口

鹽課

額設鹽引四百七十三道徵税銀一百八十九兩七錢五分
三釐
州屬並食土鹽不經商運課歸地丁完納

倉儲

常平倉原額穀一萬六千石

道光二十年採買穀一萬石同治二年知州程勳用穀四百八十一石五斗八升七合光緒三年平糶穀三千石霉變穀六十六石一斗一升三合四年因災振濟用穀一千四百石又省提用穀六十六石二斗實存穀四千九百八十六石一斗

廉惠倉儲額徵屯豆

邊儲倉儲額徵民米屯米

存留米豆歲按季支放東路營有餘仍儲倉以備撥支

蠲緩

乾隆五十年六月大雨奉
旨蠲免被災各村本年地丁銀米五十三年
詔民屯各田水沖沙壓賠累地畝錢糧永遠豁除共免糧七百九十九石五斗四升一合一勺銀四百一十兩五錢九分八釐內可稽者蕭營六屯坍沒稻地十八頃九十二畝七分六釐每畝開折粟米一斗八升四合五勺坍沒旱地六頃七十七畝每畝開折粟米七升三合八勺

恭紀乾隆五十三年恩旨普蠲代州蕭營等六屯被災民屯田畝銀米碑記

粤稽春秋有施斂厚薄之說而兩漢因有事於蠲貸元結以免稅上言倪寬以負租課最由唐而下或災因旱魃白居易有除賦之書或歉以淫霖權德輿有蠲租之請至宋咸平元年遣使按籍田不得耕者逋欠悉除之元明以來於無名之賦不急之費間亦或從蠲減惟我皇上天覆地載軫念民艱旰食宵衣無微不照以故感召休和頻年豐稔自近畿以至邊陬荒徼靡不家給人足道一風同每遇水旱偏災尤上勞睿慮發帑金數百萬或數千萬撫綏周恤及綏

徵帶徵普免積欠其被災較重或沙淤石壓不能開墾者查
明將額賦正供量加寬免更命各督撫飭所屬實力奉行
閭閻得以均霑實惠於是各直省大吏至郡守州縣有牧民
之責者皆仰體聖天子深仁厚澤惠養元元之至意遇民
地方間有災祲確實履勘多方調劑凡有可以爲民請命之
處即飛章入告是以在下無不達之隱而屢邀皇上破
格之恩也代郡去京師七百餘里北臨沙漠萬山環繞南北
山址相距不及一舍滹沱河界其中奔突衝齧靡有定流故
民田非磽确即沙磧少沃壤也頻河屯田數百頃利於稻居
民業之數百年矣蒙國家休養生息樂業安居急輸將以
育子孫廓如也雖偶遭水患而庚癸不呼允稱樂土前於乾
隆五十年六月十七日急雨如注繼復大雨三日山水陡發
河流漲溢漫漶其附近土壤或被巨石坍壓一望磷磷或沙
深數丈非人力所能挑濬甚至塌歸湍悍永爲河伯經行一
時被災者纍纍而聶營等六屯爲尤甚民食於以告匱逋欠
於以漸增實邊塞未有之患也當蒙大憲及郡牧守令履畝
踏勘其壓傷衝斷難再墾者民屯田賦冊上監司監司復驗
達之方伯轉申中丞據情入奏仰蒙聖主念切災黎先
行給賑蠲租借給牛糧籽種敕部轉檄遴員查勘確實蔚
因全書與地畝未符粳米與粟米折算稽冊考稽往復釐定

至本年二月初四日經戶部核明塌壓斷難開墾田畝數目
與初報無異並將田賦不同之册籍更正可否豁免具奏恭
奉特旨俞允誠異數也竊思萬方惟正之供原屬定分前
已緩徵帶納家家共慶倉箱加賑捐租歲歲仰承高厚今更
沐皇恩浩蕩捐此數百頃之徵輸恤我億兆人之家室雖
堯水湯旱未聞有矜恤憐憫如我皇上之至優極渥者
文豈漢唐宋元明所可比隆萬一哉伏查代郡共免糧四百
石三斗五升六合九勺銀四百一十一兩五錢九分八釐散
在各都科則互異力難徧核且彼處必各有紀述謹就聶營
等六屯粳粟米賦所霑被者鈔錄而勒之貞珉以志萬年感
戴其推廣皇仁初報勘驗暨復奉遴委確實履勘者則
有若前觀察邵前郡牧吳前州佐徐大同太守文應州州判
陸其申明田賦兩歧請更簿籍者則有若署郡牧王至清查
底册一切文移申覆則惟我鄭方伯季觀察曹郡伯實終始
之而據情叩籲為民請命飛章上聞者則前撫憲農署撫憲
勒護撫憲鄭署撫憲明和衷相恤惠愛兼施何莫非元結倪
寬白居易權德輿之愷悌慈祥而實心實政所以代天宣化
則又遠過之也猗歟休哉後之生斯土者飲和食德知吾儕
小人得以育子孫而慶生成者殆有自云謹記　碑陰載知
州曹原詳略云查得全書更名稻田項下內載共地二百一

十九頃五十八畝九分四釐每畝徵本色糧六升五合共糧
一千四百二十七石三斗三升一合三勺地未分晰水旱園
糞首地等名目糧亦未載有粳米粟谷抵折各數至歷年存
檔徵收硃簿內載更名水旱共地止一百九頃九十三畝七
分三釐內水地每畝徵本色粳米一斗二升三合折粟米一
斗八升四合五勺又稻地首稻地每畝徵粳米一斗二升三
合折粟穀三斗七合五勺折粟米一斗八升四合五勺園糞
旱地每畝徵本色粟穀一斗二升三合折粟米七升三合八
勺共徵本色糧一千四百二十七石三斗三升一合三勺核
與全書額糧相符至全書內地多糧少每年徵收硃簿地少
糧多雖經參差懸擬而徵糧總數確切相符至每粳米一石
改徵粟米一石五斗每粟穀一石改徵粟米六斗並始自何
年之說雖無原委可稽但全書所載改徵實爲柄據至地畝
較全書所短之處相沿日久無從核稽請憲台查核轉請咨
部立案並請刊造全書時俯賜更正以垂永久於民生國課
均屬兩益云云嗣經署撫憲鄭奏明更正科則奉 旨依議
撫憲明奏請豁免
賠糧奉 旨依議

案乾隆以來豁免荒田計九百餘頃皆無案可稽賴聶營

之紀　恩碑覼得其概據碑陰所載六屯共開稻旱地二十五頃六十九畝八分六釐共免折粟米三百九十九石一斗八升四合二勺而碑文有是年代郡各都共免糧四百餘石銀四百餘兩之說惜畝數科則未詳

光緒三年雁門關北二十一村秋旱成災分別蠲緩嗣奉

旨將被災處所請緩徵錢糧米豆並附近災區民欠未完銀米一律蠲免又奉

恩旨因山西被災較重民力不逮被災州縣並將光緒四年上忙應完一半錢糧普行蠲免

光緒五年園子等十二村秋禾被雹奉

旨照例將本年應徵銀米分别蠲緩

光緒六年三月奉

旨將查明之聶營各村老荒地畝七十八頃六十二畝八分所

有應完錢糧米豆自光緒五年上忙起永遠豁免

志五

學校志附鄉飲酒禮　新生入學儀　鄉會試賓興儀經費記　書院

文廟在州城西南

吳志明洪武二年建案州學不知創自何代此據元至正末席公舉修學記以爲建於明初實其時亦重修也席記詳金石志永樂間知州侯彥實正統間知州田立天順間指揮張懷相繼繕治成化中都御史秦紘拓而新之廣大成殿爲七楹衞以戟門五楹前鑿泮池架石橋橋前爲欞星門外豎坊曰萬仞與門相稱嘉靖三十三年都御史趙時春建崇聖祠於殿東廂立名宦鄉賢二祠萬歷十三年兵備張惟誠鑿池廟前直抵城下名曰星聚羅植松

柏別豎二坊原題曰仰聖育賢後易爲德配天地道冠古今規模於是稱宏整焉

國朝順治九年雁平道余應奎繼修康熙四十八年知州滕

天憲復修乾隆四年雁平道拖奇納知州郭麟生再修

學冊星聚泉久湮嘉慶二十一年知州孫樹新即故址廣

爲疏鑿栽蓮補樹築亭池上以紀其勝案前明張公所植松柏久廢孫公修復後未幾又荒由俗士惑於風水之說以此池及參府廟前池爲代城二目以栽花種樹爲目瞖眼釘可怪也

學於同治十三年雁平道程知州夏倡士民大修之三年

乃成程豫重修代州廟學記聖人之道大矣非後世所盡傳聖人之道至矣非後世所能逮不盡傳故聖人之後不復有聖人不能逮故聖人之後莫不尊聖人代郡在春秋爲晉北鄙自聖人攔車反駕亦不及於趙代何以襄子據代節義起於磨笄蓋聖人之道天道也人性命於天而不能違天是以其道通聖人而不能違聖歟自漢以來

學校設於郡縣而代地之人之節烈震耀古今固聖人之澤長抑亦學校所關者大也考代郡文廟學舍自前明迄

國朝補修非一次從事非一人然州志所載自都御史秦公兵備張公而外特補偏救於一時而非嘗通籌合作百廢俱新且慎固於百年之後也歲癸酉豫備兵雁平下車謁廟見牆垣傾欹瓦甓剝落而西廡且有頹廢無存者夫無以妥聖人之靈何以崇聖人之道而又何以振興一世之人才也哉爰與知州事夏君寶仁如謀之與楊君立旭繼成之襄其事者州判蔣君吏目岑君督其役者學正郭君陳君訓導景君高君也貲難爲繼有部郎劉君肩其鉅功難爲獨成有前事各紳分其責衆擎共舉志於碑陰可歷歷考也是役也始於癸酉仲夏竣於乙亥季夏費錢三萬千有奇工既輟而又舉及其成猶有餘貲以爲歲修之具而官不與焉事既藏衆聚觀之規模宏整棟宇堅完乃歎修復之初不謂能至如斯也豫因言於衆曰惟聖人大而無外惟天道福善而禍淫惟聖廟興學以成化其無外也代居北塞節義見於斯人材盛於斯東海北海地不同而心性則同也其福善也廟始修舉鄉榜有魁元焉會榜有詞林焉視昔視今地雖同而振興不同也其成化也我

朝列聖相承首重建學故治教休明比隆千古

今之撥亂反正胥是道也茲代之士民僉知申重其事將學宮盛而師道尊師道尊而賢才出則後之視今猶今之視昔日增而月異代又何可企及也是爲記　署知州杜崧年碑記戊寅臘月捧檄權牧代州下車之始敬謁先師殿廡巍煥宮牆峻整恭肅之心油油然生竊計是時省南災祲迭被省北亦水旱頻仍時勢艱難何由成此鉅功哉退而詢諸寅僚始知代郡文廟年久失修朽腐傾圮不足以妥先聖之靈同治癸酉夏程立齋觀察莅任剏建興修勸捐紳富歷二載略有規模而觀察升擢晉臬去任工實未竣也董事田永業等以廟關一郡之文風觀察既創謀於始不肯廢於終竭力經營同心籌措廟內外及學師官署一律修葺規模大備土木之事畢又施以堊飾繪畫之工丹碧輝煌毫無草率官更數任始終其事者惟州佐蔣君慶笥及紳士人等則自興工至告竣悉一手經理焉代郡從前科第聯翩凡躋九列而膺華國之選者皆由黌宮出故士無論貧富一聞興工欣然解囊以助不少靳惜伏願先聖有靈從此人文蔚起媲美鄒賢固可跂足而俟而謀歲修而計久遠勿墮此成工焉尤所望於將來也予以權牧之員適值觀成之日瞻仰之餘爲書其顛末如左

大成殿祀位圖

至聖先師孔子

復聖顏子
述聖子思子

宗聖曾子
亞聖孟子

先賢閔子
先賢冉子
先賢端木子
先賢仲子
先賢卜子
先賢有子

先賢冉子
先賢宰子
先賢冉子
先賢言子
先賢顓孫子
先賢朱子

兩廡先賢祀位圖

東廡四十位

先賢邵雍　先賢程顥　先賢周敦頤　先賢萬章　先賢樂正克　先賢牧皮　先賢縣亶　先賢顏何　先賢顏噲　先賢秦非　先賢步叔承　先賢琴張　先賢陳亢　先賢邦巽　先賢公西輿如　先賢叔仲會　先賢廉潔　先賢原亢　先賢鄭國　先賢左人鄡　先賢榮旂　先賢罕父黑　先賢鄔單　先賢公肩定　先賢公良孺　先賢任不齊　先賢公西赤　先賢漆雕哆　先賢漆雕徒父　先賢冉季　先賢伯虔　先賢冉孺　先賢梁鱣　先賢司馬耕　先賢漆雕開　先賢商瞿　先賢南宮适　先賢原憲　先賢林放　先賢公孫僑

西廡三十九位

先賢蘧瑗　先賢澹臺滅明　先賢宓不齊　先賢公冶長　先賢公晳哀　先賢高柴　先賢樊須　先賢商澤　先賢巫馬施　先賢顏辛　先賢曹邮　先賢公孫龍　先賢秦商　先賢顏高　先賢壤駟赤　先賢石作蜀　先賢公夏首　先賢后處　先賢奚容蔵　先賢顏祖　先賢句井彊　先賢秦祖　先賢縣成　先賢公祖句茲　先賢燕伋　先賢樂欬　先賢狄黑　先賢孔忠　先賢公西蔵　先賢顏之僕　先賢施之常　先賢申棖　先賢左邱明　先賢秦冉　先賢公明儀　先賢公都子　先賢公孫丑　先賢張載　先賢程頤

兩廡先儒祀位圖

東廡三十一位

先儒陸隴其
先儒孫奇逢
先儒劉宗周
先儒呂柟
先儒羅欽順
先儒胡居仁
先儒薛瑄
先儒方孝孺
先儒陳澔
先儒金履祥
先儒趙復
先儒文天祥
先儒何基
先儒眞德秀
先儒陳淳
先儒陸九淵
先儒張栻
先儒李綱
先儒羅從彥
先儒謝良佐
先儒司馬光
先儒歐陽修
先儒范仲淹
先儒陸贄
先儒范甯
先儒鄭康成
先儒后蒼
先儒孔安國
先儒毛亨
先儒伏勝
先儒公羊高

西廡三十位

先儒穀梁赤
先儒高堂生
先儒董仲舒
先儒毛萇
先儒杜子春
先儒諸葛亮
先儒王通
先儒韓愈
先儒胡瑗
先儒韓琦
先儒楊時
先儒尹焞
先儒胡安國
先儒李侗
先儒呂祖謙
先儒黃榦
先儒蔡沈
先儒魏了翁
先儒王柏
先儒陸秀夫
先儒許衡
先儒吳澄
先儒許謙
先儒曹端
先儒陳憲章
先儒蔡清
先儒王守仁
先儒呂坤
先儒黃道周
先儒湯斌

崇聖祠祀位圖

昌聖王伯夏公
裕聖王祈父公
肇聖王木金父公
詒聖王防叔公
啟聖王叔梁公

先賢孔氏孟皮
先賢顏氏
先賢孔氏
先賢曾氏
先賢孟孫氏

先儒周氏
先儒程氏
先儒蔡氏
先儒張氏
先儒朱氏

右同治三年
欽頒文廟祀位圖其後從祀者七年有袁燮位呂祖謙之次十一年有張履祥位孫奇逢之次十三年有許愼位后蒼之次光緒四年有劉德位董仲舒之次五年有張伯行位陸隴其之次六年有輔廣位黃榦之次

釋奠之禮
會典每歲仲春仲秋上丁日致祭先期散齋二日各宿别室前一日同宿祭所不飲酒不食葱蒜不弔喪問疾不聽樂不理刑名不判署刑殺文字不預穢事致齋惟專治祭事祭前一日長官簽榜由中門外鼓樂迎至文廟前張掛

至晚行省牲禮承祭官率僚屬至明倫堂觀演樂習舞畢。引贊引獻官穿補服詣省牲所唱曰就位至香案前立獻爵奠酒三揖唱曰省牲牽牲過案唱曰禮畢。宰牲用小碟盛毛血。執事生捧送各神案前供奉。餘毛血埋淨土獻官率僚屬至廟內丹墀各一揖退

祭日雞初鳴將牲饌祭器燭鑪陳設整齊主祭官率僚屬等至更衣所通贊贊曰簽祝版引贊唱曰更衣官穿朝服生穿襴衫曰升堂從東階上。曰序爵曰序事各生執事曰請祝版請祝版至曰簽名各官書名。曰下堂從西階下。通贊贊曰啟戶司戶生將各門大開曰樂舞生就位。曰執事者各司其事曰正獻官就位分獻官各就位通贊贊曰瘞毛血司毛血生。將毛血碟捧從中門出。至西北隅埋於坎內啟牲饌執事將牲饌俎

盤蓋啟開．曰迎神樂作引贊引各官唱曰詣西北隅迎神衆官皆至
衆官打躬通贊贊曰參神樂奏昭平之章鳴贊曰跪衆官
皆三跪九叩首興樂止引贊引主祭官唱曰詣盥洗所沐
手淨巾詣酒尊所司尊者舉冪酌酒執事取爵由正階上中門入．置神位前．
引贊唱曰詣
至聖先師孔子神位前跪上香進帛奠帛進爵獻爵俯伏興
平身唱曰詣讀祝位跪鳴贊曰衆官皆跪引贊曰讀祝文
俯伏平身鳴贊曰衆官皆興平身引贊引主祭官唱曰詣
復聖顏子位前跪上香進帛奠帛進爵獻爵俯伏平身唱
詣宗聖曾子位前跪上香進帛奠帛進爵獻爵俯伏平身

唱詣述聖子思子位前跪上香進帛奠帛進爵獻爵俯伏

平身唱詣亞聖孟子位前跪上香進帛奠帛進爵獻爵俯

伏平身復位通贊贊曰行分獻禮引贊引某官詣東西哲

神位前引某官詣東西廡神位前俱皆盥洗跪上香獻帛獻爵

俯伏興皆復位亞獻通贊贊曰行亞獻禮樂奏秩平之章。

引贊引主祭官詣酒尊所取酒詣

至聖先師孔子神位前跪餘與初獻同終獻樂奏敘平之章。

餘與初獻同引贊引主祭官詣飲福受胙位鳴贊唱衆官

皆跪引贊唱曰飲福酒執事取正中一爵從右遞與主祭官飲訖將爵從右邊遞與執事

唱受福胙執事取先師位前牛膊盛木盤從左遞與主祭官受之遞左邊執事由中門出正階下送至主

祭官署俯伏平身謝福胙各官俱行三叩首禮興復位通贊
贊曰徹饌樂奏懿平之章執事將牲饌俱徹通贊贊曰辭神樂奏
德平之章各官俱行三跪九叩首禮引贊引眾官送神至
戟門前唱曰詣送神所曰眾官打躬通贊贊曰望燎讀祝
者捧祝執帛者捧帛各詣燎所先聖帛祝俱由中門引贊引眾官唱
曰詣望燎位舉柴焚祝帛將祝文揭下並帛焚於火內埋於坎下曰復位樂
止通贊贊曰闔戶鳴贊唱曰禮畢退班
通禮監司分駐各府州者主祭所屬官兩序兩廡分獻糾
儀以教官司祝司香司帛司爵司饌引贊通贊以學弟子
員嫻禮儀者執事

崇聖祠學正正獻前後兩廡皆食飭弟子員各一人分獻行
三跪六叩禮餘儀同無樂舞
先師祭文惟先師德隆千聖道冠百王揭日月以常行自生
民所未有屬文教昌明之會正禮樂和節之時辟雍鐘鼓
咸恪薦於馨香泮水膠庠益致嚴於籩豆茲當仲春秋祗率
彝章肅展微忱聿將祀典以復聖顏子宗聖曾子述聖子
思子亞聖孟子配尚饗
崇聖祠祭文惟王奕葉鍾祥光開聖緒盛德之後積久彌昌
凡聲教所覃敷率循源而溯本宜肅明禋之典用申守土
之忱茲居仲春秋聿脩祀事配以先賢顏氏先賢曾氏先賢

孔氏先賢孟孫氏尚饗

芡 鹿脯 白餅 黑餅　尊尊尊

正　棗栗 榛菱

位　亞獻爵和羹鉶　形鹽 藁魚 十籩　羊俎燭

陳　初獻爵太羹登　黍稷 二簠　帛　牛俎香

設　終獻爵和羹鉶　稻粱 二簋　韭醢 菹醢 十豆　豕俎燭

菁鹿芹兔 菹醢菹醢

圖　筍魚肵豚 菹醢脾胉

帛一篚白色長一尺八寸牛一羊一豕各一爵三登一鉶二簠二簋二籩十豆十東西配東西哲東西廡視此遞減崇

聖祠視
東西配

歌樂之圖

正

楹 鳳
笙 簫 笛 搏
鼓 簫
歌歌歌 柷 麾 笙 簫 笛 拊 田
金 琴 塤
歌 笙 簫 笛 鼓
鐘 六 篪
鼓
鐘
玉 回 塤
笙 簫 笛 田
磬 瑟 篪
歌歌歌 敔 麾 笙 簫 笛 搏 鼓
應 鳳
笙 簫 笛 拊
鼓 簫

麾二金鐘十六玉磬十六搏拊二柷一敔一琴六瑟四簫六笛六鳳簫二笙六塤二篪二楹鼓一應鼓一田鼓二

舞佾之圖

正

節　　　　　　　　　　　　　　　旌

舞　舞　舞　舞　舞　舞

舞　舞　舞　舞　舞　舞

舞　舞　舞　舞　舞　舞

舞　舞　舞　舞　舞　舞

舞　舞　舞　舞　舞　舞

舞　舞　舞　舞　舞　舞

節二羽麾三十六

樂譜舂夾鐘清商立宮應鐘清變宮主調簫譜塤箎排簫

同伬為清變宮仉為清商仜為清角伍為清變徵仩為清羽注於字右　笛譜笙同仜為清變宮亿為清商仩為清角伬為清變徵仉為清羽注於字左宮商字從省不注

迎神昭平之章

大伬仜哉仉亿孔仜仩子伍伬先伍仜覺仜仉先伬伬知仜仩與伬亿天仜仩地仜仉參伍伬萬伬仜世仩仉之仩伬師伍伬祥伍伬徵仩仉麟仉亿紱仜仩韻仉亿答伬仉金仩仜絲仩仉日仩亿月仩仩旣伬仜揭伍伬乾仉亿坤仜仩清仉亿夷伬仜

奠帛初獻宣平之章

子伬仜懷仉亿明仜仩德伍伬玉仩仉振伬亿金伬仜聲仩仉生仜仩民仉亿未仩仉有伍伬展仉亿也仜仩大伍伬成仜仩俎伍伬豆仩仉干伬仜古伍伬春仜仩秋仜仩上伍伬丁仜仩清伬仜酒仩仉旣仉亿載伬仜其仉亿香伬仩始仜仉升伬仜

亞獻秩平之章

式伬仜禮仉亿莫仜仩愆伍伬升仩仉堂伍伬

再仉亿獻伬𫢸響仩仉協伍伬鼓仉亿鏞𫢸仩誠伍伬孚仩仉罍伍伬甗伬𫢸肅伍伬
肅伍伬雍𫢸仩雍𫢸仩譽仉亿髦伬𫢸斯仩仉彥伬𫢸禮仩仉陶伍伬樂仉亿淑𫢸仩
相伍伬觀𫢸仩而仉仉善伬伬

終獻敘平之章

自伬𫢸古仉亿在伍伬昔
𫢸仩先仩仉民伍伬有仉亿作𫢸仩皮伍伬弁仩仉祭仉亿菜伬𫢸於仩仉論伍伬思
𫢸仩樂仉亿惟伍伬天仩仉牖伬仩民伍伬惟仉亿聖仩仉時仉亿若𫢸仩彝伍伬倫
伍伬攸仩仉敘伬𫢸至仩仉今仉伬木仉亿鐸伬𫢸

徹饌懿平之章

先仉𫢸
師仉亿有𫢸仩言伍伬祭伍𫢸則仩仉受伬𫢸福伍伬四仉亿海伬𫢸賁伍伬宮仩仉
疇仉亿敢𫢸仩不仉亿肅伬𫢸禮伍伬成仩仉告伬𫢸徹伍伬毋仉亿疏𫢸仩毋仉亿
黷伬𫢸樂伍伬所仩仉自仉亿生伬𫢸中伍伬原𫢸仩有仉亿菽伬𫢸

送神德平之章

鬯伬𫢸繹仉亿莪𫢸仩莪伍伬洙仩仉泗伬𫢸洋仉亿洋𫢸仩景仩仉行

代州志　志五　卷五　學校志　壹

伍伏行伍伏止仩伬流伬亿澤伔仩無伍伏疆伔仩聿伍伏昭仩伬祀伬亿事伏伔祀

伏伔事伏伬孔伬亿明伔仩化伏伔我伍伏烝伏伔民仩伬育伬亿我伔仩膠伬亿庠

伏伔

秋南呂清徵立宮仲呂清角主調簫譜伏爲清變宮伬爲清商伔爲清角亿爲清徵仩爲清羽注於字右笛譜伔爲清變宮亿爲清商仩爲清角仜爲清徵伬爲清羽注於字左

迎神

昭平之章大伏仩哉亿仜孔仩伬子伏伔先伔仩覺伬亿先伏伔知仩仩與亿仜

天仩伬地伬亿參伏伔萬伔仩世伬亿之伏伔師伏伔祥伏伔徵伬亿麟亿仜紱仩伬

韻亿仜答伬仩金伔仩絲伏亿日亿仜月仩伬既伔仩揭伏伔乾亿仜坤仩伬清亿仩

夷伔仩

奠帛初獻宣平之章予伔仩懷亿仩明仩伬德伏伔玉伬亿振

亿仜金伔仩聲伬亿生仩伬民亿仜未伬亿有伏伔展亿仜也仩伬大伏伔成仩伬俎

伬伕豆仉亿干伕仩古伬伕春仩仉秋仩仉上伬伕丁仩仉清伕仩酒仉亿既亿仜載

伕仩其亿仜香仩仉始亿仜升伕仩

亞獻秩平之章

式伕仩禮亿仜莫仩仉

愆伬伕升仉亿堂伬伕再亿仜獻伕仩嚮仉亿協伬伕鼓亿仜鏞仩仉誠伬伕孚仉亿

罍伬伕甗伕仩肅伬伕肅伬伕雍仩仉雍仩仉譽亿仜髦伕仩斯仉亿彥伕仩禮仉仜

陶伬伕樂亿仜淑仩仉相伬伕觀仩仉而亿仜善伕仩

終獻敘平之章

自伕仩古亿仜在伬伕昔仩仉先仉亿民伬伕有亿仜作仩仉皮伬亿弁仉伕祭亿仜菜

伕仉於仉伕論伬亿思仩仜樂亿仩惟伬伕天仉亿牖伕仩民伬伕惟亿仜聖仉亿時

亿仜若仩亿彝伬伕倫伬伕攸亿亿敘伕仩至仉亿今伬伕木亿仜鐸伕仩

徹饌懿平之章

先伕仩師亿仜有仩仉言伬伕祭伕仩則仉亿受伕仩福伬伕四亿仜海伕仩黌伬伕宮仉亿疇亿仜敢仩仉不亿仜若伕仩禮伬伕成仉亿告伕仩徹伬伕

母亿仜疏仩仉母亿仜黷伏仩樂伬伏所仉亿自亿仜生伏仩中伬伏原仩仉有亿仩

葳伏仩　送神德平之章鳧伏仩繹亿仜峩仩仉峩伬伏洙仉亿泗伏仩洋

亿仜洋仩仉景仉亿行伬伏行伬伏止仉亿流仉仜澤仩仉無伬伏疆仩仉聿伬伏昭

仉亿祀亿仜事伏仩祀伏仩事仉亿孔亿仜明仩仉化伏仩我伬伏烝伏仩民仉亿育

亿仜我、仩仉膠亿仜庠伏仩

琴譜　春仲昭平之章芍芍萄荷茜萄荷芍芍萄萄荷茜

茜茜茝荷萄芍萄芍萄茜茝芍萄茜荷芍萄芍　宣平

之章芍芍萄荷萄芍茜茝萄芍萄荷芍荷萄荷萄茜茝

萄芍萄荷萄芍茝芍萄萄芍　秩平之章芍芍萄荷萄

荷萄茜萄荷芍萄荷萄荷茜荷荷萄萄芍茜茝茜萄荷芍

茍苛茍芍芍　叙平之章芍茍苛茍萄苛芍茍苛萄茍茜
萄苛茍茍苛萄茜茴茍萄芍茍苛苛萄苛萄苛芍苛　懿
平之章芍茍茍苛茜萄芍苛茍茜茴苣茍茍芍茜苛萄芍
苛萄茍芍茜苛萄茍茜苛茍芍芍　德平之章芍茍萄苛
茜苣苣萄苛苛萄芍茍苛茍苛萄茍茜茍茜萄茍茍茴
茜苣茍茍芍
秋仲昭平之章茍苛萄茜茍苣茜萄苛萄苣茜茍苣茜
茜苣苛萄苛苣茍苣苛萄茍茜苛萄苛茍、宣平之章茍
苛萄茜苛萄苛茍苣茴茍苣萄苛苣茜苛萄茜萄茜苣茍
苛茍苣苛茍苛萄苛茍　秩平之章芍苛萄茜苣茜茴苣

芭茝荷萄茝芭茝苟茝茝萄萄荷苟芭苟芭茝荷萄茝茝

荷苟　敘平之章　苟苟茝茝芭茝荷萄茝芭茝萄荷茝芭

苟茝荷芭荷萄茝芭荷茝芭荷苟芭茝苟荷　懿平之章

苟荷萄茝苟芭苟茝荷苟茝芭荷萄荷苟茝芭苟茝荷萄

荷苟茝芭荷苟茝萄荷苟　德平之章　苟荷萄茝芭苟荷

萄芭茝芭芭荷萄茝萄茝芭荷苟苟芭荷萄苟茝苟芭荷

萄荷苟　譜中卄散字也勹者勾也乚者挑也八音惟絲音最微若用按彈則爲他音所掩古者食指向外挑謂之摶中指向內勾謂之拊但用柱馬支絃將右手鼓於臨岳之下自綽注吟猱之法起而古音盡亡矣明大成譜用按彈釋奠譜仍用散彈今雖柱馬之制不傳施之雅樂必遵散彈爲是

瑟譜同

春秋昭平之章　匐匊匋匊冊匊匊匋匊匋匊匊冊匊冊匋匋匋匋匐匋匋匋匋匐匋匐匐

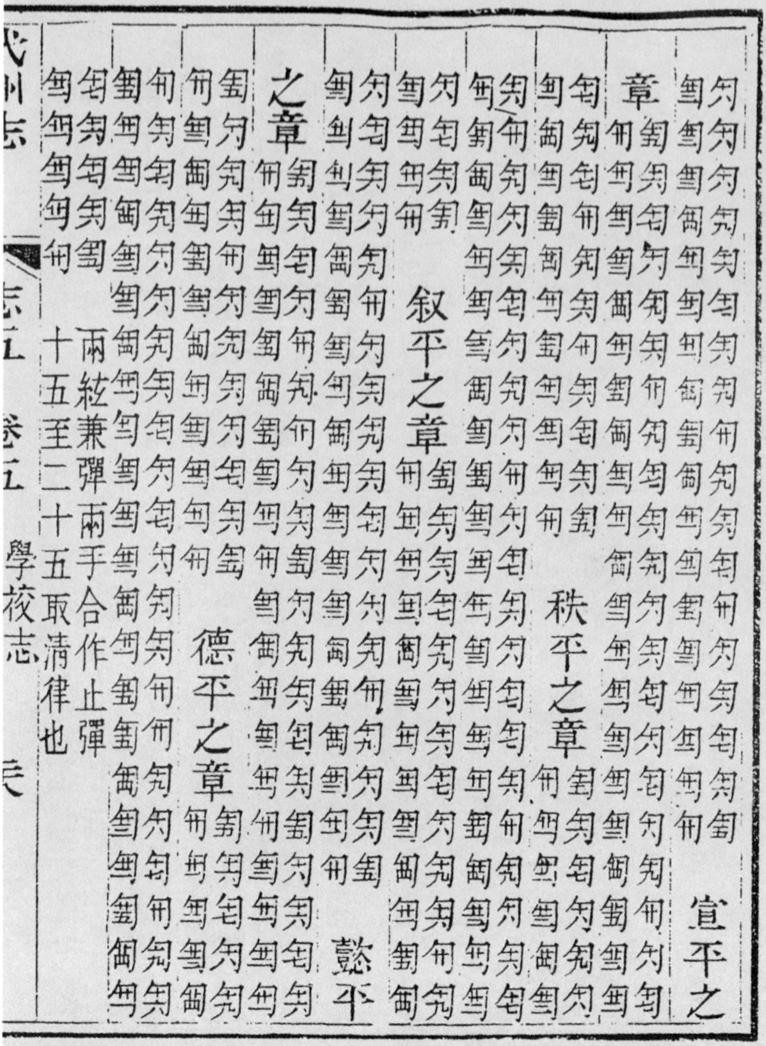
宣平之章
秩平之章
敘平之章
懿平之章
德平之章
兩絃兼彈兩手合作止彈
十五至二十五取清律也
代州志　卷五　學校志

舞譜左執籥右秉翟籥在內翟在外籥縱翟橫大指在內四指在外成佾就班南向兩面而立

第一成

甯平之舞

予正立羽籥植

懷身作向內勢內足勾後面轉向外籥指內羽植如十字

明正立兩手微拱羽籥如十字

德正立籥植近眉羽平衡如十字

玉向內手微側右足進前籥平指西羽斜舉

振身俯向東面轉向西兩手伸出羽籥斜交

金正面身微蹲籥斜舉羽植

聲向內身俯兩足並羽籥植地

生外向兩足並籥植羽側指內垂

民內向籥斜指羽植

未正立面向外兩手相並推向內羽籥植

有正立籥平舉過肩羽植

展內向兩足並籥內指羽植

也外向面仰兩手推出羽籥斜舉

大身微向外兩手推向外羽籥並植

成正面身微蹲羽籥如十字

俎向內身俯內足進前籥斜指下羽植

豆外向籥下垂右手伸出羽籥

千正立籥斜舉羽植

古身微向外羽籥偏外如十字

春正面身微蹲籥植過肩羽平額交加

植如十字

秋向內兩手伸出羽籥植

上正立籥平衡羽植籥上

丁正立籥植居中羽橫籥上

清內向兩足並籥內指羽籥如十字

酒身俯向外外足進前趾向上羽籥斜交

既正立籥平衡羽斜指東

載

正立身俯籥平衡其正立左手伸出籥香正面左足虛立
羽居中植籥上斜舉羽植近左肩籥植膝上羽植
始正立俯首羽升正立兩手高拱過
籥如十字額羽籥如十字

第二成安平之舞式

正面身微蹲兩禮內向內足虛立莫外向身微俯面微仰
手並羽籥植籥斜倚脿羽植籥高舉斜指外羽植
愆內向起內足兩手升正立羽籥堂正面右足勾後兩再
並推向內羽籥植如十字手高舉羽籥斜交
身微蹲面向東籥獻身微蹲面向西羽響正立羽籥協正
植近肩羽橫膝上植近肩籥橫膝上向下斜交面
身向內外足進前內蕤正面身向外內足進前鏞正立籥
趾虛立羽籥並植外趾虛立羽籥並植植羽倒
指誠身俯向西面側向東孚正立首微鼉正面起左足甗
東籥平指羽如十字俯羽籥植籥高舉羽植
正立籥植過肩羽肅內向首微俯內足肅俯身偏外起外
平額交如十字並羽籥如十字足羽籥如十字
雍正立兩手伸雍內向籥斜指馨正立籥平舉右髦正立
出羽籥並植內羽植籥上手微伸出羽籥左手
伸出籥平舉斯正面起右足彥正立籥植居禮身微向東
羽植近左肩羽高舉籥植中羽橫籥下右足進前

代州志　卷五　學校志

羽倚肩籥平指東陶正面身作向東勢兩手高舉羽籥推向東並植樂身微向西左足進前籥倚肩羽平指

西淑正面身作向西勢兩手高舉羽籥推向西並植相正立羽籥斜交觀仰面向內兩足並羽籥如十字

而正面身微向東籥下垂羽倚肩善身俯面微仰向內抱內胅羽籥斜交如十字第三成景平

之舞自正立籥下垂羽植古向外身俯兩足並羽籥斜交在正面身微蹲兩手推向內羽籥植

昔外向起外足羽籥植先正面右足交於左羽籥如十字民向西身俯左足進前籥下垂羽植地有向東

身俯右足進前籥下垂羽植地作正立籥平衡羽植居右如十字皮正面左足勾後籥斜舉過肩羽植弁

正面屈右足左足伸出趾向上籥平等舉羽植中祭正面屈右足羽籥偏左如十字菜正立身俯羽籥植地

於內向兩手相並羽籥斜指內論正面身作向外勢兩手高舉羽籥斜交偏外思向內身俯起內足籥

植斜羽植樂正立籥下垂橫斜羽植籥上惟正面屈左足羽籥偏左如十字天正面屈左足右足伸出趾

向上籥下垂橫斜羽斜舉過肩牖正立羽籥向右斜倚肩民正立羽籥向左斜倚肩惟正立籥平橫羽

高舉**聖**仰面向內籥平橫羽植如十字**時**外向籥平指外羽植如十字**若**正立身俯羽籥如十字**彝**外向籥平指外羽植**倫**正立羽籥偏內如十字**攸**正立身俯籥斜植羽植**敘**正立兩手相交羽籥並植**至**正面屈左足羽籥如十字**今**正面屈雙足平橫羽植居右**木**正面屈雙足籥足羽籥植**鐸**俯首至地羽籥如十字

合樂節奏譜

將祭先擊鼓三百六十通俟樂舞生齊列階下鳴轉班就位迎神大成齊鳴然後合樂

凡舞與吹合節合字四字欲遲工字六字欲疾上字尺字欲適中　凡樂六章每奏一章麾生先舉升龍麾高唱曰某奏某某之章擊柷三聲以起樂　每奏一句先擊鎛鐘一聲以宣其聲每奏一字先按譜擊編鐘一聲以宣其聲歌生協律歌一字琴工按譜彈一聲瑟工按譜彈二聲簫笛笙箎壎排簫各按譜一吹一聲按譜擊編磬一聲以收其韻每一句將闋擊特磬一聲以收擊楹鼓三聲每擊一聲擊足鼓二聲以應之次拍搏拊一聲以應之次搖鼗一聲以應之每一章將闋櫟敔六聲麾生舉降龍麾高唱曰樂止　凡舞三成每一成東階節生揚節唱曰奏某某之舞

舞生執籥秉翟按歌而舞搖木鐸以節舞擊相鼓以輔鐸
西階節生抑節唱曰舞止各植節架上三成既畢舞生退
樂懸南東西對立　送神大成鐘鼓齊鳴合樂既畢擊鏞
鐘一百八響轉班鼓復作樂舞釋器降階行一跪三叩禮
退

明倫堂在文廟西廟東爲學正訓導署

吳志舊制明倫堂後爲饌堂更後爲學正舍旁爲訓導舍
西爲號舍東爲文昌祠正德中知州馬希龍廢文昌祠即
其址建鄉賢祠前爲射圃嘉靖初廢射圃建啟聖祠廢饌
堂建敬一亭三十二年都御史趙時春於堂東西建號舍
十餘楹及儀門龍門坊而移敬一亭於廟後改啟聖祠於
廟東別建鄉賢名宦祠於廟內復立射圃萬歷十三年兵

備張維誠仍卽射圃建文昌祠

國朝順治十六年知州郭廷弼重修

邑人馮雲驤重修儒學碑記

刺史郭使君來莅兹土三載振衰鳌敝百廢俱舉暇則進邑之弟子而訓迪之彬彬有成矣每謁奠文廟慨廡宇之就圮隱文治之未明歎曰是余之責也夫其新之而難其費乃取俸之入者盡捐之若干緡謀諸士大夫捐若干鳩工庀材不勞民不費公舉前此數十年之頹蕩三月而告成事博士孫君良君率邑弟子頌公之功而記其年月請余爲言蓋代古邊隅地句注滹沱同環盤互土厚水深人質而禮故歷代名賢如周黨王霸范隆之徒率有聞於世明以制藝取士先後由學宫進者視他邑尤夥學校之設培育人才詎不重哉乃兵燹之餘臨兹土者傳舍其官以陋脫此泮水積於瓦礫荒蕪也微我公不遂傾蒼哉夫公以宫室之是葺亦將俾今士習之是修古之君子植行有壇宇潔志有塈滌謹其藩室其隙所以救敗而自完也宫室之弗毀牆棟是持士節之弗渝質行是賴今吾邑之人士日聚於斯覩先聖之宫巋宇翼然形彩赩然其庶幾有肅心乎夫士處黌序求孔孟之道爲脩己治人之學以忠孝爲本禮義爲綱

文其末矣作室者先揆日測圭奠基厚礎視其木之材孰棟孰櫨而位之最後乃藻繪彤刻焉文之於士直藻繪彤刻耳非質幹焉施哉今賢如郭使君砥名節守廉隅以爲多士倡將見學宮之修人材益奮必有潔已自好不愧於古君子者昔文翁興學宮而蜀人歌之至今韓延壽皮弁俎豆而潁川之上祀春秋不輟公之爲功豈淺鮮哉至若公之豈弟諸善政人人能言之公固有常新者存後之繼公而新此廟學者公之德常新也　康熙中乾隆初與文廟相繼修

學冊今制堂五楹左右翼以齋室前爲龍門坊廟東建閣以祀文昌其敬一亭號舍饌堂久廢學正署乾隆中移振武衛後光緒二年文廟落成始移今地與訓導署並在廟東

學額廩膳生員三十名增廣生員三十名歲科試取進童生

二十名歲試取進武童二十名

學冊州舊屬太原府改直隸州後存應撥太原府學額二名歲科試於州學及州屬三學取進三學五臺崞縣額並十五名繁峙十二名咸豐中崞縣永遠加學額一名

書籍

十三經注疏

史記前漢書後漢書三國志晉書前宋書南齊書梁書陳書魏書北齊書後周書隋書南史北史唐書五代史宋史、遼史金史元史

聖諭廣訓

上諭

學正全書以上書目據學册所存者載之

學田

王家莊地二頃南北二山共地七頃四十九畝六分一釐歲徵租錢穀銀米不等吳志明萬歷中兵備張維誠置學田二頃餘建倉於明倫堂之西而儲其租今久廢

鄉飲酒禮附

歲孟春望日孟冬朔日舉鄉飲酒之禮於學宮雁平道監其禮知州爲主人以鄉之年高六十以上有德行者一人爲賓其次一人爲介又其次爲衆賓以教官一人爲司正

學弟子習禮者二人司爵二人贊禮二人引禮一人讀律令僚佐皆與前期戒賓賓禮辭許戒介亦如之以上戒賓介先一日司正率執事者詣明倫堂肄儀設監禮席次於庭東北向布賓席於堂西北南向主人席於東南西向介席於西南東向衆賓之長三人席於賓西南向東上皆專席不屬衆賓席於西序東向僚佐席於東序西向皆北上司正席於主人之東北向如有鄉大夫來觀禮者坐於東北三品以上席南向四五品席西向無則闕之不立一僎二僎三僎之名設律令案一於主介間正中東西肆又設尊案一於東序端南北肆設樂懸於西階下以上陳設布席居日質明執事者入具饌設尊於案實酒於尊加冪勺鱓爵在

尊北讀律者奉律令陳於中案既辦雁平道朝服詣學宮
就次監禮主人率司正及僚屬咸朝服入迺使人速賓介
主人立東階下西面僚佐序立於主人之後西面北上司
正讀律令畨立僚佐之南北面西上贊禮者一人立東階
下又一人立庠門之外均西面居時賓介盛服至序立於
庠門之右介居賓南衆賓居介南皆東面北上執事者以
賓至告於主人主人出迎賓西面揖賓介以下東面答揖
主人入門左賓揖介介揖衆賓以次入門右當階主人揖
及階揖賓皆答揖主人與賓讓升三讓賓三辭主人升賓
乃升主人東階上賓西階上贊者贊拜主人西面再拜賓

東面答拜興卽席主人降階延介一讓升介升拜如賓禮就位主人迺延衆賓衆賓以次皆升主人揖衆賓皆答揖衆賓卽席主人率僚佐以下咸卽席以上迎賓介贊禮者贊揚觶執事者引司正由東階升詣堂中北面立賓介皆起立贊揖司正揖賓介以下答揖司爵詣酒尊所舉冪酌酒於觶進授司正司正揚觶而語曰恭惟

朝廷率由舊章敦崇禮教舉行鄉飲非爲飲食凡我長幼各相勸勉爲臣盡忠爲子盡孝長幼有序兄友弟恭內睦宗族外和鄉黨無或廢墜以忝所生讀畢贊者贊司正飲酒司正立飲畢以觶授執事者反於案贊揖司正揖賓介以

下皆揖司正復位賓介以下皆坐以上揚觶贊讀律令執事者舉律令案於堂中引禮引讀律令者就案前北面立賓介主人以下聽贊咸起立旅揖如司正揚觶禮迺讀律令曰律令凡鄉飲酒序長幼論賢良年高有德者居上其次序齒列坐有過犯者不得干預違者罪以違制失儀則揚觶者以禮責之讀畢復位賓主以下皆坐以上讀律令贊者贊供饌執事者舉饌案於賓前次介次主人衆賓以下徧舉訖贊獻賓主人起離席北面立司爵詣酒尊所酌酒實爵授主人主人受爵詣賓席奠於案稍退賓避席立於主人之左贊拜主人再拜賓答拜皆復位贊賓酢主人賓離席司

爵酌酒授賓賓受爵介從詣主人席前拜送爵主人答拜
如前儀復位主人起獻介介酢主人如前儀皆坐執事者
徧獻三賓衆賓爵訖以上獻賓賓酢主人酒數行工升歌周詩鹿鳴
三章卒歌笙奏
御製補南陔詩辭曰我逝南陔言陟其岵昔我行役瞻望有
父欲養無由風木何補我逝南陔言陟其屺今我行役瞻
望有母母也倚閭歸則甯止南陔有筍籜實勹之孱孱孩
提孰與咻之愼爾溫凊潔爾旨肴今爾不養日月其慆
御製補白華詩辭曰有白者華不污纖塵咨爾士兮宜修其
身不修其身迺貽羞於二人有白者華婉茲靜好咨爾女

兮宜修婦道不修婦道迺貽羞於二老白華匪玉涅而不緇白華匪蘭芬乃勝之我擷白華載詠載思白華匪玉質玉之令白華匪蘭臭蘭之淨我擷白華載思載詠

御製補華黍詩辭曰瞻彼阪田厥黍始華胝足胼手嗟我農夫瞻彼阪田黍華以秀胼手胝足惟勤斯殖茂華有不秀矣秀有不實矣其雨其雨矣杲杲日出矣惄予愁之恤矣

間歌周詩魚麗南有嘉魚南山有臺三章笙奏

御製補由庚詩辭曰王庚便便東西朔南六符調燮北風節宣王庚容容朔南西東維敬維勤百王道同王庚廓廓東西南朔先憂而憂後樂而樂王庚恢恢南朔東西皇極孰

建維德之依

御製補崇邱詩辭曰澗松童童蛙黽鄰兮邱草萋萋蕩青雲兮凡百君子愼迺託身兮澗松童童澗則卑兮邱草萋萋邱則崎兮凡百君子愼迺所依兮有崇者邱物無不遂有卓者道愚無不智資生育德永植毋替

御製補由儀詩辭曰在上曰天在下曰地君君臣臣父父子子在下曰地在上曰天父父子子君君臣臣由其儀矣物則熙矣儀其由矣物則休矣迺合樂歌周詩關睢三章鵲巢三章卒歌工告備出執事者行酒主賓以下飲無算爵以上樂賓贊禮贊徹饌衆起離席主人率僚屬在東西上賓介

在西東上皆北面贊拜主人再拜賓介以下皆再拜賓降西階出介及衆賓從立庠門外之右東面北上主人降東階出僚屬從送賓於庠門之左西面旅揖賓介退禮卒無愆監禮者出主人率僚屬送於庠門外皆退以上徹饌賓出

新生入學儀附

科歲試文武新生謁廟視朔望行香禮見學師視國子生見師禮其餘儀節州縣不同各從其俗州冊至日州主公服升堂新生行二跪二揖禮畢依次列坐飲酒演樂畢新生出席謝向上三揖簪花先行州主送至文廟同教官謁廟行三跪九叩首禮游泮畢至明倫堂與教官行交拜禮畢新生行禮分坐演樂

鄉會試賓興儀經費記附

州冊凡
鄉會賓興之年州縣官例有餞送儀節各從其俗生員赴
科場大堂結綵棚二座上書鹿鳴頭宴二門搭仙橋一座
橋端皆樹坊一書鹿野一書鴻逵至期儒學率諸生公服
至州主出迎至大堂行揖禮諸生北面行二跪二揖禮禮
生贊諸生就席赴宴諸生三揖乃就席分賓主坐探馬中
門飛報皆頭賀吉語飲畢諸生出席仍三揖州主同州中
儒學送至二門外簪花登程舉人會試儀亦如之

應試者卷資向由書院捐辦光緒六年知州俞始籌備經
費散給川資實收捐銀伍千柒百柒拾陸兩又錢肆百千
發商生息三年大比計所得息錢作爲拾成以伍成給文
鄉試壹成給武鄉試貳成給文會試壹成給武會試所餘
壹成留備　恩科鄉會試之用優拔貢　朝考　按本年
文會試分給其會試中式應　廷試者亦於本年生息項

下開銷以陸拾千爲率刋有章程册並碑記

代州賓興經費記　知州俞廉三

故事歲值大比有司供帳治具集與試者揖讓序坐酌之酒而歌鹿鳴以送之爲古賓興飲射之遺制而功令惟會試有資以贐其行他試則否其通都大邑士大夫往往醵金爲會凡應鄉舉試禮部貢太學咸與辨裝謂之賓興經費體　朝廷廣勵學官之意爲寒畯觀光上國之階誠義舉也代在陘南號文物藪掇巍科者接踵繼武而其典顧闕如夫科目之設古有自昉漢察孝廉縣官以次給食令與計偕其時郡國所舉歲不過數人故禮遇特厚今則州縣遇省試多者數百人少亦數十人而欲一一優異勢所不能然公車之名猶相沿襲則固未嘗不以勸篤資行望之守令牧司也余每與鄉先生言及輒以爲憾會農部藹如劉君歸自都門延與定議農部欣然曰某夙志也特以力難獨任故遲之大夫雅意及此某願諧矣立輸金貳千爲倡邦人聞之咸喜相告於是有同知周琮貢生周之盛都司劉璧王宓知縣侯銘西千總柳瑾等約期踵至傾橐相助蓋不踰三月而積有陸千金代俗士庶故急公好義未有若是役之踴躍恐後者可以覩人文可以覘風會矣與是舉者爲州判徐秉元葆善吏目蔣模星甫舉人

李宗鈺、王宋、高國佐、張培乃以金發商生息，令諸君歲司筦納，條列事宜，彙册頒行，而記其緣起若此。

代州志 志五 卷五

書院附

斗山書院舊在石灰市乾隆五十一年知州王秉韜郎振武衛廢署改建雁平道季學錦有記

代於三晉爲文盛之區史乘所載自漢以來名賢輩出我朝百四十餘年掇巍科躋顯秩者先後繼踵斯固句山沱水磅礴鬱積之奇夫亦國家政教覃敷與夫此邦賢士大夫漸摩陶冶之澤長也余以丙午春奉觀察雁平之命未下車鄉先生之官京師者爲余言代故有斗山書院廿餘年來漸次頹廢鞠爲邱墟里中秀良無講肄之所以余簪筆承明侍書禁幄當不以文教爲緩圖其必振興而修復之庶以謝風人子衿之議余輒諾之而未敢任也既莅代其州大夫王君以直隸保德州牧攝篆茲郡夙稔其人清介不阿州有神明之譽朝夕進見咨詢土俗能一一舉其要領因及書院廢置之由王君蹙然曰斯蓋某早夜圖之而無以復邦人士者也使君主張其間期必殫乃心力以奉成命再閱月王君條其建立事宜申報諸憲且謁余而言人情樂於圖成難於慮始斯事之舉願無以絲粟擾及閭閻余首肯其説屬賓興居期奉調入闈監試撤棘代士之獲雋者凡四人深喜多士

之歌鹿鳴而來也而斯役適於是落成余旋署視事之暇偕州之官屬周覽門廡庭榭垣墉塗墍之規咸有條不紊其講藝有堂其退息有舍又於繚垣之外别搆市廛數十楹歲收其息以供生徒膏火之費余嘉王君之賢謂州郡長能留心文教者殆難其人矧任事一日淺簿書叢脞則亦不暇以爲王君乃正容起對曰斯豈某一手一足之勤實州判徐君學博李王二君暨鄉之紳士考稽綜覈與有勞焉余謂是固宜牽連得書矣雖然以數十年荒墜之業一旦不動聲色措之裕如有樂事赴功之勤無頭會箕斂之舉非有肩其任者蚤作夜思籌思至熟其遂克相與有成乎抑余詢之里人書院故址在石灰市今改建譙樓東數十武顏曰斗山猶前志也若乃斟酌損益與時推移繼自今官斯土者能增其歲入之數擴其月試之規俾諸生絃誦其間脩行立名隆隆日上以仰副壽考作人之雅化斯又余與王君所厚期而未敢任者矣

案衛署久廢乾隆中建爲班禪喇嘛進臺山公所王公既改書院並弛其行館三所建鋪房爲膏火資

經費舊有鋪產十一處房六十餘間歲收房租錢一百七十三緡有奇城內外官地及城壕地共一頃五十六畝八

分歲收田租八十三緡有奇發商生息本銀六百三十兩生息本錢一千八百一緡同治十三年邑人劉墉捐錢四千緡賈秉衡捐錢二千緡周應聘捐錢四百緡光緒六年知州俞籌款三百緡並發當商一分生息歲收利銀七十五兩六錢利錢一千一百三十三緡以紳士六人司其事三年則别舉六人以代

志六

兵志

東路營劄駐州城轄廣武城雁門關壺峪口白草口水峪口五臺城崞縣城原平鎮横道鎮九城堡設參將一員守備一員千總一員把總五員經制外委把總五員額外外委把總四員馬步守兵四百三十二名

本路

參將一員仍明制

中軍守備一員

左哨把總一員

經制外委把總二員額外外委把總二員

馬步守兵營冊原額馬兵五十一名步兵四十七名守兵一百八十六名分汛兵十名見設兵一百九十三名內馬兵三十八名步兵二十九名守兵一百二十六名

官例馬十四匹營馬四十二匹

歲支官俸兵餉馬乾等銀四千四百三十九兩一錢五分

兵米三千五百四十六石料豆三百二石四斗

廣武城吳志原係本營中軍守備駐防雍正十二年撤回將橫道鎮千總移駐

千總一員

額外外委把總一員

馬步守兵營冊原額馬兵八名步兵二名守兵三十一名分汛兵二十名見設兵四十四名內馬兵六名步兵二名守兵三十六名

官例馬二匹營馬六匹

歲支俸餉馬乾等銀八百四十二兩三分兵米七百五十九石六斗料豆四十八石六斗

雁門關吳志原係本營外委把總分防乾隆十八年改右哨把總移駐

把總一員

馬步守兵見設兵三十八名內馬兵五名步兵二名守兵三十一名

官例馬二匹營馬五匹

歲支俸餉馬乾等銀六百九十二兩六錢五分兵米六百
五十一石六斗料豆三十七石八斗

壺峪口

把總一員

馬步守兵見設兵十五名內馬兵一名步兵三名守兵十
一名

官例馬二匹營馬一匹

歲支俸餉馬乾等銀三百四十七兩三分兵米二十七石
料豆十六石二斗

白草口 吳志原設把總一員雍正十二年移駐崞縣城將本營外委把總分駐

經制外委把總一員
馬步守兵見設守兵十三名
營馬一匹
歲支俸餉馬乾銀二百三兩五錢二分兵米二十五石二
斗料豆五石四斗
水峪口吳志原設把總一員乾隆十一年抽撥五臺營將本營外委把總移駐
經制外委把總一員
馬步守兵見設守兵十九名
營馬一匹
歲支俸餉馬乾銀二百七十五兩五錢二分兵米三十六

石料豆五石四斗

五臺城

把總一員吳志康熙五十一年設

馬步守兵吳志原額馬兵四名步兵二名守兵五十二名分汛兵十七名見設守兵三十四名

官例馬二匹

歲支俸餉馬乾等銀五百四十五兩三分兵米六十一石二斗料豆十石八斗

崞縣城

把總一員吳志雍正十二年設

原平鎮經制外委把總一員原設外委千總一員後改

橫道鎮額外外委把總一員原設千總一員雍正十三年改外委

馬步守兵吳志崞縣城原額兵五十六名原平鎮原額兵四十五名橫道鎮原額兵十三名見設

兵八十三名內馬兵七名步兵四名守兵七十二名

官例馬二匹營馬九匹

歲支俸餉馬乾等銀一千二百八十五兩三分兵米二百

十七石八斗料豆五十九石四斗

防汛三十七處每衝汛設兵五名僻汛設兵二名

本營分汛曰棗林鋪曰峩口鋪並衝廣武城分汛曰左所鋪

曰萬家莊曰老羊寨曰新興鋪並衝雁門關分汛曰大東溝

曰雁門鋪曰試刀石曰下田河曰陽明堡並衝壺峪口分汛曰黑圪塔曰察罕鋪並衝白草口分汛曰陸家莊衝曰西鹽池曰五圪塔曰八岔口並僻水峪口分汛曰龐家堡曰雙寨子並衝五臺縣分汛曰東冶鎮衝曰陡寺兒曰教場村曰高洪口曰耿家莊並僻崞縣城分汛曰班政河曰王東鋪曰崞縣鋪曰白彪河曰半坡街曰北賈鋪並衝原平鎮分汛曰原平鋪曰板市鋪曰界河鋪曰大牛店曰上陽武曰沿長會並衝橫道鎮分汛曰迴光嶺僻

屬縣惟崞縣城鎮及五臺城隸東路營繁峙則爲北樓平刑二營北樓營設都司一員駐縣城轄北樓守備駐守茹越把總駐守小

石把總駐守三口五臺縣之竇村全剛庫臺懷三鎮並把總駐守平刑營設都司一員駐平刑關無所轄營制既別不復備詳吳志東路營額官十八員額兵七百七十六名內馬兵一百二名步兵一百一名守兵五百七十三名官例馬二十四匹騎操馬一百二匹共營馬一百二十六匹乾隆四十七年定武職官一體給與養廉其兵丁紅白卹賞銀公費銀動正項支給裁去各官隨糧七十七分卹賞名糧十二分公費名糧七分現在馬步戰守兵六百八十名內經制額外外委本身馬糧並馬戰兵八十五名步戰兵六十五名守兵五百三十名案此為乾隆五十年兵額節年裁減存三之二營冊不詳裁減年月又東

路營舊兼轄忻州都司
亦不詳何時別爲營

前明兵制周志本營參將標下官軍三千二百八十二員名馬三千一百二十匹振武衛總小旗共三十九名兵七百七十三名舍丁二千一百四十一名餘丁三千二百七十三名城操司兵四百五十二名領太僕寺馬贏及水泉營馬共一百七十三匹頭雁門守禦所總小旗共九名兵三百三十六名舍丁一百七十一名餘丁四百二十九名防秋之制自嘉靖庚子後始都御史以六月杪至代仍檄守巡清軍驛傳屯田鹽法六七道畫地而分其防其後以諸道盡北則太原虛乃設甯武兵備使改偏甯爲苛嵐與

雁平道遂成鼎足各守汛地其都御史無事則至十月還

太原。

其軍供有主兵客兵之分主兵正月至六月每月支本色

米二斗四升折色銀三錢五分七月至十二月每月支折

色銀五錢馬贏五月至九月牧青十月至四月每日豆三

升草一束豆一石折銀六錢草一束折銀二分每月支本

色豆三斗其餘折而衹月大小支標下馬月支本色豆四

斗五升客兵京運銀十一萬兩內撥補主兵餉者一萬兩

淮浙宣府鹽者五千兩額扣民壯銀留薊鎮者一萬兩發

大同者七千兩實發銀七萬三千兩

代州志卷五終

代州志卷六

志七

金石志

周

工吳簋

存篆書陰款

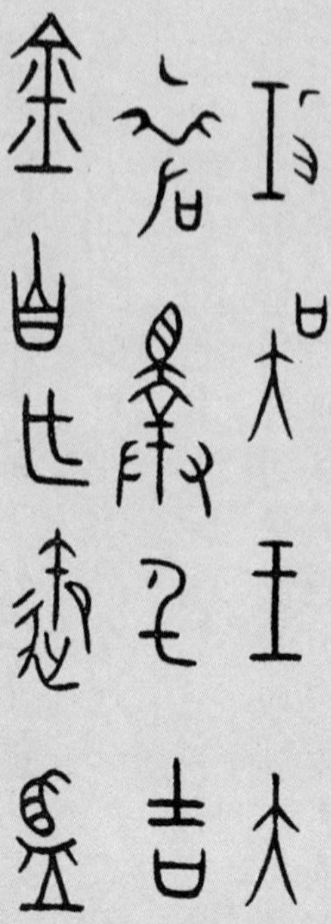

器爲同治中州東蒙王村畝土遇古冢所得今爲楊學博
篤購去制圓雙耳四環高今尺一尺二寸口徑二尺一寸
二分重今權七十四斤銘十三字曰工吳即句吳也史記吳太伯世家太
伯之奔荊蠻自號句吳漢書地理志師古注曰句音鉤夷俗之發聲亦猶越爲於越也左傳宣八年盟吳越而還疏
云句吳句或爲工此銘作攻吳攻工同聲字可證疏語之有本王夫差說文差從左從𠂹此銘上作𠫓下作
𠮢當是嗟字嗟篆本作𧫰此省左言二字合爲𠮢叉沕𠂹之中畫耳易大耋之嗟荀本嗟作差詩穀旦于差韓詩差
作嗟並見經典釋文是二字古互用矣睪說文睪引給也此借爲擇氒說文氒木末也讀若厥此徑用爲厥
吉金自作御𥂴禮記王制天子千里之內以爲御注御謂衣食荀子天子御綖諸侯御荼注器用之
名尊者謂之御嘗疑越滅吳後太伯之裔散居代北故漢志代郡
有延陵縣其仕於趙者襄子時有延陵生見韓非子孝成

王時有延陵鈞見史記明是季子宗族而此器出夏屋山陽其有墓當在代北奠居以前豈楚隆通使之時夫差子姓有隨之同出圍城者抱器北歸歿而葬此遂以爲殉歟

晉

句注碑

佚

元和郡縣志晉咸甯元年句注碑曰蓋北方之險有盧龍飛狐句注爲之首天下之阻所以分別內外也案咸甯爲晉武帝卽位之十一年碑不知亡於何時據寰宇記引其文爲水經注語今本水經注佚虖沱水一卷亦不知碑立

於何所也

附銅鼓款

存正書

孔明口造

鼓高今尺九寸面經一尺五寸形如古敦面圓底空旁有四耳周身花紋文四字陽識磨滅者一字爲州人馮丙勳所藏其先世宦黔時所得者案桂海志銅鼓蠻人所用南邊土中時有掘得者相傳馬伏波所遺湧幢小品言蠻人最重諸葛銅鼓有易牛千頭七八百頭者藏一二面卽得僭號爲寨主矣必諸葛倡之後人倣式而造者然不聞有

鑄造文字者此鼓直書爲孔明造殊可疑而古色斑剝亦難決其必近人僞作考後漢書馬援傳於交趾得駱越銅鼓援取其鼓以鑄銅馬則東漢之前已有其制並非諸葛倡始者而晉書食貨志云廣州夷人寶貴銅鼓新唐書云蠻人讌聚則擊銅鼓是銅鼓本爲蠻中習用之樂而蠻俗又最尊武侯至形之文字以示神異亦未可知也

唐

鳳凰觀記

佚

舊在州南三十里鳳凰山天寶四載立道士董思珍文

元好問兩山行記來儀觀有天寶四載石記是道學士董思珍所造思珍殆學究之粗能秉筆者耳文鄙而義隱余爲之反復數過始見崖略蓋後魏太武嘗都於此師事寇謙之授祕籙自崧高迎謙之來居此山時有鳳凰見太武爲立觀且以鳳凰名之觀歷周隋至唐而廢眞人谷本以謙之爲言而訛爲質兒鳳游池以鳳凰來遊爲言亦轉而爲伏牛開元初北岳先生諫議胡山隱案圖志求故實嘗爲辨之天寶元載敕天下元元廟有穨毀者在所長官量事修建又古今得道昇仙之地代遠迹存者皆虔加禮教此山應焉北京居士高談幽辟穀鍊師高敬臣乃共補葺

之碑文刻云天寶五載改鳳凰山爲嘉瑞山八載置天長觀度道士七人高𠊓眞董參元馮通元朱自然孫冷然餘二人石關供養童子尉遲如玉朱自然姓字下別刻云自然以天寶十三年七月十五日昇天其日亦時至京陳謝天子天子異之勑中使覆勘如玉以後十日亦上昇案石立於天寶四年則天寶五載諸語當是觀中道士補刻於碑陰者觀今久圮荒山犖确半椽無存賴遺山此記得知山中故事

元宗敕書碑

佚

舊在來儀觀天寶十三載立

元好問兩山行記朱仙翁上昇事觀會有敕書碑唐以後

荐喪亂焚毀略盡

白楊神新廟碑

佚

舊在州東南二十里斷景村貞元中立令狐楚文

道太原而北列郡數十雁門爲大在周秦時與山戎林胡犬牙其疆國家以文德柔惠而驅去之北迹距塞口猶千里而遠若內地控於通都秩二千石者非休勳懿德則名王旄土乙亥歲令尙書隴西公廉刺并部選第郡政之尤異者得昌

化守南康郡王河南元部首表其名遽聞於天璽書勞勉移
理於代惟南康以壯事老謀逮事先侍中平王尙書郎甯王
勤於君惠於人而恭敬於神由是神降之福人懷其德是歲
夏五月赤車彤幨至自石州初一日會計於官次察掾吏之
勤惰次二日存問於里閭求人民之利病旣三日徧祭於山
川神祇蓋無停陰鑾不輟聲於郡東南四十里白楊有泌賓
代之主也滹水旁注雁門山前崎盤薄相抵爲堆爲阜翳薈
柯條如虯如龍廣僅百畝厥高又倍信可以回薄日月而避
逃風雨豈朔漠之氣凝結於此乎坤元之精決泄於此乎不
然其何以巍巍蒼蒼將欲夏若木捎扶桑卑大椿於漆園小

蟠桃於東方與夫古墓多悲蕪城早落者不同品矣按諸經記且曰昔元魏高祖孝文由一成而宅九有起雲中而馭天下損益三代憲章百王厥初經營由此途出繫馬其下歇鞍於枝威靈所憑别白而在既偃蹇以附上又騰跳而駕空如高掌蹠爲鳥勢形洎令朝中書令燕公說搴詠其事戶部侍郎吉公中孚申而明之故迹彌顯高名益大爲屏爲圖播於海隅代人神之是以祠也而舊規相襲未甚宏麗檐牖東嚮椽欒內奧有妖蠱之氣無尊嚴之威式車馬者以避禍非以致敬奠蘋蘩者惟邀福不惟饗德猶此祀也不以汙孝文於佚乎南康其孫也大懼夫祖德之墜於地因愀然而言曰於

古有召公奭以區區陝服爲周二伯行野聽訟憩於甘棠後之人思其人猶愛其樹其在詩曰勿翦勿伐召伯所茇矧我烈祖有開國之武麗天之文撫正萬方照臨四海而又儲祉降德於後子孫俾不佞起家而王專城爲守愧不能顯揚先美使若黃帝辛君之使使理此土敢黷於祭祀是褻於功烈而速其罪戾也一年因農之隙而易其地二年乘歲之豐而改其制不三四年得請於上而新廟成南面袞服所以稱尊也兩楹阼階所以定位也築牆於外所以禦侮也設屏於前所以脩容也耽耽沈沈顯敞靚深不風而清無雲而陰前王戾止之儀於是乎在裔孫聿追之孝於是乎舉不惟禁淫祀

廢非禮抑亦開明德摛耿光欲使異日觀者不俟請書問俗而知樹之所由植廟之所由崇諗於有知僉曰非頌聲不可初南康之興化顧嘗客焉迨今剖符則又備位於隴西公之府相得最舊見繩爲文故敢徵成之功與作之義篆刻貞石立於前楹庶擬衛悝彝鼎之銘敢同魯僖閟宮之什銘曰蔚彼白楊叢生雁門蒙暑翳寒晴天色昏亘柢交柯龍翔虎眠從古强名莫知其原惟昔魏帝於枝憩鞍懸垂低昂厥迹猶存大畏其力小懷其恩爰有靈祠號爲神明二扉不扃四簋不陳樵蘇所在雉兔爲隣於鑠良牧時爲孝孫下車之始致敬而言蔽芾甘棠猶思其人緜緜葛藟下庇於根乃正名居

式崇藩垣山立當亡翼張崇軒有赫斯皇旣嚴且尊允矣君
子孰如其仁大椿之年細柳之軍吾與元也人誰間然欲載
其功莫先於文編詞琢石終古不遷
案乙亥爲德宗貞元十一年碑當立於丁丑戊寅之間隴
西公李說也時領太原節度楚在其幕府掌書記
檢校司徒贈太保李國昌墓碑
佚
舊在州西八里柏林寺側
代州刺史李克讓墓碑
佚

舊在柏林寺側

朱彝尊晉王墓二碑跋代州柏林寺東晉王李克用墓斷碑二其一曰唐故左龍虎軍檢校司徒贈太保隴西李公神道之碑文曰公諱國昌字德興世爲隴西沙陀人偉姿容善騎射蓋克用之父朱邪赤心所謂赤馬將軍火生頭上者也其一曰唐故使持節代州諸軍事代州刺史李公神道之碑文曰公卽太保之次子也其名克字僅存餘可識者有公前躍馬彎弓及徐方等數字按史克用弟四人次曰克讓爲振武軍校從討王仙芝以功拜金吾衛將軍宿衛京師親仁里第自克用稱兵雲中殺守將叚文楚詔

捕克讓克讓與僕從十數騎彎弧躍馬突圍出奔雁門與碑文合則爲克讓無疑但史載克讓守潼關與黄巢兵戰敗匿南山佛寺中爲寺僧所殺不言其爲代州刺史又得歸葬於代皆不可曉者土人相傳王墓上舊有碑十三今十一已亡其二存者又散埋土中蓋金石之文自歐陽永叔趙明誠後世無篤好之者宜其漫漶不可辨識如是也當永叔時去五代時甚近沙陀世次已不得詳其爲唐家人傳謂太祖四弟皆不知其父母名號至國昌字德興紀亦遺之是十三碑者永叔亦未之見更六百年而余乃得睹其二非幸歟惜乎十一碑者不及見也同里曹先生博

余金石有歐陽趙氏之好出二碑於土摹之榻本俾余審定其字若干遂書其後歸之

宋

觀音寺燈臺頌

存

正書在州東南二十里東張村至道三年立

五臺山及燈臺頌　桂國張處貞撰此行下有匠常泰貞聶孝忠七字

蓋聞能仁不測宏開八政之門眞相無邊廣闢三乘之路雖復日宮煥爛尙假慈燈月殿昤曨猶資慧口欲使騰輝法界有眞皆明散口恆沙無幽不燭故知像之不滅燈乃常明照

耀諸塵不生不滅衆生蠢蠢五濁俱懷三毒四蛇競相催逼又乃貪居惡室恆日荒迷久在遲犂縱横被縛近者方知自悟虛受終朝各發善緣擬茲來路導引禪師釋衣光尋住寺僧文愛及合村宿老優婆夷等人人勵己各各用心袖藏淨財將充捨施亦能衣中減縷食内抽飡同發善因敬造燈光明臺一所其臺也置五臺爲座昉五岳而立其形中臺池有玉華池口裏演生其幹幹上雲花五色散蓋疊疊重重四窓遊在天宮八闥不離其内兼加八柱遞代相承燈盞汪汪中心汎曜其散蓋也蘭簷紫柏椽用沉香升拱飛仙結金帖作雲花曖曖雜彩鮮明舞鳳吹笙百禽皆足其五臺山也五百

壽龍居此一萬菩薩同臻兼窬跡金剛頗不知其數臺臺供養果道來巡他國遠方皆來奔湊置寺名當一百蘭若約有數千每年禮謁諸台道俗强過一萬西方淨土與此無殊邈樣鐫形非加不妙至如般若妙詞已闡燃燈之義法花奧旨復載燈光之文灌頂章表於延齡阿鄁律得其天眼燈之爲指其若是乎欲報合村之恩須憑法王之力于是共申洪願各捨微貲雕鐫光焰之窜建立長明之炬其臺也俯臨雁塞方偎鳳遊之儀北接滹口口吐青蓮之秀明如法鏡口豪相之神光皎若意珠助金容之妙色庶使彼岸之際壯瑞彩于口樓禪林之中散祥殊於火樹其詞曰鳳遊山旁名望東張

伽藍妙寺亞次西方釋僧文愛瑞生禪房精心供養灑埽是常悲敬□福不乏米糧其一　他方一僧釋名无导誘引諸子皆無向背法水流布滅除其罪兼造燈臺眞成可愛一方觀望□□□□　其二

大宋至道三年二月二十五日重修東張村主戸老人等

佛說大佛頂尊勝陁羅尼經經文不錄。

大宋至道二年二月七日造

幢製造甚精其一面刻陀羅尼經無書人姓名撰文之張處貞結銜但書柱國考柱國爲功臣勳階次於上柱國文武官一二品者用之則亦一時之顯者也而文乃純作釋

子語殆搢紳之信心皈依者州中所存石刻以此爲最先

句注山神祠禱雨記

佚

舊在州西北二十五里北斗廟慶歴年立知州事張元文

今石不存文亦並佚

順應侯廟記

佚

舊在太和嶺北斗廟王崇極文不詳年月

代郡之西北有峻山曰牛頭有祠於麓卽山之神古昔傳祀

而咸欽靈應推是記籍無所稽者故不能考志其實今太守

至郡之再朞自春徂夏時雨愆亢嘉穀將萎徧禱境內羣祀久而不應因齋戒筮日率僚佐祈於祠下將至則雷雨大作戾至稍霽卒禮而還嗣注甘澤遠近霑足太守既具列其事置驛以聞秋九月天子以順應侯命之二十日告祠以彰示羣聽民俗欣欣莫不鼓舞初太守祀事既已坐廡下顧廟中棟欹壁圮門戶庳夷謂僚屬佐曰茲何以稱神威靈之宅故命工卽舊且完其陋先是慶歷中郡守張元退夫以禱神之應爲記鑱石置前廡之壁季夏營葺之際乃望之晨忽於記石之上左若雨露霑漬光瑩洞徹山林人物莫不照見護役吏洎闔廟衆工咸覩其異惟迹雖幽厥理甚著噫天地定位

山澤通氣萬物順成人資以生間有水旱以爲沴也長民者必將憂民之心而致禱於山澤之神以請歲事之成焉蓋其理也是繇天之仁愛視民甚於赤子神之明靈享成敏於影響未有誠至而神不享聲發而響不應者也方其太守恤民之切而神克歆享其誠上應乾符下斡地方興雲布雨變凶爲穰旋震靈光賁耀前列長民者又烏可以默耶旣請於朝天子不問載記之闕霈揚德音以報神惠蓋所以承天心也於赫錫命維神之休奠宅崇山惠綏爾衆垂於無窮報祀無斁

案周志載此文其原石不知亡於何時據孫編修記宋金

荐有封號如所謂順德侯佑順公廣佑靈應王有刻石可
考則明正德中猶存也今則並金元諸碑亦不可覩矣

大觀聖作碑

佚

案碑載大觀元年九月十八日資政殿學士兼侍讀鄭居
中奏乞以八行詔旨摹刻於石立之學宫次及太學辟雍
天下郡邑二年八月十九日禮部尙書鄭久中以所賜刻
石書學博士李時雍奉勅摹寫太師魏國公蔡京奉勅題
額云云今繁峙縣古城中此碑巍然猶存則州學當亦有
之不知毁於何時

來儀觀題額

佚

元好問兩山行記來儀觀額政和七年九月兵馬鈐轄知代王機建權發遣河東沿邊安撫司公事王蒔書

金

柏林寺陀羅尼經幢

存

正書今在寺中天會三年立無書人姓名

大佛頂尊勝陀羅尼經經文不錄

宋使臣滕茂實墓碑題字

佚

篆書在州東七里奉使自書原石久亡明萬歷中韓世能

爲補篆九字今在墓前

滕季達宋工部侍郎謚忠節滕府君神道補篆碑陰記不

肖達甫六齡就外傳受學稍長聞家傳故有譜乘先大父

父兄襲而眎之頗得源委旣冠有志乎續修及作客海内

廢墮者又廿年今皇帝御極之十載歲壬午矢意斯舉於

吳郡葑水之濱闢青霞館聚大小宗譜校讐於茲增厥生

齒繕次支流風逝嶶猷刪薙漫浩上下六十年概得其藴

緒爲族人之小補至於涉覽邛墓散處四方緬邈變遷未

嘗不掩卷潸潸涕也踰二載而譜成丙戌遊都城得王博
士鑰撰雁門勝蹟一書載滕侍郎墓在代州碣亡冢存語
甚具於是不肖松楸之感益勃然與矣大司成韓公覩不
肖有石交妙絶上古書法篆九字用補其闕慨然懷之行
度居庸歷雲朔至代郡詢長老果得故址於城之東七里
當宋時有諱茂實者爲十八代祖侍郎府君也東陽人僑
於臨安以從父龍圖學士諱元發者爲文正范公中表子
弟往受學又守郡家於吳遂僑居焉府君登政和五年進
士靖康初歷任工部員外郎假工部侍郎副路允迪使金
金粘罕知其名欲官之留代州不遣金又汴京取其弟華

實同居以固其志欽宗自青城北徙舊臣無敢謁起居者
先侍郎聞欽宗將至卽從容爲哀詞篆宋工部侍郎滕茂
實墓並奉使黃旛授其友人朔甯府司理董詵曰昔余疾
垂絶夢遊清涼山墮足而甦此固死所欽宗及郊迺先侍
郎正冠幘拜伏號泣請從舊主行金人不許諭之曰所以
留公者將大用也遂相迫令易服先侍郎以死拒得免卒
不食憂憤死詵遂以黃旛槀葬刻其自篆表之墓門後詵
得拔歸言於統帥張浚上其事於朝謚忠節官其後三人
命祀平江府學宮若先龍圖亦有守土禦菑勛庸謚章敏、
並列鄉祀繇宋入勝國迨皇明血食春秋無替也今宮保

鄭公節制三鎮中丞許公開府晉陽咸謂先侍郎節概爲地方遺勝宜有彰顯復謂不肖之言有據也遂命鳩工建石以不肖之言勒之嗚呼斯舉也歷年五百距地六千向非彼蒼覆幬持載之德兩公興墜舉廢之義即先侍郎忠魂義氣或幾乎湮滅而不肖布衣雖慕義無窮徒抱區區已耳力庸詎能乎宮保洛安肅人中丞守謙槀城人大司成世能今拜宗伯亞卿同郡人而不肖世居姑蘇長洲之東郭以世廟乙未生閱年五十二矣今而遘此不亦生平大快與哉家父兄同有是追念之心者因得並書云

案九篆字中州集作宋使臣東陽滕茂實墓宋史作工部

侍郎滕茂實墓以茂實臨終詩題作宋臣墓句證之中州集是也茂實特以奉使假侍郎銜不當遂以爲眞授且宋史得之傳聞如以茂實爲臨安人又云卒於雲中皆疎略六實固不若遺山嘗往來雁門又會讀其遺集記載爲有據也明人補纂但據宋史不加考核李達碑陰記中謂茂實死後董詵以黃旛槀葬刻其自篆表之墓門不知雁門人哀其忠非惟爲之起冢且立祠祀之姚孝錫有謁滕奉使祠詩安有槀葬之說況詵與茂實特倉卒相遇時茂實兄裪弟華亦皆在代又何待詵爲樹石則又緣史文而臆爲之說者特以記奉使家世頗詳姑附存之

靈岩院鐘銘

存

正書在城內鐘樓大定八年造州人王璧撰文

一氣初判三極道分龜書浮於□洛爰□九疇龍圖出於滎河以章八卦故能範圍天地□□□物是以聖人備物致用成器以爲天下之利也自古迄今載於史籍然□□近□岡阜其聚□實繁□亾者物（此下有闕文）與仁慕義好善敬神儆里首戶趙明耆長李添等特募良工鑄鐘一□曠古未有以旌寶刹名藍□□□□梵宮紺殿爲衆生之福地淨土祇園設諸聖之晬容（此下有闕文）法身凝寂非色相之可□□智圓□豈

天人之所測世本□鐘乃□□晁氏之作此下有闕文不惟訓導
朝暮抑亦拔生救□利器也命予作記勉而爲之其銘曰
乾坤定位陰陽運行厚載濁凝高明孕清五材□類金爲□
英天生□□鑄作鐘□□鑪呈□百鍊乃成出作入息以警
昏明□□用此覺岸超生記□錄德千古重名
隨永社長楊崇二長王顏錄事侯贇馬榮劉富□□智炬
如來破地獄眞言經文不錄
大定八年歲次戊申八月二十三日造
案靈岩院今不知所在鐘亦不知何時移之城內撰銘之
王璧無結銜以文有敝里字知爲州人鐘甚巨懸梯其側

始可捫讀而鎔冶不精字多殘泐文麤能成誦書則俗工所爲無足觀也

阜通監錢文

存

大定通寶

金史食貨志世宗十八年代州立監鑄錢文日大定通寶字文肉好勝正隆之制世傳其錢料微用銀云十九年鑄至萬六千貫二十年詔以五千進而後命與舊錢並用案金用交鈔不鑄錢海陵始鑄正隆通寶世宗繼之代州之監至令宰相監鑄故其錢獨精好今世流傳者有闊緣窄

緣二種史謂其料微用銀非乃鑞也古錢之精者燒之皆可得質類水銀

圓果寺陀羅尼經幢

存

分隸十字餘正書不詳年月

奉爲國造佛頂陀羅尼幢字徑三寸隸書在幢首

幢制甚巨字多漫漶其分隸頗瘦勁正書亦遒媚可觀經文後有開府儀同三司試鴻臚卿蕭國公大興善寺三藏沙門大廣智不空奉詔譯一行或卽據此以爲幢造於唐非也不空特譯經者耳考徐浩不空禪師碑封蕭國公而

此書爲蕭國疑幢作金時金封爵國名十六蕭居其一書

者習見時制隨筆成誤也

元

加封孔子碑

存

正書在文廟大德十一年立

上天眷命皇帝聖旨蓋聞先孔子而聖者非孔子無以明後

孔子而聖者非孔子無以法所謂祖述堯舜憲章文武儀範

百王師表萬世者也朕纂承丕緒敬仰休風循古治之良規

舉追封之盛典加封大成至聖文宣王遣使闕里祀以太牢

於戲父子之親君臣之義永惟聖教之尊天地之大日月之
明奚磬名言之妙尚資神化祚我皇元
案制辭爲翰林學士閻復所撰載元文類
重修嘉善寺記
存
正書在州東四十里顯王村僧吉祥文延祐五年立
如來長教半空現神戀□西□道歷□說頓教□□□□□
□上根圓智眞孰能大道之□頻婆菩羅王云天竺設齋□
如佛等庸□□□□□□誕如炷火燒夫豈非自疲者乎一
日天甯□齋擕公等踵門諗日顯王嘉善寺成□□文記辭

佛□云嘉善寺者厥初難考金國天會丙辰重建薦經兵毀
特准聖元有天下大□內並安住佛乘乙卯祖德從公□公
同英慧大師正賢公□□□□□敬臨濤荷瑞由是慨然撥
土拾礫經營來果順□宗門資通慧大師飛公竭力□□□
□秀之勳無不吉至元甲午僱工正殿設像僧寮客舍觀□
崇閣廚庫環廡洎□□□田園水磑各成其趣香燈鐘梵供
啟講筵寔國家集禧之所祈福之場復課吉地築堡□課妙
行潛資春秋祭祀大德丁酉□阿旦書大□□吉祥寺□清
涼山命公之監修文殊寺□□田董□與清公□駢□蓋衆
承□賚以下全闕

大元國延祐五年歲次乙卯瓜月吉日

碑前書寂照沙門晉甯路潞州僧正□密圓通扶□□□

大師父吉祥撰奉政大夫冀甯路代州知州兼管諸軍奥

魯勸農事□□克□□□書

柏林寺晉王影堂碑

存

正書石在寺中至正十五年立

大元冀甯路代州柏林寺重脩唐節度使晉王李氏影堂碑

唐自安史後綱紀紊墜君相唯務姑息藩鎮跋扈□□不上

供者數十州雖憲宗稍事裁制而繼體□□□□陵夷□□

□□□仙□□□□□都國經宿□□□□□□□猜疑置
□散地天下騷然惕然若朽索之馭六馬殆無如□何矣而
王之父國昌由偏裨奮忠勇執訊獲醜屢立大功擁麾□節
爲□□□□□□□□王襲爵□□□□□雁門等道節度
使晉王名□□本沙陀人姓朱邪西突厥之□懿宗賜李姓
由國昌始卽執宜子赤心也王英武□□其出制勝所□無
敵□□□□□其後長安□□□□□膝行聽命莫敢仰視
而朱温之爲盜也雖從黃巢首鼠兩端巢□□□擁强兵潛
謀簒逆以憚王故睥睨神器而不敢發朝廷時無□人□□
挾天子弄威福□□□□□□□□抑王王三疏請□温皆

不從使王志意不伸溫既盜國秦蜀遺王□□以各帝一方
王誓此生靡失臣節不幸以歿□子存勗嗣奉梓宮於此仍
即其□□建□□□□□□奉□□□後十五年莊宗即
位□□□□□□國號唐尊王爲武皇帝□□□□□□□
□遼金宋雖兵革相仍而陵無恙□□蟠陵雁門八景盛晉
陵□柏郎□皇元啓祚朔庭太祖皇帝天兵南征王□□阿
剌忽□剔吉思里主□□□□□□敬閱譜牒知王□□□
□祖遂□□祠祀□□□功德主焉延祐□改□□□□□
□初命順公□□□□□以常住地十數□□□□□大
寺與碑誌□□後復有僧□□□□等竭己財重創建之所

有地土□□□故爲勢家所奪殆盡□之有者僅□□□
□□□□南至官道西至百家街北至祠□□而已至元乙
亥趙王馬札罕□□□□□□住持師名道梁□代州□□
□大宏禪教□□□□國師□□□□峰□□□□□賦
性涫篤□□□□□既署事□脩寺宇□故營新□□倉
庚以□□□□□法輪仍□□所□構□此堂繪□□影
□趙王八都粘木□□謹祀事特施□□□拾□爲長明灯
供堂□□□□而箕歛之將□金石□□講其合其意□□
□師□□文於余□以人□天□莫大於忠孝□稟□□矣
而無宗姓復□□所謂忠孝□□□□莊宗常問道於□化

與禪師□深於佛□□□其生存之貌而致於敬詩之淸廟
易之觀盥皆其義焉自天子達於庶人罔不□之苟弗遵則
彝倫天□之□□而不爲君子所譏者幾希况密邇山陵烝
嘗式序有不容□□問者乎然聖人制禮惟節人之情不繫
乎時之興廢人□之於親所□□□□□崇飾廟庭鮮不
欲貽厥孫謀傳諸百世然自開闢迨今能纍纍昭□歷千百
年者幾□哉□威嘗有□□昔西征見唐十八陵無不發掘
斯其驗矣獨莊宗以自知之明□□□寺俾其徒次襲相承
立常住□不拔之基令王之山陵永永無虞恆饗歆祀□依
佛之威光資其神道□與匹夫匹婦以世俗情□□□□□

紙不數年而□□無依者豈不□□□乎惟莊宗之□謀遠慮爲可□□於以又知人天鬼神之所歸□爲不可□也□

□□銘曰

惟天施報有□有否仁暴壽夭厥□□□孽兮自作匪天匪地□其不幸會莫是過在昔唐季□□□□羣兇肆逆天步艱□名以君臣□□□□□□□爲□之差有王克用□□□□□天□剖□□□抱志以歿陵□佛宮稟稟生烝蒼官鬱葱□□□□趙國是親克崇斯堂浮屠其隣日月□□□以舊□死生□倚如蠖屈伸世變下衰眞□孔塞□□□□□□□□忠孝無□天聽□□□□□□覩此豐川

碑前有奉旨開法宗慧大禪師沙門□□□翰林學士知
制誥□□□並缺其名後列銜八人可辨者僅嘉議大夫
朝列大夫奉直大夫武明將軍忠翊校尉字姓名多漫滅
末一行書至正十五年六月某日

案此碑久仆石裂爲三文義隱約可辨蓋趙王之先於元初考譜牒爲克用後裔故爲寺置田供祀事至其孫馬札罕復修其祠耳元史諸王表駙馬馬札罕泰定元年封趙王又姚燧河內李氏先德碣載駙馬趙王爲克用置守冢據元史爲趙忠獻王闊里吉思此碑有剔吉思里未知爲一人否

重脩廟學記

佚

文載舊志席公舉撰至正二十七年

聖元之崇文廟也京師有監凡天下郡邑咸建廟學矧代古稱河東重地庸有闕乎惟昔相於城之西南隅厥地爽塏亶崇祀育材之所雅稱朝廷尊先聖開來學之盛典迨至正戊戌河東經兵燹代當南北之衝要車騎蹂躪甚他郡民居公廨諸聖廟宇鞠爲邱墟暨廟學亦弗克完土爲之崩頽木爲之摧腐蕪穢不治絃誦不聞者越數年矣過者莫不感慨迨丙午春汝甯李侯元鳳來守是郡下車謁廟覽其遺蹟喟然

謂僚佐云細行不修爲君子恥矧爲君之臣食君之祿而怠君之事者耶方今天子崇儒術以風天下有郡邑則有廟學兹焉廟貌學宫俱廢不理豈不爲曠官之責歟豈不以祀事闕供人才之放失是懼歟爲之何如僉曰然惟時鮮民居歲不加豐軍繁且急厥功之難爲也越明年丁未時漸和賦斂少緩居民之加密官守之賢足以蘇代民民之力亦可以役向之難爲者而無難爲於兹於是官捐其俸士輸其財百工善其職吏勤於事仍舊以修復之其經營之序肇自殿庭繼作廊廡繪塑先聖先賢之像衣冠佩飾罔不有度既而門於離設神廚於艮堂於中央列齋於震艮之位坎舍師生攸居

百爾修營罔弗屈力殫慮肆工克敏材木孔艮厥廟孔將士罔弗樂其瞻仰子弟罔弗樂肄業其中惟己酉八月工畢日落成以告廟代之士大夫咸謂余曰茲廟脩復守倡之倅官和之百執事勤力成之允克濟予宜文於石余應之曰夫子之道天地日月也四時之運行也見於經垂教萬世有功德於天下惟我列聖知之深詔天下郡邑立廟學惟時守令豈盡賢哲豈盡能厥職豈盡承聖意今李侯元鳳欽乃攸司則代之後進得聞古昔聖教君臣之義父子之親夫婦長幼朋友之倫鳴呼俾天下守令咸若欽將將見兆民若彝俗化爲休是豈小補云哉肆余不庸辭嘉其美績爲之記

案文云已酉八月工畢日落成告廟已酉爲明洪武二年前年十二月徐達克太原是年正月常遇春取大同六月元帝北走和林州爲明有已半載矣而其文但追頌勝國不及興朝蓋是時擴廓帖木兒鋭意恢復州人猶以捲土重來望之也明史洪武五年命陸亨傅友德捕代縣反者是後此三年尚復梗命亦可以覘邊人風氣之厚矣

明

白仁巖寺記

存

正耆弋謙撰

代郡西行三十餘里則抵茹山自茹山逕入又西行五里許而抵崞亦代之屬邑其上有岩名曰白仁岩有寺名曰白仁岩禪寺寔晉浮屠氏遠公之所肇造也有故碑可考首載其岩風景秀麗形勢奇怪高者則怖登深者則駭瞰險者弗敢踰危者弗敢仰曁名葩異卉森列左右珍禽馴獸往來飛走與夫祥氣瑞靄舒卷於晨昏嵐光林影錯映於上下千容萬態倏忽變化歎其難於形狀也次載遠公闢石爲室環堵爲扃所居之庵松蘿擁護演法之臺鳥獸諦聽又有靈泉龍祠每值歲旱祈禱輙雨神異之迹尤夥管毫弗克盡其事也又終載其寺樓觀臺榭殿廊門廡僧軒廚庫繪塑之容陶埴之

屬靡不悉備自時而後雖有相繼修葺如僧慧開等然歷歲既久迭遭兵燹若其景物形勝天造地設產於開闢固千載猶一日矣至於遠公經營之跡殘滅無餘所遺者荒蕪之址耳迨夫聖朝尊崇佛教祐翊國度於是江黃氏慧庵禪師蚤投竺乾寺智原長老爲弟子三十載道業既成開北有名山勝境來遊五臺觀清涼福地喜捐衣鉢剏建千佛之殿工完見其寺僧煩雜乃自謂曰茲非吾所宜居也遂舍去來遊圓果寺見其逼於門闤復自謂曰茲非吾所宜居也又舍去卒遊白仁岩之境一睇其山卽曰吾所當栖老於斯矣居無何覩其故基仰而歎息俯而涕下不忍聽其㯲敗如是也遂謀

同僧友微庵奮然發興修之志勞身焦思不憚勤苦遍歷施主化緣聚貨市材募匠以舉是役遠近聞之咸賢慧庵微庵之志自是趨事赴工者雲集輻輳故幾歲之間正殿前殿伽藍祖師廟并山門禪堂東西廊廡一一周畢覩其棟宇宏壯象貌尊嚴金碧晃輝黝堊芳菲雖故所刻遠公之功殆弗過也落成之日請予記之予既樂其山形奇偉爲一州之絕景復樂慧庵微庵興墜修廢而其事竟有成是皆可書也故弗辭而爲之記

北斗山祈禱靈應祠記

佚

文載舊志孫紹先撰正德五年

古稱晉多山其南北環抱若天造神爲之者惟吾代則然南山拱峙如屏障其北峷巍聳雄踞如枕如負蜿蜒而西其峰巒突兀壁立峭拔儼然爲一方巨鎮者惟北斗則然凡山川之神皆能出雲雨以福澤下土其載在志記代有著迹者惟是山所謂句注陘之神則然山故名𩕳頭祠在其巓歷宋金元荐有封號如所謂順德侯若佑順公若廣佑靈應王者有刻石可考見也歲久漸圮正德四年冬太守山東齊河朱侯以五臺令陟守是邦視篆之月微雨雪而晴自是至於明年夏四月不雨邦人惶惶惟無麥無禾是懼侯於是乃發庾廩

給口粟沐浴齋戒率其佐若幕若吏若民望祠徒拜登山而告之詞曰下吏某敢昭告於山之神某以不德叨保是邦惟某有罪無以一方一方有罪惟某是殃神寔鑒之甫畢則陰雲四起雷電交作一雨竆日夜乃霽既霑既渥民乃大悅迨至五月又不雨民又憂之又再禱如是而又輒雨歲穀以登民樂其生相與忭且歌之曰我粒我蒸惟太守之功侯固辭弗有曰我寔無能惟神之庸顧茲廟貌大弗稱焉乃捐俸資募工役仍其貫而理之加藻節焉謂予代人且識史事也屬鄉耆崔浩輩走使京師而託之記竊謂古天王之理天下其事非一而要其大者惟事神治民爲重且叨歷代守令以循

旨稱者未始不於二者乎急之肆惟我太祖高皇帝議禮創制凡前代山川封號之瀆一切削正而歲時祭祀若祈禱雨澤之文又昭在令典朝廷時加申諭凡以爲民顧所司奉行何如耳惟茲所句注者按地志與飛狐盧龍爲稱首列其靈藏秀祕既足以種六物之盛矧夫旱魃爲虐歲且阻飢人心一感觸之而施應之間捷於影響俾斯民有好樂之慶所謂有功德於民能爲之禦災捍患者祀典所有祀也朱侯蒞守是邦能仰承德意憂民之憂以竭精誠孚感格可謂當務爲急矣推是心以及庶政無弗舉者且魯之僖公重穀憫雨春秋蓋不一書之而昔賢喜雨至名亭以志是役也於法書之

宜也况不自有而歸之神不以名之他而志之祠守亦惡乎弗宜也侯名鋭字文威舉鄉進士其政治多可稱者重雩事故弗書凡有事於是法者得附書之是爲記

新修雁門關東西二樓記

佚

文載舊志會大有撰

正德八年癸酉自春徂夏外邦犯邊雁門騷動代嶂繁峙五臺一帶居民弗靖於是巡撫都御史任邱鄭公宗仁謀於巡按御史東吳周公倫檄三關兵備副使夾江張君鳳翋振揚士氣修飭邊備以鎮定朔服而安集編氓張公奉行惟謹雁

門爲三關之襟喉而東西二城樓歲久凋敝非所以助天險壯國威也乃分財用度有司量功命日是經是營故者革傾者起壓者完撓者立巍然其岑銳聳然其翬飛穹然其棟隆之吉又於東南路新建大坊一區巋然綽楔見者駭觀厥功告成僉謂當誌於貞珉而繆以屬予夫九塞之險莫雁門若也春秋以降三晉分封始入於趙寔邊防要地分閫受鉞代有駿功如李牧者固其尤也國朝定鼎燕京而是地密邇大同爲畿輔之屏翰攻守節制之任既統於撫鎮大臣而專職於兵備憲臣其責亦重矣易曰王公設險以守其國孟子曰天時不如地利然則金湯之固可不豫與張君振飭邊防厥

有勞績鄭公經理之大者此特其一端耳西土之人由是安堵而冒怙大化北門鎖鑰固有攸屬方見聖天子垂拱而治何勞拊髀於頗牧之歎哉若曰撫臨之下登高建節眺遠籌邊召棠陰滿紫塞風清則我公先憂後樂之志與龍圖老子異世而同功後之登斯樓者其亦有感於斯文謹記

平糴倉記

佚

文載舊志吳嘉會撰萬歷十一年

國家故子元元之急廩鹿滿天下其法之最從來較著者則一切型之故嘉惠浹乎于茲稱富强建昇平云然東南西北

乃劉陰陽異焉東南饒財如流水之源西北地磔鹵亡尺饒戹不甯大陰在辰戌衰惡子午暵丑未水也蓋暵水衰惡卄歲而九相乘異日穀價至斛一緡量與時寖減蒙袂載道椎剽滿山所以然者則蚤見之臣不得而壹任天爾今其時則巽矣天有暵水衰惡人亡暵水衰惡歲有金水木火量亡金水木火其事在憲使者張公之粥平糴也自公壬午持憲雁門即圖所以粥是倉而愚者闇於成事頌聲沕焉公曰至德不龢俗大功不謀眾吾利斯民而民不見利者則未嘗利其利也於是乃建之成伐材於山攻石於巖陶治丹堊諸庀事之役盡辦以藏錢始萬歷十一年閏二月訖本年八月內其

三逕驤立而璨然面衛者平糴坊也坊下則大門三間大門東東票廳大門西西票廳各三楹繇大門而入其一逕驤立而璨然面大門者軍民命脈坊也自中道甓之甬繇城而升其四阿宏敞而璨然面命脈坊者兼濟堂也接堂而東爲長廊其楹三者深藏廒也接深藏而東下其楹七者豐贍廒也接豐贍而更東下其楹五者豐厚廒也接堂而西摹睎東其楹三者善藏廒也接善藏而西下其楹亦七者常足廒也接常足而更西下其楹亦五者常裕廒也繇堂而入直面堂則大有廒其楹五並大有東而爲楹二者富有廒也並大有西而爲楹亦二者愈有廒也又東若廂而其楹五者豐富廒也

準平庫峙其隈焉又西睎東而其楹亦五者常盈廒也節宣
庫峙其隈焉繇大有而更入則爲崇報祠祠以祀田祖其儲
籩豆牲實則有所曰躋蹌亭也其肅紳冕盥荐亦有所曰有
恪亭也而萬寶告成坊則北面祠其宅土地祠泉塞農圖圖
之廊廡下者又廿楹有奇倉既成可萬鍾之藏公乃發帑金
糴之民準秋量方春和時民量大減於秋則發倉實糶之民
亦準秋量班孟堅所云民輕斂輕民重散重固如此行之一
歲郡中澹焉行之再歲旁近邑澹焉行之又再歲適平潞告
乏饑公淒然不爲閉於是迢迢千里之甿大者轉轂小者屬
襁虛而來實而往道路歌曰天乎不雨地乎不吐伊誰地助

伊誰天補赫赫張公德施斯普以爲不信請聽予歸嗟乎淵哉公之重民命也活及不億矣神農之教曰有石城十仞湯池百步帶甲百萬而亡粟不能守也公蚤見饑穰爲更事故不任天而任人庶幾參贊德業今湛恩濊澤下訖四州上薰九閽非前頌者之物後頌者之章也未利其利與大利其利異也公又葳雁門廢驛爲補助廠以儲塞毛爲紡織局於廠之東以勸女紅所以嘉惠元元如此它備邊事大都類平糴公何見之蚤而才又䁱然游庖刃則持萬世之甯者唯公乎唯公乎日內恬外靖而頌聲作蓋不啻視今將勛施所究竟煨煨昆吾太常稱首明宗臣矣昔曾鞏氏記趙越州救菑謂

其施雖在越其仁足以示天下其事雖行於一時其法足以傳後余藉之紀公事是用鑴諸貞珉世傳經濟之烈焉若其始終增埤周府貳評之力居多亦經濟臣也

補助廠記

佚

文載舊志楊恂撰

補助廠者廠補助之實也補助之實若櫛若墉匪廠則風雨所殘鳥鼠所饕靡得而卻焉故廠之以補助也其補助奈何曰國無九年之蓄曰不足無六年之蓄曰急無三年之蓄曰國非其國也然在民則不然一年不升告糴它邦糴之不給

或從而轉徙之走僵之也民而至轉徙至走僵則國雖有九年之蓄奚本乎國亦非其國也國有蓄有本庶幾其國乎則今補助是已其補助奈何古者豐年補助雖偶遇凶荒弗病也六張公豐卽有豐補歉亦有豐補雖偶遇凶荒亦弗病也張公可謂恩浹於民矣其恩浹於民奈何秋時蓄糴則春補之春時蓄糴則秋補之春補之則春足秋補之則秋饒故一年不升而民不飢卽累再三民不知轉徙之走僵之也其所以恩浹奈何夫既用帑金糴之粟矣而收擣塞下田若廣武竟者北樓竟者平刑竟者盤道竟者靡不實於廠而惠之民六軍亦胥仰焉民是以不饑張公可謂恩浹於民矣民不饑

不轉徙不走僵則甯渠民利乎國有蓄有本故國足其國國足其國匪張公其誰貽之則張公經國臣其功豐如此故記補助者以其施於國繇此葢恢恢大繇繇遠也張公者何諱惟誠也永清人辛未進士持憲代雁門厰所建者何因西關驛故址城四門皆建隘口十八亦皆建也

新建文昌祠記

佚

文載舊志趙範撰萬歷十三年

代有文昌祠考舊志在文廟東督學陳公鳳梧廢之正德間郡人馬銘等復建於東門闉城内偏隘卑陋弗稱神棲萬歷

辛巳豫吾張公奉上命飭憲雁門睹而愀然思改掤之顧初政急在民事未遑也越三年貞度惠疇弊剔利興平糶有倉紡織有局補助有廠贍士有田文治武備煥然一新遐邇敉甯神人胥懌迺以暇日謀徙是祠於北關外昔郡文學弟子員按往牒以請謂文昌祠宜左右黌宮公然之遂卜文廟左射圃廢地更建焉首捐俸百金爲倡余與府倅周君州牧張君輩亦矢謨勰助一時好義者桴答響應醵金輸轂不令而從公乃諏日鳩工程土運石伐山陶野百藝俱程諸費有不給者悉措理以底厥成中砌基爲閣高三丈六尺上塑魁星五下奉文昌居焉登閣四眺城郭山川瞭然在目閣之後爲

樓三楹扁曰感化樓閣之前爲門兩層亦各三楹外扁曰文昌祠東西各列脩廊九楹繪九十七化靈跡於壁上塗以丹堊護以檽欄規制雄麗棟宇崢嶸金碧煒煌朱綠晃映恍惚乎蕋宮紫府在人間也工經始於萬歷十二年二月落成於十三年九月代人士小大稽首歡忻踴躍思所以紀公盛美顧議者謂孔子之道與釋老相水火者不語怪也今方崇聖道而祠文昌無乃涉於釋老之教乎余曰非也孔子誕於衰周有德無位纂述六籍詔訓萬世若詩與春秋善惡非不犁然具也第其言溫厚微隱未嘗諄諄命於衆曰某也良應以某祥某也不良應以某殃也是故智賢者信之愚不肖者玩

爲如文昌一書中間變化之迹雖涉杳幻然大約所陽予者忠信孝弟所陰絶者貪淫奸獪一施一報錙銖靡爽覛聖經之所勸懲者益章章著而讀其言則無論知愚賢不肖皆凜凜乎神殛髮竦畏義悔過之不暇余竊譬之孔子天也文昌日月風雨雷霆也天道貞觀而不言而日月風雨雷霆則變化而莫測要其精氣相流通而功用相協贊者也當祠一也且文昌之神麗於天則爲張翼之精昭赫於宇內則爲嶽瀆之靈降於人則爲孝友節義之士當祠二也國家以文綏治。二百年來人文炳明郁郁彬彬相與謨謀黼黻鋪張帝治者。雲蒸霞爛不可勝紀顧所以經緯羽翼其間者神實尸之當祠三也是安得與釋老論頡頏哉然則豫吾公茲祠之建也先民而後神可以觀序焉緣神道以設教可以勵俗焉仍古制以翊人文可以造士焉一瓦一木皆出於官而秋毫無擾民可以昭仁焉一舉而數善備矣代人士誠誦法孔子而又觀化文昌將必勃然興惕然省與則善日長省則惡日消善長惡消則士敦實行士敦實行則國有真才鄉有醇俗匪徒文而已庶幾無負公建祠之意乎於是諸人士再稽首曰是言也可以破羣惑而勗我士庶也請書以記公諱惟誠順天永清人與余俱隆慶辛未同年進士

化悲巖北岳廟記

存

正書在州東北六十里王濬初撰并書天啟二年立

恆西諸山惟書屋夏屋復宿最勝又復宿十餘里爲化悲巖兩峰嵯峨壁立千仞東巖有石窟可避風雨中建北岳祠不知創自何代中霤懸水下滴日盈缶以禜雨奇驗相傳有樵夫夏初採薪至巖窟見二仙對弈弈罷東坐指西坐者曰阿翁乃恆山神避朝岳香火憩此共手談耳樵夫急下拜倏不見留薪窟中識之歸告諸父老遂伐石斲木構祠四楹歲久傾圮至萬曆末年廟祝李通信輩庀材鳩工復重新之雖東於巖窟而深棟榱桷戸牖階墀規制略備矣役竣李生養榮

豐生廣問記於余余惟恆岳與泰華衡嵩並峙中國而恆獨一再陷於外夷望祭曲陽為常我朝混一土宇恆山實在封內乃部使者請移祀典於渾源竟從中格意者神所棲不安於僑又不得藉天子寵異復庪縣舊秩靈光剡剡遂爾不能自祕而見形巖竇洩其機於山𣅀乎大眾皈依鼎新廟貌窃邇岳麓固非黷祀不經者比猥以祀典未正久鬱輿情口口遼陷失醫無閭遽謂北鎮為恆岳口口之不恤為祀典未正之應余獨不謂然夫恆常也一名常山常之為德不受變而能久自元魏迄勝國所謂崇祀岳神者備極尊腆而崩裂焚燹志不絕書其所載旱必雨戰必勝寇必雪惟本朝則然恆

之不受變於夷而肸蠁久依中國亦章章矣今上沖年御宇百神受職醫無閭之口神實有口口也復北鎮以及東陲緊山靈是賴祀典之正不正有司執其咎神何與焉余猶記先文端公語胡中丞恆岳嶔崟崒嵂巋然雄於代北自有虞柴望以來未嘗易地一旦因飛石之訛驟遷之曲陽然而岳之所以嶔崟崒嵂雄峙於代北者固自若要不以遷祀損重請以質諸鬼神云

案金石箸録例不及明物以古爲貴也而境內古刻存者寥寥捜羅所及僅得一二卽金元物已不易覯況其上焉者乎獨有明碑碣所在皆是擇其文稍雅馴者登之藉以

存前人著作而已

代州志卷六終

代州志卷七

志八

藝文志　經類　史類　子類　集類　附錄書目

經類

北漢范隆三禮吉凶宗紀

佚

前宋周續之公羊傳注

佚

宋代淵周易旨要

佚

明張本順尙書輯要

佚

國朝馮如京春秋大成三十一卷

存

自序麟經一書余世奉爲天家弄田亦旣孰之復之矣而逢年在穀玉之間則嘗於隴西湟上灤水漖江筍輿鷁首攜兒子驤而商榷此書如蜾蠃之祝類我坐卧寢食蓋不知悠然幾作也甲午之歲嚴子喜侯余子摶九過我尊酒之暇各出一編互相疑難兒驤亦出其素所纂輯者質之於余且請曰是經之爲五經殿也鼎彝也而喜侯摶九之

爲麟經尸庖也燀人也調人也久矣與其私食指也與人旨之而咀之也孰善余遒然許之於是悉櫜其單傳比合者而闕之而紉補整綻之五傳仍焉名曰春秋大成工甫竣余卒業焉益歎是書之爲膚於體元者匪尠也語曰史外傳心何傳乎傳元也元者何仁也孝子以事其親忠臣以事其君而一人以事其天皆是物也隱桓逮定哀亦孔棘矣哉降而漢唐以後也於定哀也膚愈乎禮崩焉樂壞焉名分裂焉元氣蝕削萬物坱軋識者歸獄於天地之不仁聖人曰噫天地則何不仁夫亦人之自累以累天地也爰假魯史筆削之衮鉞之留一綫之元氣於不滅而於以

教萬世之爲人子爲人臣與爲人後而專讀是經者若曰
苟大義之嚴明條例之井秩意中語外之闡理分肌幽微
顯闡乎是亦純忠純孝之分身也已如左與公穀董胡其
著而胡爲甚嗣後單之比之合之起於郁離之濫觴究成
令甲其挽逝波而西乎余慮夫期期之不奉嚴子余子曰
無傷也有法焉治單合而經緯悉之秩五傳而彼此臚之
芟昔人之所蕪詳今人之所略棄其滓穢吸其精華而人
與一臠不啻染指也且果腹焉則此書之爲燀人調人也
不已多乎抑更有進焉仲尼集大成歸其事於聖智又曰
猶射於百步之外至則爾力中非爾力也庖丁神於解牛

所見牛如委土逢蒙巧於貝發所見蝨如車輪故曰神而明之存乎其人請以贈爲人子爲人臣之讀大成者他日更願爲一人之體元者獻

賈如山四書説二卷附孔子年譜彈詞一卷

存

史類

前宋周續之聖賢高士傳贊注三卷

佚

案隋書經籍志新唐書藝文志並列入史部雜傳經籍志云高士傳贊三卷嵇康撰周續之注合爲一書藝文志則

兩載之一爲嵇康聖賢高士傳八卷一爲周續之上古以來聖賢高士傳贊三卷似傳作於嵇康而續之爲之贊及注者經籍志又云高士傳敘聖賢之風則題聖賢高士傳者是也今惟太平御覽引康傳十條而贊與注不可得見矣

宋邵思姓解三卷

佚

案宋史藝文志文獻通考並列史部譜牒類蜀都雜鈔云雁門邵思姓解分一百七十門二千五百六十八氏

明吳繼美代州志二卷

佚

明吳嘉會奏議四十卷

佚

案復宿山房文集載嘉會所著有奏議四十卷詩二卷雜撰十卷今皆無存前志但云奏議十卷未核

孫傳庭鑒勞録一卷

存

四庫全書提要存目云傳庭自崇禎九年三月受命撫秦至十一年十二月其間攘寇清屯自以爲所有勞績無不仰邀帝鑒隨時紀録積以成帙因題曰鑒勞録卷前後俱有

傳庭自識語知當時業經付梓今惟存鈔本耳傳庭以功高業忌數語爲樞部督過雖朝命賜褒廢格不行卒以蜚語被逮觀於是編可以見明政之不綱矣

自序丙子春三月臣傳庭奉撫秦之命夏四月六日恭承召對詢臣以剿撫方略臣畢陳愚見因以撫標無兵無餉爲請欽蒙聖諭措兵難措餉更難宵旰焦勞形於天表又諭臣以眞心實意期勉殷切臣自矢殫力盡心以實報稱陛辭而西以五月十有六日入關受事爰及戊寅之十月二十二日出關北援措据凡三十閲月巨寇悉平兵强餉裕視嚮之妖氛匝地徒手罔措者又一秦矣自維臣履極

難之地肩極重之擔當極微之時能無即於隕越以爲簡書羞且得通理京兆前倖報成滿考亦數十年來秦撫所未有也非賴主上推誠委任多方鼓勵豈臣區區之愚微幸至此乃蒙聖明軫念犬馬凡有効竭必賜褒嘉溫綸之下歲無虛月月無虛旬甚且風示各撫以臣爲法至臣以癡腸苦口數爲樞部督過因謂臣報兵後期自請白衣領職以甚臣罪聖明迄信臣無他仍於臣奏剖疏中嘉其實心辦理臣之仰邀聖鑒可謂至矣故臣每拜寵命雖戎馬倥傯感泣之餘必畧識顛末手錄登簡漸積成帙名曰鑒勞錄夫臣即捐糜頂踵何勞敢言顧聖明之鑒不敢忘也

敬付剞劂惟志天恩罔極云若夫敘錄猶稽實所司有意矜慎在諸將士不無覬望然非臣愚所及矣

又敢臣自陷法網幽繫請室悔罪愈深感恩益厚每手斯編輒擗膺悲慟不能自已臣因是而深感於疆吏之難也番緬無論矣即髮膚不敢愛而濟事爲難庸疏必及矣即猷略可自効而獲上爲難幸而樹尺寸邀寵眷矣而搆忌轉叢初終莫保則毋自喪生平仰負知遇之爲尤難臣於秦事一力擔承剿撫幸有成緒又悉在聖鑒敘錄屢壓明旨臣之遭際不爲不奇祇以樸拙無似動逢齮齕意見之參差固惟其可否而蕩寇安秦之戰功胡可掩也臣一手

足之勤渠亦任其過抑而將士衝鋒陷陣之血績何忍沒
也猶曰臣實首事不便偏舉至若清屯之功利在軍國臣
何與焉且聖明加意屯政方風示各撫爲法而撓亂百出、
不廢不已又鹽政之議臣考究有年稽核閱歲一歸官納
利倍清屯其官納之需乂取給於臣所辭還之剩餉臣疏
告詳明仰蒙聖俞已勑有司舉行新撫因剩餉派在鄰省
請以秦餉通融挹注攝部事者遂借端寢閣夫司農方苦
仰屋乃以人廢言坐棄富强之良策而不恤是誠何心噫
見之實效奉有欽依猶承望相阨以至於此臣復妄談安
攘切欲以制敵管窺稽首御前畢陳芹曝之悃維宗社苞

桑之計何可得也此實臣報國有心致身無術自階之厲以至下貽鮮終之譏上累知人之哲臣罪萬死莫贖矣

孫傳庭撫秦疏草督師奏議

奏議存木梓

案原本三卷雜錄文移塘報按日件繫起崇禎十一年十月至次年二月蓋幕府底册未加排纂者茲錄其奏議二十三通釐爲二卷其撫秦疏草竟不得而見矣附錄顧炎武書兵部尚書孫公清屯疏後國家當危亂之日未嘗無能任事之臣而常患於不用用矣患不專用之而專且效矣患於輕徙其官而不竟其事使之有才不得其所用以至敗而國隨之若兵部尚書代州孫公之事可悲已方崇禎朝流寇之爲秦患且六七年天子一旦用公巡撫陝西於是兵且增而餉絀公以爲國家之所以足兵食者屯田也乃爲權

豪有力者所占據以至欺隱侵沒弊孔百出而軍實虧軍實虧而國家且不得一軍之用是國家之患不在賊而在占據侵沒之人也於是重立法繩之先之於西安三衛而軍大譁斬李進成等七人而後定公持之不變期月之間所清釐而歸之天子者計兵得九千餘餉銀得十四萬有奇米麥二萬餘石天子爲降詔褒賞進秩而關中之賊或斬或擒或撫三年關中幾無賊矣而北方告急天子以武陵楊公之策召公入援遂用之督師山東薊州又移之保定而公屢請陛見不許因以病辭且得罪下獄及賊陷襄雒復出督師陝西而事已不可爲矣使當日不用武陵之策自陝以西委之公十年而奏其效則他方雖潰敗而公必能爲國家保有關中使賊不得關中亦不敢長驅而向闕也一詔移公而國之存亡乃別於此余讀公清屯疏及文移而深有感焉欲爲公立傳而功狀闕佚不得其詳特舉其大者書之於此以見公之一身而繫國家之重然則天下未嘗無人而患於不用又患於用之而徙用徙三四年之間而大事已去忠臣義士所以追論而流涕者也

國朝馮右京巡漕奏疏一卷

存

馮欽廿一史表志列傳表

佚

子類

漢李左車廣武君一篇

佚

漢書藝文志入兵權謀家與孫吳並列云權謀者以正守國以奇用兵先計而後戰兼形勢包陰陽用技巧者也

宋代淵老佛雜說

佚

明吳嘉會雜撰十卷

佚

施重光主臣言一卷

佚

張本順四子明道錄性理參微

並佚

馮忠遺訓錄一卷

存未梓

馮頁期跋先伯父力學工文章自六經以至先秦兩漢靡弗鉤索其教子弟惟取淺近易明者詳以示之命曰訓言

冀子孫法焉皆有用之言也今學士大夫動稱古作者其
高陵青雲而深薄黃泉一無當於實又何益哉故曰與其
託於空言不如見之實事又曰大夫居其實不居其華甯
去彼而取此吾所以服膺伯父之教

國朝孫世瑞忠節錄一卷附忠靖公遺像題辭

存、

薛所蘊序嘗反覆前朝末季之事令人拊膺太息而不能
已已也當流寇初起祇以闖左潰卒未敢歸伍嘯聚山谷
饑民附之弄兵潢池蚤事撲剿直易易耳諱疾養癰使其
滋蔓至烽火於秦晉漸燎原矣然猶與官兵巧相避也是

時封疆大吏能敦然以殲渠散黨爲己任猶不難奏廓清之功而制府三邊者下令流賊本吾赤子戕寇一命者法予抵於是單議撫而獸駭魚爛不可收檢矣浸假而荼毒數省建節專閫之貴人高牙大纛每每望寇壘而卻步孫白谷先生鎮撫西秦一入軍中旌旗壁壘皆爲改觀俘最驍之渠高迎祥於黑水峪降拓養坤於鳳翔其他標名著姓者亡慮數十部落遍布延慶環鳳內逼涇三西連汧隴一敗之於職田莊再敗之於連雲棧復屢敗之於關山道及同華商雒之間望風投降者踵相接此平定一大機括也而中樞以合剿豫寇分其成迨師出崤函捷功累著賊

已窮蹙乞命摧枯拉朽勢如疾風之埽敗蘀此又平定一大機括也而總理以撫局掣其肘奉命督師壯猷未展旋下司敗英雄爲短氣至郟之戰將猛兵强無不人人思奮一以當十兵威震疊風雲變色假息游魂旦夕滅亡此又不止尋常平定一大機括而七日淫雨饋餉中絶竟壞全功致公鬱鬱以死悲夫閒翻閱宋史竊歎崇禎末流寇之禍前後如出一轍宋之亡始終受病一和字而流寇發難之初卽有殺賊與抚之令先生累戰克捷勝籌在幄而中樞總理撓之以撫與宗汝霖直趨澶淵而沮於汪伯彥虞彬甫經略兩淮及進取鳳翔而沮於史浩同甫任督師方

規戰守而褫職下理與岳鵬舉捷郾城捷朱仙鎮誓將會飲黃龍府而秦丞相以金牌召而殺之同郯之役功成目前而七日大雨與崖山之颶風同何覆轍相尋不遠殷監如是耶雖然此非人之所能爲也天也眞主將興大命攸歸特借巨寇發難速成

興朝大一統之業耳始之怙賊如子而殺之者抵繼之勝勢已成而中墮於撫以至幽先生於請室絕饋餉於淫雨皆天也譬之有宋汪伯彥史浩秦檜輩皆天假手以墟趙氏之社稷者也雖有宗澤岳飛虞允文諸君子亦何能濟豈俟颶風覆舟乃見天心之亡宋哉故先生忠魂貫日而終

不能違天以存必亡之國讀是錄也乃喟然於存亡天人之際

案是錄備載忠靖公誌傳並哀挽諸章爲順治時公子世珍所輯賈膠侯中丞嘗刻之康熙庚子公弟殿雲再刻頗有增益內公媳馮孺人節孝事蹟及畫像題辭則道光丁未其裔孫重刻遺集時所續錄者而明史列傳仍別本單行編次似未甚合茲從其初題世珍名錄原序一篇而遺像題卷附見周系英白谷先生像贊堂堂孫公實產雁門落貌古弈弈神王公實虎熊賊如沙蟲天不祚明乃先喪公身悴戎行神傷眾口國之云亡像亦何有毅魄如生英氣遐厲昔慕公名今覿公面句注嵯峨滹沱浩汗公有千秋豈余能贊　黃鉞題像詩公忠公節婦孺知異代談者

如見之悔菴樂府梅村詩會何待我覷縷爲前年試學雲代時見公弟仍於公祠祠牆雨壞屋巳敧出錢二萬俾堅茨爾時州牧老且疲三載不葺將不支公同姓新良有司下車一見興嗟咨是守土責丹艧施唐隙戶牖靡不治大府舉最車載馳載公畫像來京師邀我贊頌夔龍姿我非其人媿且辭世上自有瓊瑶詞憶昨試院行有期公孫捧像當階墀謂代答謝禮所宜急令將校兩手持開門迎侯送如儀空幕趨訝客爲誰再拜公像仍豐頤應笑小子何衰爲煩君傳語公孫枝力學勿墮家聲垂勿恃祖澤愛可推縱百青衿詎足裨公靈咫尺吾不欺食茲舊德當敬思不見當年兄弟一髮千鈞危馬革欲裹悲無尸

陳崇慶

詩羣盜跳踉劇元戎慷慨行舉烽中使促占象大星傾憶昔全師出會無反顧情撼山軍有制捧海計先成廟算由樞畫邊機屢疏爭遂教收短綆幾自壞長城寇警頻傳箭廷推再請纓德高天設險蓄重將知兵千里旌旗色重關鼓角鳴賜書還切責撫劍復專征風雨陵同泣蟲沙命已輕萬人齊解甲七日竟呼庚擲木稱孤注危難伏眾擎亂山圍故郡落日照空營白骨今何處紅顏肯負盟存亡一身繫家國二難并遺像丹青肅崇祠俎豆榮草間慭後死塞上拜先生史筆餘公道詩篇亦正聲淒涼雁門月回首

涙縱橫

賀長齡贊

嗚呼勢有極危不足爲公危功有甚奇不足爲公奇而獨借履危出奇如公之勳績卓著業上邀聖明之鑒察而卒爲奸輩之所持謂天不祚明胡生我公謂天果佑明胡爲兩出師而皆以兩隨嗚呼天不可知人則可期忠臣志士蓋振古而如茲讀報國有心致身無術之語尤令人慷慨而歔欷況乎大節凜凜如公一門者雖正氣之磅礴而見公平日家政之所施吁嗟乎孫督師

馮芝詩

緊昔返鄉國屢欲謁祠像因在衰經中不敢通肸蠁公義炳日星當時幾無兩史筆備褒崇易名荷宸獎若復贊一辭轉似比姻黨展卷景高山遺事徒悽惘藉傳不朽名心杳契靈爽自注公原配馮夫人乃芝七世祖姑

鮑源深詩二首

趣戰苦無奈愁霾胡太深存亡關國祚成敗問天心上將空齋志中原竟陸沈至今柿園地碧血慘秋陰寇燄狂如此孱臣尚忌功廟堂無勝算疆場有孤忠閨室忠魂聚參軍大節同丹青遺蹟在展卷颯悲風

案卷中題者尚有焦友麟林芬崔光笏瞿罽諸人祁文端公爲書明史列傳並黃左田詩於後跋云壹齋所題顯遺像蓋公家祠藏本此卷粉色黯黷殆流傳別本也

馮如京聖賢正諦一卷

佚

馮之京偶拈臆解一卷

佚

馮雲驤沱園偶輯一卷

佚

陳錦華文廟全書勸懲格言

存 未梓

自序文廟之建何昉乎始於祀先聖孔子也嗣是而又祀孔門先賢也嗣是而又祀歷代先儒也然其所以特舉而祀之者何蓋既表彰聖賢之道德於已往抑卽風厲後世

之人心於將來也而後之人顧可不知聖賢之嘉言若何
懿行若何耶顧可不知先儒之嘉言若何懿行若何耶蓋
必其熟於耳而稔於心方可步亦步而趨亦趨然而聖賢
之言行其載在四書者若日月之經天人咸稔知之矣其
散著他書者人卽有知有不知每以散見不克聚見爲憾
也若先儒之言行其本傳多不克悉傳於世則載在鑑書
者人猶得而知之其分著他書者人卽有見有未見每以
分見不克合見爲憾也且也有因其行誼之不概見遂將
姓名亦不考並亦不之識而山家村師竟以先賢先儒姓
名命之於兒童甚且命之於僕隸夫異姓而同名已難安

也迺至以同姓而同名混呼而混喚其侮慢先賢先儒至此之極深可痛恨也錦因將孔子家語四書人鑑四書人物考綱鑑大全史記約編並古今釋疑諸書詳爲稽考舍疑存信將先聖先賢先儒之言行散寄他書者分取而各彙集成章雖此外遺考者固自不乏但就錦所見聞者歛散爲聚集分爲合庶幾聖賢之言行確有可考者皆實有依據迺得以誦說而效法而先賢先儒之姓名亦得以共見而共知後不得混加於皃童僕隸也是則錦之鄙意也爰是爲之序

馮壅諸分指掌一卷測量方程一卷

佚

案李塨馮君傳稱璽精算術測高量遠求深推討古今伸手布籌咄嗟立辦時考躔度定刻漏早晚地勢向背皆出意解嘗欲推春秋以來日月薄蝕五星行度諸儒異同得失爲一書皆未就成者僅有諸分指掌測量方程二小帙製器有簡平儀大銅黄道儀小時日晷銅鉅度銅渾儀云云今皆無傳

崔五峰嘉懿錄一卷

存

自序予賦性樸拙不諳世務幼時每從書館歸先大父臨

汝翁卽舉古今嘉言懿行以爲訓故得於耳目者最多嗣於丙寅之春予解組歸田家居無聊常檢閱古籍以自遣遇其顯而切近者輒手錄之彙爲一冊置諸案頭密自體驗且以訓誨子姪其事則家家目前之事其理則人人意中之理可以淑身可以善世可訓一家之子弟卽可訓衆人之子弟親友有見而愛之者恆苦於鈔錄之艱爰付諸梓以廣其傳因述其緣起弁於首

集類

宋何宏中通理集成眞集

佚。

中州集宏中字定遠先世居雁門叔祖青出武弁任忻州兵馬使因家焉幼倜儻儀觀秀整雅以奇節自許宣和末方賊擾江浙定遠以太學武舉進士陳破賊三策徽宗褒諭謂非近日言事者所可比已而破賊如定遠策遂知名宣和元年集英殿試策中第二調滑州韋城尉汴京被圍州郡多避走獨韋不下兵退統制武漢英奏辟欽宗御札召赴軍前以路塞不果因請兵眞定宣撫司時副帥种師中兵已潰宣撫司檄定遠副漢英守銀冶路既而太原破西路無完城定遠等提兵並山而東將赴援京師俄漢英戰死定遠收合散亡立山棚七十四所號令所及千里而

遠糧食數月人不敢相食詔以爲武節大夫河東河北兩路統制接應使是後國朝兵日盛所守惟銀冶一城而已帥府募人生致定遠天會五年二月糧盡被擒大帥昭剌憐其忠解縛授以官定遠投牒於地曰我常以此物誘人出死力若輩乃欲以此嚇我耶帥嘉其不降屈又問欲還鄉否定遠謀南奔陽以願歸爲言會監送使臣有先與定遠相攻劫者愬之囚西京府君廟二年帥一日召之授以官又不拜使之充軍亦不從取家屬填城黃龍府盍偃蹇不行帥怒褫衣欲斬之定遠忻然就戮曰得死所矣擁之行已數十步帥終不忍召還問爾授官不願充軍又不行

填城又不行斬又不懼畢竟欲何如定遠徐曰生死在公奚問爲帥怒解繫之西京獄得州人保任者數十族乃放歸爲黃冠時神霄宫廢道士舊以徽宗爲東華君將毁其像定遠爲起紫微殿遷像事之年六十三正隆四年病歿。自號通理先生所著有通理成真二集藏於家州將傅慎微幾先贈詩云故人何定遠造物不虚生骨格棱棱瘦詩篇字字清世皆尊道義我獨見忠誠尊酒分攜後何時蓋復傾其餘與朱少章輩唱酬甚多皆爲所推重

元薩都拉雁門集三卷集外詩一卷

存。

欽定四庫全書提要薩都拉字天錫號直齋其祖曰薩拉布哈父曰傲拉齊以世勳鎮雲代居於雁門故世稱雁門薩都拉實蒙古人也舊本有干文傳序稱薩都拉者譯言濟善也則以蒙古之語連三字爲名而集中溪行中秋玩月詩乃自稱爲薩氏子殊不可解又孔齊至正直記載薩都拉本朱姓非傲拉齊所生其說不知何據豈非蒙古之人故不諳蒙古之語竟執名爲姓耶疑以傳疑闕所不知可矣據所自序稱始以進士入官爲京口錄事長南行臺辟爲掾繼而御史臺奏爲燕南架閣官遷閩海廉訪知事進河北廉訪經歷干文傳序則稱其登泰定丁卯第應奉翰林

文字除燕南經歷陞侍御史於南臺以彈劾權貴左遷鎮江錄事宣差後陟官閩憲幕與自序稍不同然自序當得其實也虞集作傳若金詩序稱進士薩天錫最長於情流麗清婉今讀其集信然楊瑀山居清話嘗辨其宫詞中紫衣小隊諸語及京城春日詩中飲馬御溝之句爲不諳國制其說良允然驪山詩內誤詠荔枝亦何傷杜牧之詩格乎集本八卷世罕流傳毛晉得别本刋之併爲三卷後得獲區王氏舊本乃以此本未載者别爲集外詩一卷而其集復完其中城東觀杏花一詩今載道園學古錄中顯爲誤入則編類亦未甚確然八卷之本今不可得故姑以此

本著錄晉跋又稱尙有無題七言八句百首別爲一集惜
其未見今距晉又百餘載其存佚益不可知矣
州人李舉重刻雁門集引天錫薩先生爲同郡先達其詩
集傳播於世前人序之備矣余何言哉板刻歲久魯魚浸
多恐後學不便觀覽乃捐俸貲重繡諸梓以廣其傳云
毛晉雁門集跋天錫以北方之裔而入中華日弄柔翰遂
成南國名家今其詩諸體俱備磊落激昂不獵前人一字
半山云看似尋常最奇崛成如容易卻艱辛余於天錫亦
云又跋集外詩云薩天錫詩曹氏潘氏選本寂寥余所梓
略備今復從荻匾王氏得雁門集八卷分體詩四百二十

首有奇末附詩餘十有一闋至正間吳郡干文傳爲序又有巧題七言八句百首別爲一集余未曾見今止采前刻所不載者又得若干首一以追表代郡應運之風雅一以自幟髫年撰錄之午舛云爾

附錄元干文傳原序

詩原於西北周人以生民瓜瓞等什備述姜嫄后稷首生力穡之詳於焉頌之清廟以爲受釐獲福之典所謂美盛德之形容以其成功告之神明者皆邠稿西北之境也厥後流而爲漢廣行露等作則有以及乎列國至於天下上以風化下下以諷刺上或懽忻以盡羣下之情或齊莊以發先王之德所以立賦比興於其間藹然忠厚之風見焉世道既降詩亦隨變爲變騷爲漢選迄於唐律已極然必由於六義以求合乎性情之正夫何至宋本之道學雜以禪唱甚有嬉笑怒詈爲言則是性情遠矣詩而至是豈非一厄乎哉我元之有天下拓基啟祚皆始於西北其去周之邠鎬益遠然而大川崇麻長河曠壤鍾於兩間而爲風氣所凝結況祖宗深仁厚澤浸灌陶煦有加而無已是以人生其間多質直端重才豐而氣昌

豈比規規佔畢尖新剽掠以爲言者哉。觀之姚牧菴、馬文清、達菲善、懷子山諸公輩，其所以爲詩者，往往宏偉春容，卓然凌於萬物之表，而性情不自失，可謂軼漢唐而闖諸風雅，有周忠厚之氣象爲之一新。若吾友薩君天錫，亦國之西北人也。自其祖思蘭不花、父阿魯赤，世以膂力起家，累著勳伐，受知於世祖、英宗，命仗節鉞，留鎮雲代，生君於雁門，故爲雁門人。君幼岐嶷不群，稍長愈穎敏，徧接雋傑，獲聆緒論，乃深有所造。爲文詞雄健倜儻，迥邁乎人。人踰弱冠，登丁卯進士第，應奉翰林文字，久之，除燕南經歷，陞侍御史於南臺。凡所巡覽，悉形諸詠歌，傳誦士林，殊膾炙人口。以彈劾權貴之不法，左遷鎮江錄事，宣差後陟官閩縣幕，由是往還吳中。嘗出其所作之詩曰《雁門集》者見示，余得以盡觀。其豪放若天風海濤，魚龍出沒，險勁如泰華雲門，蒼翠孤聳，其剛健清麗，則如淮陰出師，百戰不折，而洛神凌波，春花霽月之嬋娟也。有詩人直陳之事，有援彼狀此、託物興詞之義，可以頌美德而盡夫群情，可以感人心而裨乎時政，周人忠厚之意具，乃以一埽往宋委靡之弊矣。爾索余序之，余之言曷足以序君之詩。嘗念君與余聚首京師，相與商榷古道，以祈至當不易之歸，迨今休老於鄉，愧莫自振，惟徒羨君優詣作者之域，得與諸公頡頏。

用挽回風化習俗之大其有功於詩有功於世道何如哉
國家元氣肇自西北以及於天下有源而有委讀是詩者
尚有以見之君姓薩名都剌都剌云者華人所謂濟善也
天錫其字別號直齋亦以生於雁門遂取名集又有巧題
百首皆七言律
別爲一集云

薩龍光雁門集編注跋新唐書稱杜子美爲詩史以其善
陳時事律切精深也公自世祖至順帝身經十一主歷八
十餘年所爲詩長短凡七百首有奇其間大者於武仁授
受之際明文篡奪之謀伯顏戕帝后於民社惠宗斃幼弟
於中途公目擊時變往往發爲詩歌所謂言者無罪聞者
足以戒夫以元史之闕論贊多忌諱失是非之公公詩豈
非當時南董哉元史於一代之典章事迹且多遺誤其說

已見於顧亭林朱竹垞邵戒山諸公者今不具論卽如本集中睿宗仁聖景襄皇帝武宗朝已加謚而本傳只云景襄文宗朝無徵政官而馬祖常傳云天歷時歷徵政副使王守誠爲浙東廉訪而本傳云爲山東廉訪至如題高唐驛句云三尺高唐帝子墳則知燕帖古思之藁葬在高唐也眞定路玉華宮監禮句云百年禮樂行三獻則知神御殿用太常禮樂延祐罷後元統復興也上京雜詠句云高捧葡萄獻兩宮則知元時帝巡上京后亦必從朝並御也西宮卽事句云一片春雲奏鳳笙則知興龍笙之奏朝會燕饗皆有之不必定在大明殿也數者以之考鑑得失誰

謂無關於史家之職志乎乃論者以元史不立傳爲公惜不知宋濂王禕輩以洪武二年二月開局八月成書當日賢相如和禮霍元勳如赤老温宿學如熊禾陳皓胡三省馬端臨敖繼公諸公皆闕焉不錄其所錄如魯昌趙高昌諸王及釋老外國等篇又皆闕順帝一朝事則其遺漏固非可以一二數也龍光不揣荒陋蒐羅舊聞竊取公集而釐訂之以年綜事以詩係年雖不能詳公之事蹟而於歷官之始末生平之出處庶幾藉是可得其梗概焉非謂此譜即堪以補傳也若夫翁覃溪先生稱子美詩云詩是吾家事龍光何敢當

附錄朱珪序予讀雁門詩旖旎如春華之含露磊砢如散木之亞風尤長於歌

行其源出於鮑照婉而多風可以論世露蕭農部概念其先世刻板之取於六丁也乃就流傳諸本考證譌缺將重刻之而詢之於余余爲借得同年翁覃溪宮詹所藏舊本蓋隆慶壬申葉伯寅收藏者斷以爲宏治李舉重刻趙蘭之本也以校汲古閣毛氏本多從之農部甚喜又按集中諸詩及溪行玩月敍參互考核而得公之登第歷官本末較之干尙書所述更爲詳實蓋尙書錯綜其大略固不如以詩論世之不可誣也然非農部善於求間亦安能稽古若發覆哉先生起家於泰定丁卯洎至元丁丑遷官河北廉訪經歷十年事迹略見於詩南北宦游專棲掾幕然其雄詞妍唱蔚然與四家爭鳴人之傳不傳固在此而不在彼也

翁方綱序

吾嘗慨李內鄉藝圃之擷芾盛傳於世則唐宋之脈隱矣乃今得於序雁門集而發其凡也說者或謂雁門詩類樊川然其輕清綺縟靈舉而上浮蓋不盡樊川也唐人絕句與樂府同體然至以音節爲正變則發於劉夢得王仲初至元虞道園楊廉夫周雪坡諸家而極其致讀雁門集足以覘風會焉則亦不盡囿唐也吾每愛昔人舉南宋釆蓮之詞與雁門並論所以究極唐宋以來波瀾頓挫雖較其分寸毫釐不過如是蓋嘗論有唐三十六體自漢上題襟西崑唱酬其脈演迤涵直至雁門酸齋

而大暢其委是亦可通於論世也吾曩者爲遺山道園撰
次年譜頗欲取有元一代有關詩道源流如道園深裒者
詮敘其出處事實如任淵譜黄詩之例積二十餘年之功
至今未竟而露蘠農部自讀書中祕以來數年間考訂件
繫輒能薈萃諸本重鋟茲集此豈特少陵所云詩是吾家
事者乎吾又嘗欲編郭左二家之書若道園白翎雀諸篇
暨雁門諸作胥以系之今得農部是刻益有以引伸訂證
融會溫李楊劉青素造因之旨則不特于尚書之序雁門
歷官歲月待後人之考訂即其過抑宋詩以求合於六義
者正與後人撰錄斷自小畜集者等也吾烏能以勿辨哉
顧嗣立元詩選雁門集所載如車簇簇行一首元文類作
馬祖常今見祖常石田集中淩波曲一首元音作無名氏
乾坤清氣作李溉之舞妃脫鞢吟歐陽原功有和李溉之
韻當不誤也又如明月城東看杏花一首見虞伯生在朝
稿歲云暮矣三章三本並載而偶武孟乾坤清氣作張仲

舉武孟元末人必有所見今悉爲改正他如次韻送虞伯生一首亦見石田集而諸選俱作天錫山中懷友及和吳贊符齋中十詠見黃晉卿集而胡元瑞詩藪所稱天錫有小廬南雪下短褐北風前之句徐興公亦引及此語似爲有據未可盡以爲誤也至於盧希韓之半摭薩集出於後人掇拾之餘當急爲訂正案徐渤筆精云泉州惠安盧圭齋名琦字希韓著有圭齋集歲久弗傳惠安莊戸部徵甫蒐而梓之誤入雁門薩天錫詩六十餘首鶴骨留之誤入龍子高此在元音本屬無名氏而潘曹選本失於考據牽連而誤及之耳又云有元之興西北子弟盡爲橫經涵養既深異才並出雲石海涯馬伯庸以綺麗清新之派振起於前而

天錫纖之淸而不佻麗而不縟眞能於袁趙虞楊之外別開生面者也嗣立題元百家詩集後云天竺雨淋看點筆上林花滿聽鳴珂一官落拓詩千首愛煞燕山薩照磨

案天錫尙有西湖十景詩一卷見明宣德仁和志與巧題百首並佚

明王鑰雁門勝蹟稿二卷

存

郭信序代爲三晉名郡羣山外繞土壤平曠南障河汾北控雲朔誠險固要害之地也禹貢冀州之域周職方幷州之分春秋時屬晉三卿分晉其地屬趙趙以李牧守雁門

禦匈奴焉降自漢唐有國家者咸以爲戰守之區賢臣名將多守茲土衣冠文物代不乏人若周黨以高節著於漢張公瑾以武勳名於唐畢士安以相業顯於宋其他馳名當代載在典籍者不可遍舉以是觀之地靈人傑信有徵矣在昔文人才士留題甚多數遭兵燹舊志蕩然無復存矣余竊病之每欲編輯以官遠方日勞公務弗暇及此迨罷政還鄉而齒益衰初志竟不能遂對景興懷徒增長歎而已今開封司訓王先生養疾在家凡遇佳時麗日與郡之賢士大夫徧遊境內山川勝迹輒爲詩歌發揮風景以寓興趣歲久漸多編輯成集體製不一詞多平淡而千載

山川靈祕一旦豁然其用心亦可謂勤矣舊雖有元遺山兩山行記多詳於鳳山景物而略於他蹟今玆集於歷代之沿革風俗之湻漓城池之建立地里之廣狹與夫土產貢賦津梁一一詠之閱此則一郡之勝蹟概可知矣後之好古博雅之士當芳晨美景徜徉溪水之間登高望遠諷詠佳章未嘗不起遐思於千古之上動閒情於登眺之間其於遊覽不爲無助也暇日先生過余祈序篇首余因憶壯時欲編續郡志之意復嘉先生數年輯錄之勤備識之俾後來觀者知所自云

馮明期畝茶軒遺稿一卷

存

馮賓期俚談一卷

存

石維嶽序神宗朝有以舊河東治鹺副使抗疏陳邊事者非馮公于王乎公疏出而海內始惜公經世深心會未概見其百一而公亦未嘗以休沐忘宗社大計也公所撰著古文詞卷帙宏多而其最膾炙人口有關宗社大計者在籌邊疏在船政記在瑞鹺頌當公司河東鹺政時不佞亦辱在下僚匡我不逮雖握蛇騎虎不覺艱難實拜公之賜焉時時出其古文詞相與揚榷稱賞稔知其家學遠而積

學久也清益之美始於耒耜黼黻之華始於杼柚亶其然乎試舉其大凡如讀瑞麓頌而知其處膏不潤神人宅祉地不愛寶煮漉浮額識者謂當與河清同瑞而乃以蛾眉逢妒早賦遂初譬則麟鳳偶出而優曇花間開朝野惜之讀籌邊疏而知其留心軍國矢謨君相無賈誼之氣少和平無董仲舒之言多迂闊而有累繭救宋重胝存楚之策然後知公之龍淵太阿非斬蛟剸犀原不輕試輕試則無味而並無餘卽他日所就可知耳疏入下部而後事一一如所豫揣不失尺寸朝野望之讀船政記而知其長才俠骨以身許人譬則郯之戰惟范武子謂宜備蘇峻之亂卽

忠若陶侃猶以越局辭故早備則蒙露才之端而勤遠又代人受禍朝野惜之至於公他古文詞灑灑洋洋諸體略具若松柏蟠屈無以遂其千尋直上之勢而偃蹇森橫各有異態正未易更僕數也弸中者始能彪外公實有經世之蘊故其爲文每敘一事遂成一家言貂裘而雜較之狐裘而粹者何如哉世實急才誰司斗杓者昔文帝有言壞我法者必在後人譬如猛獸物不能害反爲毛間蟲所損蝕耳金甌何物若大宇宙豈伊無人而輕以國擲哉今上方破常格錄舊臣一旦明詔如漢廷故事徵茂才異等可使異域者則必舊河東鹺使始矣

案原書四卷首卷曰美前皆錄其祖父誌傳誥敕二三卷曰贈郭爲居維揚時友人投贈之作俚談一卷則其詩文集也詩皆五律日止園百一詩自題小引云清涼之山有片雲飛之邗水蜀岡間與曲江濤相助爲聲有時靑欲爲甘澍澤物有時白則倦而復還遂化爲石巉嵒玲瓏峙松濤竹浪中偶成耶鑿海內賢豪過廣陵指之曰此止園也此馮于王賦歸去來處也搜余笥先有雜詠百餘首陶貞白曰但可自怡悅不堪持贈君將無是耶其語甚雋

張鳳翼句注山房集十卷

存

李若訥序曹子桓有言文章經國之業不朽之事其任世必以文也文毗於經國精而咀華文判於經國華而佚精精者不朽華附精以不朽聊以住世之文方之出世法精者譬之牟尼之授智璨華旹像法如纓絡纍纍而已文章必出大慧而後至非第綺語也故唐之四傑窮其唾致豈勝昌黎柳州之桀繩而工部以詩史供奉以詩仙所得非高岑輩可及諸公才品雖殊要有進於文章者然則藝苑之宗可識也近日撰述精思奪於口吻調笑其文置弗論即有韵之作亦且與操縵手談古鼎奇款相角於棐几鑿落間而牙慧者便泠泠道上此而質以經國不朽是耶非

耶蓋文家與禪家其聰明非智慧也同一翳耳余友張九苞氏始耳其名曾射策天下第五人遂稱國士殆竟體爲蘭者殊於華焉既乃覩其人抵掌談麈纚纚古今雄於識而勁於骨殆方折爲璧者殊於精焉九苞出其句注山房集示余余讀竟一洗向來之模仿再洗近世之奇淫而詩則整栗宏深情境復妙文則賅贍奇瑋神理發舒至於駢偶之語靡不鈎元而見奇借人以擬杜情而李韻韓法蘇藻之中挾有張鷟李劉也然九苞實自作我亦我作古妙而通之居然智珠之精華矣夫九苞高唱吟壇雄飛丹府其才無所不可余以窺其文而禪然以較世之慕文者襲

其斑管忘其彩豹又以較世之慕禪者襲其拈花忘其笑解彼皆聰明剽取而九苞經國者也大慧者也經國之心於萬有無不吐咀大慧之心於羣倫無不思倆余玆不能窺其際然九苞今在版曹分司漕輓昕夕星駕露處一切咄嗟辦臺臣疏其有濟世略將以借之口口難因以磨楯橫槊而文果經國此猶可窺其十之五九苞姿骨挺特摩漢蒐溟乃其胸中淨素絕無人世葛藤芥蔕一捐愛憎一捐得失恢然有以貯宇宙而大慧之禪此不可窺其十之一窺之不可幸有句注山房集在句注山房者九苞家於玆山之下一吟一詠山靈鍧然應之今集出仍以是標若

日不忘家山一拳石云余竊又以歎世人文而淺者薦紳杯酒學作如鶩謬附國華其夙得家修者殊少禪而淺者退食之暇曲席松柏謬附慧解其夙修禪寂者又少而九苞句注山房之有味其言也自其席擅已然斯爲眞才眞解乃其不朽之智也夫余與九苞別一稔偶奉使過其潞河分司九苞手集詔余序余不敢辭余以句注山房而經國可以借名岣嶁而飯禪可以借名雪山而其自能不朽將以借姓九苞其可序者爾爾其不可窺者惟以由華摘精頼公以砭世之聰明士則余所心折者亦不能不同爲心折者也

孫傳庭白谷集六卷

存

四庫全書提要史載崇禎十一年李自成自蜀還走陝西傳庭扼諸澄城分兵五道擊之降其驍將混天星過天星等朝廷恃以爲屏蔽十六年出師潼關降其僞將四天王李養純擒其僞果毅將軍謝君友自成懼謀降賊幾盡滅乃以中旨督戰值霖雨七日餉絕軍亂致敗遂歿於陣今證以集中澄城報捷諸奏疏委曲詳盡一一相符惟史載崇禎十二年正月戊辰劉宇亮孫傳庭會師十八萬於晉州不敢進考集中官軍苦戰疏內稱解眞定之圍救濟南之

陷出口之役又率所統鎮將官兵戮力合戰事皆在正月戊辰之後又恭聽處分兼瀝血忱疏內歷舉正月二十七日臣勉欲先發兵馳東安扼擊而督察不從二十九日臣勉發曹變蛟楊國柱等兵先往次早復約督察同往或臣獨往而督察又力阻云云督察乃劉宇亮也據此則兵集而不敢進其責全在宇亮傳庭特爲所牽掣故本紀連書之是亦足資考證矣此集自一卷至三卷爲奏疏卷四爲雜著卷五爲詩卷六爲內傳外傳奏疏載自崇禎十年七月二十日起至十二年六月十二日止其於十五年復起救開封至十六年奏疏併佚不載殆傳庭殉難全家俱歿

藁本或俱失於兵火歟

馮如京序己亥之春余將有東粤之行孫子世瑞手尊人白谷先生癸未舊刻而問序於余嗚呼噫嘻迄今二十年矣芳烈猶存忠魂何在取先生之詩文而讀之不自禁其掩卷汍瀾而嘆表章之無地也余與先生有姻亞之戚門牆之義知之深信之篤迹其行事誦其文章不能無遺恨焉先生垂髫偉岸穎悟絕人先考廉擇坦深加器識所爲應試之文奇鋒電倏妙論天成探理窟之淵奥而以快爽出之唐荆川楊復所不能過也英年拔幟唾手南宮作令中州明斷廉仁之聲一時鵲起蓋乙丑丙寅間璫禍正烈

口口口旗鼓森然先生獨介然特立雖藻鑑人者五載而凶鋒不及詿議無聞其識見操持概可想見及開府三秦清屯誅叛薙數千里之逋寇起數十萬之金錢趙充國金城之績范文正鄜州之功其難易固相萬也功高叢忌權擅中樞及被逮下狴犴遠邇搖惑幾欲成獄賴明帝鑑其冤而脫之罪復簡督師解洛陽之圍當是時盜賊蠭起李自成陷中州張獻忠破武昌入川蜀矣天下大勢已去又以愁霖數月糧運弗繼雖先生組甲之精士卒之銳刁斗之嚴明韜略之整暇而咄咄有一木難支之恨其悍帥各懷二心不戰而走潼關將潰廟堂張皇遣中官十數輩勒

馬催陣將命不靈師出無律先生環甲披雉堞擊賊渾身皆血左右無一人相援先生獨大叫殺賊匹馬直入賊老營衝突手誅賊百餘人卒爲亂軍所殺嗚呼先生可謂忠矣勇矣人誰無死如先生者殺身成仁舍生取義有如此哉嗟乎人爲其易而先生爲其難人值時勢之易而爲其易即值時勢之難而爲其難中才可以彌縫長才可以表見如先生值時勢之難而爲其難更值時勢萬不可爲之爲而難其萬難之難雖智者失其謀勇者失其力矣嗚呼豈非天哉豈非天哉固不得以成敗論英雄也迄於今二十載口有專祠有旌典精魂不死青史口存余向秉憲關

西會爲上其事於撫軍而目爲迂遠又何言哉不得已取先生之詩文而傳之而散軼者什且八九至破寇擊黨淸屯堵禦諸疏又不傳者多矣殘蝕之餘勉授剞劂楊雄曰詩賦小道壯夫不爲先生上馬殺賊下馬草露布豈僅僅以詩文見哉雖然先生於幼學壯行時留心風雅沈酣漢魏黃初建安而下尤篤喜三謝至近體則刻意求工直逼少陵星隨平野月湧大江之句而燕公曲江諸大家右丞襄陽之雋澹王子安駱賓王之豪麗又兼有焉其輕俗瘦寒謷牙佶倔之病淘澣殆盡夫詩以道性情陳美刺人心之邪正國運之隆汙係焉夫子刪詩而存鄭衞子輿氏謂

詩亡然後春秋作子雲獨以爲小道不爲不亦過歟先生雖不以此見長而半生心血實縷縷濡漬楮墨間顧可淪沒不令表見使人諷誦之餘想見其爲人哉至於先生合門死節立身本末詳之本傳中余於先生姻亞之戚門牆之義不至阿其所好也因敘詩文而並及之蓋知之深信之篤緬想生平追思遺烈不能不橫襟雪涕掩卷三歎云

案提要所收本采於江蘇今尟流傳州中存本僅詩鈔二卷後附忠節錄一卷及題辭一卷爲其裔孫所采江蘇本其家尙有存者爲一逹官攜去竟不可得

王大順孝思懿行圖題辭一卷

存

案卷中圖七序六首記二首跋二首題詩者五十五人吳

志藝文採其一記一詩今仍之坿見大順傳中

國朝馮如京秋水集十六卷

存

四庫全書提要存目云是集凡詩八卷文四卷宮詞一卷粵

槎日記一卷北征紀略二卷其詩頗清利尤工於五言文

亦平正惟駢體不爲擅長詩文皆有批評爲其宗人士標

所點定粵槎日記者乃自江南之廣東任時記其行役所

見北征紀略則自廣入

覩時作也

周拱辰序詩清物也喜窮而憎達厭紛而喜閒乃有絶尤之人方以功德自顯於時而所得過於窮約閒曠之士蓋得之性而非關境也性者何落落瑟瑟若有物焉從粹然光鑄中奔赴而快然於心與口蘇髯有云譬如江河鑑物之性常在驚沙走霧之中尋常推求常苦不見今日於紛拏冗劇時驀然拾得些子秋水先生華纓大纛奔走四方日不暇給顧經濟填胸而風雲走筆讀其詩吉甫之清風灑如也問此落落瑟瑟之物從何處拾得或曰先生拾得於攬轡行邊寒郊荒戍之區者也而吾謂不盡然竊念貧

至性在於王事鞅掌戎馬交馳而常有一空山無人天高嘯大之致存於胸中而爲之地少陵之服長鑱太白之典鷫鸘陶五柳之銜杯拜火并馮先生今日之瞻白雲思萊舞皆是物爾昔赤腳道人袒腹行大雪中呼日徧天地皆白玉合成摘梅花和雪嚼之朗吟南華秋水篇不已辰諷先生大集覺先生一肚皮冷雪寒香從秋水集中拾得以復先生先生笑曰余爾許時據胡牀揮鐵如意輒作灞橋驢背觀所得落落琵琶之物探奚囊示子試問與掬雪嚼梅花時風味何如

張瑜雪崖文集可居詩草

佚

舊志存考院記一首詩十一首

馮雲驤約齋文集飛霞樓詩雲中集國雍集瞻華稿青岑篇

佚

李錫麟山右詩存選六十一首云沈長洲尙書别裁集選

詩二首曰雲棧曰鳳嶺蓋先生入蜀作也今集中他詩可

考其有蜀之行而無蜀中詩沈選二詩亦無則先生詩或

另有刻本或未刻者多而别見於他選者未可知也案先

生詩刻者有國雍雲中等集嚮曾於殘書肆中見國雍集

一卷他集未之覩也極意搜求竟不可得

馮雲驌翠滴樓詩集一卷

存

四庫全書提要存目云是集皆所作古今體詩惟冠以賦一篇殿以詞一闋蓋雲驌歿後其門人鹿佑所編故掇拾殘賸所存僅此云

許汝霖序雁門馮懿生先生學廣聞多芒寒色正令稱大小緋笏横牀屋列東西青箱堆案語通明之家世華杜唐年論清邵之門風袁楊漢代言成準的大雅扶輪行守宮庭諸生祭酒丹霄幹聳呈其構廈之才滄海風高展厥垂天之翼瀛洲學士搜天府之圖書方丈仙人謝人間之風

日八九席迴翔講幄數十年領褒金華拜命丹墀持衡白
下栽江南之桃李不種薔薇收冀北之驊騮惟遺蹇劣螭
頭退食吟紅藥於西清蟬鬢升華彈甘蕉於左闥鳴朝陽
之鸑鷟將令百舌收聲放霄漢之鷹鸇欲使羣飛斂翼人
之不幸今也則亡安民濟世之才黃門已矣酌雅稟經之
句細簡依然余向遊敏果之門遂識曲陽之面浥清波於
劉井霑溉良多攀貞幹於柯亭風流可即當年梓澤一朝
空谷之駒何處蓉城千古華亭之鶴遺編在手髣髴琴壺
召我之時昔夢登心依稀風雨懷人之日嗚呼劉真長之
悲麈尾心許斯人向子期之賦笛聲情鍾我輩爰因敬禮

定文之託聊作蘭成思舊之銘煤尾墨濡簡端淚漬

馮壅芋甯堂詩集一卷

存未梓

馮欽半學菴集八卷

存

雷方曉序半學菴集者雁門馮過庭先生之所作也先生起家科第流澤孔長余生可十年治舉子業讀先生辛卯闈墨温醕縝密經術湛深慨然想見其爲人既讀秋水先生春秋大成聖賢正譜諸書樹一代之儒宗振千秋之統緒昭宣弈葉惠流孫子私心仰企盖用景慕於無窮今余

年且四十矣丙卯戊己之間適敏齋郡伯來守陳邦陳吾
父母梓里郡伯吾公祖保傅也郡伯優於仕富於學豪邁
於詩比年按部屬縣往來雪廬猥不以余爲無狀而進教
之詩酒酬唱誼若家人余因是備悉其淵源世及得以縱
觀過庭先生與秋水先生詩文全集嗟乎一日之交三世
之澤余之躬親郡伯也既克慰夫景慕過庭先生之心再
克遂夫仰企秋水先生之素已已復自念秋水先生詩文
則既設板矣過庭先生含今茹古纂華組英自辨名當物
以及出身許國之際靡不道抒情性峻標格於古體近體
之中而其爲文也表著隆平頌揚休美諸凡記敘箴銘贊

疏志說各體又悉比事屬詞動與古會一如詩之無法不備蓋甚矣登大雅之堂躪古人之室上焉秋水先生盛於斯傳下焉敏齋郡伯美於斯著也夫人苟可範於當時其文必顯苟不沒於後世其風必流半學菴集詩文具備鈔輯一本藏之經廚只以自存無由共見於天下後世夫惡知天下之大天下後世之人之衆不有景慕如余而不得縱觀其全者乎時應坊聘偕汪子金門選歷朝名家詩爰爲論次前後分析卷目付諸梓以公於世

馮祖悅玉尺堂集

佚

山右詩存選十六首

馮光裕柴門老樹村稿一卷

存未梓

山右詩存選二十六首

馮履謙琢璞齋文集一卷寤言齋悼亡詩一卷

存文未梓

張塤悼亡詩序乾隆乙酉之十一月馮君鶴菴喪其婦梁夫人俛仰今昔過時而悲無所遣懷則一託於詩久之輯成一卷俾徵題語嗚呼余天下之鰥人也四窮民之一也尙能於木落霜降之候爲遺簪墜舄之吟哉而顯顯然不

能已於言者則有一說今夫一長年爲余操舟江上放槳捩柁前推後輓及乎中流千金之壺此人是寄當是時亦稍稍知其辛苦而以長年之分應然無庸謝恩耳及既入港泊件其前事思酌酒慰勞此人者不知爲誰輒轆未曾受一錢未與報一揖滄波渺然不知所之余能無感於中乎糟糠之婦操舟之長年也向日閨閫拼擋皆中流放槳之時也何弗稍緩數年之死俾安樂燕私一俟壻之酌酒慰勞乎今其人何往乎能不悲哉夫人淑愼明慧雖爲使君之妻然厚自儉約既病刀圭之中問有蓡不日有愀然不願嘗以惜其値也故使君之詩曰荆布仍貧賤參苓計

少多嗚呼尤足悲已余八年以來生死憂患海田迅覌乃
同牀各夢與君墮孽刼便當佛香清處懺消夙果慎弗又
誤於語言文字之緣也
案鶴菴於馮氏五子中文名最著而遺集散佚僅悼亡詩
八十餘首有刻本文傳鈔者十餘篇
馮覲吉拙然軒集
佚
山右詩存選二十二首
馮郢合三詩稿
佚

山右詩存選十四首

馮郁我聞堂集

佚

山右詩存選九首

馮邵瑶罍山房集一卷

存未梓

原稿存六十首内十四首見山右詩存

馮郯果度道人詩

佚

山右詩存選十一首

耶若伊醒石詩稿

佚

平陽徐昆撰醒石先生傳其贊云傅青主先生謂裴晉公書法精絶帶行陣間氣其不傳乃以功名掩公詩才清美豪健惟余知之豈非以政事掩耶余又知其有應變才當大軍過滇時站宿日數百人需牀卒無以應先生問左右有竹乎日有遂斫大竹支足而篾作板頃刻全軍皆安此一事也且治獄多平反如僞監一案開釋無辜者殆數十人嗚呼既多隱德而不遐壽其留有餘以昌於後案舊志載醒石詩三首求其全集不可得矣

郎錦駒抹雲山房初草一卷萬里吟一卷

佚

郎錦騏東雲南渚詩存安素行吟

佚

郎錦騤啜茗餘吟

佚

案三郎詩文並以抹雲樓名蓋隨其祖居滇時少作也又錦駒著有南游餘事錦騏有代東隨筆亦皆不傳

馮廷正秋山詩草

佚

山右詩存選二十首

馮廷至倚賓詩草一卷

佚

山右詩存選四首

馮廷丞霞抱齋詩一卷

存未梓

山右詩存選十七首云康齋詩古文有名於時自謂不足存聚其稿而焚之茲所錄皆子弟拾取於灰燼之餘者多未仕前作也隨園詩話康齋學頗淵博居官以廉聞其夫人爲吾鄉周叔大太史之女亦好客觀察詩云談經客過

頻捜字脫珥妻賢解治廚案是卷爲康齋手稿僅三十餘首而詩存所選圍場偶題諸作皆不見於卷中蓋尙有刪本也

馮廷工藥籠集一卷 未存 梓

山右詩存選十四首云藿林詩古文辭家學有自與兄秋山有雙丁二到之目偃蹇一氈歷試陽城太原府學數處潦倒二十年訖無能補轗軻極矣而需次會城於逆旅課二少子歌誦之聲敲金戛石客至則煮茗縱談雄辨風生風流豪邁之氣未嘗少屈視營營爲轅下駒者眞霄壤也

丁巳歲杪余至太原藋林於桂岩軒見余句卽步訪邸舍呼而入執手談笑如舊相識讀其集偶錄數首時輯詩之役未舉也己未余以營葬返北而藋林以事歸遂奄忽逝矣故所收僅此秋山遠宦南海郵徵不至尤堪悵悵

案藋林初集名新硎草前有其從叔鄭序云家仲匱短小精悍目光炯炯酒酣耳熱高歌大笑旁若無人每發之於詩亦不自謂知詩言詩也而詩多新穎可誦常不自收拾遺忘甚多辛巳與余共筆研始輯爲一册題曰新硎草屬爲弁首云云詩存所選半見此草其後編爲藥籠集約三百餘首多李氏所未見矣

姚秉哲嶺南存草五卷于役吟草一卷

存

山右詩存選十四首

案詩存代人詩入選者有郎汝琛八首孟培元三首馮廷愷三首楊蕙芳一首皆無集名可舉未知其有存稿否也搜訪不得附識於此

馮佶燕臺草信成遊草灤陽稾

存未梓

馮芝尺幰山房集二卷一一山房詩二卷

存

馮嘉謨聊自娛齋詩鈔二卷

存。

馮志沂適適齋文集二卷微尙齋詩集四卷續集一卷、

存

董文煥適適齋文集序魯川先生所著微尙齋詩初集四卷余辛酉秋既編次授梓矣先生既歿之五年余差次晉陽先生從兄芷江廣文爲余稱述先生之志行相與歔欷歎息已又出其適適齋文集二册俾余論定時案牘紛遝弗獲從事棗梨因郵寄都門交家伯子校定付梓並先生皖中所刻微尙齋續集亦重梓之統名曰西隃山房集蓋

緣先生齋額之舊也悲夫先生之所欲論著者蓋尙有待而今所遺止於此豈不惜哉其文凡四十篇潔淨精微皆可存者昔柏梘老人論文言曰言有物言有序行文之道盡之矣先生之文殆無媿乎烏虖先生不死矣

董文煥微尙齋詩集序

國朝吾鄉詩人以陳午亭相國吳蓮洋徵君稱首同時傅青主馮秋水諸先生皆卓然名家自時厥後作者輩出近以詩名盛京師者則余交游中魯川先生其一也先生爲秋水先生後人弱冠成進士官刑部與黃海華慶伯蒼爲文字交最早及見上元梅先生伯言復與吳子序朱伯韓余小

頗陳懿叔王少鶴諸君子從之游以文字切劘嗣又從吾鄉張石州先生研究實學及商抑之何願船王顧齋爲友一時交游最盛余丙辰通籍後因顧齋得識先生兼與許海秋林穎叔黃翔雲趙沅青諸君子詩酒往來無虛日辛酉春先生以秩滿簡守盧州行有期矣自言官長安二十餘年惟師友之樂强人意耳後此恐不復得時事不可知卽區區詩文作輟亦皆在不可知之數余感斯言因叚先生詩錄其副以付剞劂既成還質先生遂書交游緣起如此若先生之詩先生固自知之卽世亦必有知之者余固不容贅一辭云

馮婉琳儷芸室詩鈔二卷

存

婉琳字佩芸平定訓導馮嘉謨女歸洪洞董中書文燦

附錄書目

五代劉操海蟾子還金篇三卷

佚

宋知州柳開河東集十卷附錄一卷

存

東陽滕茂實鳳山思遠記一卷

佚

中州集好問見時先大父教誦秀穎臨終詩僅能記末章數語庚子春自山東還鄉里値鄉先生雁門李鍾秀挺求秀穎詩文鍾秀云喪亂以來家所藏書焚蕩都盡避兵山中民家偶於破箱中得秀穎詩一編紙已敗爛前序秀穎自作可辨者百餘字大略言能安於死生之分而不忘感慨不平之氣又曰蘇屬國牧羊海上而五言之作自此始余敢援以爲例後序是筆吏林泉野老彥古彥古不著姓年七十八手錄三滕始末號東陽滕秀穎鳳山思遠記者詩數百首可讀者什六七臨終一詩缺三五字而已非筆吏此集則秀穎之事無以見於世余意先生名節凜然不愧古

人其文字言語宜有神物護持雖埋沒之久而光明發見決有不可掩焉者因備述於此亦使彥古之名託之而不腐云　案中州集存詩八首

齊東野語滕茂實所記張浮休之弟確嘗爲烏延帥幕獨不廷謁童貫及徽宗本以五月五日生以俗忌移之十月十日皆可補史闕

參軍姚孝錫雞肋集五卷

佚

中州集孝錫字仲純豐縣人政和四年登科調代州兵曹

國朝兵入雁門州將議以城降官屬恇怯投死無所仲純

投牀大鼾略不以爲意帥府就注五臺簿未幾移疾去因家五臺善治生亭榭場圃富於遊觀賓客日盈其門州境歲饑出家所藏粟萬石振貧乏多所全濟鄉人德之中年以後以家事付諸子放浪山水間詩酒自娛醉軒其自號也資稟簡重喜怒不形於色棄官時年二十九至八十三乃終名士大夫爲詩以弔者數十人先生長於尺牘所著雞肋集喪亂以來止存律詩五卷而已

案中州集南冠五人皆宋遺臣何宏中生於代者也滕茂實終於代者也姚孝錫官於代者也而奉使以鳳山名集醉軒亦浮家五臺故備詳始末其他宦遊人所著自地志

外僅記其書目而已

金秀容元好問遺山集四十卷中州集詩十卷樂府一卷

存

明判官周宏禴代州志二卷

存

自序禴先時居長安極知不能愼守其官妄陳罪言天子不即誅死猶存籍而俾其効力於邊故禴得以判官判太原之代州然禴注銜於代非代之額官故官無事亦無舍僦居於民旦夕閉戶閲月行部使者張大夫檄州之上吏曰雁門秦漢來稱雄郡何興故未備予與若安所委責今

周判官閒無吏事且判官素諳文墨其以郡之志俾判官卒業褕不能文何敢重違大夫之命乃謀之上吏吏白大夫再檄學之張博士橋並六七青衿文學之徒彙集而褕竊取其義且就事於吳生繼美之稿而芟其煩補其所不足其志有九蓋亘古今此山川疆理也故志輿地古胙土近世分官司牧之故志官師土所產而官師之所不可緩者民之命也王業之本也故志田賦然國之大事在戎與祀故志祀典兵戎兵戎未可盡言也實未易言也干戈不興旣富方穀選舉其急乎故志選舉而進用廣矣官師選舉備其人豈俱得其人乎故志人物羅所必備而組織以

成其完故志雜類文之不足是謂無華足則吾能徵之矣故志藝文大端以事勝也事沿所見聞也匪敢侈談匪敢蔽故匪敢任臆匪敢徇同草具而已故在部使者及州之上吏而斟酌潤色之

案明史藝文志載山西府州志六此書與焉書成於萬歷十三年時知州爲陳公宗凱與修者學正張君橋進士施君重光也分校者諸生董九法崔臣周應岐王元祉孫嗣約張渟謝錫玉謝淇吴以忠也卷前有陳序後有張跋不備録。

嘉魚吴廷舉西巡類稿八卷

存

山陰王家屏復宿山房集四十卷

存

高邑趙南星集四十卷學庸正說三卷史韻二卷

存

國朝富平李因篤壽祺堂集三十卷

存

大興黃叔琳研北雜録十卷

存

知州吳重光代州志八卷

存
虔禮寶序漢代郡治桑乾於今爲蔚州地後漢治高柳於今爲陽高縣地今之代州則故雁門郡也漢雁門郡治善無後漢治陰館皆在句注之北魏始南徙廣武後魏又徙於其東十五里之古上館城卽今治是已後周大象元年移肆州來治隋開皇五年改曰代州自是以來雖嘗復爲郡廢爲縣然不久仍稱州如故蓋州之建逾千年其山川有句注夏屋五臺泰戲崞山以爲之鎮有滹沱慮虒揚武峩河以爲之浸其關隘有東西陘黑山卽嶺平刑石門以爲之屏藩其於九塞爲稱首其於山右十州爲緊且雄而

其於前代爲用武之地故當時習俗化之舊志謂質野勇悍多武少文亦就所聞見而云然也我
國家幅員之廣聲教之覃度越前代凡昔所號爲邊郡者今不啻股肱郡而代州距
京師七百七十里浹洽醕濃風氣變而日上比戸之間彬彬質有其文矣矧於康熙二十二年
聖祖展時巡之義至於臺山
皇上欽承而纘行之典至鉅惠至渥生茲土者益得近
天子之光而涵濡化澤以今所聞見質諸舊志所云豈可同年道哉舊志創於明吳繼美纂有二卷簡而不詳亦未行於

世萬歷間周宏禴所輯較詳矣而其時領縣三以隸於太原於今制固殊且今戶口日增名宦人物亦日盛皆不可不賡續以傳於後又不獨風氣日上而已江都吳君知州事之八年政與民諧無廢不舉迺進州之紳士葺故編新因舊志而重修之使後之覽者知州之建置沿革如此知山川關隘之襟要如此知今之日增日盛而日上者如此知

聖天子化澤之涵濡如此誠良牧事也爰因其請而爲之序

自序代自周秦而後世爲用武之地習於戰爭俗尚武勇而忠義節烈瑰偉非常之士亦往往有之我

國家統一寰區覃敷文德百數十年來教化日隆人才輩出更駸駸臻上理矣然而百數十年中徵信傳疑見聞或有不一則所賴於志書尤切也余自丙申歲檄知是州披閱典籍五峙志纂輯未久繁邑僅藏鈔帙而州志則修自前明神宗中年舊板雖存汗漫磨滅字句幾不可辨有志無志竊疑前乎此者不少興除修復之才獨胡爲念不及此也留心採訪更閲五年乃前朝屢經兵燹典籍凋零中間幾二百年其事其文卽間有能言之者而舛謬訛誤多不可信重學殖淺薄見聞不廣簿書鞅掌未遑率爾操觚乃知修志難而修代州之志尤非敢易易也壬寅春欽奉

諭旨纂修一統全志徵取各府州縣舊乘而代州缺如也觀察巴陵方公稽古右文雅意振興命即修葺爰更請於上集州之搢紳耆老商確考訂州人士亦爭先踴躍共襄厥事閱歲書成夫一省之志一代政治所關也而一州之志又一省風會所範也我

皇上當重熙累洽之餘廣摩義漸仁之澤廢修墜舉俗善民宜雖在山陬僻壤慕義向風亦皆爭自濯磨以光千載文明之化故昔之干戈擾攘者今則覩文物聲明矣昔之困敝凋殘者今則成殷繁富庶矣即代一州之志不更彬彬乎稱極盛也哉雖歷年久遺軼頗多而得諸傳聞參以舊本

其考據多依通志更自前明萬歷丙戌之後迄今乾隆壬寅年重加釐訂門分爲八類别七十用以備掌故而昭信史俾採風者得有所觀覽焉後之君子儻不鄙固陋采而輯之導揚休美潤色鴻猷是書之存不無小補云爾

案是書原題曰直隸代州志書分八門與周志所列九門略同惟易官師爲職官禦戎爲武備選舉爲科目雜類爲祥異删祀典一門併入輿地耳州人之與修者總理有千總郎昌齡生員史維魯馮敏中總校有進士崔特峰舉人馬鍾謙歲貢趙震發廩貢郭衜分校有舉人趙于厚安光祖郎百里賈廷萱任助恩貢賈德峻閻澈歲貢李汝鄴賈

爾才監生馮邵廪生張廷俊高亮宋李霈金岐陽劉廸鋭

馮逵王錫穀喬應遷趙體元增生喬廣善任昌宗附生趙

溥李及豐馮選喬磐馮鳴陽附存其名

訓導王亮功讀易旁求四卷春秋三傳比事屬對一卷讀左

偶見三卷繹孟一卷歷代紀事年表十卷史學提要續編一

卷經史韵編十卷省愆録五卷

存

右宦遊人所著

代州志卷七終

代州志卷八

傳一

史傳

荀彘

荀彘太原廣武人以御見侍中爲校尉數從大將軍元封三年爲左將軍擊朝鮮無功以捕樓船將軍坐法死漢書本傳朝鮮傳

元封二年漢使涉何誘諭右渠終不肯奉詔何去至界上臨浿水使御刺殺送何者朝鮮裨王長上拜何爲遼東東部都尉朝鮮怨何發兵攻殺何天子擊朝鮮其秋遣樓船將軍楊僕從齊浮渤海兵五萬人左將軍荀彘出遼東討右渠右渠發兵距險樓船將軍將齊兵七千人先至王險右渠城守窺知樓船軍少即出城擊樓船樓船軍敗散走將軍楊僕失軍遁山中十餘日稍求收散卒復聚左將軍破浿水上軍乃前至城下圍其西北樓船亦往會居城南右渠遂堅守城數月

未能下左將軍素侍中幸將燕代卒悍乘勝軍多驕樓船將齊卒入海固已多敗亡其先與右渠戰困辱亡卒卒皆恐將心慚其圍右渠常持和節左將軍急擊之朝鮮大臣乃陰間使人私約降樓船往來言尚未肯決左將軍數與樓船期戰樓船欲急就其約不會左將軍亦使人求間郤降下朝鮮朝鮮不肯心附樓船以故兩將不相能左將軍心意樓船前有失軍罪今與朝鮮私善而又不降疑其有反計未敢發天子使濟南太守公孫遂往有便宜得以從事遂至左將軍曰朝鮮當下久矣不下者有狀言樓船數期不會具以素所意告遂曰今如此不取恐為大害非獨樓船又且與朝鮮共滅吾軍遂亦以為然而以節召樓船將軍入左將軍營計事即命左將軍麾下執捕樓船將軍并其軍以報天子天子誅遂左將軍已并兩軍即急擊朝鮮元封三年夏尼谿相參乃使人殺朝鮮王右渠來降遂定朝鮮為四郡左將軍徵至坐爭功相嫉乖計棄市樓船將軍當誅贖為庶人

右西漢一人前志不載案明一統志荀彘列遼東名宦而邑乘顧佚其人可乎爰錄之而注以朝鮮傳其功過蓋不

相掩也吳志從通志載吾邱壽王據本傳壽王趙人寰宇記亦入之趙州於代無徵不能以廣武君例

周黨　譚賢　殷謨

周黨字伯況太原廣武人也家產千金少孤爲宗人所養而遇之不以理及長又不還其財黨詣鄉縣訟主乃歸之既而散與宗族悉免遣奴婢遂至長安遊學初鄉佐嘗衆中辱黨黨久懷之後讀春秋聞復讎之義便輟講而還與鄉佐相聞期尅鬬日既交刃而黨爲鄉佐所傷困頓鄉佐服其義輿歸養之數日方蘇既悟而去自此勑身脩志州里稱其高及王莽竊位託疾杜門自後賊暴從横殘滅郡縣唯至廣武過城

不入建武中徵爲議郎以病去職遂將妻子居澠池復被徵不得已乃著短布單衣穀皮綃頭待見尚書及光武引見伏而不謁自陳願守所志帝乃許焉博士范升奏毁黨曰臣聞堯不須許由巢父而建號天下周不待伯夷叔齊而王道以成伏見太原周黨東海王良山陽王成等蒙受厚恩使者三聘乃肯就車及陛見帝廷黨不以禮屈伏而不謁偃蹇驕悍同時俱逝黨等文不能演義武不能死君釣采華名庶幾三公之位臣願與坐雲臺之下考試圖國之道不如臣言伏虛妄之罪而敢私竊虛名誇上求高皆大不敬書奏天子以示公卿詔曰自古明王聖主必有不賓之士伯夷叔齊不食周

粟太原周黨不受朕祿亦各有志焉其賜帛四十匹黨遂隱居澠池著書上下篇而終邑人賢而祠之初黨與同郡譚賢伯升雁門殷謨君長俱守節不仕王莽世建武中徵並不到後漢書逸民傳　元和郡縣志周黨墓在祁縣東南一十四里　明湯賓尹周黨嚴光論漢光武應赤符起舂陵不數載而噓炎劉之燼甫膺大寶下明詔安車元纁徵周黨嚴光詣闕親紆萬乘以禮下之論者謂兩處士直裘釣賤客耕野鄙人身處窮巷阨閭未談金版赤韜之略未親斬將搴旗之勞未樹攻城拓地之績倏加以徵聘恵以寵光使榮華殿陛立名當世豈被褐懷寶者耶抑以什巾襲燕石者耶且帝果以天下厚故交如用南陽人之過計耶噫此光武所爲提綱挈領首矚大計而藉此兩人以磨礪一世之氣節而培植百年之命脈也蓋上表也下影也上聲也下響也表正則影隨聲出則響應上鼓則下答不錙銖爽也故人心何常聽上陶甄耳風俗何常聽上轉移耳西漢不愛高爵厚祿以薌邅豪傑故士皆騖尊顯而委蛇變化陰陽人主以保寵榮甚且僞符命誦功德羽翼梟獍而不羞波流風靡罔克樹立不振刷挽

回之安所底止光武懼焉謂國家隆替其窾綮屬世風而世風汙隆其樞鍵又屬上人所好尚徒整飭頹靡而漫無所旌異徒晉陳功見能輩與剖符析圭則天下亦僅僅爭陳功見能以傲知遇而欲砥礪名節蟬翼富貴者道何由爲是下蒲輪之聘搜巖穴之老降黃屋之尊禮不賓之士朝耕釣於草澤夕坐論於廊扉旦倚衡門而棲遲暮揖天子而抗志豈獨隆此兩處士哉又豈直以恩遇而私厚一布衣交哉將使都人士之待下風者矍然豔心蹶然企踵瞿然丕式而顧化奬恬退之操而蟲趨蠅逐者將捫心退矣顯修姱之行而蒲伏瓦全者將屈首下矣褒高節獨行之士而俛仰遷移如脂如韋者將改絃易轍以向上意旨矣等先而衆樂和標直而衆足趨誠倡之也故竟東漢朝罔不希光鶩影襲其香儀其羽依倚道藝以就其聲價者纍纍起世不貴結綬金馬之庭而貴側名道義之儔不畏王朝鉗灼之憲網而畏高賢月旦之清議迨其季世雖幼后握圖巨奸綰樞而左窺右覘不敢竊移神器談者謂一絲垂九鼎則烈士扶持之功而光武褒嘉節義之明效也第其重名之過不核中扃王良應對而姍於東海友人樊英就聘而壺山蒙其恥聲士率競詭激以博名高而顧廚俊及標榜成風扞文網以釀黨錮之禍干載於邑則始未嘗不匡世振俗而後陵夷衰微也噫士期自振拔耳

商俗波靡，而伯夷之節不改；晉室清談，而卞壼之忠自樹。詎卑論儕俗，與世浮沈，必待上之鼓舞，而後輾然思奮哉。至若身際熙朝，又不必拘守局曲，避地獨竄，彼無執翼當世之寶，而長貧賤，驕語富貴者，又兩處士之羞也。

王霸

王霸字儒仲，太原廣武人也。少有清節，及王莽篡位，棄冠帶絕交宦。建武中徵到，尚書拜，稱名不稱臣。有司問故，霸曰：天子有所不臣，諸侯有所不友。司徒侯霸讓位於霸，閻陽毀之曰：太原俗黨，儒仲頗有其風。遂止。以病歸，隱居守志，茅屋蓬戶，連徵不至，以壽終。後漢書逸民傳 唐書宰相世系表：霸長子殷，中山太守，食邑祁縣，其後爲烏丸王氏之祖；次子咸，九世孫澤，字季道，雁門太守，生昶，爲太原四房王氏之祖。

荀恁

荀恁字君大少脩清節資貯千萬父越卒悉散與九族隱居山澤以求厥志王莽末匈奴寇其本縣廣武聞恁名節相約不入荀氏閭光武徵以病不至永平初東平王蒼爲驃騎將軍開東閣延賢俊辟而應焉及後朝會顯宗戲之曰先帝徵君不至驃騎辟君而來何也對曰先帝秉德以惠下故臣可得不來驃騎執法以檢下故臣不敢不至後月餘罷歸卒於家（後漢書周黃徐姜申屠列傳序）

右東漢三人通志並載隱逸而益以周黨傳中之雁門殷謨爲四人案王莽時雁門郡猶治善無縣莽特改善無爲陰館耳則謨當爲朔平人而與黨同郡之譚賢又未必其

非廣武人仍依范史原文並附見黨傳

范隆

范隆字元嵩雁門人父方魏雁門太守隆在孕十五月生而父亡年四歲又喪母哀號之聲感動行路單孤無緦服之親疎族范廣愍而養之迎歸教書爲立祠堂隆好學修謹奉廣如父博通經籍無所不覽著春秋三傳撰三禮吉凶宗紀甚有條義惠帝時天下將亂隆隱迹不應州郡之命晝勤稼穡夜誦書典頗習祕歷陰陽之學知并州將有氣祲之祥故彌不復出仕與上黨朱紀友善嘗共紀遊山見一父老於窮澗之濱父老曰二公何爲在此隆等拜之仰視則不見後與紀

依於劉元海元海以隆爲大鴻臚紀爲太常並封公隆死於

劉聰之世聰贈太師晉書儒林傳

右北漢劉聰時一人通志載孝義又載文苑

周續之

周續之字道祖雁門廣武人也其先過江居豫章建昌縣續之八歲喪母哀戚過於成人奉兄如事父豫章太守范甯於郡立學招集生徒遠方至者甚衆續之年十二詣甯受業數年通五經五緯號曰十經名冠同門稱爲顔子既而閑居讀老易入廬山事沙門釋慧遠時彭城劉遺民遁迹廬山陶淵明亦不應徵命謂之潯陽三隱劉毅鎮姑孰命爲撫軍參軍

徵太常博士並不就江州刺史每相招請續之不尙峻節頗從之游常以稽康高士傳得出處之美因爲之注武帝北討世子居守迎續之館於安樂寺延入講禮月餘復還山江州刺史劉柳薦之武帝宋書柳薦續之書云臣聞恢耀和肆必在兼城之寶翼亮崇本宜紆高世之逸是以渭濱佐周聖德廣運商洛匡漢英業乃昌伏惟明公道邁振古應天繼期遊外暢於冥內體遠形於應近雖汾陽之舉輟駕於時艱明揚之旨潛感於雲谷矣竊見處士雁門周續之清眞貞素思學鉤深弱冠獨往心無近事性之所遺榮華與飢寒並落情之所慕巖澤與琴書共遠加以仁心內發義懷外亮留愛昆卉誠著桃李若升之宰輔必鼎味斯和濯纓儒冠亦王猷遐緝臧文不智失在降賢言偃得人功由升士願照其丹款不以人廢言俄辟太尉掾不就武帝北伐還鎭彭城遣使迎之禮賜甚厚每日眞高士也尋復南還武帝踐阼復召之上爲開館東郭外招集生徒乘

輿降幸并見諸生問續之禮記傲不可長與我九齡射於矍圃之義辨析精奥稱爲名通續之素患風痺不復堪講乃移病鍾山景平元年卒通毛詩六義及禮論注公羊傳於世無子兄子景遠有續之風南史隱逸傳　宋書本傳續之終身不娶卒年四十七景遠泰始中爲晉安內史未之郡卒

右前宋一人

李栗

李栗鴈門人也昭成時父祖入國少辯捷有才能兼有將略初隨太祖幸賀蘭部在元從二十一人中太祖愛其藝能時王業草創爪牙心腹多任親近唯栗一介遠寄兼非戚舊當

世榮之數有戰功拜左軍將軍太祖征慕容寶栗督五萬騎爲前驅軍之所至莫不降下遷左將軍慕容寶棄中山東走也栗以輕騎追之不及而還栗性簡慢矜寵不率禮度每在太祖前舒放倨傲不自祗肅咳唾任情太祖積其宿過天興三年遂誅之於是威嚴始厲制勒羣下盡謙卑之禮自栗始也魏書本傳

張黎

張黎雁門原平人也善書計太祖知待之太宗器其忠亮賜爵廣平公管綜機要世宗以其功舊任以輔弼除大司農軍國大議黎常與焉加鎮北將軍以征赫連定功進號征北大

將軍與樂安王範濟南公崔徽鎮長安清約公平甚著聲稱代下之日家無餘財世祖詔黎領兵一萬二千人通莎泉道。車駕征涼州蠕蠕吳提乘虛入寇黎與司空道生拒擊之恭宗初總百揆黎與東郡公崔浩等輔政忠於奉上非公事不言詔曰侍中廣平公黎東郡公浩等保傅東宮有老成之勤朕甚嘉焉其賜布帛各千匹以褒舊勳恭宗薨於東宮黎兼太尉持節奉策謚焉吳王余立以黎爲太尉後以議不合旨免仍與古弼並誅魏書本傳

段霸

段霸雁門原平人父乾慕容垂廣武令太祖初遣騎略地至

雁門霸年幼見執因被宮刑乾率鄉部歸化雲中霸少以謹敏見知稍遷至中常侍中護軍將軍殿中尚書領壽安少府賜爵武陵公出爲安東將軍定州刺史世祖親考內外大明黜陟前定州治中張渾屯告霸前在定州濁貨貪穢便道致財歸之鄉里召霸定對霸不首引世祖以霸近臣而不盡實由是益怒欲斬之恭宗進請遂免霸爲庶人魏書本傳

段榮

段榮霸從弟雍州別駕兄弟諸從世居廣武城修飾有士風魏書本傳

衞操傳劉淵石勒之亂桓帝匡助晉氏桓帝崩操立碑於大邗城南以頌功德云云皇興初雍州別駕雁門段榮於大邗掘得此碑

右後魏四人周志載李栗張黎吳志惟載李栗一人通志於孝義列陸卬於人物列衛操奚眷據本傳皆代人非今州也今州名代始於隋開皇而定於唐武德北史所載代人代郡人不可勝數要非拓跋之舊部卽恆州之故都也均不當錄及張黎段霸並原平人或以爲卽今崞縣南之原平城然地形志原平城在秀容縣屬秀容郡與原平縣屬鴈門郡爲郡治者名稱雖同疆域各別段氏世居廣武而云原平人地形志原平縣有廣武城也可爲今州治卽後魏原平縣而後魏廣武非復漢晉廣武縣之證故於霸亦錄其原傳不以闕人而黜之也

解叔謙

解叔謙字楚梁雁門人也母有疾叔謙夜於庭中稽顙祈福聞空中語云此病得丁公藤爲酒便差卽訪醫及本草注皆無識者乃求訪至宜都郡遥見山中一老公伐木問其所用答曰此丁公藤療風尤驗叔謙便拜伏流涕具言來意此公愴然以四段與之並示以漬酒法叔謙受之顧視此人不復知處依法爲酒母病卽差齊建武初以奉朝請徵不至南史孝義傳

右南齊一人案此雁門爲劉宋時僑置之郡地在盱眙而不見於南齊書州郡志蓋併省也齊建武初當北魏孝文

時傳中宜都郡屬荊州亦南齊地叔謙非州人甚明而仍舊志列入者解氏族望本出雁門北人南渡同於續之而其事尤足風也

馬三寶

馬三寶雁門人（本傳不詳其籍據武林舊事補）性敏獪事柴紹爲家僮紹尚平陽公主高祖兵起紹間道走太原三寶奉公主遁司竹園說賊何潘仁與連和潘仁入謁以百兵爲主衞三寶自稱總管撫接羣盜兵至數萬唐公濟河授三寶左光祿大夫秦王至竹林宮三寶以兵指軍門謁遂從平京師拜太子監門率別擊叛胡劉拔眞於北山破之從平薛仁果與柴紹擊吐谷

渾於岷州先鋒陷陣斬名王俘執數千以功封新興縣男後高祖幸司竹園顧謂曰汝與兵處耶衛青大不惡貞觀初拜左驍衛大將軍進爵爲公卒謚曰忠唐書本傳　武林舊事馬三寶墓在教塲傳云向會欲去之有黑蜂數百自墓中出不可向遂止至元十五年六月內有軍厮名狗兒者因樵採壘土得一鐵券上有字云雁門馬氏葬於橫衛橋云云後又有十字云至元十五六狗兒壞我屋蓋古人之知數者耳始知橫春橋名橫衛橋云案券文向多周氏特據傳聞隱括其詞耳乃西湖志改竄原書自爲說云行春橋有馬三寶墓不知何代人至元十五年六月軍厮名狗兒者握發之得鐵券一題曰雁門馬氏葬橫衛橋至元十五六狗兒壞我屋竟以末二句韻語與前文合爲一則券僅書爲雁門馬氏又何從知其名爲三寶哉

解琬

解琬雁門人徙家魏州本傳魏州元城人據元和姓纂補擧幽素科中之調

新政尉後自成都丞奏事稱旨蠲除監察御史以喪免武后顧琬習邊事迫追西撫羌夷琬因乞終喪后嘉許之詔服除赴屯遷侍御史安撫烏質勒及十姓部落以功擢御史中丞兼北庭都護西域安撫使與郭元振善宗楚客惡之左授滄州刺史爲政引大體部人順附景龍中遷御史大夫兼朔方行事大總管前後乘邊積二十年大抵務農習戰多爲長利英虜安之景雲二年復爲朔方大總管分遣隨軍要籍宮河陽丞張冠宗肥鄉令韋景駿普安令于處忠料三城兵省其戍十萬人改右武衛大將軍兼檢校晉州刺史濟南縣男以老乞骸骨不報輒去優詔以金紫光祿大夫聽致仕準品給

全祿璽書勞問會吐蕃騷擾復召授左散騎常侍詔與虜定經界因詣輯十姓降戶琬建言吐蕃不可以信約請調兵十萬屯秦渭間防遏其姦是冬吐蕃果入寇爲秦渭兵擊走之俄復請老不許遷太子賓客年八十開元五年終同州刺史唐書本傳

右唐二人前志失載通志列渾瑊及子鎬鐬案唐書本傳瑊本鐵勒九姓之渾部世系表云出自匈奴渾邪王隨拓跋氏徙河南因以爲氏自廻貴至瑊世襲皋蘭州都督府則渾氏居代在元魏都平城時通志特據路巖所撰瑊孫偘神道碑有今爲代人及山西右族語而錄入也然史記

自序蕭何鎭撫山西正義曰謂華山之西漢書趙充國傳贊山西出將亦以天水隴西安定北地爲山西漢唐同都關中碑所云山西右族正謂其世都督皋蘭耳若以河東爲山西始於金元而定於明以前並無其稱惟據渾鎬傳言代州刺史韓重華奏收鎬供軍金幣十餘萬似鎬實奠居於此因而寄瘞者則碑所云今爲代人又非無徵然當在瑊後爰採碑文錄入集傳而此篇從略亦疑事勿質云爾

李嗣本

李嗣本本姓張氏雁門人也世爲銅冶鎭將嗣本少事太祖

太祖愛之賜以姓名養爲子從擊居庸關以功遷義兒軍使從破王行瑜遷威遠軍使從攻羅宏信以先鋒兵破湯陰從莊宗破潞洲夾城累以戰功遷代州刺史雲州防禦使振武節度使號威信可汗天祐十三年從莊宗擊劉潯於故元城下洺磁諸州六月還軍振武契丹入代北攻破蔚州嗣本戰歿五代史本傳舊五代史本傳八月契丹安巴堅傾塞犯邊其眾三十萬攻振武嗣本嬰城拒戰者累日契丹爲火車地道晝夜急攻城中兵少禦備罄竭城陷嗣本舉族入契丹有子八人四人陷於幕庭嗣本剛烈有節義善戰多謀然治郡頗傷苛急人以此少之也

郭崇韜

郭崇韜代州雁門人也爲河東教練使爲人明敏能應對以

幹材見稱莊宗爲晉王孟知祥爲中門使崇韜爲副使中門之職參管機要先時吳珙張虔厚等皆以中門使相繼獲罪知祥懼求外任莊宗曰公欲避事當舉可代公者知祥乃薦崇韜爲中門使甚見親信晉兵圍張文禮於鎮州久不下而定州王都引契丹入寇契丹至新樂晉人皆恐欲解圍去莊宗未決崇韜曰契丹之來非救文禮爲王都以利誘之耳且晉新破梁軍宜乘已振之勢不可遽自退怯莊宗然之果敗契丹莊宗即位拜崇韜兵部尚書樞密使梁王彥章擊破德勝唐軍東保楊劉彥章圍之莊宗登壘望見彥章爲重塹以絕唐軍意輕之笑曰我知其心矣其欲持久以弊我也即引

短兵出戰爲彥章伏兵所射大敗而歸莊宗問崇韜計安出是時唐已得鄆州矣崇韜因曰彥章圍我於此其志在取鄆州也臣願得兵數千據河下流築壘於必爭之地以應鄆州爲名彥章必來爭旣分其兵可以圖也然板築之功難卒就陛下日以精兵挑戰使彥章兵不得東十日壘成矣莊宗以爲然乃遣崇韜與毛璋將數千人夜行所過驅掠居人毀屋伐木渡河築壘於博州東晝夜督役六日壘成彥章果引兵急攻之時方大暑彥章兵熱死及攻壘不克所失大半還趨楊劉莊宗迎擊遂敗之康延孝自梁奔唐先見崇韜崇韜延之臥内盡得梁虛實是時莊宗軍朝城段凝軍臨河唐自失

德勝唐兵日掠檀相黎陽衞州而李繼韜以澤潞叛而入於梁契丹數犯幽涿又聞延孝言梁方召諸鎭兵欲大舉唐諸將皆憂惑以爲成敗未可知莊宗患之以問諸將諸將皆曰唐得鄆州隔河難守不若棄鄆與梁而西取衞州黎陽以河爲界與梁約罷兵毋相攻庶幾爲後圖莊宗不悅退卧帳中召崇韜問計崇韜曰陛下興兵仗義將士疲戰爭生民苦轉餉者十餘年矣况今大號已建自河以北人皆引首以望成功而思休息今得一鄆州不能守而棄之雖欲指河爲界誰爲陛下守之且唐未失德勝時四方商賈征輸必集薪芻糧餉其積如山自失南城保楊劉道路轉徙耗亡大半而魏博

五州秋稼不稔竭民而斂不支數月此豈按兵持久之時乎臣自康延孝來盡得梁之虛實此真天亡之時也願陛下分兵守魏固楊劉而自鄆長驅擣其巢穴不出半月天下定矣莊宗大喜曰此大丈夫之事也因問司天司天言歲不利用兵崇韜曰古者命將鑿凶門而出況成算已決區區常談何足信也莊宗即日下令軍中歸其家屬於魏夜渡楊劉從鄆州入襲汴用八日而滅梁莊宗推功賜崇韜鐵券拜侍中成德軍節度使依前樞密使莊宗與諸將以兵取天下而崇韜未嘗居戰陣徒以謀議居佐命第一之功位兼將相遂以天下爲已任遇事無所回避而宦官伶人用事特不便也初崇

韜與宦官馬紹宏俱爲中門使而紹宏位在上及莊宗卽位二人當爲樞密使而崇韜不欲紹宏在己上乃以張居翰爲樞密使紹宏爲宣徽使紹宏失職怨望崇韜因置內句使以紹宏領之凡天下錢穀出入於租庸者皆經內句旣而文簿繁多州縣爲弊遽罷其事而紹宏尤側目崇韜頗懼語其故人子弟曰吾佐天子取天下大功已就而羣小交興吾欲避之歸守鎭陽庶幾免禍可乎故人子弟對曰俚語曰騎虎者勢不得下今公權位已隆而下多怨嫉一失其勢能自安乎崇韜曰奈何對曰今中宮未立而劉氏有寵宜請立劉氏爲皇后而多建天下利害以便民者然後退而乞身天子以公

有大功而無過必不聽公去是外有避權之名而內有中宮之助又爲天下所悅雖有讒間其可動乎崇韜以爲然乃上書請立劉氏爲皇后崇韜素廉自入洛受四方賂遺故人子弟或以爲言崇韜曰吾位兼將相祿賜巨萬豈少此耶今藩鎮諸侯多梁舊將皆主上斬袪射鉤之人也今一切拒之豈無反側且藏予私室何異公帑明年天子有事南郊乃悉獻其所藏以佐賞給莊宗已郊遂立劉氏爲皇后崇韜累表自陳請依唐舊制還樞密使於內臣而并辭鎮陽優詔不允崇韜又曰臣從陛下軍朝城定計破梁陛下撫臣背而約曰事了與卿一鎮今天下一家俊賢並進臣憊矣願乞身如約莊

宗召崇韜謂曰朝城之約許卿一鎮今不許卿去欲舍朕安之乎崇韜因建天下二十五事施行之李嗣源爲成德軍節度使徙崇韜忠武五代史纂誤補薛史莊宗紀帝欲以李嗣源爲鎮帥移郭崇韜兼領汴州册府元龜載同光中崇韜再表辭鎮批答曰再讓汴州所宜依允蓋嗣源先鎮宣武崇韜實領成德茲欲兩易其處也此忠武當是宣武之譌崇韜因自陳權位已極言甚懇至莊宗曰豈可朕居天下之尊使卿無尺寸之地崇韜辭不已遂罷其命册府元龜同光中郭崇韜再表辭鎮批答曰朕以卿久司樞要常處重難或遲疑未決之機詢諸先見或憂撓不定之事訪曰必成至於贊朕丕基登茲大寶衆興異論卿獨堅言天命不可違唐祚必復請納家族明設誓文及其密取汶陽興師入不測之地潛通河口貢謀占必濟之津人所不知卿惟合意迨中都嚮聚羣黨窺陵朕決意平妖兼收浚水雖云先定實審前籌果盡贊成悉諮沈算斯即口口何須冒刃始顯殊庸況常山陸梁正虞未復卿能撫衆共定羣心惟朕知卿他人甯表所以賞卿之寵

實異等倫汱朕之心非虛遲澤今卿再三謙遜重疊退辭始納當陽請歸上將又稱梁范不可兼全如此周身貴全名節古人操守未可比方既覽堅辭難阻來表其再讓汴河所宜依允仍爲侍中樞密使同光三
年夏霖雨不止大水害民田民多流死莊宗患宮中暑溼不
可居思得高樓避暑宦官進曰臣見長安全盛時大明興慶
宮樓閣百數今大內不及故時卿相家莊宗曰吾富有天下
豈不能作一樓乃遣宮苑使王允平營之宦官曰郭崇韜眉
頭不伸嘗爲租庸惜財用陛下雖欲有作其可得乎莊宗乃
使人問崇韜曰昔吾與梁對壘於河上雖祁寒盛暑被甲跨
馬不以爲勞今居深宮蔭廣廈不勝其熱何也崇韜對曰陛
下昔以天下爲心今以一身爲意艱難逸豫爲慮不同其勢

自然也願陛下無忘創業之難常如河上則可使繁暑坐變清涼莊宗默然終遣允平起樓崇韜果切諫宦官曰崇韜之第無異皇居安知陛下之熱由是讒間愈入河南縣令羅貫爲人强直頗爲崇韜所知貫正身奉法不受權豪請託宦官伶人有所求請書積几案一不以報皆以示崇韜崇韜數以爲言宦官伶人由是切齒河南自故唐時張全義爲尹縣令多出其門全義厮養畜之及貫爲之奉全義不屈縣民恃全義爲不法者皆按誅之全義大怒嘗使人告劉皇后從容爲白貫事左右日夜攻其短莊宗未有以發皇太后崩葬坤陵陵在壽安莊宗幸陵作所而道路泥塗橋壞莊宗止輿問誰

主者宦官曰屬河南因亟召貫貫至對曰臣初不奉詔請詰主者莊宗曰爾之所部復問何人耶卽下貫獄獄吏榜掠體無完膚明日傳詔殺之崇韜諫曰貫罪無他橋道不修法不當死莊宗怒曰太后靈駕將發天子車輿往來橋道不修卿言無罪是朋黨也崇韜曰貫雖有罪當具獄行法於有司陛下以萬乘之尊怒一縣令使天下人言陛下用法不公臣等之過也莊宗曰貫公所愛任公裁決因起入宮崇韜隨之論不已莊宗自闔殿門崇韜不得入貫卒見殺明年征蜀議擇大將時明宗爲總管當行而崇韜以讒見危思立大功爲自安之計乃曰契丹爲患北邊非總管不可禦魏王繼岌國之

儲副而大功未立且親王爲元帥唐故事也莊宗曰繼岌小子豈任大事公爲我擇其副崇韜未及言莊宗曰吾得之矣無以易卿也乃以繼岌爲西南面行營都統崇韜爲招討使軍政皆決崇韜唐軍入蜀所過迎降王衍弟宗弼陰送款於崇韜求爲西川兵馬留後崇韜以節度使許之軍至成都宗弼遷衍於西宫悉取衍嬪妓珍寶奉崇韜及其子廷誨又與蜀人列狀見魏王請崇韜留鎮蜀繼岌頗疑崇韜崇韜無以自明因以事斬宗弼及其弟宗渥宗勳没其家財蜀人大恐崇韜素嫉宦官嘗謂繼岌曰王有破蜀功師旋必爲太子俟主上千秋萬歲後當盡去宦官至於扇馬亦不可騎繼岌監

軍李從襲等見崇韜專任軍事心已不平及聞此言遂皆切齒思有以圖之莊宗聞破蜀遣宦官向延嗣勞軍崇韜不郊迎延嗣大怒因與從襲等共構之延嗣還上蜀簿得兵三十萬馬九千五百匹兵器七百萬糧二百五十三萬石錢一百九十二萬緡金銀二十二萬兩珠玉犀象二萬文錦綾羅五十萬匹莊宗曰人言蜀天下之富國也所得止此耶延嗣因言蜀之寶貨皆入崇韜且誣其有異志將危魏王莊宗怒遣宦官馬彥珪至蜀視崇韜去就彥珪以告劉皇后劉皇后教彥珪矯詔魏王殺之崇韜有子五人其二從死於蜀餘皆見殺其破蜀所得皆籍沒明宗卽位詔許歸葬以其太原故宅

賜其一孫當崇韜用事時自宰相豆盧革韋悅等皆傾附之崇韜父諱宏革等卽因他事奏改宏文館爲崇文館以其姓郭因以爲子儀之後崇韜遂以爲然其伐蜀也過子儀墓下號慟而去聞者頗以爲笑然崇韜盡忠國家有大略其已破蜀因遣使者以唐威德風諭南詔諸蠻欲因以綏來之可謂有志矣五代史唐臣傳

蘇轍郭崇韜論國無釁而伐可以伐人冒釁以伐人敵無釁則己受其災敵有釁則我與敵皆斃楚靈王殘民以逞動思亂之民以伐吳吳不可動而棄疾攻之若升虛邑靈王遂死於外齊湣王貪而好勝知宋之可攻而忘齊國之旣病燕師乘之遂以失國自古冒釁以攻人其禍如此唐莊宗勇而善戰與梁人夾河相攻十戰九勝涉河取鄆不十日而克梁威震諸國五代用兵未有神速如此者也然其克敵之後幸一日之安沈湎聲色之娛宦官伶人交亂其政府庫之積罄於耳目之奉民怨兵怒國有土崩之勢而不知也一時功臣皆武夫倔起未有識安危之

機者惟樞密使郭崇韜智勇兼人知其不可力言而不見聽求去而不見許中外佞倖覦之仄目崇韜深病之矣時方欲伐蜀崇韜欲立大功爲自安之計議以魏王繼岌爲元帥而己爲之副將兵六萬以出不踰時而克成都降王衍料敵制勝之功可謂盛矣然崇韜知蜀之易舉而不知唐之已亂挈其良將勁兵西行數千里雖立大功而不免讒死於蜀征蜀之兵未還而趙在禮爲亂河朔明宗北征遂與在禮皆反帥兵南向克汴入洛遂無一人能禦之者向使西師不出蜀雖未下而京師有重兵崇韜不死河朔叛臣必有所畏不敢妄動則莊宗不亡崇韜不死禍福未可知也嗟乎崇韜冒釁以伐人蹈齊湣之禍而以爲安惜其有智而未始學也

史建瑭

史建瑭雁門人也晉王爲雁門節度使其父敬思爲九府都督從晉王入關破黃巢復京師擊秦宗權於陳州常將騎兵爲先鋒晉王東追黃巢於寃朐還過梁軍其城北梁王置酒

上源驛獨敬思與薛鐵山賀回鶻等十餘人侍晉王醉留宿梁驛梁兵夜圍而攻之敬思登驛樓射殺梁兵十餘人會天大雨晉王得與從者俱去縋尉氏門以出而敬思爲梁追兵所得見殺建瑭少事軍中爲裨校自晉降丁會與梁相距於潞州建瑭已爲晉兵先鋒梁兵數爲建瑭所殺相戒常避史先鋒梁遣王景仁攻趙晉軍救趙建瑭以先鋒兵出井陘戰於柏鄉梁軍爲方陣分其兵爲二汴宋之兵居左魏滑之軍居右周德威擊其左建瑭擊其右梁軍皆走遂大敗之以功加檢校左僕射天祐九年晉攻燕燕王劉守光乞師於梁梁太祖自將擊趙圍棗强蓨縣是時晉精兵皆北攻燕獨符存

審與建瑭以三千騎屯趙州梁軍已破棗强存審扼下博橋建瑭分其麾下五百騎爲五隊一之衡水一之信都一之阜城而自將其一約各取梁芻牧者十人會下博至暮擒梁兵數十皆殺之各留其一人縱使逸去告之曰晉王軍且大至明日建瑭率百騎爲梁旗幟雜其芻牧者暮叩梁營殺其守門卒縱火大呼斬擊數十百人而梁芻牧者所出各遇晉兵有所亡失其縱而不殺者歸而皆言晉軍且至梁太祖夜拔營去蓨縣人追擊之梁軍棄其輜重鎧甲不可勝計梁太祖方病由是增劇而晉軍以故得并力以收燕者二人之力也後從莊宗入魏博敗劉鄩於故元城累以功歷貝相二州刺

史十八年晉軍討張文禮於鎮州建瑭以先鋒兵下趙州執其刺史王鋋兵傳鎮州建瑭攻其城門中流矢卒年四十二

五代史
唐臣傳

張敬達

張敬達字志通代州人也小字生鐵少以騎射事唐莊宗爲廳直軍使明宗時爲河東馬步軍都指揮使領欽州刺史累遷彰國大同軍節度使徙鎮武信晉昌淸泰二年契丹數犯邊廢帝以河東節度使石敬瑭兼大同彰國振武威塞等軍蕃漢馬步都總管屯於忻州屯兵聚譟遮敬瑭呼萬歲敬瑭斬三十餘人以止之廢帝疑敬瑭有異志乃以敬達爲北面

副總管以分其兵明年徙敬瑭鎮天平遂以敬達爲大同彰國振武威塞等軍馬步都部署敬瑭因此遂反卽以敬達爲太原四面招討使六月兵圍太原敬達爲長城連柵雲梯飛礮以攻之所爲城柵將成輒有大風雨水暴至壞之敬瑭求救於契丹九月耶律德光自雁門入旌旗相屬五十餘里德光先遣人告敬瑭曰吾欲今日破敵可乎敬瑭報曰大兵遠來而賊勢方盛要在成功不必速也使者未復命而兵已交敬達陣於西山契丹以羸騎三千革鞭木鐙人馬皆不甲冑以趨唐軍唐軍爭馳之契丹兵至追至汾曲伏發斷唐軍爲二其在北者皆死死者萬餘人敬達收軍柵晉安契丹圍之

廢帝遣趙延壽趙延光等救之延壽屯團柏谷延光屯遼州相去皆百餘里契丹兵圍敬達者自晉安寨南長百餘里闊五十里敬達軍中望之但見穹廬連屬如岡阜四面互以毛索掛鈴爲警縱火往來敬達軍中有夜出者輒爲契丹所得由是閉壁不敢復出延壽等皆有二心無救敬達意敬達猶有兵五萬人馬萬匹久之食盡削木篩糞以飼其馬馬死者食之已而馬盡副招討使楊光遠勸敬達降敬達自以不忍背唐而救兵且至光遠促之不已敬達曰諸公何相迫耶何不殺我而降光遠卽斬敬達降契丹耶律德光聞敬達死哀其忠遣人收葬之五代史死事傳

右後唐四八

史匡翰

史匡翰建瑭子尚晉高祖女是爲魯國長公主匡翰爲將沈毅有謀而接下以禮與部曲語未嘗不名歷天雄軍步軍都指揮使彰聖馬軍都指揮使事晉爲懷和二州刺史鄭州防禦使義成軍節度使所至兵民稱慕之史氏世爲將而匡翰好讀書尤喜春秋三傳與學者講論終日無倦義成軍從事關徹尤嗜酒嘗醉罵匡翰曰近聞張彥澤臠割張武未見史匡翰斬關徹天下談者未有偶耳匡翰不怒引滿自罰而慰勉之人皆服其量卒年四十史建瑭傳朱彝尊晉義成節度使駙馬都尉史匡翰碑跋史

駙馬臣翰墓在太原縣東北三十里黃陵村墓碑深陷於地村民語余土不可掯掯之尺則更深余强令掯之以畚去土至一尋龜趺始露驗之則陶學士穀所撰文也辭多駢麗乃鈔撮其大略云天祐中授代州副使以勞加銀青光祿大夫檢校太子賓客兼監察御史改遼州副使兼領九府都督同光初充嵐憲朔等州都游奕使解職授天雄軍牢城都指揮使遷檢校刑部尚書兼御史大夫上柱國轉檢校戶部尚書尋州刺史未幾改天雄軍步軍都指揮使遷侍御彰聖馬軍都指揮使並九府都督進檢校司空懷州刺史轉控鶴指揮使加金紫階兼和州刺史駙馬都尉食邑五百戶俄遭內艱起復授冠軍大將軍右金吾衞大將軍員外置同正員依前充義成軍節度使以天福七年三月薨於鎮詔贈太保其先後歷官詳矣然史稱其歷鄭州而碑不書何歟又傳美其好讀書尤喜春秋三傳與學者講論不倦碑詞亦云懷鼓篋之心行有餘力蘊飛箝之辨似不能言不積財而但富藏書不憂家而惟思報國求諸時彥罕有倫焉則與史傳合矣

右後晉一人

扈彥珂

扈彥珂代州雁門人幼事王建立以謹厚稱晉天福中建立節制潞州卒遺表薦彥珂得補河東節度左都押衙會漢祖自太原建號擢爲宣徽南院使未幾授鎮國節度華商等州觀察處置等使乾祐初河中李守貞永興趙思綰鳳翔王景崇並據城叛周祖爲樞密使總兵出征道出華州時議多以先討景崇思綰爲便周祖意未決彥珂曰三叛連衡推守貞爲主宜先擊河中河中平則永興鳳翔失勢矣今舍近圖遠若景崇思綰逆戰於前守貞兵其後腹背受敵爲之奈何周祖從其言及平河中以功遷護國軍節度時蒲人雕弊思得良帥鎮撫彥珂暗弱朝議少之廣順初就加同平章事移鎮

滑州歲餘代歸與鳳翔趙暉俱獻緡帛請開宴不許以滑州
李守貞宅賜之世宗嗣位授左衞上將軍顯德三年以老疾
上章求退授開府儀同三司太子太師致仕歸西京太祖郎
位遣使就賜器幣數月卒年七十五宋史本傳

右後周一人

李承嗣

李承嗣代州鴈門人父佐方承嗣少仕郡補右職中和二年
從武皇討關輔爲前鋒王師之攻華陰黃巢令僞客省刺史
王汀會軍機於黃撰承嗣擒之以獻賊平以功授汾州司馬
改榆次鎮將光啓初從討蔡賊於陳許上源之難遣承嗣奉

表行在陳訴其事觀軍容使田令孜館而慰諭令達情於武皇姑務協和仍授以左散騎常侍朱玫之亂遣承嗣率軍萬人援鄜州至渭橋迎扈車駕王行瑜既殺朱玫承嗣會鄜夏之師入定京城獲僞相裴徹鄭昌圖函送朱玫襄王首獻行在駕還宮賜號迎鑾功臣檢校工部尙書守嵐州刺史賜犒錢二萬貫時車駕初還三輔多盜承嗣按兵警禦輦轂乂安及還屯於鄜留别將馬嘉福五百騎宿衛孟方立之襲遼州也武皇遣承嗣設伏於榆社以待之邢人既至承嗣發伏擊其歸兵大敗之獲其將奚忠信以功授洺州刺史及張濬之加兵於太原也時鳳翔軍營霍邑承嗣率一軍攻之岐人夜

遁追擊至趙城合大軍攻平陽旬有三日而拔師還改教練
使檢校司徒乾甯二年兗鄆爲汴人所攻勢漸危屢使乞師
於武皇遣承嗣率三千騎假道於魏渡河援之時李存信屯
於莘縣既而羅宏信背盟掩擊王師因茲隔絶及瑄瑾失守
承嗣與朱瑾史儼同入淮南承嗣史儼皆驍將也淮人得之
軍聲大振武皇深惜之如左右手乃遣趙岳間道使於淮南
請歸承嗣等楊行密許之遣使陳令存脩好於武皇其年九
月汴將龐師古葛從周出師將收淮南朱瑾帥淮南軍三萬
與承嗣設伏於淸口大敗汴人生獲龐師古行密嘉其雄才
留而不遣仍奏授檢校太尉領鎭海軍節度使天祐九年淮

人聞莊宗有柏鄉之捷乃以承嗣爲楚州節度使以張犄角十七年七月卒於楚州年五十五舊五代史本傳

史儼

史儼代州雁門人以便騎射給事武皇爲帳中親將驍果絕衆善擒生設伏望塵揣敵所向皆捷自武皇入定三輔誅黄巢每出師皆從乾甯中從討王行瑜師次渭北遣儼帥五百騎護駕石門時京師大擾士庶奔逃散布南山儼分騎警衛比駕還京盜賊不作以功授檢校右散騎常侍屯於三橋者累月昭宗寵錫優異明年與李承嗣率騎渡河援兗鄆時汴軍雄盛自青徐兗鄆柵壘相望儼與騎將安福順等每以數

十騎直犯營壘左俘右斬汴軍爲之披靡攷謬史儼拔兗鄆在乾甯二年冬是書梁太祖紀擒蕃将安福順然則安福順不當與史儼同行疑傳文有訛字及朱瑾失守與李承嗣等奔淮南淮人比善水軍不閑騎射既得儼等軍聲大振尋挫汴軍於淸口其後併鍾傳擒杜洪削錢鏐成行密之霸迹者皆儼與承嗣之力也淮人館遇甚厚妻孥第舍必推其甲故儼等盡其死力天佑十三年卒於廣陵舊五代史本傳

右十國吳二人通志五代載李存進與史儼李承嗣並列之後唐案存進振武人唐振武軍在朔州北三百餘里今歸化城地若代州之振武衛置自前明不相沿也承嗣史儼皆終於吳不當書於唐臣之前茲並釐正史儼周志書

爲李儼由歐史吳世家載天復二年唐昭宗遣江淮宣諭使李儼封楊行密爲吳王彼未見薛史史儼本傳遂誤以爲一人也

代淵

代淵字蘊之本代州人唐末避地導江家世爲吏有陰德淵性簡潔事親以孝聞受學於李畋張逵年四十鄉人更勸舉進士甲科得清水主簿歎曰祿不及親何所爲耶還家教授坐席常滿安撫使舉鳳州團練推官不就知益州楊日嚴又薦之遂以太子中允致仕謝絕諸生著周易旨要老佛雜說數十篇田況上其書自太常丞改祠部員外郎晚年日茶食

巾褐山水間自號虛一子長吏歲時致問澹然與對略不及私嘉祐二年九月有疾召術士擇日云丙申吉頷之是日沐浴而絕宋史隱逸傳

僧眞寶

僧眞寶代州人爲五臺山僧正學佛能外死生靖康之擾與其徒習武事於山中欽宗召對便殿眷賚隆縟眞寶還山益聚兵助討州不守敵衆大至晝夜拒之力不敵寺舍盡焚酋下令生致眞寶至則抗詞無撓酋異之不忍殺也使郡守劉騊誘勸百方終不顧且曰吾法中有口回之罪吾既許宋皇帝以死豈當妄言也怡然受戮北人聞見者咸歎異焉宋史忠義

傳。來集之樵書。今之武藝。天下莫不讓少林。其次爲伏牛。其次爲五臺。五臺之傳本於楊氏女。世所傳楊家槍是也。案李全妻楊妙眞善槍。時稱楊姑姑。自云二十年梨花槍天下無敵。見宋史李全傳。在金末元初。其傳至五臺不知何時。觀眞寶傳。則臺僧之習武事北宋已然。世俗以楊家槍爲出自楊業家。雖附會非無因也

右宋二人僧眞寶前志並入仙釋然爲國捐軀不可以方外例也宋史列之忠義是矣

李師雄

李師雄字伯威雁門人也有材力喜談兵慕古之英雄故名師雄宋宣和中以騎射登科累官大名清平尉王師至大名師雄與府僚出降攝本路兵馬都監齊國建以爲大總管先鋒都統制知淄州齊廢爲汴京馬軍都虞候歷知甯海軍曹

州刺史皇統二年爲武勝軍節度正隆末爲河州防禦使宋將吳璘軍攻秦隴會師雄以事就逮臨洮宋兵至城下州人乘城拒守謀欲出降師雄止之宋將權儀鞭馬方上浮橋師雄射之墜於橋下遂擒權儀宋師退後從元帥左監軍徒單合喜以兵攻河州有功未幾以疾歸汴卒金史本傳

禹顯

禹顯雁門人貞祐初隸上黨公張開累有戰功授義勝軍節度使兼沁州招撫副使元光二年四月大帥達兒斛按察兒攻河東張開還顯扼龍豬谷夾攻敗之擒元帥韓光國獲輜重甲仗甚眾追至祁縣而還所歷州縣悉復之顯將軍二百

人守襄垣八年不還大帥嘗集河朔步騎數千攻之至於數
四不能拔既而戰於王女寨大獲開言於朝擢元帥府都監
正大六年冬十一月軍內變城破被執帥義之不欲加害初
以鐵繩鈐之既而密於舊部曲二十人遁去聞上黨公軍復
振將往從之大兵四向來追顯適與眞金一兵相失匿飯山
寺中僧走報焉被執不屈死時年四十一金史忠義傳

右金二人

弋謙

弋謙代州人永樂九年進士除監察御史出按江西言事忤
旨貶峽山知縣復坐事免歸仁宗在東宮素知謙骨鯁及嗣

位召爲大理少卿直陳時政言官吏貪殘政事多非洪武之舊及有司誅求無藝帝多採納既復言五事詞太激帝乃不懌尚書呂震吳中侍郎吳廷用大理卿虞謙等因劾謙誣罔都御史劉觀令衆御史合糾謙帝召楊士奇等言之士奇對曰謙不諳大體然心感超擢思欲圖報耳主聖則臣直惟陛下優容帝乃不罪謙然每見謙詞色甚厲士奇從容言陛下詔求直言謙言不當觸怒外廷悚惕以言爲戒今四方朝覲之臣皆集闕下見謙如此將謂陛下不能容直言帝惕然曰此固朕不能容亦呂震輩迎合以益朕過自今當置之遂免謙朝參令專視司事未幾帝以言事者益少復召士奇曰朕

怒謙矯激過實耳朝臣遂月餘無言爾語諸臣白朕心士奇曰臣空言不足信乞親降璽書遂令就榻前書敕引過曰朕自卽位以來臣民上章以數百計未嘗不欣然聽納苟有不當不加譴訶羣臣所共知也間者大理少卿弋謙所言多非實事羣臣迎合朕意交章奏其賣直請置諸法朕皆拒而不聽但免謙朝參而自是以來言者益少今自去冬無雪春亦少雨陰陽愆和必有其咎豈無可言而爲臣者懷自全之計退而默默何以爲忠朕於謙一時不能含容未嘗不自愧咎爾羣臣勿以前事爲戒於國家利弊政令未當者直言勿諱謙朝參如故時中官採木四川貪横帝以謙清直命往治之

擢謙副都御史賜鈔以行遂罷採木之役宣德初交阯右布政戚遜以貪淫黜命謙往代王通棄交阯謙亦論死正統初釋爲民土木之變謙布衣走闕下薦通及甯懋阮遷等十三人皆奇才可用衆議以通副石亨謙請專任通事遂寢廷臣以謙負重名奏留之亦不報景泰二年復至京疏薦通等不納罷歸未幾卒明史本傳

孫璽

孫璽字廷信代州人舉於鄉知扶風縣都御史藍章以略陽漢中要地舊無城檄璽往城之工未畢賊至縣令嚴順欲去璽拔刀斫几日欲去者視此乃率僚屬堅守數日城陷璽被

執大罵不屈賊臠殺之順逃去誣璽俱逃溺於江以他人尸斂璽子啟視非是訟於朝勘得死節狀贈光祿少卿賜祭予蔭抵順罪明史忠義傳

崔元

崔元代州人尚憲宗次女永康公主世宗入繼以迎立功封京山侯給誥券禮部言奉迎乃臣子之分遽膺封爵無故事帝曰永樂初年太宗入繼大統駙馬都尉王甯以翊戴功封永春侯何得言無故事給事中底蘊御史高越等連章論其不可皆不聽已坐張延齡事下詔獄尋釋元好交文士播聲譽寵幸優渥勛臣戚畹莫敢望焉嘉靖二十八年卒贈左柱

國太傅兼太子太傅謚榮恭駙馬封侯贈官不以軍功自元

明史公主傳

封京山侯崔元四代敕誥制曰家慶有餘始積善豈一朝之故國恩從厚追封極三代之榮蓋裕後而光前將勸忠而教孝爾崔璟乃駙馬都尉京山侯元之曾祖父園林養性詩禮傳家宗姻敦孝友之規鄉里沐涫良之化居惟求志善不近名考厥平生古人之風如在至於三世君子之澤愈長旣錫爵於侯封乃遡原於祖德賞由功懋命與階隆茲特贈爲京山侯五等加榮蓋禮文之特異九原增重庶靈爽之猶存制曰教始宜家福澤亦由於太母德惟念祖恩光必及於重闈天人之始報不差禮典之哀榮當備爾田氏乃駙馬都尉京山侯崔元之曾祖母系出德門來歸名閥靜而守禮動必有儀躬勤儉以起家克偕夫志篤仁慈以濟物茂著賢聲善慶方延門閭益大肆河山之盟旣及其苗裔而雨露之澤宜溉其本根茲特贈爲京山侯夫人翟冠霞帔命雖不逮於當年寶軸琅函恩實有光於後代制曰君錄臣功有加封之盛典祖由孫顯亦報本之至情爰渙號於明廷覃恩於幽穸爾山東濟南府泰安州判官崔震乃駙馬都尉京山侯元之祖重厚之質通敏之才早倅名州心獨勞於民瘼每多異政望素協於官評惟積善行義於生前肆衍慶

遺休於身後眷乃孫枝之懿爲予戚屬之英身際亨嘉拜丹
書之寵命恩隆推錫頒紫誥之榮名茲特贈爲京山侯瞑目
泉臺載感渥恩之重傳芳世牒益昭潛德之光制曰國有親
賢宜重報功之禮恩加祖妣用酬追遠之思故官旣陟於崇
階則封必異於常數爾薛氏乃駙馬都尉京山侯元之祖母
早承姆訓歸相良人性質幽閒美萃一門之內庭闈雍睦祥
鍾再世之餘位秩偕崇勳名並著大啟爾宇時已際於風雲
無忝所生念豈忘於水木宜昭懿德載布徽章茲特贈爲京
山侯夫人命自天申庶潛通於泉壤澤隨世及尚遣施於雲
礽制曰子之於父難酬教育之恩君之於臣恆體顯揚之志
肆論功而行賞宜錫類以追榮忠孝是關古今所重爾承事
郎東城兵馬指揮司副指揮崔儒乃駙馬都尉京山侯元之
父性資樸茂行履安和勵志詩書業早成於胄監居家孝友
名式重於鄉邦眷冢嗣之亢宗自妙齡而尚主推恩受職已
荷先朝進爵貤封宜申後命茲特贈爲京山侯五等儀章肅
示非常之寵百年邱隴永垂不朽之光制曰婦德承夫旣有
含章之美母貴因子可無渙號之恩顧典禮之加隆亦彝章
之當厚爾封孺人劉氏乃駙馬都尉京山侯之母秀出名家
禮歸望族母儀有則婦道無愆蒸嘗克謹於蘋蘩儉約不忘
乎荆布閨門胥睦里黨稱賢素積善於慈闈乃生令子早聯

姻於帝室，遂荷榮封，載推胙土之恩，式重循陔之念，茲特贈爲京山侯夫人，綸言示寵，匪徒慰靈爽於重泉，世祿相承，亦以衍慶源於奕葉。制曰：爵以馭貴，漢封莫重於通侯；賞以酬功，虞典每隆於延世。況尚主在懿親之屬，而中興論翊戴之勞，彝典具存，疏封奚恡。咨爾駙馬都尉崔元，三晉名家，累朝貴戚，才猷敏達，德器温和，早承釐降之榮，克儷肅雍之美，動循禮法，不挾貴以驕人，獨尚詩書，每以文而會友。朕方由潛藩而入承大統，爾實涉遠道而親捧勑符，勤勞盡爲國之誠，謀慮中投機之會，爰加爵邑，庸示寵光，位次上公，既已參華於五等，恩覃後裔，豈徒食報於一時。茲特封爾爲奉天翊衛推誠宣力武臣、特進榮祿大夫、柱國、京山侯，食祿一千五百石，子孫世世承襲。龍虎風雲，感遭時之不偶；河山帶礪，願與國以咸休。惟恭儉可以保祿位於無窮，惟忠孝可以立功名於不朽。往綏福履，茂對訓詞，欽哉。

楊恂

楊恂，字伯純，代州人。萬歷十一年進士，授行人，擢刑科給事中。錦衣宂官多至二千人，請大加裁汰，不用。累遷戶科都給事中征倭師多冒破帑金請嚴勅邊臣而刻武庫郎劉黄裳侵耗黄裳卒罷尋上節財四議格不行御史冀體極論首輔趙志臯貶三秩復斥爲民恂論志臯并及張位曰今之議執政者僉曰擬旨失當也貪鄙無爲也是固可憂而所憂有大於是者許茂橓罷閒錦衣厚齎金玉爲奸被人緝獲使大臣清節素孚彼安敢冒昧如此乃緝獲者被責而行賄者不問欲天下澄清其可得耶可憂者一楊應龍負固不服執政貪其重餌與之交通如近日綦江捕獲奸人得所投本兵及提督巡捕私書其餘四緘及黄金五百白金千虎豹皮數十不言所投臣細問播人始囁嚅言曰求票擬耳夫票擬輔臣是

也而使小醜得以利動哉可憂者二一推陞者吏部職也邇來紛專擅之說以蠱惑聖聰陛下入其言而疑之於是內託上意外諉廷推或正或陪惟意所欲苟兩者俱無當則駁令更推少不如意譴謫加焉儻謂簡在帝心非政府所預何所用者非梓里姻親則門牆密契也如是而猶曰吏部專擅乎可憂者三言官天子耳目糾繩獻納其職也邇來進朋黨之說以激聖怒陛下納其譖而惡之於是假託天威肆行胸臆非顯斥於建白之時則陰中於遷除之日儻謂斷自宸衷無可挽救何所斥者非宿昔積怨則近日深讎也如是而猶謂言官結黨乎可憂者四首輔志皐日薄西山固無足責位素負

物望乃所爲若斯且其機械獨深朋邪日衆將來之禍更有難言者請罷志皋而防位嚴飭陳千陛沈一貫毋效二人所爲疏入忤旨以原品調陝西按察經歷引疾歸久之吏部尚書蔡國珍起廢及恂未召卒明史本傳

張鳳翼

張鳳翼代州人萬歷四十一年進士授戶部主事歷廣甯兵備副使憂歸天啟初起右參政飭遵化兵備三年五月擢右僉都御史巡撫遼東請專守關門與樞輔孫承宗異議丙艱歸六年秋起巡撫保定明年九月以三王之藩加兵部右侍郎進右都御史兼兵部右侍郎總督薊遼崇禎元年謝病去

三年起總督薊遼保定軍務與諸將馬世龍等協謀復四城進太子少保兵部尚書世廕錦衣指揮僉事鳳翼以西協單弱疏陳增良將宿重兵備火器預軍儲遠哨探數事從之已復謝病去久之召爲兵部尚書六年二月與吏部尚書李長庚召對平臺諭以爲國任事潔已率屬鳳翼頓首退尋以宣大兵寡上言國初額軍宣府十五萬一千今止六萬七千人大同十三萬五千今止七萬五千人乞兩鎮各增募萬人分營訓練且月餉止五錢安能致赳桓之士乞一人食二餉從之七年以恢復功加太子太保請命三邊總督兼督河南山西湖廣軍務賊將南犯請移江北巡撫楊一鵬鎮鳳翔温體

仁不聽八年鳳翔陷戴罪視事請令朱大典鎮鳳翔推盧象
升爲總理鳳翼又言剿賊之役原議集兵七萬二千隨賊所
向以殄滅爲期督臣以三萬分布豫楚數千里地力薄又久
戍生疾故尤世威徐來朝俱潰以二萬人布散三秦千里內
勢分又孤軍無援故艾萬年曹文詔俱敗今既益以祖寬李
重鎮倪寵牟文綬兵萬二千又募楚兵七千合九萬有奇兵
力厚矣賊在關內者屬總督關外者屬總理儻賊盡出關則
總督合剿於豫盡入關則總理合剿於秦臣更有慮者賊號
三四十萬更番迭出勢重而力合我零星四應勢寡而力分
賊所至因糧於我人皆宿飽我所至樵蘇後爨動輒呼庚賊

馬多行疾一日而十舍可至我步多行緩三日而重繭難馳衆寡飢飽勞逸之勢相懸如此賊何日平乞嚴飭兩督臣以一二萬人爲一軍俾前茅後勁中權聯絡相貫然後可制賊而不爲賊制今賊大勢東行北有黃河南有長江東有漕渠彼無舟楫豈能飛越我兵從西北窮追尤易爲力此防河阨險目前要策所當申飭者也上稱善命速行之鳳翼自請督師討賊不允九年請勅河南鄖陽陝西三巡撫各督將吏阨防毋使軼出四川湖廣兩巡撫移師近界聽援剿而總理二臣以大軍入山蹙之且嚴遏米商遏販賊可盡上以爲然七月賜上方劍盡督諸鎮勤王兵治軍書不休九月朔卒奪官

十一年七月論前剿寇功詔敘復自庚辰後易中樞十四人皆不久獲罪鳳翼獨居位五載言官屢劾皆不聽明史本傳從通志節略

孫傳庭

孫傳庭字伯雅代州振武衛人自父以上四世舉於鄉傳庭儀表頎碩沈毅多籌略萬歷四十七年成進士授永城知縣以才調商邱天啟初擢吏部驗封主事屢遷稽勳郎中請告歸家居久不出崇禎八年秋始還驗封郎中超遷順天府丞陝西巡撫甘學闊不能討賊秦之士大夫譁於朝乃推邊才用孫傳庭以九年三月受代傳庭涖秦嚴徵發期會一從軍

興法秦人愛之不如總督洪承疇然其才自足辦賊賊首整齊王據商雒諸將不敢攻檄副將羅尚文擊斬之當是時賊亂關中有名字者以十數高迎祥最强拓養坤黨最衆所謂闖王蝎子塊者也傳庭設方略親擊迎祥於盩厔之黑水峪禽之及其僞領哨黃龍總管劉哲獻俘闕下錄功增秩一等而賊黨自是乃共推李自成爲闖王矣明年養坤及其黨張耀文來降已而養坤叛去諭其下追斬之擊賊惠登相於涇陽三原登相西走河南賊馬進忠劉國能等十七部入渭南追之出關復合河南兵夾擊之先後斬首千餘級進忠等復擾商雒藍田叛卒與之合將犯西安遣左光先曹變蛟追走

之渭南降其渠一條龍招還脅從募健兒擊餘賊斬聖世王瓦背一翅飛降鎮天王上山虎又殲白捍賊渠魁數人關南稍靖遣副將盛略等敗賊大天王於寶雞賊走入山谷傳庭追之鳳翔他賊出棧道謀越關犯河南還軍擊賊走伏斜谷復大敗之降其餘衆西安四衛舊有屯軍二萬四千田二萬餘頃其後田歸豪右軍盡虛籍傳庭釐得軍餘萬一千有奇歲收屯課銀十四萬五千餘兩米麥萬三千五百餘石帝大喜增秩賚銀幣會楊嗣昌入爲本兵條上方略洪承疇以秦督兼勦務而用廣撫熊文燦爲總理分四正六隅馬三步七計兵十二萬加派至二百八十萬期百日平賊傳庭移書爭

之曰無益且非特此也部卒屢經潰蹶民力竭矣恐不堪命必欲行之賊不必盡而害中於國家累數千言嗣昌大忤部議秦撫當一正面募土著萬人給餉銀二十三萬以商雒等處爲汛守傳庭知其不可用也乃核帑藏蠲贖鍰得銀四萬八千市馬募兵自辦滅賊具不用部議會諸撫報募兵及額傳庭疏獨不至嗣昌言軍法不行於秦自請白衣領職以激帝怒傳庭奏曰使臣如他撫籍郡縣民兵上之遂謂及額則臣先所報屯兵已及額矣況更有募練馬步軍數且踰萬何嘗不遵部議至百日之期商雒之汛守臣皆不敢委然使賊入商雒而臣不能禦則治臣罪若臣扼商雒而踰期不能滅

賊誤勦事者必非臣嗣昌無以難然銜之彌甚傳庭兩奉詔進秩當加部銜嗣昌抑弗奏十一年春賊破漢陰石泉則坐傳庭失援削其所加秩傳庭出扼商雒大天王等犯慶陽寶雞還軍戰合水破走之獲其二子追擊之延安過天星混天星等從徽秦趨鳳翔逼澄城傳庭分兵五道擊之楊家嶺黃龍山大破之斬首二千餘級大天王知二子不殺遂降賊引而北犯延安傳庭策鄜州西合水東三四百里荒山邃谷賊入當自斃乃率標兵中部遏其東檄變蛟慶陽拒其西伏兵三水湻化間賊饑出掠食則大張旗幟鳴鼓角以邀之一日夜馳二百五十里賊大驚西奔至職田莊遇伏而敗復走寶

雞取棧道再中伏大敗折而走隴州關山道又爲伏兵所挫三敗賊死者無算過天星混天星並降又逐賊郃甯間陷陣獲其渠河南賊馬盡忠馬光玉驅宛洛之衆箕張而西傳庭擊之賊還走又設伏於潼關原變蛟逐賊入伏而闖王李自成者爲洪承疇所逐盡亡其卒以十八騎潰圍遁關中羣盜悉平是爲崇禎之十一年春也捷聞大喜先敘澄城之捷命加傳庭部銜嗣昌仍格不奏當是時總理熊文燦主撫湖廣賊張獻忠已降惟河南賊如故羅汝才馬盡忠賀一龍左金王等十三部西窺潼關聯營數十里傳庭計曰天下大寇盡在此矣我出擊其西總理擊其東賊不降則滅此賊平天下

無賊矣獻忠卽狙伏無能爲也乃遂引兵東大敗賊閿鄉靈寶山間貫其營而東復自東以西賊窮甚以文燦招降手諭上言旦夕且降傳庭曰爾曹日就熊公言撫而日攻堡屠寨不已是僞也降卽解甲來有說卽非眞降吾明日進兵矣明日擐甲而出得文燦檄於途中曰毋妬吾撫功又進得本兵嗣昌手書亦云傳庭怏怏撤兵還然賊迄不就撫移瞰商雒文燦悔期傳庭夾擊屬吏王文清等三戰三敗之賊奔內鄉淅川而去傳庭旣屢建大功其將校數奏旨優敘嗣昌務抑之不爲奏傳庭懇請上其籍於部嗣昌曰需之十月京師戒嚴召傳庭及承疇入衞擢兵部右侍郎兼右僉都御史代總

督盧象升督諸鎮援軍賜劍當是時傳庭提兵援近郊與嗣昌不協又與中官高起潛忤降旨切責不得朝京師承疇至郊勞且命陛見傳庭不能無觖望無何嗣昌用承疇以爲薊督欲盡留秦兵之入援者守薊遼傳庭曰秦軍不可留也留則賊勢張無益於邊是代賊撤兵也秦軍妻子俱在秦兵日殺賊以爲利久留於邊非譁則逃不復爲吾用必爲賊用是驅民使從賊也安危之機不可不察也嗣昌不聽傳庭爭之不能得不勝鬱鬱耳遂聾傳庭初受命疏言年來疆事決裂由計畫差謬事竣當面請決大計明年帝移傳庭總督保定山東河南軍務既解嚴疏請陛見嗣昌大驚謂傳庭將傾之

斥來役賞疏還之傳庭傳庭愠引疾乞休嗣昌又劾其託疾非眞聾帝遂發怒斥爲民下巡撫楊一儁覈眞僞一儁奏言眞聾非託疾並下一儁獄傳庭長繫待決舉朝知其冤莫爲言在獄三年文燦嗣昌相繼敗而是時闖王李自成者已攻破河南矣帝思傳庭言朝士薦者益衆十五年正月起兵部右侍郎親御文華殿問剿賊安民之策傳庭侃侃言帝嗟歎久之命將禁旅援開封開封圍已解賊殺陝督汪喬年帝卽命傳庭代往大集諸將於關中縛援剿總兵賀人龍坐之麾下數而斬之威讋三邊日夜治軍爲平賊計而賊遂已再圍開封詔御史蘇京監延甯甘固軍趣傳庭出關上言兵新募

不堪用帝不聽不得已出師以九月抵潼關大雨連旬自成決馬家口河灌開封已陷傳庭趣南陽自成西行逆秦師傳庭設三覆以待賊潰東走斬首千餘追三十里及之郟縣之冢頭賊棄甲仗軍資於道秦兵趨利賊反乘之諸軍皆潰傳庭走鞏由孟入關是役也天大雨糧不至士卒採青柿以食凍且餒故大敗豫人所謂柿園之役也傳庭既歸陝西計守潼關扼京師上游且我軍新集不利速戰乃益募勇士開屯田繕器積粟士六夫厭苦傳庭所為用法嚴不樂其在秦相與譁於朝曰秦督翫寇矣又相與危語恫脅之曰秦督不出關收者至矣明年五月命兼督河南四川軍務尋進兵部尚

書改稱督師加督山西湖廣貴州及江南北軍務賜劍趣戰益急傳庭頓足歎曰奈何乎吾固知往而不返也不得已遂再議出師總兵牛成虎將前鋒高傑將中軍王定官撫民將延甯兵爲後勁白廣恩統火車營檄左良玉赴汝甯夾擊當是時自成已據有河南湖北十餘郡將由內淅窺商雒盡發荆襄兵會於汜水滎澤伐竹結筏人佩三壺盧將謀渡河傳庭分兵防禦八月十日出師潼關次於關鄉二十一日次陝州檄河南諸軍渡河進剿九月八日師次汝州僞都督李養純降言賊虛實諸賊老營在唐縣僞將吏屯寶豐自成精銳盡聚於襄城遂破賊寶豐斬僞州牧陳可新等遂擣唐縣破

之殺家口殆盡賊滿營哭轉戰至郟縣遂擒僞果毅將軍謝君友斫賊坐纛尾自成幾獲大軍遂進逼襄城賊懼謀降自成曰我殺王焚陵罪大矣姑決一死戰不勝則殺我而降未晚也而大軍時皆露宿與賊持久雨道溢糧車不能前士饑攻郟破之獲馬驘噉之立盡雨七日夜不止後軍譁於汝州賊大至流言四起不得已還軍迎糧留陳永福爲後拒前軍既移後軍亂永福斬之不能止賊追及之南陽官軍還戰賊陣五重饑民處外次步卒次馬軍又次驍騎老營家口處內戰破其三重賊驍騎殊死鬭我師稍動廣恩單將火車者呼曰師敗矣脫輓輅而奔車傾塞道馬挂於衡不得前賊騎陵

而騰之步賊手白棓遮擊自成空壁躡我一日夜官兵狂奔四百里至於孟津死者四萬餘傳庭單騎渡垣曲由閿鄉濟賊乘勝破潼關大敗官軍傳庭與監軍副使喬遷高躍馬大呼而歿於陣尸竟不可得傳庭死關以內無堅城矣初傳庭之出師也自分必死顧語繼妻張夫人曰爾若何夫人曰丈夫報國耳毋憂我及西安破張率二女三妾沈於井揮其八歲兒世甯亟避賊去之兒踰牆墮民舍中一老翁收養之長子世瑞聞之重趼入秦得夫人尸井中面如生翁歸其弟相扶攜還道路知與不知皆泣下傳庭死時年五十有一矣再出師皆以雨敗也。明史本傳

畢振姬督師孫公傳贊先生死事之臣也世之論者略其大而責其小

謂先生失御左帥殺賀帥不從自帥守關而任自救之高傑以其饑軍決勝於無糧之地必敗賀人龍圖敗官軍屢矣彼以戰場要市不殺何施良玉久持獻忠不欲先用其衆於兩敵之間卒惰也詔良玉勤王會有一騎過河無有哉廣恩號知兵兵交先去不可倚以守關亦審矣賀必走高平左必失期垓下廣恩亦爲韓陵之爾朱弗績兵法五百里而轉餉者蹶上將饑軍爭利敗固當也先生乘屢勝之威從天而下洛陽此時堅約束守便宜通河北山西糧道賊豈敢越我而西哉賊既西犯潼關林言向讓之來路守關者所知坐令自成繞關後何知勇之不忠也賊雖入關若以四萬兵背城視戲下之囚徒萬倍終以走死死辱然哥舒翰死不識聖人先生死事遂其由來以身許國之志丈夫哉若乃轉輸之事則有司存師行而糧不踵軍棄之也大帥棄師貴死先後督師無全者是以約束不堅便宜卒不可守也悲夫

吳偉業雁門尚書行幷序

雁門尚書行爲大司馬白谷孫公作也公代州人地故雁門郡長身伉爽才武絶人其用秦兵也將憑巖關爲持久且固將吏心秦士大夫弗善也累檄趣之戰不得已始出天淫雨糗糧不繼師大潰潼關陷獨身橫刀衝賊陣以殁從騎俱散不能得其屍公之出也自念必死顧語張夫人夫人曰丈夫報國耳無憂我西安破率二女三妾沈於井揮

其八歲兒以去兒踰垣避賊匿民舍中有老翁者善衣食之
二年公長子世瑞重趼入秦得夫人屍貌如生老翁歸以弟
相扶還見者泣下蓋公素有德秦人云余門人馮君訥生公
同里人作潼關行紀其事余曾識公於朝因感賦此什公死
而天下事以去然其敗由趣戰且大雨糧絶此固天意抑本
廟謨未可專以責公也公之參佐惟監軍道喬公以明經奏
用能不負公潼關之破同日死名遷高定襄人雁門尚書受
專征登壇顧眄三軍驚身長八尺左右射坐上咄叱風雲生
家居絶塞愛死士一日費盡千黃金讀書致身取將相關西
鼠子方縱橫長安城頭揮羽扇臥甲韜弓不忘戰持重能收
壯士心沈機好待凶徒變忽傳使者上都來夜半星馳馬流
汗覆轍甯堪似往年催軍還用松山箭尚書得詔初沈吟蹶
起橫刀忽長嘆我今不死非英雄古來得失詎由算椎牛誓
衆出潼關墟落蕭條轉餉難六月炎蒸驅萬馬二崤風雨斷
千山雄心慷慨宵飛檄殺氣憑陵老據鞍掃篝謀成頻撫劍
量沙力盡爲傳餐尚書戰敗追兵急退守巖關收潰卒此地
乘高足萬全只今天險嗟何及蟻聚蜂屯已入城持矛瞋目
呼狂賊戰馬嘶鳴失主歸橫尸撐距無能識烏鳶啄肉北風
寒寡鵠孤鸞不忍看願逐相公忠義死一門恨血土化斑故
園有子音書絶句注烽烟路百盤欲走雲中穿紫塞別尋奇

道訪長安長安到日添悲哽蘭足荆榛見胥井轆轤繩斷野
苔生幾尺枯泉浸形影永夜會歸風露清經秋不化冰霜冷
二女何年駕碧鸞三姬無冢埋紅粉複壁藏兒定有無破巢
窮鳥問將雛時來作使千兵勢運去流離六尺孤旁人指點
牽衣袂相看一慟眞吾弟訣絕難爲老母心護持始識遺民
意回首潼關廢壘高知公於此葬蓬蒿沙沈白谷魂應在雨
洗金瘡恨未消渭水無情自東去殘鴉落日藍田樹青思誰
人哭蘇碑赤眉銅馬知何處嗚呼材官鐵騎看如雲不降卽
走徒紛紛尙書養士三十載一時同死何無人至今惟說喬
參軍　趙三麒潼關行朝行潼關道暮入潼關門入門長嘆
息嘆息弔忠魂昔年旱魃長猰貐賊灌汴城偏逢雨南川民
社白骨流北岸撥師尙歌舞舞殘頓解鴛鴦瓦血濺沙場千
里赭地拆天崩可奈何圖扉始起孫司馬司馬秉鉞再登壇
官軍復見賊膽寒請纓再造中原易孤注誰知信主難信是
養雛如養虎猶道用勦不如撫司馬殲渠黑水頭端皇喜捷
武陵怒武陵何事速其辜時引太宗會殺虜四正六隅方水
火薊北又乞分兵符援薊秦兵留不還司馬孤軍出潼關郟
縣一戰多恢復獲鎧破敵如摧山那期淫雨庚癸呼廣恩仍
附雛鳴徒癸未十月潼關陷奮臂拒戰無完膚膚裂猶育罵
賊齒磨頂鋸骨甘如旨天教碧血壯山河差勝馬革裹千里

妻女就義盡從容，刑于閨闥皆君子。同難更有喬參軍，一劍身輕擊海雲。百年板蕩幾男子，肯將勁節輸湘裙。關山仍舊水仍東，惟有古木多悲風。忠魂義魄塞天地，國破豈盡在蒼穹。君不見息壤一盟竟成功，謗書一篋無兩聰。又不見十二金牌便賣國，縱有英雄難為力。吁嗟乎！豫讓請衣衣出血，椎中副車祖龍滅。厲鬼真有殺賊才，盲闖而今安在哉。

一馮雲驤

潼關行并序

有明末造，逆寇鴟張，大司馬孫公傳庭，危時授鉞，泣血誓師，遠道秋霖，援絕糧盡，潼關抗節，裂膽斷胸，鼓死城摧，氣虹血碧。三秦同事之人，率目擊能道其梗概也。至夫人張氏從容就義，聞長安之將陷，淪寒井以明心，數姬連袂相從，弱女吞聲就死，孤兒流落民間，越二載，餘長公子世瑞千里裹糧，蒼茫西向，問之潼關父老，皆知大司馬盡節之地，而遺骸不可復識矣。爰求母骸，攜其幼弟，間道歸里。蓋張夫人出之井中，他人率不可復識，夫人獨容色未消，衣裳不毀，其孤心苦節，足以動天地而感鬼神，故特呵護其身，誠則形，理固然也。嗚呼！其於臣道妻道，可謂交盡無遺憾矣。夫人潔己捐軀，能以大義自處，孫公刑于之化，亦可知矣。且夫夫人之死，率閨房眾輩以從，不留遺一人以辱司馬，其節苦，其志密矣。獨怪其小星妾媵，皆視死無難色，顛沛造次之頃，而非有法令之可繩也，其內政之肅何如哉。孤嬰數齡，閭里哀而食之不加毒戾孫公之於秦民厚哉公子艱難道路奔走饑寒求其弟而得之其孝友哉而今世或猶有不得其詳者謂孫公遁逃不知死所夫何不問之當時諸將士余同里人也知之悉至若張夫人尤著矣時乂有監軍道喬公遷高定襄人潼關罵賊伏劍死後甯武有周將軍遇吉力戰死皆殺身成仁之賢也故作歌以紀孫公張夫人而并及之潼關城下月如水潼關城上鼓聲死司馬北望拜神京臣報國恩畢於此萬羣寇馬踏沙黃長戈大戟飛寒鋩彎弧舊將嬰城鬬斷甲才官泣戰場孫公灑血潼關道鬼馬不歸嘶碧草花袍玉劍委紅泥渭水飛鴉波浩浩冰心巾幗何嶙峋就義從容不顧身雛鳳玉顏同日死千年石砌閉青春幾隊蛾眉愁耿耿飛鳥輕身墮碧井綠鬢吹爲夜雨苦紅衫化作飛霞影有子蒼茫西向秦荒園遺跡訪蒿榛昔時夾道紅旗陣今日空衙動野燐愁雲覆井寒烟古秋風蕭蕭黃葉雨玉骨會傳葬此中鬼神常護埋香土牽來素綆古龍鸞莊容衣佩宛如生觀者萬人共嘆息方知天地鑒幽貞重向戰園淚沾臆青山一帶愁何極元戎戰骨碎刀痕魂魄茫茫招不得更有遺孤已二年父老指點私向憐破巢漫說無完卵趙氏嬰兒自瓦全同時飲劍有喬公呼天拊膺氣何雄腰橫寶帶眠頹堞手擲頭顱向晚風眼見山飛滄海立銅駝霜冷荊榛溼甯武孤城再

合圍餘者降旗拜寇入吁嗟乎悲哉國家之亂誰爲基英雄數盡際艱危翼虎已分鶉首策趙卒長平大聚時一門伏節古來少日月飛光同皎皎青楓夢斷麒麟圖香閨血化鴛鴦鳥有臣死國婦死夫高風大義厲頑愚嗚呼其形往矣神未徂嗚呼其形往矣神未徂 尤侗詠明史樂府雁門哀關內洪關外盧雁門孫公亦丈夫秦城百二障京都據關守險眞良圖飛檄趣戰何爲乎勞師轉餉幾千里天雨路絕鼓聲死火車掛軛奔不止四萬良家血化水尚書橫刀沒殘壘嗚呼潼關失天下事去矣惜哉蠟書計不成襄陽并殺邱公子注相國邱瑜子之陶年二十有姿容器略宜城陷爲自成所得授兵政府令守襄陽潛遣人間道以蠟書貽傳庭曰督師與戰吾當詭左兵大至彼必反顧督師尾其後我從中起賊可擒也傳庭大喜報以手書爲賊邏獲自成既困督師之陶舉火報東師至自成呼而詰之出孫書責其負已支解之之陶大罵而死 靳榮藩詠明史絕句黑水會聞禁賊魁秦關百二仗雄才何人爲置風波獄文弱嘉猷入告來積雨連旬困轉糈搗巢功伐竟歸虛潼關失險中原覆誰繼雁門老尚書

右明六人

馮芝

馮芝山西代州人嘉慶六年舉人十三年進士改翰林院庶吉士十四年散館授檢討二十四年充湖南鄉試副考官二十五年丁祖母承重憂道光三年服闋回京供職十二月充文淵閣校理四年正月升詹事府右春坊贊善七月遷中允八年轉左中允充國史館纂修壽大考三等降贊善七年四月補左贊善五月復升右中允十二月升翰林院侍講八年十月轉侍讀九年五月充教習庶吉士七月充功臣館總纂八月充補纂一統志纂修十年八月擢右春坊右庶子十一年六月轉左庶子七月擢翰林侍讀學士十二年六月充署

經筵日講起居注官侍讀學士七月充河南鄉試正考官十三年丁母憂十五年服闋十六年五月補原官十七年三月充補日講起居注官五月充咸安宮總裁十八年二月升詹事府少詹事四月充內閣協同批本官七月遷正詹事十九年正月充署文淵閣直閣事五月升內閣學士兼禮部侍郎銜九月充順天鄉試覆試閱卷大臣十月充覆勘各省鄉試卷十二月升禮部右侍郎二十年四月充殿試讀卷大臣八月提督順天學政二十一年閏三月轉左侍郎仍留學政任二十三年八月差竣回京九月充順天鄉試覆試閱卷大臣十月充覆勘各省鄉試卷十一月充漢蔭生朝考閱卷大臣

稽察右翼覺羅官學事務二十四年正月
命充會試知貢舉三月因病奏請開缺奉
旨准其開缺安心調理八月病痊署禮部右侍郎十月充覆勘
各省鄉試卷十一月充武殿試讀卷大臣十二月補禮部左
侍郎先是直省考試有同城異縣者往往兩縣通考以致父
子籍貫互異二十五年二月
上飭禮部議奏芝偕尚書特登額等奏同城異縣例不准彼此互
考現有籍貫舛錯者限一年内呈明更正如其父已故間有
兄弟異籍者應令各入各籍所生子孫卽以本身之籍爲籍
不得兩縣通考初應童試其祖父並未應試於初屆報考時

查明現在所居室廬並取具印結送考既考此縣無論取進
與否以後縱有移徙亦不准復考彼縣庶通考之弊可去而
父子不致異籍矣得
旨允行充各省舉人覆試閱卷大臣四月充會試鈐榜官會試
覆試閱卷大臣庶吉士散館考試筆帖式閱卷大臣午門監
散表裏事宜五月充覆勘會試卷十一月
賞紫禁城騎馬二十六年正月充補經筵講官三月稽查宗學
事務七月充各省優貢朝考閱卷大臣八月兼署吏部左侍
郎充順天鄉試覆試閱卷大臣十月充覆勘各省鄉試卷二
十七年三月充補武英殿總裁四月充會試覆試閱卷大臣

朝考閱卷大臣殿試察看標職事宜五月充教習庶吉士大考翰詹閱卷大臣覆勘會試卷八月充批本大臣二十八年正月充經筵值講官六月稽察京通十七倉事務十一月查辦工部黃檔奏銷事宜二十九年正月京察屆期

諭曰經筵講官禮部左侍郎兼署吏部左侍郎馮芝年力漸衰著以原品休致九月卒照例

欽賜祭葬子汝鈞直隸保安州知州

右

國史館列傳

代州志卷八終

《山西文華》編纂委員會 編

山西文華·史料編

代州志

清光緒版 第三册
卷九至卷十二

清 俞廉三◎纂修 清 楊篤◎参訂

山西出版傳媒集團
三晋出版社

山西文華

代州志卷九

傳二

集傳

李左車

李左車趙將李牧之孫也父汨秦中大夫詹事左車事趙王歇封廣武君（據唐書宰相世系表補）即今代西之故廣武城也（據通志補）漢三年漢王遣張耳與韓信俱引兵東北擊趙代九月破代兵禽夏說閼與以兵數萬欲東下井陘擊趙趙王成安君陳餘聞漢且襲之也聚兵井陘口號稱二十萬左車說成安君曰聞漢將韓信涉西河虜魏王禽夏說新喋血閼與今乃輔以

張耳議欲下趙此乘勝而去國遠鬭其鋒不可當臣聞千里餽糧士有饑色樵蘇後爨師不宿飽今井陘之道車不得方軌騎不得成列行數百里其勢糧食必在其後願足下假臣奇兵三萬人從間道絶其輜重足下深溝高壘堅營勿與戰彼前不得鬭退不得還吾奇兵絶其後使野無所掠不至十日而兩將之頭可致於戲下願君留意臣之計否則必爲二子所禽矣成安君儒者也常稱義兵不用詐謀奇計韓信使人間視知其不用還報則大喜乃敢引兵遂下大破虜趙軍斬成安泜水上禽趙王歇乃令軍中毋殺廣武君有能生得者購千金於是有縛廣武君而致戲下者信乃解其縛東鄉

坐西鄉對師事之諸將效首虜休畢賀於是問廣武君曰僕欲北攻燕東伐齊何若而有功廣武君辭謝曰臣聞敗軍之將不可以言勇亡國之大夫不可以圖存今臣敗亡之虜何足以權大事乎信曰僕聞之百里奚居虞而虞亡在秦而秦霸非愚於虞而智於秦也用與不用聽與不聽也誠令成安君聽足下計若信者亦已爲禽矣以不用足下故信得侍耳因固問曰僕委心歸計願足下勿辭廣武君曰臣聞智者千慮必有一失愚者千慮必有一得故曰狂夫之言聖人擇焉顧恐臣計未必足用願效愚忠夫成安君有百戰百勝之計一旦而失之軍敗鄗下身死泜上今將軍涉西河虜魏王禽

夏說閼與一舉而下井陘不終朝破趙二十萬衆誅成安君名聞海內威震天下農夫莫敢輟耕釋耒褕衣甘食傾耳以待命者若此將軍之所長也然而衆勞卒罷其實難用今將軍欲舉倦弊之兵頓之燕堅城之下欲戰恐久力不能拔情見勢屈曠日糧竭而弱燕不服齊必距境以自彊也燕齊相持而不下則劉項之權未有所分也若此者將軍之所短也臣愚竊以爲亦過矣故善用兵者不以短擊長而以長擊短信曰然則何由廣武君對曰方今爲將軍計莫如案甲休兵鎮趙撫其孤百里之內牛酒日至以饗士大夫醳兵北首燕路而後遣辯士奉咫尺之書暴其所長於燕燕必不敢不聽

從燕已從使諠言者東告齊齊必從風而服雖有智者亦不知爲齊計矣如是則天下事皆可圖也兵固有先聲而後實者此之謂也信曰善從其策發使使燕燕從風而靡（並史記淮陰侯傳）左車著廣武君一篇言兵權謀（漢書藝文志）子遐字伯友仕漢爲涿郡守（唐書宰相世系表）

右楚漢之際一人前志不載通志於傳中明著爲代西廣武而載於潞安蓋據潞城志縣有廣武君墓也案左車趙人墓在趙州西七里見寰宇記潞志爲謬證矣茲據其封邑錄入者太原與趙本一國地古之錫爵皆食實封非宦遊傳舍比而又武安備邊勳在雁門其死也至王歇立國

僅二十三年嘉名之賜殆有自來傳曰愛其甘棠況其子孫乎今州人之祀武安君者遍四境矣其繫人思若是或者議以左車配食乃祖胙土之義又其宜也

卑衍

卑衍雁門人爲公孫淵將元和姓纂魏景初二年春司馬宣王征淵六月軍至遼東淵遣衍與將軍楊祚逆戰宣王擊破之衍恐襄平無守夜走諸軍進至首山衍等逆軍殊死戰復擊大破之將軍楊祚降八月城破斬相國以下首級以千數傳淵首洛陽衍不知所終魏志公孫淵傳

右三國時一人姓纂作卑術又以爲公孫度將據淵傳當

是卑衍之誤節錄之

李熙

李熙字士元雁門人神䴥四年以博士徵官至太平太守賜爵平原子同徵高允嘗撰徵士頌於熙云士元先覺介焉不惑振袂來庭始賓王國蹈方履正好是繩墨淑人君子其儀不忒。魏書高允傳。

王道雅　閔弼

王道雅閔弼並雁門人與熙俱徵至拜秘書郎允頌詞曰張綱柔謙叔術正直道雅洽聞弼爲兼識拔萃衡門俱漸鴻翼發憤忘餐豈要斗食率禮從仁罔愆於式失不繫心得不形

色張綱者中山人叔術謂上谷張誕皆同徵士也同上

右後魏三人前志失載

元普

元普雁門人突厥攻陷馬邑馬邑豪苑君璋保恆安請降高祖遣普賜金劵會頡利亦召之君璋執普送突厥唐書苑君璋傳

茹義忠

茹義忠雁門人祖惠隋深澤縣丞父簡澤州永固府左果毅都尉義忠知書多藝開元中以戰功補涇州四門府別將武部試甲科累遷虢州金門府折衝忠武將軍樂道慕閑不思趨競卒年八十天寶中贈汾州刺史季子元曜驃騎大將軍

雁門郡王

張賁然忠武將軍茹公神道碑

在昔帝軒之裔有控帶絕域擁據羣雄殆於斯萬年得茹茹之部爲名王盛族大人鵠冑聯華魏室接慶齊廷鐘鼎焜燿於數朝土田陪敦於列辟自拓跋宇文氏降爲著姓焉則公之先也公諱義忠本家雁門今爲雁門人矣祖惠隋定州深澤縣丞父簡皇澤州永固府左果毅都尉莫不果行育德修身踐言以北方之强爲南金之寶英風雋列海內知名公時稟元和偏鍾閒秀瓌貌傑出雄鋩挺生幼則知書長遂多藝知人能事靡不盡善有識一見郎以遠大相期然而家傳崇業志尚豪舉雖曰雅好博物終恥猶爲腐儒未嘗不一心殉邊百死許國與孫吳而暗合以驃衛爲己任開元中以良家子戰功居右補涇州四門府別將策勳之授也久之秩滿六鈞伎癢七札賈餘歷試粉闈長驅金埒措杯入妙會不出正相圖擇賢觀者如堵以武部試甲科改授河南王屋府果毅加游擊將軍用絕倫也累遷汝州魯陽府折衝尋改虢州金門府折衝驟增武功級敘忠武將軍夫其策名委質積行累功祿以實干職無越請雖晉用之有次亦周行而未高至於幕有急賢司有渴理或資規畫爭請於宏羊或藉詞華競留於阮瑀豈直軍形地勢聚米成圖抑亦國要斯須立談集事是亦爲政奚必褰帷之與綰墨歟但以公之德之才令聞令望孰先

府君之喪也二連之孝聞於上交下交之契也三益之信著在師旅有不可犯之色於鄉黨則謙似不能言寬猛得其中卷舒合夫禮可謂古之文武不隆斌斌君子者矣擁旗旄享茅土亦術內之事耳性頗樂道情兼慕閑每凝思於淸高不致身於趨競僶俛芳歲蹉跎後時未展丹心徒嗟白髮命之不偶李廣甞遂於封侯生也有涯賈誼終傷於嘆鵩天寶元年蓋寢疾者浹日以六月十九日薨於京兆長安縣太和里之私第春秋八十嗚呼哀哉梁木壞乎將壇墮矣罷市無餘輟舂何如有才子三伯曰元顥皇易州遂城府左果毅仲曰元晃左羽林大將軍季曰元曜則今之驃騎大將軍左羽林大將知軍事上柱國雁門郡王當是時也靡不血泣無訴柴毀過人即以其七年七月十六日葬於京兆長安縣承平鄉阿房殿之墟禮也先是夫人陳留郡君謝氏贈沂國夫人語成圖史動合禮容德重陶親賢過孟母然而當年桂歇早歲蘭摧石窌之封徒高薤露之悲終積於戲大業之後景系之餘問雖陵夷小不進用尋必福履大賢出焉故公以之陰騭於身善積於物河濱爲之吐秀山岳爲之降靈挺然鬱然生夫驃騎矣皎若片玉粲如渾金明月照人干將立斷長材廣度茂績殊勳羽林應天上之星雁門封塞下之地公侯必復斯之謂歟若不然者則須以凶次鍾伯早世克家紹構子然

一人而能敘終身之悲展罔極之痛二十年上有詔贈公爲汾州刺史拜册於先塋斯亦可謂事親之禮終哀榮之道備矣且陵或變谷海有爲田滕梓未開防墓誰辨匪憑不朽之石曷傳無媿之詞爰訪墨卿以述銘曰秦殿南趾漢池東典莽蒼開原蕭條古木於嗟雁塞赫矣雄族昔也擁金玆焉埋玉鎮耶徒掛大屈終藏日色不暖風枝自傷萬木颯而煙盡片石歸而天長庶德祖之來思無慚黃絹幸仲宣之見背不墜餘芳

田穎

田穎雁門人工書竇臮書賦嘗稱之世傳其書有劉元尙張希古二墓志金石文鈔

渾偘

渾偘字復貴中書令咸甯王瑊之孫也父鎬唐書有傳嘗寄貲財於代遂爲代人偘九歲由宏文生擢孝廉第篤志於學

以通敏稱長慶中累官太府少卿文宗讀國史念瑊功以渾氏時無大官拜偘金吾將軍賜金紫歷事武宗宣宗由太僕卿至檢校刑部尚書偘有將帥風又明習文法以吏事自喜嘗出補郡莅壽陽鎮國中所至多治績懿宗即位授義昌軍節度使始至則奏蠲水旱逋仍峙糧爲儲蓄推誠於下辛苦率先百姓文武吏謳歌借留詔許留句歲咸通六年以疾卒贈兵部尚書謚曰康路巖義昌軍節度使渾公神道碑天業光昭寶臣間出雲臺重沓旂常紛綸吾巨唐平鎮甯社稷纘揚忠烈勳居第一代代不絕其渾氏乎能遵祖法不失家聲立朝守土所居可紀其康公乎公諱偘字復貴其先姜姓之後漢郡渾邪王之裔始居於嵴北後遷於河南今爲代人爲山西右族七代祖瀍仕隋玉鈐衛大將軍生迴貴以兵從我高祖神堯皇帝佐平暴亂拜豹韜衛大將軍生子元慶爲右玉鈐將軍靈邱伯生大壽爲太子僕贈

廣府大都督生釋之爲開府儀同三司太常卿甯朔郡王廣德中拒扞西戎身沒王事贈司空公大父諱瑊朔方副元帥河中節度檢校司空中書令咸甯王贈太師有大勳績其秩祿封賞埒汾陽西平皇家中興此三人力也父諱鎬義武軍節度易定觀察使檢校工部尚書贈太子少師娶隴西李氏女實生公公爲兒時則柔敬敦厚篤志於學九歲由宏文生擢孝廉第釋褐參同州軍事既冠益以通敏密靜稱於人因從先少師於藩方不忍去庭闈諸侯有以幣以馬取者一無所就元和十二年先少師奉詔以中山兵伐叛而卒與寇遇以數千當數萬力戰而歸坐黜循州公憂慼內結晨夜在側從容道否泰之理以解發於至誠少師爲之灑然少師薨屏勺飲壞容貌幾不全者數矣嚴護踰大江長號動神明親友見者莫不悽惻憂其困絕往往罷弔既而外除大戚不衰遂退不肯仕居處飲食若居喪者是時朝廷詢勳臣後或言曰咸甯功累代不可及其子身當聖朝以謹終未復無以示天下執政立言之天子感其事趣詔盡還少師爵土由是勳閥之家皆喜長慶中又有言公之材行不宜在閭巷者上亦以追顯咸甯功德未足遂授公右龍武軍倉曹參軍歷太常寺主簿太府寺丞由是以吏事自喜明習文法咸甯王股肱王室卑禮下士召置幕府得一時之人少師仕宦早成不廢法

度有譽於士大夫間公又修潔謙遜辭禮嫻雅由是仁人與之遊長者訪其廬矣稱述日甚聞於庭中擢爲左贊善大夫轉太子僕能勤其官改太府少卿始用利器貨泉事聚不頓鋒鋩益爲試可一日昭獻皇帝讀國史至咸甯王卒歎渾氏時無大官欲用公未有緣即日以銀魚朱紱賜之俄拜金吾衞將軍寵以金紫公愈小心俯僂不暇武宗時至太僕卿以謙良選宣宗即位改少府監以繕理稱又拜左金吾衞大將軍肅環衞明年遷司農卿練經制每以處逸樂悖勤勞非忠也求出補吏不憚劇郡久之壽陽歲歉饑有盜賊上選能理者丞相舉公可用公至則猛糾緩化曉告慰養先是有貨茶盜鬬變難制至是皆解散走匿又勺陂之水溉田數百頃爲力勢者幸其肥美決去其流以耕公隄防約束水復盛溢沃野之利歲歲增多徵爲殿中監服用如法頃之爲昭王傅多稱惜之再爲少府監遷檢校工部尚書金吾大將軍日在形庭宣宗器其能遂賜高牙暢轂鎮於回中公向有將帥風習知四夷事以故綏邊之績不日而成西戎別種王蒙數爲邊害公曰胡夷剽劫亦常事不煩兵鏖可以信取諭以咫尺之書果相率遁去居無何又遣其舍人董英粲歸誠且貪錦繡物公必其善意乃許互市竟不敢負約反覆初有戍卒子爲族長所掠奴畜之至是董英粲輒購而歸之曰用報德關城

無警，早開晏閉矣。邊兵之衣葦，自京師吏緣爲奸，纊帛悉濫。公始周察變法，犯必收按，至乎聚給，親往觀之。舊調軍食倉廩庾同遠，不克往取，率爲空名，又度其遠以便之，自是寒無皸瘃，戍益伉健，既衣之，又食之，撫士至矣。萃戰馬五百二十匹，牛羸稱是，修金革器五萬具，備丁壯卒三千人，聚新粟五萬斛，邊備完富，戎心震怵。天子使使者賫詔郎軍中，加公檢校刑部尚書以報。居歲餘，復召爲大金吾，升三品階，三領緹騎，日益親貴。今天子即位，謀滄海帥，視公曰無以易爾。咸通二年，遂授義昌軍節度使，其理如在經始。至則表蠲水旱逋甚衆。先是井爲海染，人不可飲，遂鬪河以溉，舟行則決，決又輒塞。公視而計之，派鑿眉蓄，舟來不留，綆垂不息，厥功亟就，於今賴之。有田十頃，游惰者不顧，公乃勤闢，悉爲膏腴。既飲之，又食之，養人至矣。窮民有鬻子者，爲之贖歸。故校有孤女者，時其配偶；喪不辦葬，骨暴於野，皆爲賙棺柩，具粟帛。郵亭相遠，道里患苦，作室其間，以庇往來。歲比不稔，給軍未贍，峙糧十六萬石，以爲儲蓄。大抵能推誠於下，辛苦率先，民愁未解，公費未足，孜孜焉，雖人之求去已疾、謀致家溫不如也。以故感神貺來瑞鸞，百姓、文武吏謳歌借留，護戎者奏其狀，天子嘉焉，詔曰：「幸卒教化之。」許留旬歲。五年秋受代，朝廷方圖其功，會其冬以疾聞，明年三月二日薨於大甯里私第，享年六十九其年十二月某日葬於京兆府萬年縣洪固鄉冑貴里於戲翁韜以義兵顯甯朔以邊患死咸甯以殊烈著少師以威名用洎公以材能選陳力無曠廢渾氏之風類是自穆宗後天下少事公未嘗有鬬戰功始則以志行好學恂恂若儒者中則以精力辨疑擬爲循吏終則以衆和靜邊名之良帥不矜輿馬之飾不嗜粱肉之味家產稍贍則以振昆弟賓客士有賢者雖貧賤必與均敵名以修飭光位以功效進自解褐數十年歷九卿爲二千石繼父位臨方面榮當代焉保身守道一無塗汙於戲渾氏陰德代封之慶則大於于公虞詡戰勳忘家之迹則優於平陽去病子孫支屬之榮則高於萬石耿氏然若公之材未大施設不繼乎台鼎不遹於期頤斯慊慊於五福也薨之日天子軫悼不朝贈大司馬葬之日給太常儀仗博士定謚曰康斯可以自見於後代矣長子曰術詹事府司直早終次子徵特徵晉卓皆幼父病篤召從父弟右威武上將軍佶泣告曰先少師以後事託吾季父爾必繼之佶滯洟遵用禮儀備具他日持故吏行狀託余斯文是以敘而銘之日命氏自姜有後於唐咸甯達人實護玉璜功德愈甚其緒乃昌少師宜之龍節煌煌尚書有繼卓然丱歲執喪之日厥生幾逝渾氏有子天子下制擢爲大官如翼高戾帝前謹恭俾牧於東盜走年豐後爲元戎雋煙息波兩有

顯庸，厥庸惟富，施之無窮，宜久饗樂，神報何薄，厥德有本，頌之靡涸，寘銘於斯，不銷不落，

右唐四人前志失載

李光輔

李光輔代州進士善擊劍咸平五年詣闕帝曰若獎用之則民悉好劍矣遣還宋史真宗本紀

邵思

邵思雁門人撰姓解三卷於古今姓氏源流討論最備宋史藝文志蜀都雜鈔

何行宣子子奇孫宏中　子霖

何行宣雁門人西遊遇仙不返子子奇子霖政和中武舉高

第子奇秉義郎武州宣甯尉子霖忠翊郎守豐州安豐砦皆殁王事子奇子宏中以太學武舉進士宣和元年廷試策中第二調滑州韋城尉金兵破汴州郡多避走獨韋城不下欽宗詔以爲河東河北兩路統制接應使守銀冶城金天會五年糧盡被擒不屈帥憐其忠放歸爲黃冠師號通理先生著成眞通理二集先是宏中叔祖青任忻州兵馬使因家焉故宏中遂爲忻人據中州集改周志

右宋六人周志載何行宣其子孫並坿見今仍之

許蛻

許蛻字子遷雁門人以武皇廟詩著名有集傳河東中州集

倪民望 子仲儀 張韶 李忠 蘇吉 李鵬翼

倪民望字具瞻雁門人屏山所謂倪侯頭如筆其鋒不可當者有種松詩同縣張韶字九成李忠字直卿蘇吉字莘老李鵬翼字沖霄與民望之子仲儀詩文多可傳喪亂之後無存者據中州集改周志

劉復 子仲脩

劉復字克明雁門人爲國子祭酒以文章知名當世與元好問善時稱雪溪先生卒謚文靖子仲脩亦能詩據遺山集改周志遺山集挽雁門劉克明詩云詩骨脩然野鶴孤兩年清坐記圍鑪金初宋季聞遺事草靡波流見古儒已分幽人嗟古柏爭教孺子莫生芻鳳山後日先賢傳再有劉宗祭酒無又贈答雁門劉仲脩詩序云仲脩省郎乘傳過新興有詩見及推激

過稱甚非褒謬所宜得之媿汗之餘輒用韵爲謝仲脩詩律深密得於尊翁鳳山老人過庭之訓且其顏壯絶類吾友李從事長源故篇中有及車騎雍容一坐傾幷州人物未彫零共知祭酒傳家學獨愛中郎餘典型東壁圖書欣有託南溟風浪駭初經少微見比吾何敢洗眼仙槎候客星又集中有寄答劉生及送劉子東遊二詩玩其詞意似亦爲仲脩作者其爲遺山推奬至矣而仲脩詩無傳者其名亦佚

楊閏

楊閏代州人少孤鞠於姊之夫禹顯家金之季年上黨公張開令顯以縣上招撫使守襄垣閏從之敵至晝止其驅夜斫其營凡戰禦事不以勞顯力戰五年其後塹夷城穿如蠭室石積其下敵引去不逼以勞進懷遠大將軍同知沁南軍節度使行銅鞮縣令敵悉衆攻閏行夜至臨樓止宿其上中敵

偵刺未殊猶張空拳博數人以僨年二十九明年顯亦死開不能獨守上黨遂走汴

姚燧金同知沁南軍節度使事楊公傳金之季年天兵滋張廷臣專謀一力惴惴以不卒保河外爲懼犍河之北縣地數千里信敵牧蒐其中不敢認尺寸爲己舊時則有若滄海河間恆山遼陽易水平陽東莒晉陽上黨九公集創殘餓羸之餘收其魂魄化悴爲果出而用之或一二年或三四年七公竟無事效相繼亡敗恆山聲言入援踧踖不敢近京師形涉擁衆自衛獨上黨不首鼠謀去就提孤軍闢府馬武根窟潞澤沁輝懷孟衛七州之心終始北悍者十二年最名純臣戲下激義多節死聲迹著者襄垣銅鞮襄垣懸府五百里銅鞮襄垣又百里府控十餘壁皆阻山爲守獨襄垣居易地受敵西北東三道之鋒府議非得縣上招撫使顯守不可牢卽拔顯移縣衆往始顯部將有楊公者與顯同里用武略聞顯戰每求副往連以勞得官至是從守襄垣籍其部衆纔一旅合縣民得千人敵嫌梗己未嘗涉旬月不一至公開門延之晝止其驅夜斫其營凡戰禦事朝荷夕集不以勞顯若此者五年其後塹夷城穿如蓬室石積其下者四望各盡一射人心轉一不幾髮搖敵以爲難稍引不逼會從顯從上黨公再復潞州皆再有

勞詔進顯銀青榮祿大夫沁州節度使元帥左都監行元帥府事公懷遠大將軍同知沁南軍節度使事時縣官調用特怯其待戰勞一賚以官地多入敵懷數告身無可上槩遙領故仍治襄垣公一日請顯曰以今形勢襄垣今年跌明年保無馬武願分部曲百人立銅鞮以綏兵衛顯允以便板公以前官行銅鞮令公至治栅北磧處艱危且期年聲呼牒招山逋谷竄稍出集附敵悉眾攻公行夜至隘樓褫衣止宿其上中敵偵刺未殊猶張空拳搏數人以偵顯聞哭曰鎩吾翼矣明年顯死又明年上黨公釋師養安京城一實公言公代人諱閏少孤鞠於姊之夫禹家即榮祿顯也始顯以募兵戍郡還戍潞改孟戰有勞調臨洮司錄臨洮尤深地戰又有勞遷招撫縣上取上黨節度公一從行死事之年生二十九後若干年子仁風謂燧宜傳庶他日職館者得涉筆以承金史之漏云仁風歷懷邢洛三治中有善政

李挺

李挺雁門人與元好問友嘗避兵山中於民家破箱中得筆吏彥古所錄滕奉使詩及三滕始末珍藏之以授好問遂見

於世好問以爲奉使名節凜然其語言文字宜有神物護持也挺字鍾秀彥古佚其姓號林泉野老中州集

趙泰

趙泰字伯通少力學擢第禮賢好士有先達風略楊氏族譜紀帥友從弟希娶梅氏生二子子秀子林女盼盼適進士趙泰云云譜云元

右金六人附見者六人劉復周志列宋何行宣前通志遂誤以爲五代人許蜺倪民望周志列金禹顯後吳志遂誤以爲元人據中州集遺山集並改正

楊友弟山

楊友字彥誠宋將業之後也家雁門少奇邁不羈金末元兵

至率鄉人歸命累立戰功擢行營都統時堅代二州荒殘城池頹毀友復立之授元帥左監軍兼堅代永定軍節度同知招集流亡保州東之留屬屯壘以佐軍儲南山賊起州復陷友率百餘騎設伏斷其歸路賊至奮擊大破之斬首數千級餘黨遠遁以功就遷節度使左領軍行元帥乃大築州城凡公府庭館臺榭寺觀營造一新至元中卒弟山字彥林嘗佐軍謀官總領軍民都提控龍虎衛上將軍鎮河東北路雁門留屬兼堅代永定軍節度使左領軍行元帥楊公碑

楊仁風

楊仁風金同知沁南軍節度閆子也家於襄垣幼聰穎能文

至元中裕宗爲皇太子以宋衜薦辟東宫官僚備顧問歷懷邢洛三治中有善政累遷遼陽參知政事以中書左丞致仕卒。姚燧同知沁南軍節度楊公傳，潞安府志　案元自仁宗皇慶三年四月始行科舉，潞志謂仁風至元中第進士，不考殊甚，據元史裕宗傳改正

薩都拉

薩都拉字天錫別號直齋本答失蠻氏祖薩拉布哈父傲拉齊以世勳鎮雲代居於雁門故爲雁門人薩都拉者猶華言濟善也　四庫全書提要，都拉原作都刺，薩拉布哈原作思蘭布花，傲拉齊原作阿魯赤，今改正，薩都拉蒙古語結親也，此云濟善，疑干文傳不解譯語致誤　幼岐嶷不羣長愈穎敏徧結豪雋爲文詞雄健倜儻登泰定丁卯進士第　干文傳雁門集序　除鎮江錄事

司達魯花赤始至設闤闠制權衡俾市物者各得其平歲大祲白大府發倉以振全活數十萬人職滿入爲翰林國史院應奉文字至順三年改江南諸道行御史掾史歷燕南廉訪司照磨福建閩海道知事後至元三年遷河北廉訪司經歷再擢翰林應奉遭母憂去職服闋授江浙行中書省郎中至正六年進江南諸道行臺侍御史以彈劾權貴不法事左遷淮西江北道廉訪司經歷未幾致仕都拉爲詩最長於情流麗清婉盛爲虞集馬祖常陳旅張翥諸人推服性好遊嘗寓居武林每風日晴美輒躡芒蹻肩一杖掛瓢笠走兩山間凡深巖邃密人迹所不到者無不窮其幽勝至得意處必爲詩

歌以題詠之於山陰蕭山營雨草堂有終焉之志遇亂避地安慶登司空山太白臺歎曰此老眞山水精也遂結廬其下年八十餘卒有雁門集弟野芝字天與官至江西建昌路總管野芝子仲禮登元統元年進士授福建行中書省檢校子孫遂家於閩薩龍光雁門集編注張翥薩天錫像贊藹然其貌粹然其衷望之如入懷之朗月挹之若在坐之春風優游乎玉堂之署逍遙乎司隸之驄是固詞林推爲雄伯而憲府歎爲宗工至其纂組錦繡吐納珠璣才華鵠峙文采鸞飛富五車而登屈宋之奧高八斗而窺班馬之微俾功開來學美紹前徽論昭代之風雅非先生其誰與歸

虞集寄薩天錫進士江上新詩好亦知公事閒投壺深竹裏繫馬古松間夜月多臨海秋風或在山玉堂蕭爽地思爾佩珊珊　倪大昕送薩天錫照磨赴燕南憲幕蕭寺留詩別高懷不負公江聲原自急山勢古來雄下榻疎鐘雨登臺落木風重來無幾日除道避花驄　吳克恭寄薩天錫時居福建憲幕春日江南郡懷人杜若生烏啼建業樹客在福州城桂

酒銀壺重花裾玉佩清題詩幕中罷應得動高情　李孝先送薩郎中賦得新亭登高望吳越芳草滿汀洲離別安足念英雄翻百憂山河吞故國江漢入秦州今日新亭酒因君感滯留　又同薩天錫飲鳳凰臺鳳凰高飛橫四海錦袍猶賦鳳凰遊天隨沒鶻低淮樹江學巴蛇入楚流勳業何如飲名酒衣冠未省識神州天涯芳草萋萋綠王粲歸來更倚樓張雨御史中丞馬公伯庸有贈薩天錫還金陵長句因次韵寄上射策甲科今廿載尺書難信石城潮徑登烏府持天憲猶倚青溪望使軺四月鶯啼夾城仗千官花擁大明朝會因桂樹思眞隱獨是淮南作賦招

右元三人通志據顧嗣立元詩選載薩天錫

楊節

楊節元帥友八世孫也宣德中由舉人官綏德知州州近邊民不知學節爲之立學校延師訓讀由是文士踵起稱名區焉以親老乞歸州民攀轅留者萬計家居教授以終郎銘石知州楊

公墓碑

趙文博

趙文博景泰甲戌進士授御史天順初同張鵬楊瑄等劾石亨曹吉祥諸違法事下獄搒掠備至論瑄鵬死餘遣戍會大風震雷拔木發屋須臾大雨雹亨吉祥家大木俱折二人亦懼掌欽天監禮部侍郎湯序本亨黨亦言上天示警宜恤刑獄於是帝感悟戍瑄鵬鐵嶺衛貶文博渻化知縣有善政憲宗嗣位所司以治行聞擢衞輝知府累遷右副都御史巡撫河南卒明史楊瑄傳參通志周志吳志並載鄉賢

李斌

李斌州民也天順中輸財助官賑濟旌爲義門見明史孝義傳

李舉

李舉宏治癸丑進士官至山東參政先達薩天錫雁門集鄉後學匙有傳誦舉守東昌時得故家藏本爲重刻以廣其傳蓋留意文獻者雁門集序

劉繹

劉繹字以成宏治丙辰進士授戸部主事遷郎中督理遼東糧儲正德中以不肯賄瑾瑾怒械至京師以大枷枷之同郡王口菴者侍左右晝夜不離月餘得不死尚書張綵爲言於瑾釋爲民後起監察御史除衛輝知府值賊劉六等剽掠豫

中竭力守禦還長蘆鹽運司運使致仕歸初繹荷栁時有黃冠至邸遺藥一丸謂其家人曰日剝一分服之藥盡則難脫矣是日繹夢仙人自雲霄下納藥口中既覺猶有餘香而監守者俱言有老人來送藥忽不見於是喧聞九市上達朝堂遂得釋時稱爲劉鐵漢云見聞錄參通志。案明史繹名坩見張鼐傳。見聞錄所云繹同郡王口菴原闕一字。通志直書爲王菴非也。或云是州人王汝敬後官行人以亢直著聲者然汝敬登第在正德甲戌時瑾已誅矣。俟考吳志載鄉賢

孫紹祖

孫紹祖字遠宗檢討紹先弟也正德辛未進士選翰林庶吉士授編修嘉靖初纂修武宗實錄賜銀幣衣服特厚晉右春

坊中允經筵講官紹祖長身偉儀觀孝友特至在庶常以叔璽官扶風築城略陽遇賊力戰死略陽官吏匿不以聞與兄力爲申理得祭葬贈䘏如例及從編修兄卒於里第疏請歸葬時其子方殤妻劉以哭子垂斃略不顧星夜馳至家撫柩慟哭既葬奉母張入都侍養曲盡歡心後母誕日庭下產瑞草一本生平博極羣書詩文超軼有奇氣尤工書法卒年四十二

劉龍中允孫君墓志銘君諱紹祖字蓮宗別號我山其先直隸廣德人高祖諱福二者從戎振武衛始家於代曾祖諱才隱德弗仕祖諱勝贈光祿少卿考諱璋以易鳴代領宏治壬子鄉薦贈檢討生子五人長紹先翰林院檢討早逝次即君幼警敏過人方七歲時聞講周易輒能會大義少檢討君二歲檢討君亦畏其逼嘗與兄屬對語意卓犖若或篤之聞者以爲雙鳳長補郡庠弟子員即受知督學王凝齋石東濤諸公咸以偉器稱之正德丁卯舉於鄉會試弗遇遊

太學太學生皆樂與之友比卒業將歸謀於檢討君曰先君齎志蚤逝授封館職叔宰扶風者以節顯吾兄弟亦既忝衣冠後各華其身矣兩叔猶布衣能無歉乎檢討君然之遂稱貸爲補散官且製衣冠函至代召親黨觴壽獻之咸榮其家而多君之舉城東故有小圃構精舍誦習代之文士多就之益大有得辛未舉進士改庶吉士初扶風君乘城略陽遇賊力戰而死略陽尹閻某者畏罪匿不以聞君贊檢討君力爲疏理朝廷嘉其節贈光祿寺少卿諭祭一壇子紹卿廕補胄監今爲裕州同知癸酉授編修蔚有文名爲儕輩推重會檢討君訃至自代即疏請歸葬蒙允時一子方疹殤二日劉孺人以哭子痛幾死君馳往不暇顧路經廣昌諸邊邑警報方急竟冒險兼程抵家痛迫若不欲生其友愛若此既襄事奉母太孺人張入京攜兄所遺孤視如己出母性素嚴君與劉孺人曲爲奉承問所欲而進務得其歡心戊寅秋太孺人誕日堂下忽生瑞草一本秀異天成鄉人僉謂孝感繪爲圖賦詩詠之庚辰丁太孺人憂服闋召修武宗實錄筆削多中肯綮爲總裁諸公所嘉乙酉實錄成賜銀幣衣服賻甚進右春坊右中允經筵進講必積誠累日色溫氣和開陳懇切上特嘉納君自而長身儀觀甚偉性明敏見事即了無滯礙尤善談吐論世符情論經符理聽者唯唯忘倦伏義好施友人嘗

貸金若干聞其歿往弔取券焚之既入翰林嗜學益篤博極羣書詩文執宕自成一家工書法爲時所向襟度夷曠不嬰世故與人無忤一見猶平生病在告問遺相望卒之日遠近驚駭或失聲曰孫宮允一至此乎卒以嘉靖丙戌十月朔距其生成化乙巳十月廿有七日爲壽四十二配劉氏封孺人鹽運使繹之女先卒繼鄭氏參將某之女女一許聘官舍生李乾卜丁亥月日啟劉孺人壙合葬從先兆也君弟鄉貢生紹魁聞君疾來省弗及見扶柩以歸乃手疏事行請予銘其胄監弟紹忠復自代來速曩予承乏史館垂三十年見君兄弟相繼以吉士入喜甚稱孫氏二難爲鄉曲之榮謂其遠大不可量十年間復見其相繼淪謝竟不果大用爲孫氏惜且悲之甚銘其可辭哉銘曰難兄難弟競爽於文海內則希矧此一門河山表裏靈氣攸存龍泉丕失恨已無垠倏爾太阿相繼以淪造物無情予奪不倫不倫奈何吁嗟乎二孫吳

志載宦績

閆仲宇

閆仲宇字仲夫正德癸酉舉人授華陰知縣以治行異內擢

主事忤大學士張孚敬謫甯海州同知遷同州知州下車剔弊舉廢政教大行巨盜劉漢聚衆劫掠前官不敢問仲宇捕治之將具獄漢大言曰吾家累千金豈爲盜者冀以陰動仲宇仲宇立撲殺之民大悅在官三年失當道懽罷歸襆被蕭然卒時幾不能治葬具祀同州名宦馬自強間仲夫墓誌銘吴志載鄉賢

吴璞

吴璞字叔温父寅正德辛未進士官戸部主事璞少補諸生與從子嘉會並有文名舉嘉靖辛卯鄉試選大城知縣以最遷知德州州當漕河之衝號難治璞均役緝盜甚有能聲內轉戸部郎中遭父憂歸遂不復出闢圜城南著述自娱性喜

施予尚風節方仇鸞用事時諸部郎白事惟謹璞獨抗禮不爲屈郡倅賀某者以負官鏹繫獄將鬻其妻爲代償之而宰大城日值大水力請蠲振尤多惠政民爲立祠以祀云

王家屏戶部郎中吳公暨配張孺人墓誌銘代望姓必首推吳氏吳氏自固族大多名貴人乃瑰意瑋行負奇而喜任俠進以風節自顯退而修鄉黨之誼以爲高則故地官大夫楚石公尤其矯矯者哉公諱璞字叔溫其先楚人也因號楚石遠祖諱伏三者國初從太祖定中原留屯代之振武衛遂爲代人曾大父通大父勝並隱德父圭峰公寅舉正德辛未進士授戶部主事期年卒於京師遺丈夫子四人瑶珠璨公其叔子也公在娠時母楊孺人蓋有異夢云比生神采秀穎圭峰公固大奇之弱冠游郡庠與伯子少司馬南野公嘉會並有文名深爲督學儼山陸公所器重時稱爲二吳嘉靖辛卯公以書經舉鄉試亞魁甲辰謁選大城令時縣大水民盡亡徙公上狀所司力請蠲貸仍設法招徠稍稍給以牛種民乃復業如故爲作感羊歌頌之語在生祠記中治大城八月用能聲調遵化遵化麗薊鎮邊事旁午公至受大中丞似菴郭公及東穀孫

公委行視諸要害驗修守計兵食稷器械所指畫無不當兩公意指有裨將某坐失律陰以金帛餽公冀掩其敗公叱不受竟以實上簿諸將咸服其廉已陞山東德州知州州當漕河之衝民苦重役其黠者或牟鹽利羣聚爲盜有司莫敢問也公至郡首均河夫之役嚴省催直七千餘金入大司農又置偵卒緝私鹽及摘發諸盜即閭里銖兩之姦舉莫能遁隣邑豪嘗匿惡少數十百人行劫嚴捕不獲監司知公才屬公捕之公出豪不意輕騎詣豪所豪倉卒莫救遂擧衆執縛公還報監司一夕馳二百里監司異其神速薦章交公車焉歲庚戌徵爲戶部貴州司員外郎督薊鎮邊工事竣轉雲南司郎中其歲虜大入薄都城公受命發車徒輸糗糒給軍即貴戚閹宦一無所避不旬日間轉餉以數萬計閭左不知其勞也是時逆鸞柄戎政勢張甚諸曹郎白事率巽詞下之公獨引禮制與抗鸞終不能有加於公辛亥丁母憂謝政家居生業僅僅自給顧好義樂施予自宗族姻舊昏喪訟獄有望於公者戶外屨常滿也郡倅賀某以負官鏹繫獄久不能償將鬻其妾公爲出金代償之賀得完家以歸石州之變故家子婦從虜中逃還至代公遣女婢饋飲食及易衣裳齎送之州守感其義所存卹者甚衆晚年兩奉恩詔進階四品乃卜墅城南架樓甃池栽蓮泛艇日與所厚善觴詠其中翛然若

方外人焉所著詩文數卷藏篋未刻忽遘疾卒是爲萬歷乙亥六月初一日距生宏治乙丑正月二十二日享年七十有一元配張氏繼劉氏子男三嘉魯廩生張出嘉虞太學生側室劉氏出嘉楚側室張氏出女四長適張參政子津次適劉節推子銘俱庠生次適王主政子鉉其一未聘孫男四蕁蔚莪菁孫女五鄉進士王乾亨指揮僉事蔣一鳴庠生張垣施亶光劉繼綸其孫壻也嘉魯兄弟將以明年十月二十六日啟母張孺人竁合葬公先塋之次則馳狀京邸乞余爲銘余惟公居鄉振縈卹匱沾沾然務行其德乃其涖官則風節獨持不少詘於權利今觀其郤金事大類楊伯起亢禮權貴類汲長孺一何其矯矯也當正德時豪族多不便公者數謀陰中公矣然公輒先覺卒未嘗墮其計中以是監司薦剡有獨立風波卓有經濟之語抑可想見其識略已而狀又言當圭峰公歿於官公纔七歲與兩兄扶轝山行會道傾仄轝且仆公手輓紼以身當轝轝得不危在大城嘗駕小舟勘水災忽雷雨大作水暴漲勢將覆舟衆皆恐怖公獨正襟危坐須臾有黃赤二龍垂髯而下夾舟以行舟竟無恙以此二事觀公公之純誠正直神固相之豈爲一二豪所乘哉矯矯以風節完宜矣爲之銘曰孰助其紼俾轝不傾曰惟至孝通乎神明孰維其筏俾波不驚曰惟正氣偃乎雷霆苞苴可入攫流其

羸熏轑可炙懼折其肱宜犴宜獄得公則生靡室靡家得公則甯謀寢彼凶慼浹彼慯來禩考德請眎此銘

吳嘉會

吳嘉會字惟禮其先楚人明初從北征屯代遂爲代人嘉靖甲午以書經魁於鄉明年成進士授行人遷刑部主事辨壩上盜有聲郎署間擢山東僉事振饑禦寇甚有治績轉參政單縣妖人楊惠等倡亂官兵攻之不克單車詣壘諭之衆悉解散縛渠凶數十人磔諸市東土以甯遷陝西參政未行拜都察院右僉都御史整飭薊鎮邊務在鎮日夜庀戰守具起居庸盡山海關創修石垣四萬丈體敵臺烽堠二千六百有奇分其地爲十二區區設參遊兩將分統健卒二萬人屹爲

巨鎮任事七年敵匹馬不得入塞肅宗褒賚甚優晉兵部侍郎爲相嵩所忌罷歸卒年七十七穆宗遣官諭祭葬如卿臣禮

王家屏兵部左侍郎吳公暨配淑人張氏席氏墓誌銘

國家之邊鎮九而薊鎮特重自嘉靖庚戌虜闌入薊寨直薄都城肅皇帝震怒譴薊守臣戍嶺表而擢今少司馬吳公授之鉞薊視庚戌以前又特重矣公在薊日夜厄戰守具起居庸盡山海關沝脩石垣四萬丈甓敵臺烽堠二千六百座有奇即其地分爲十區區設參遊兩將軍分統健卒合之凡八萬人人寻怒馬堅甲長戟利鏃軍容煥然一新於是薊稱虎豹九關天下險云鎮薊七年虜匹馬不得入塞於令甲爲上捷肅皇帝褒賚之甚優晉貳本兵且大用而爲相嵩所忌中讒罷歸歸三十年卒今皇帝追念邊勞遣官臨祭營兆域如卿臣禮而公之子通政君蒙持施進士所爲狀來徵銘某里中後生辱交通政君善不可辭誌曰公諱嘉會字惟禮別號南野系出楚湘陰唐荆南節度使師道之裔國初諱受者從太祖北征留屯代遂爲代人六傳至甯甯生琇並以公貴贈封皆通議大夫兵部右侍郎祖妣于妣王贈封皆淑人公少有異質九歲能文詞諸生時督學陳試其藝最拔置河汾

書院舉嘉靖甲午書經第一人明年成進士授行人司行人當選臺省以年不及格由司副轉北部郎有盜夜殺人壩上跡其貲賊曹拷掠旁近人具獄公察其枉特命領繫而陰使人跡盜盜得賊曹坐褫官公從此有聲郎署間矣辛丑擢山東僉憲歲祲設法賑之多所全活明年虜深入太原謀飲馬河濟公以臨清海岱間都會議城其外郭簡練材武士以待虜止不來甲辰小清河決築長堤扞之瀕河居民得無漂溺詔賜金綺大學士翟公記其事乙巳轉本省藩參青州豪糾眾數十百人牟礦利直指黃欲禽以為功公曰此屬片檄可解何足煩兵急之恐鋌鹿走險耳不聽豪果與顏神大盜合執吏逆顏行而黃乃悔不用公之言也單縣妖人楊惠等聚眾數千僭署將校流劫四省官兵攻之不下公單車詣壘宣言曰棄仗走者為良民不且孥戮眾聞諭鳥獸散獨遺凶渠數十人縛而磔諸市東土以甯肖公像祀焉丁未陞憲副改備天津庚戌遷陝西右參政未任而薊守臣被逮即日拜公都察院右僉都御史整飭薊鎮邊務公至念戎索積隳首條上更始善後十二事咸允行之時咸甯侯鸞柄戎政氣燄張甚議剿朵顏諸屬夷公慮挑釁力亢不可第計禽導虜元惡哈舟兒等一二輩以獻上悅晉公副都御史鎮撫如故甲寅京師重城完以公發卒助役有勞賜白金文綺其春虜犯河

防提師擊走之秋虜二十萬騎入潮河川橫亙幾百里公擐
甲登陴督兵力戰俄一虜攀緣上及堞我軍斮其腕墮虜氣
沮分道攻他壁更八晝夜公設大黃待之有二酋並馳而前
應弦倒乘其亂矢石俱發所擊殺無算夜仍募敢死士斫其
營虜大驚潰宵遁上聞遣司馬郎中軍中勞公賜緋衣一襲
晉兵部右侍郎廕一子國子生乙卯春虜萬騎從馬蘭峪入
寇公約大帥逆戰於郝家莊未陳忽大風起塵霾蔽空火鐃
霆震虜駭以爲天兵下也墜馬墮崖谷蹂藉死者如邱斬首
虜三十級奪獲馬五百八畜千餘而還捷聞蒙賜金綺無何
虜犯古北口我軍禦之虜忽移帳避舍公策虜佯退意將夜
襲我也則伏兵陘中而設火器於山巔伺之見星胡騎果至
伏起礮發虜大擾至手自相刃則東走桃林冷口徘回久之
不得間以去其秋復寇昌鎮攻唐兒菴不利引而西公策虜
西必趨大石嶺預發健卒往據其險虜至我軍從上下礧石
連斃數酋虜計窘卻走是歲也虜三寇三北不得入上大嘉
悅賜璽書褒勞加二品服俸廕一子錦衣衞副千戶焉丙辰
召還爲戶部右侍郎尋轉左改兵部奉命閱六師校諸將材
武上下稱旨賜羊酒其冬以三品再考進階正議大夫資治
尹戊午攝大司馬事虜圍右衞告急公夜草機宜十二事封
奏上既寢起就御榻索燭誦之玉音琅然卒用其計退虜寖

益親信而相嵩父子入邊將賂數屬公以私不見聽謂巽已則嗾言官摭[illegible]塞事搆罷公公性至孝每之官必奉兩尊人與俱日三朝爲躬視膳寢而後退在薊滿三載績兩尊人業膺封誥紆章服皤皤稱七十歲人至是歸依左右希鞠奉觴時談說古今賢哲事佐其娛歲元正若聖旦則朝服北向稽首祝天子萬年曰非賴主恩何以得侍衰親有今日也自是戎政大臣缺廷推首公莊皇帝卽位詔舉耆舊及可遣薊邊者復首公其它臺省部使薦公疏無慮數十而公雅意不欲出製山人冠時時冠之諸貴客過則辭以野服不敢見今上登極還公秩致仕有司以鄉大賓敦請公爲一行不再往闢圃西郊雜植檜柏構環翠亭其中每淸和時芍藥盛開延諸吳高年及友輩賞之歲以爲常忽一夕讌圃中樂飲詰朝遂不起是爲萬歷戊子五月十日距生正德壬申三月十七日壽七十有七公儀觀脩偉美髭髯望之如神臨事斧斷刃游者若桑林之舞而沈深有識謀必萬全禔躬謹嚴動止具有尺矱至與人處則襟宇夷曠無親疎咸樂就之海鷗可馴也所著有奏議四十卷詩二卷雜撰十卷藏於家元配張淑人繁峙太學生瓊女生正德庚午十月二十二日歸公二年見稱柔慧以嘉靖辛卯八月七日卒繼配席淑人郡聽選官西圃翁汝官女少莊靜寡言嘗有異人相之謂必大貴西圃翁

擇公於青衿中予女焉年十四歸公敬事舅姑一肉一蔬必手自烹調以進姑嘗病痢淑人侍湯藥無頃去側中帬厠牏亦必手自滌之不以有諸婢委性尤儉約所著即縞練至三浣不忍棄既貴褕翟朝舅姑舅姑榮之淑人獨愀然退而示諸子曰此積荊布之勤所致若輩生而紈綺安知始乎誠諸女必舉曹大家言為訓族黨諸婦尊者身下之次者勉以婦職人人以為親己尊若女師生正德己卯五月八日卒萬曆戊寅六月六日壽六十子男三長蒙通政司經歷次荐官生殤次若太原參將女五長適都司李高次適庠生劉緝次適光祿監事王岸封孺人次適太學生謝錫三孫男五學恭學寬蒙出學謙官生學謨太學生學端俱若出孫女八壻則太學生趙勳揮使呂光祚王堯庠生劉思恭張鴻圖王度其二幼曾孫女一以辛卯二月十七日葬州西華家莊北嶺下即賜兆也某自升朝數聞蒲太傅揚襄毅公譚公鎮薊事亟稱公勞績而深惜其忠之不售也公才略本與太傅相伯仲而鎮薊時太傅為督府相得益驩以是公之歸也太傅推輓之甚力然竟不能伸公之抑而公亦不靳於伸意謂得太傅而知己無憾乃薊塞巖巖屹屹虜不敢翔而過其下吏民席其安至今世之知公者甯獨一太傅哉即不靳伸伸矣銘曰湘陰貴胄雁門鉅公荊旌薊鉞世閥其隆嶔崟薊邱神京牖戶

或弛其防上干天怒大庭謀帥作屏其誰具曰公可望重藩維盜靖萑苻慮周桑土山甫城齊僖侯保魯佐輔之命公克膺之前車之覆公則懲之且撫瘡痍且葺頹廢疆理經營拮据盡瘁延袤千里累石爲邊間以甓堞碁布星聯乃礪戈鋋乃齊將校陣列貔貅闞蹲虎豹狡焉醜虜狙伺鼠闚所至奮擊聲威若雷批擣無前追奔直北俘馘屢聞九重動色曰予禦侮扞城近郊野無爟火鎖鑰功高秩晉上卿賞延哲允曲木忌繩含沙搆疊角巾歸里彩服循陔鴻冥志遠烏哺情諧樂彼之園有亭環翠觴詠其中陶陶遂遂晛消天定蒲輪且迎東山不起泰岱俄傾帝念舊勳錫之葬祭典冊煌煌榮偕伉儷上卿衮舄淑媛笄珈泉宮合厝堂斧光華考德撰詞勒之貞石璧美羨門終古不泐

趙立

趙立字子豫父玥由舉人官新河知縣立有學行累舉不第以歲貢選東明訓導治經有法士翕宗之遷三水教諭辭歸子允升隆慶戊辰進士官至參議王家屏封廣東道監察御史趙公墓誌銘西河翁侍

御趙君允升之父也趙君舉隆慶戊辰進士治葉有聲徵入爲廣東道御史稱近臣矣顧時時念翁不置欲乞養歸其同年友王生止之趙君爲言家大人老矣升以獨子離遠懼萬一寢膳不適意且貽慟無窮因出所爲疏示王生疏未上而翁之訃至王生往弔趙君伏地哭曰升鄉昔以急語子而子不吾察也今何如哉嗟乎已矣唯是先人之遺德隱行不忍復泯泯無述敢辱子以銘王生許之按狀翁諱立字子豫西河其號其先太原陽曲人國初有諱能者以從戎留代遂爲代人大父傑以長史公貴封新河縣尹大母董氏封孺人長史公翁父也諱玥舉弘治辛酉鄉試初仕新河尹云長史公配孺人王氏生五子長卽公次文彥廉雍翁少嗜學刻厲有志長史公卒諸弟尚幼一切資養咸仰給翁翁左顧右復終不以其故廢書諸弟稍長則羣之家塾訓之身自挾策呻佔爲諸弟先文彥蚤卒遺孤允執允若翁又輒撫訓之如己子後廉雍允執並游庠校而允若亦兢兢循謹翁遂以篤行稱里中里中子弟慕翁名者或爭願從翁游所居嘗聚徒數十彬彬有成焉翁既專精經師其學日益邃督學公試其文甚奇之館於河汾書院與諸生高等者居每試必伏諸生諸生亦自謂所學不及趙子豫醇也凡九舉竟莫遇嵗嘉靖以文貢禮闈謁選東明訓導東明士久不達矣翁至銳意切劘之

又時與講論文藝纚纚不休蓋訓東明七年而諸士掇科第爲達官者項背相望今尚實石君星其最著也甲子擢陝西三水教諭方抵官聞侍御君舉鄉試則輒然喜曰凡吾所以仕以吾志未竟耳吾兒成此吾止足時也安能復從博士受祿乎遂束書歸歸之日賀客履屬於戶翁逡逡退讓無盛容居常布衣蔬食泊如也侍御君既登第出宰葉以安車迎翁翁至葉教侍御君爲政必先守法愛民曰深文巧內非循也剝下媚上非良也侍御君遵其言果有異績至今葉人誦侍御君者猶必舉手德翁焉初翁居葉以侍御君考三年績得封文林郎葉縣知縣比侍御君爲御史乃以恩詔更封如今官更封不旬日而翁卒是爲隆慶壬申十一月十三日也距生弘治壬戌六月二十三日年七十有二配劉氏兩封孺人子二長即侍御君娶張氏繼張氏次允進庠生蚤卒娶李氏女二長適都閫胡希賢次適太學生王鷺亦卒孫一勳侍御君出也史氏某曰余自交侍御君蓋再見翁貌頎而溫言簡而直動若持止若思心知其爲有道者焉乃今觀其行蹟自家塾鄉黨以至學宮弟子無不靡然顧化此非獨經術足訓繇躬有令範耳語曰雖有離般不若繩墨信然哉明年萬歷改元某月侍御君將葬翁先壟之次遣人來趣銘銘曰時格於逢其道固隆位詘於躬其子固崇治良鑄工藝美穫豐豸

冠容容帝錫女封壽考令終歸安平元宮

安嘉善

安嘉善字體亨嘉靖乙丑進士由部郎出守西安歲饑寬徭役禁科擾出粟振濟存活萬餘人遷山東副使轉河南參政進按察使春陵當梁楚之交地出鑛姦民鶩利相聚爲盜設方招撫未期而流亡復業盜遂戢擢湖廣布政使旋卒嘉善有吏才勤於其職以廉介著聲所至墨吏望風引去朝廷方議大用遽卒於官時論惜之王家屏湖廣左布政使安公墓誌銘公諱嘉善字體亨別號宿陽其先雲內人自遠祖麟徙居代祖信隱德弗仕父琦河南歸德州倅以公貴贈南刑部郎中母張氏王氏俱贈宜人生六子長從善次幼卒次盡善明善至善明善已卯舉人任麟遊尹公出王最少資性穎異日可記數千言弱冠遊郡庠試

輒首諸生督學公深器重之嘉靖乙卯舉於鄉乙丑舉進士
高第授南刑曹主事時士大夫宦南中者以留署無事數相
過從譚讌爲高公獨決辨曹事出入有常同舍咸服公謹敏
以爲難已遷郎中會關中荒有議易置宰擢公知西安府公
下車寬徭役禁科擾所以振救之百方饑民咸舉手祝幸更
生遠近就食者如流吏白公廩不給請勿食流來者公曰饑
民皆朝廷赤子何分彼我益勸富民出粟爲廬舍以處之所
存活萬餘人已而歲大稔以爲公異政所感時有藩司某以
公帑數萬金檄郡主守公曰藩司自有藏郡庫非受寄地也
執不納其人大銜公公持去就爭之卒以直顯癸酉當大計
天下吏銓曹奏公治效爲循良第一上召見褒勞賜金幣宴
於闕下相傳以爲殊寵尋陞山東按察副使駐節天津天津
三輔重地戎索積弛公督將吏訓勇敢士爲扞圉計故事戍
番上有月兒錢之徵慮其或逋則於發餉時扣留公曰士備
升斗爲養適險之使不得食士何由強即請除之於是行間
競勸人人超距奮矣是歲天子命大臣閱三邊而天津將士
獨驍健冠諸軍論者以爲公功復蒙優賚焉丁丑遷河南參
政未幾即轉本省按察使時部使督察諸路盜甚急而春陵
當梁楚之交有銅山銀鑛姦民牟利者據其間公設法招撫
以收流亡不期歲盜盡息督撫交章上狀即擢公湖廣右方

伯未至遷左方伯公聞命自沐歸里即趣裝發時溽暑南方大疫或勸公勿行謝曰某荷三朝渥恩亡以報倘得死職幸也敢懷邱首即攬轡行所部聞公至墨吏奸掾皆望風引去荊襄士民踴躍懽呼思沐公澤如待父母適公竟以冒暑病瘧屢任兩閱月卒時朝廷方議授公中丞節鉞使專方鎮命未下而公之訃至朝野惜之嗣君境扶柩北還荊襄士民攀轅引紼而悲號於路者纚相屬也公生於嘉靖壬辰八月二十二日卒於萬歷辛巳十月十四日享年五十配孫氏封安人子二長境次疆俱庠生女三一適光祿監事高沂一適國子生吳嘉慮一許聘余子汲初孫男一疆出孫女二俱幼境出也癸未冬十月境等將奉公厝於城西新阡乃就余問銘余雅知公且婚姻家也不敢辭銘曰莫非王臣或燕居息公獨靖共終始惟一留署清風關西惠澤三輔干城中州柱石世相儀刑帝鑒忠赤神遊衡湘體安窀穸宿山之陽滹水之側嗣允蕃昌

發祥茲宅

張崇榮　弟崇禮

張崇榮字子寵萬歷壬午舉人授魯山知縣下車即興修廟

學聚諸生講誦遇貧士有不能婚葬者分俸以濟之歲旱徒跣自責甘雨隨澍期年政教大行遭母憂去縣人刻石頌之後歷宰山東之朝城平陰並有政聲弟崇禮（張維新重修魯山縣文廟記）

崇禮字和節幼讀書穎異絶倫年甫冠舉萬歷丙子鄉試己丑以二甲一名進士登第授戶部郎中出守眞定累遷至南京通政使性剛直逆璫用事大江以南爭建生祠喟然曰此何時尙可仕乎卽乞病歸著書以老（考槃園張氏族譜序）

馮愈　子明期　從子賓期

馮愈字汝進振武衛人兄恩萬歷中由舉人宰昌黎有惠政卒祀名宦（見吳志科目）愈少補弟子員績學工文築室滍水之陽

集同志相與治經析疑義生有至性與兄友愛備至論交然諾以信義矢死不移也年踰四十卒子明期傳新德馮先生墓表

明期字闇若舉萬歷庚子鄉試第二幼居父喪擗踊哭泣如成人禮母憂毀瘠成疾踰年卒性澹泊爲諸生迄通籍未嘗以片牘入官府而疏財服義無所恡惜李某者童子師也煢獨而贅饋養十年歿復厚殯之友人馮盛世負才蚤死贍其妻子終身不倦戚黨婚葬尤多賴以濟者張鳳翼馮君墓表吳志載鄉賢

賓期字于王工詞翰喜交遊由江都籍謁選授河東鹽運副使上書言遼事陳戰守十策報聞未幾辭歸闢南園於邗上與諸名士飲酒賦詩爲娛華亭董尚書其昌爲撰桃花源記

貽之聲譽藉甚著有贈郭俚談諸集俚談

右明十五人補楊節李斌李舉吳璞趙立安嘉善張崇榮張崇禮馮愈馮賓期十八

馮亨期　子右京

馮亨期字定宇以監生授鎮江府經歷幼喪父事兄甚謹及議析箸所取僅十之三兄復以賈折閱其資亦不少介意姜逆之變州人劉遷謀襲城姦民將爲内應亨期偵知密白當事急捕治之晝城守方略甚具賊至以有備不敢動既知謀出亨期集衆數萬爲長圍而殺其猶子於城下亨期出家貲募死士乞援於大同軍三遣乃達城獲全平生扶危濟困有

古烈士風嘗自維揚返閭里中故官有負官錢就繫者立解橐贈之無吝色子右京容容字愚谷舉人官新河知縣孫延銓馮定宇墓誌銘吳志載鄉賢

右京字左之順治四年進士由翰林授御史巡視漕運革陋規禁差擾力除代運盜賣諸弊疏劾戶部尚書某貪縱直聲震朝右出為山東巡按陳恤民四疏如請查荒田協濟驛遞整頓漕糧皆當時要務也巨寇周魁軒轉掠十餘郡官兵莫能治一日率眾窺長清巡撫他出右京命將出不意擊斬之并擒夥賊焦二青王俊等餘黨悉平康熙初授湖廣荆西道楚故澤國潛沔景陵間水患尤劇右京相地形穿渠三百里

分殺水勢民慶安瀾建懷德碑以紀其事居三年以疾歸卒於家子雲龍盩厔知縣雲奏荔波知縣行狀吳志載鄉賢

馮如京 子雲驤 雲驌

馮如京字秋水由恩貢生授灤州知州興利除弊勸善懲惡清驛累招流移課農桑興學校三年政成遷永平同知

國朝定鼎擢知府尋遷陝西按察副使兵備榆林巨盜黃色俊逼靖邊城如京率標下數百人擊之破其巢而殲焉事聞

賜賚有加遷參政駐西甯適河西回叛劫甘州疆臣皆被害如京鼓勵士卒且戰且守三閱月賊不得逞事平進秩一階轉浙江金衢嚴分守參政以平巨寇翁大洋功遷江南右布政

乙未冬
詔求直言疏崇理學謹兵權實京倉愼邊守四事廷論韙之擢廣東左布政使督撫以卓異舉乙亥入覲奏請別荒稅以足徵輸禁雜派以供惟正嚴委署以肅官方移重鎭以靖海氛指陳粵事甚悉疏入下部次第舉行歸粵行次壽州念母年高不便迎養乞致仕旣歸事母備極色養閱七年母歿哀毀殆不勝喪服闋未及補官卒年六十八著有秋水集粵槎日記北征紀略春秋大成聖賢正諦道學鈔史疑宮詞歷代詩錄古今雁字詩選子雲驤雲驌杜篤祜秋水先生墓誌銘　吳志載鄉賢

雲驤字訥生順治辛卯舉人乙未成進士授大同府教授內

轉國子監博士遷戶部主事刑部員外郎典福建戊午鄉試
任四川提學僉事以福建督糧道致仕歸雲驤幼承家學聲
譽藉甚蔚州魏敏果公象樞尤亟稱之目爲畏友己未
詔舉博學鴻詞以雲驤與睢州湯文正公斌高平畢布政振姬
並薦當世榮之性和易與人接從無疾言遽色而居官侃侃
守正不阿所至著循聲宏獎士類後進皆師事之蜀人祀之
文公祠閩人祀之朱子祠皆一時曠舉也著有春秋說約約
齋文集飛霞樓詩雲中集國雍草沱園偶輯瞻華稿涉霞吟
青苔篇行世子璧乙卯舉人王澤宏參議馮君墓誌銘吳偉業贈馮訥生進士教授雲中
弁州馮郎長吳越桐江風雪秦淮月不烹羊酪斂尊羹肯拈
蘆管吹桃葉才同顧陸與溫邢俠少風流擅絕倫名士有誰

甘作諾丈夫何必尚專城乞得一麾還故土欲化邊人作鄒魯余笑謂君且歸去不信廣文今廣武絳帳懸弓設豹侯講堂割肉摻鼉鼓擊磬新調塞上歌投壺却奏軍中舞文籍先生上谷儒游聞公子河東賈亂定初聞闕里鐘時清不用平城弩雁門太守解將迎馬邑名豪通訓詁烏桓年少挾雕弧射得黃羊供東脯男兒作健羞裙屐拂雲堆上吹橫笛低頭博士爲萬卷撫掌封侯空四壁憶昔扁舟醉石頭別來幾夢南徐客隱囊麈尾燒卻盡長鋏純鉤看自惜學就吳趨恐未工汪成晉問無人識嗚呼五湖烟水憶鱸魚木落天高好寄書塞雁不歸花又發故人消息待何如

魏象樞送馮訥生第後省親時紫乙公之任江南

羨爾新登第居然學老萊世家傳晉地國士賦燕臺就日仙舟泛沿江錦纜開綵袍兼五色初向鳳池同

徐化溥秋暮送別馮訥生暫歸雁門三首

澹爾騷壇外居然古典刑不矜學是海非以說爲鈴愛靜茶烟綠讀書藜杖青汾河當日業歸且證元經我將香一瓣誰與古爲徒子佩尊高喆先生欲大巫笑言輕甲第衣履薄紈穠芸閣虛窗月冲然道自腴異書不可讀之子獨探源集裹連倉石險糜斷鑄門百川思匯海兩漢欲刪繁吾道千秋在河梁酒一樽

雲驌字懿生康熙丙辰進士選翰林庶吉士授編修歷官禮科給事中嘗典試江南榜發多知名士當世高其鑒以翰林乞假歸養家居七年與兄雲驤奉母日侍側恂恂如孺子雅好施給里中待以舉火者嘗數十百人汲引後學得其指授者如劉進士㩦張孝廉嶼劉明經宅揆後皆以文雄一時著有翠滴樓詩集子鑾欽鑒璽並知名家傳

徐秉義懿生馮公墓誌銘君諱雲驌字懿生氏馮其先青州人徙居雁門家世儒者王大父諱愈前歲貢生王父諱明朝前鄉進士皆隱德不仕父諱如京歷官廣東布政使以文學政事顯於時布政初娶於傅生長子諱雲驤而卒再娶於楊乃生君君少奇警好學沈默寡言言輒驚其長老年十五補博士弟子聲譽出衆上己酉舉於鄉丙辰成進士選入翰林三年授編修又二年奉命典江南鄉試榜出多一時聞士長洲陸肯堂上元胡任輿後皆第一人及第溧陽黃夢麟第三人及第當世高其鑒初布政開藩江南

遺惠在人尤宏長風流延禮方雅一時大江南北才彥屨聚相與上下論議考證爲驩樂時公長子以名進士來官舍君以童子侍往往從尊下立疑送難座中人莫不傾矚及君來典試遺老或有在者交太息君之賢而思布政公也久之選充日講官起居注以太夫人春秋高請終養歸歸七年母卒免喪補原職尋復授講官歲庚辰　詔選翰林爲臺諫君以才在選中改禮科給事中君自以再世受恩思感槩立節爲國補遺拾闕以報而職在槖筆攜槧俛仰二十餘年中嘗有不舍然者及是改官顧謂其子曰吾今乃可行吾志矣諸素與君厚及四方賢大夫士咸謂君道弸學碩必能慷慨建白光於表著相與奉手環聽居有頃竟遘疾卒康熙三十九年六月十五日也年五十三嗚呼其可哀也已君爲人孝友立廉隅謹飭自守其初上春官也道聞布政病見星而歸終喪毀瘠家居奉母與其伯兄恂恂侍側如孺子居平收邮宗黨不以有無爲解或倍德以橫逆加君絕弗校每旦起讀書書皆手鈔積數百卷最勤於其官每日必至內館所纂春秋講義會典一統志諸書編排掇輯窮日夜不少休與余相見尤數見必詢考商榷余恆自愧弗及也夫人魏氏巴州知州步南之女以　恩封孺人四男璽進士南甯府同知壓塾諸生幼堅女子五人鄉進士張嶁進士翰林院編修黃叔琳諸生

高兆麟，其壻也。孫男女十三人，將以康熙四十年九月六日，葬君於花家莊之先塋。於是孤來乞銘，余既與君善，不敢辭。銘曰：吁嗟君，躬孝友，襮以文，祉前美，益勤劭，宜復始，典貢賦，掇奇雋，詣留蘐，闢天閽，付封駁，行騰騫，銜忠直，卽長夜，思報國。於戲，奈何君止於斯，我銘其藏，後有詒。　吳志載鄉賢

郎居相　子大士

郎居相，字阿衡，父萬山，靜甯州吏目，有惠政。居相少補弟子員，食餼，以氣槩爲鄉里所推重。弟鼎相客死臨清，値明末流寇四起，道梗閒關千里，卒冒險負其骸以歸。姜瓖之變，州人劉遷聚衆應之，族子枋爲所煽惑，並脅居相謀襲州城。居相佯諾而陰發其謀於兵備，許得先事清內奸，城賴以全。事平，復言於兵備，許凡鄉民被脅者皆獲矜釋，全活甚衆。子大士。

苑林嵋郎
阿衡傳

大士字天錫由歲貢爲老營所訓導期年以母老辭歸性寬和喜施給滹沱河距所居聶營七里人病涉捐金建橋並茶亭三楹嘗遇竊穀者佯爲不知一夕家人獲偷兒戒勿舉火卽縱之去旦發粟召里中貧者徧給之偷兒與焉蓋周其貧而並晦其迹云苑林嵋訓導郎先生傳・吳志載者善・

劉慄

劉慄字樸夫少爲諸生溺苦於學每展卷至忘寢食同輩戲炙其背亦不覺也舉康熙癸酉鄉試第二庚辰成進士授商城知縣遭母憂起補陝之長武調醴泉未任卒商城界連吳

楚盜時出沒號難治懍嚴保甲法廉得邑中積猾按其罪四境肅然在長武請豁逋賦五千餘金均鹽課以便民墾屯田以足賦在職清慎自矢蕭然若儒素卒之日兩邑士民走哭相屬立祠祀之馮欽劉樸夫墓表吳志載文學

施幼秉弟陽林

施幼秉字入贊幼警慧詩文豪邁不羈與弟陽林並以才名譟一時康熙辛卯舉於鄉貧教授生徒自給負氣激宕不能與世俗俯仰坎坷以終馮欽施入贊墓誌銘

陽林字幼野初名陽彬年未冠以大同籍魁康熙丙子鄉試爲大同人所訐除名再舉雍正甲辰科旋成進士生具異稟

讀書日記千言工詩賦著論文三則行世同上吳志載文學

馮壅 子元方 光裕 允升

馮壅字敬南幼穎慧讀書一過輒不忘年十七魁康熙丁卯鄉試明年成進士授中書舍人出佐梧州遷南甯所至有政績粤撫彭鵬特疏薦之會遭父憂旣免喪卒於京邸壅精研經史旁及百氏之書與鄞縣萬斯同曲阜孔尚任蠡縣李塨大興王源相與論學期徵諸實用年未四十遽卒時論惜之子元方允升光裕李訢義南甯府同知馮公墓誌銘李塨馮君傳馮君諱壅字敬南代州人也大父廣東左布政使如京以春秋名家世稱秋水先生父雲驌仕翰林院官至禮科給事中君生而穎異好經濟嘗謁魏敏果公象樞奇之戊辰聯捷成進士初補中書已陞梧州府同知閒無事每爲上官剖疏別案事特薦調補南甯同知南甯邇

左江與諸土司壤相錯自吳逆後伏莽多有守土者置莫詰何君至陰詗其一縛致之訊其黨皆獲置魁於法餘署爲鄉役率土兵伺盜自是盜未發而捕已至矣一巨偷李亞四聚數百人伏城鎮北橋期舉火諸官出救踣之大掠君偵知衆盜盡出而亞四在急擒之羣盜輒散南甯故以竹結屋覆之茅比簷相亞每災輒延燒十百家盜因乘之劫掠君命民門屯甕一貯水驗無水者罰立保甲令遇災人葦水一石運至給籤翌日按籤有無施刑賞又使役巡儆所非運水及捕火人即執懲由是比年無災而盜亦熄歲戊寅湖南茶陵州有警嶺西南羣醜伏莽南甯營署間諜旦暮起應當事者震讋計之君君曰吾行辦之密廉得其主名夜呼前釋盜諭以效力皆屑涕誓死報乃令各招其徒入郎土兵也質明戈兵蟻聚屯城中當事益大駭曰何爲者君曰無他也行釋去矣諸奸見兵集慴伏莫敢動因按名捕置之法而犒土兵以牛酒去庚辰攝府印剔甯關稅弊巡撫彭鵬疏薦適君丁外艱士民攀留不得至感歎泣下辛巳李塨入都君浮家都門萬子斯同亟稱君學者因相會抵冬君延萬子孔氏子尙任王子源及塨論學塨餽以大學辨業萬子夙有講會壬午卒君乃邀同人十日一會其廬癸未春塨又入都君廣集四方士列講筵推塨講塨謝不敏座或問理氣五行及經義略陳說曰

晡散去，君留琹喟然問曰：聖門所重者六藝，今置不問，學術烏乎振？琹曰：君知其由耶？三代以上以仁義禮智之德出而為子臣弟友之行，緯以禮樂兵農之事，而其事則必習之學中，一源共委。典樂所以教胄子，大司徒所以教萬民也。無何遭秦坑，口傳身授之學遂湮，惟古聖載德行與藝諸典籍，幸有存者，於是搜購爬羅，誦說多而習行少，謂傳經為儒者。至宋明諸儒，又以漢唐僅訓詁，未窺本源，乃舉聖門不可得聞之性天，立主靜觀中致良知等名，以補苴之，上之虛模太極，下之日役章句，至於禮樂則以為緩圖，射御書數則以為鄙事，將子路之兵、冉有之農、公西華之相禮，俱置學外，致使漢唐宋明諸君所與創定宇宙者，率用駔盜屠販輩，而所謂傳道大儒，且高閣束之，待異日天下無事，命以珥筆講書而已。不知伊呂周孔當此時，亦祗如此否？且禮樂兵農不務，則所持以盡行者何事？養德者何具？而德行亦因而亡矣。此學術所以日壞，天下所以日靡，而不可稽也。君立起曰：然。乃偏究禮樂經濟，夜深秉燭，偕其四弟，歷及子，考辨娓娓不倦。琹復言修身齊家務，君欣然期立見於行。初，君童歲詩文即課人，口顧唾棄弗屑。嘗學射，應弦中；相馬，駑駿百不失一。尤精算術，測高量遠，求探推計，古今伸手布籌，咄嗟立辦。世傳《九章》書與西洋算法，人或輾轉莫解，君一覽立剖，輒指畫令人人可曉生有巧思凡攻金攻木錐鑿鈐錘之類行則攜之時考次躔度定刻漏早晚地勢向背皆出意解手成小儀器精巧靈通世業家自謂弗及也每言制器今不逮古遠甚如考工記弓人一則妙盡物曲學士不之求工人又沒世不知他率類是嘗欲以農田水利軍旅甲胄火攻諸器爲一書又欲推春秋以來日月薄蝕五星行度諸儒同異得失爲一書皆未就見成者僅有諸分指掌測量方程二小帙製器有簡平儀大銅黃道儀小時日晷銅矩度器銅渾儀皮水礮乃甲申正月甫三十八歲遂卒矣李恭曰聖道其莫振也哉何憑君之早折也余初交君時竊窺其貌癯然目清露詢之則世家貴族疑貌何以不類乃卒短折悲夫卒後聞有訾警詎才尤見嫉耶抑所見者遠而左右周旋乃未至耶使君不得竟其學將誰尤哉

元方字伯直雍正甲辰進士授隆平知縣遷開州踰年擢惠州知府所至廉幹有治聲職未滿遷廣南韶連道雍正十三年貴州苗叛調廣東兵會勦以元方監紀軍事抵古州與鎮

臣議攻守皆中窾會其剿滾縱勞績尤著滾縱者叛苗首也尤凶黠陽投誠而陰實偵伺元方令於衆曰釋此苗不誅則諸苗不懼過此時不剿則後剿無名乃嚴鼓破滅之古州苗百十寨皆歸命蕩平之後惟以止殺善後宣布

皇仁爲務經略張廣泗深倚任之尋遷廣西按察使到官踰月卒子郁太學生。孫嘉淦馮訒齋墓誌銘　吳志載宦績

允升字仲孚雍正癸卯進士授嘉禾知縣嘉禾俗健訟喜鬬胥吏倚爲姦又少士夫官與鄉保往來鹺賈懋遷習爲常允升至盡革之民相率稱頌性孝友淡於進取居年餘以疾辭歸就其兄元方於隆平值歲災佐之檢稽戶口賴全活者萬

三千人未幾卒孫嘉淦馮仲子墓誌銘吳志載文學

光裕字叔益康熙辛卯舉人選雲南大姚知縣累官至湖南巡撫精敏强幹熟於經世之務自縣令至開府任苗疆者十餘年廉潔自持遇事有爲其初擢銅仁同知引見時會朝議取古州苗

上詢苗疆情形光裕敷陳剴切謂愚苗無知不宜盡殺當隨機化導令歸版圖又奏請以湖南清浪平溪二衛改隸貴州

上皆嘉納甫就道即擢思州知府累遷貴州布政討平古州苗招徠流亡給以衣食又請蠲額征以甦民困乾隆四年巡撫湖南適鎮筸紅苗亂集兵請剿不三月大克之兵未罷而卒

遺表惟請蠲城綏南縣租賦無一言及於私
上悼惜之賜祭葬
方苞損菴馮公墓誌銘乾隆五年閏六月巡
撫湖南右副都御史馮公卒於位時楚疆方
有祖征之役 上倚公才悉付以湖南軍事及遺疏入上
驚悼 詔予卹典子祁等以其冬奉公柩歸於鄉明年春走
使至京師以狀乞余銘按狀公諱光裕字叔益號損菴世居
山西振武衛今籍代州曾祖如京拔貢生歷廣東布政使祖
雲驌進士歷禮科給事中父蘷進士歷廣西南甯府同知祖
考皆以公貴 誥贈通奉大夫母馬邑田氏內閣學士兼禮
部侍郎喜霽公女 誥贈夫人公爲人精敏強幹熟於經世
之務而居心仁恕歷官十七年由縣令至開府績著民苗以
勞勩終不愧封疆重臣矣始公以康熙辛卯舉於鄉計偕十
餘年値 憲皇帝初政遴才赴邊省以公知雲南大姚縣
事至則檢冊清逋卻土官餽遺有聲滇徼未一年遷貴州銅
仁府同知赴闕引見時議取古州苗 上詢苗疆情形公敷
陳剴切謂苗人無知不宜盡殺宜隨機化導令歸版圖
憲皇帝韙公言復 諭有見當直陳公因奏請清浪平溪二
衛隸湖南鞭長莫及不如改轄於黔便 上悅如所請行比
公在道即擢貴州思州府知府又調雲南永北府知府雲南

諸府皆在金沙江南獨永北孤懸江外與蜀毗連苗猓巢窟
其中有事則兩界交諉制府命往勘公輕騎率十餘人抵境
有羣猓從谷中譟而出挺刃相向眾懼欲走公日走將安之
因策馬直前從容撫諭猓皆環跪聽命已各散去制府奇其
才薦改麗江知府兼理永北府事俄陞雲南鹽驛道副使徵
鹽課給薪本出入均平輸稅盡歸驛站不累一民又經理錢
局鑪戶無匱乏官錢無壅滯時東川烏蒙猓夷叛鎮兵逗留
不進公請於制府夜馳至軍與鎮帥畫策進討平之旋擢按
察使東烏初定俘獲纍纍公虛心聽讞矜全者數千人
憲皇帝知公廉幹熟悉苗情特授貴州布政使古州苗逆命
丹江台拱諸寨多警徵兵會剿公指畫餽運無愆期招徠流
亡給以衣食難民復業又請蠲額徵錢糧以甦民困 今
皇帝嗣位得 俞旨連蠲三歲賦額黔境以甯丙辰貴州鄉
試 命代督臣監臨不以倥偬弛闈務士皆悅服丁巳入覲
上嘉奬欲大用公而軍需冊籍藉公句稽既返任請免南
籠安南二處鹽稅裁革婺川濯水二稅口部議雖格不行而
公之勤求民瘼已無隱不達矣己未春公奉 命撫湖南鎮
箄紅苗亂公請剿十二月集兵攻各寨擒馘甚多不三月而
克捷 天子加恩議敘會疾作請假三月調治少痊未視事
也聞綏甯苗人句結粵猺郎密咨兩粵制撫預籌協捕事發

風掃電擊克第奏功人服公先見之明不幸疾劇不起國家奠安方夏已垂百年而滇黔楚粵之交苗猓蔓延反覆戕耨刀耕屢逞戾性官斯土者每借持重名隱忍釀患公當機立決善良則極意撫綏而凶逆則不遺彌薙此固仁者之勇非喜事邀功者比迨志沒身殲猶以未竟所施爲憾口授遺疏一言不乞恩命獨念城綏兩邑傷於兵燹哀鳴呼籲請蠲歲租忠愛惓惓溢於言表宜夫疊膺
天眷頻荷殊恩存歿之際有加無已也公操守嚴潔不名一錢服御淡泊見者多不知爲貴人而篤於親故賑乏卹貧急人之難然諾不欺治官遇事則剖決如流無巨細悉身親之未嘗假手賓佐湖南壤錯黔粵更値逆苗蠢動之際羽書旁午每至丙夜不少休愛者動引諸葛君食少事煩爲戒然迄不能改也公內行醇備事親孝弱冠居南甯公喪毀瘠致患痰厥迄疾革卒以是症友于二兄家無私財不忍析產分居資性淵穎於書無所不窺著柴門老樹村稿詩歌古文雄駿有奇氣稱其事業精六書篆籀之學尤熟諳朝章掌故與士大夫談醐嬉淋漓不厭在楚未一年振興書院學規人材彬蔚其爲政有體如此嗟夫人方乘時利見孰不自負非常然中遭困躓蹶而復振者有矣公獨際遇兩朝游登節鉞所至輒樹聲績迹其所周旋未必皆同志而臨事不撓處衆不阿終始勤事以身任西

南之重者十餘年苟非學問充實經緯有大過人者孰能歷試盤錯游刃有餘哉公生於康熙二十三年甲子卒得年五十有七配王氏誥封夫人國子監典簿諱覲光女子二長祁乾隆丁巳進士翰林院編修娶劉氏四川松茂道諱位公女次鄴乾隆戊午舉人娶李氏江南淮安府知府暐公女女五一適庠生張甯禧一適州同王垂繹一適州同羅瑣齡一適舉人范清洪一字太學生孫孝懿孫男廷丞蔭生廷正廷工廷立廷奎俱幼孫女三以夏六月二十八日葬於烟旺村之東原銘曰漢室名臣二君爲儔世濟其美克究厥猷卓哉中丞亶明其志兵律素嫻邊圉攸寄黔山矗矗滇水泱泱心傾僰長歌冷竹王　天子曰咨往撫南服用集乃勳鋒車其速橫戈草檄行藥聞颸以勤王事以報主知鬱彼新阡兆食其墨澤流後昆功宗篤弼若堂若封銘於幽宮凡百有位勗爾藎忠　吳志載宦績

馮欽　子祖悅

馮欽字過亭初名壓後改焉嗜學於書無所不讀博綜淹貫詩文自成一家尤工書法性耿介不屑與世浮沈由舉人選

內閣中書遷刑部主事解職歸里闢圃於所居之東著書爲娛有春秋比事喪禮溫故廿一史表志列傳表若干卷半學菴集三卷子祖悅祖堯觀民元異觀民終金壇知縣史貽直馮過亭墓誌銘吳志載文學

祖悅字鍾冀雍正甲辰進士授戶部主事遷員外郎典陝西己酉鄉試出知甘州府擢洮岷兵備道以事左遷終於雷州府知府性樸誠守正不阿遇事務持大體始在郎署有能聲及典郡以治行上聞屢罣吏議皆奉

特旨起用嘗守陳州值淫雨相視城邑至西華之青龍隄水大至隄且潰有勸避者叱之躬督人夫守護隄賴以完任蘇州

同知會

南巡解船赴清江浦至瓜州舟膠於冰不得進爲文禱於神其夜南風忽起三百里河冰悉解在雷州尤多惠政徐聞有漁而失罟者戲詢其鄰之五歲兒兒妄言在某所如其言得之遠近競傳兒能前知就卜休咎者踵接令某逮以邪術惑衆聞前守張其事逮繫至百十人祖悅至爲薄懲而釋之遂溪民韋甲爲仇家誣以奸殺事巡道某力主之獄已具矣祖悅審得其情惻然曰典郡之謂何顧殺無辜以媚上官哉卒改其讞歷官三十年清操自勵不名一錢卒之日囊無餘貲子鄄郟邵並工詩文鄄尤知名錢大昕馮敏齋墓誌馮邵雷州君軼事記 墓誌嗚呼此故

誥授中憲大夫雷州府知府前整飭洮岷道甘肅按察使副使代州馮公之墓。始公由戶部郎舉堪任道府，引見得陝西甘州府知府，陛辭請訓，世宗憲皇帝大賞異之，特賜御書及貂皮、湖筆、紫金錠諸物。越四年，以公事吏議當降調，總督劉文恪公等奏請留公。疏入，上曰：「馮祖悅老成諳練，係朕記名幹員，不特當留府任，即道員亦可用之。劉於義等題請留任甚是，即照所請行。」劉公奉詔驚歎曰：「上眞知人也。」今上御極之十六年，車駕幸江南，公時爲蘇州同知，執事行在。一日，宮門出片紙，書公與監掣同知李某名，傳問總督黃文襄公曰：「兩同知居官孰優？」黃公以公名對，因有雷州府之命。蓋聖人在上，酌民言而飭吏治，一改唐宋明重內輕外之陋，雖萬里之遠，若在堂門，治行善否，無異燭照數計，而如公者，亦可謂能奉其職者也。公幼能文，年十七游京師，貫順天籍爲諸生，已而改歸中。雍正元年恩科鄉試，明年成進士，又二年補戶部江南司主事，遷河南司員外郎，奉命典陝西己酉科鄉試，得人稱盛。其任甘州也，西陲方用兵，羽書旁午，公星夜馳之官，經理糧運，芻茭軍器，手自料檢，皆中程式。嘗被檄攝甘山、肅州、安西三道，所治道里去府回遠，公來往其間，百事具舉，一時綰四印，未嘗稍形竭蹷也。乾隆三年，遷平慶道按察司副使，六年調洮岷道。洮岷番夷雜居轄土司二十四屯田茶馬任劇事煩公以誠信待物在官三載不名一錢以事罣吏議得　旨送部引見將行士官屯軍追送多泣下者以父憂歸里復丁太夫人喪葬祭如禮服闋吏部引見即　命往河南補陳州府知府陳州地窪下多水患公甫至值淫雨即周歷屬城相視隄防至西華之青隄水大至隄且潰衆皆洶懼或勸公避之公曰官去民將安侍即下令敢有走避者罪之親率人夫守護隄賴以完城故有絃歌書院七邑生徒肄業其中公爲延名師課之暇日則親往較其文藝之優劣而奬厲之諸生之俊秀者咸聞風而至由是文風甲於中州以失察屬吏被劾左遷江南蘇州府督糧同知吳中估客所集督糧主徵比前政或持兩端爲利窔日以積公至敕胥吏取累年故案立決之無敢干以私者其治雷州也海濱獠蠻多不率教公能以誠信化之遂溪民韋甲爲仇家誣以奸殺事巡道某力主之獄已具公審得其情惻然曰典郡之謂何殺無辜以媚上官吾不爲也卒改其讞大計舉卓異第一未入覲以疾卒於官舍春秋六十有四時乾隆二十年六月十九日也啟其橐無百金裝督撫以下咸歎息厚賻之公仕宦三十餘年宅心忠厚未嘗有疾言遽色嘗題座右曰居官求有功無過無過便是有功始在郎署有能聲及出典郡以治行受知　兩朝官雖不過四品然當

世數良吏者必屈指及公昔人著官箴言私罪不可有公罪不可無公前後屢罣吏議起而復躓然未嘗有一私過也此可以爲賢矣其居家孝友仲弟祖亮早世撫遺孤若已出叔弟觀民知金壇縣罷官客死江南公哭之慟遂得左臂偏枯之疾卒以是至不起公諱祖悅字鍾冀別號敏齋先世有馮盛者自山東壽光縣遷於代隸振武衛軍籍 皇朝雍正中裁省諸衛改隸州縣今爲代州人曾祖如京廣東左布政使祖雲驌康熙丙辰進士翰林院編修禮科給事中父欽康熙辛卯舉人刑部四川司主事公始娶繼娶皆李氏女兄弟也三娶亦李氏皆 誥贈恭人四娶張氏生子三曰鄭乙酉拔貢生曰郟廩膳生曰邵國子監生五娶戈氏 誥封恭人生女子二壻太谷縣舉人武潢國子監生徐天駿初公在甘州恭遇 恩詔時張夫人主中饋例得封願讓封前妻曰前人皆與君共貧賤且無子可無以少慰地下乎由是三前妻得並贈一視黨皆賢張夫人云孤鄭等卜乾隆三十七年壬辰九月初一日癸巳葬公於北岡之原張夫人祔焉先期來請銘銘曰稽古治行大小馮君代郡之馮豈其苗裔耶自左布政公而下多以方面績聞堂堂雷州名達至尊當世以爲殊遇何治之循而數之屯井椁既安以利嗣人千秋兮萬歲知有賢二千石之墳 吳志載宦績

馮璽

馮璽字樞南少從兄璽學究心經濟精句股及九章算法循例授福州通判攝知府會臺灣兵起總督治師廈門臬司糧道皆從行並委璽兼署身綰四印倥偬倉卒事無不舉一時服其敏給累遷廈門同知浙江臺州府知府修郡城闢書院墾淤田十餘萬畝甚有治績居六年以疾歸孫嘉淦馮璽墓誌銘

馮慶會 弟慶長

馮慶會字省菴荔波知縣雲奏子也由貢生選汾陽教諭職滿擢陝西雲臺知縣歲饑捐金以振多所全活河州協兵以缺糧謀變環譟於州署勢洶洶慶會時攝州倅聞之單騎往

諭許爲發倉衆乃解而告其帥懲爲首者十餘人一軍帖然雍正初遷甘州同知值西陲用兵奉檄督徵倉儲甚急乃聽民便以銀代米比秋稔米價大減則計時值糴以實倉而還其羨餘於民所償萬餘金人多迂之不恤也旋罣吏議罷歸事白補臨洮同知卒於官子鍾宿別詳列傳弟慶長彭啟豐馮省菴墓誌銘

慶長字崑源歲貢事親以孝聞與兄友愛終身無少忤官雲南永平知縣累遷陝西鳳翔知府所至革陋規除私派遇有濟於民生必竭力爲之至傾家資無所顧惜嘗宰招遠遇歲饑捐粟千石煮糜以食餓者剌齊甯大雨壞民廬舍計口授

資靡及千金而築沂州北康莊隄開寶雞底店渠尤爲利賴子奕宿淮甯知縣光宿黔西州知州並著循聲章宿官至杭嘉湖道別有傳行狀

郎廷勔 子長卿 嘉卿

郎廷勔字簡在性淡泊不慕仕進內行純摯與人交未嘗有忤色周急佐乏無少吝里中任氏生女雙瞽棄之廷勔持歸乳哺至長爲擇配遣嫁所嫁瞽女凡三人皆資之成家育子孫劉自榮妻郭氏李滿全妻邢氏夫歿矢守家貧父母欲奪其志賴廷勔時周卹得完節其樂善如此子長卿嘉卿王裕疆郎贈公傳吳志載耆善

長卿字掞先事親能曲意承志家世好施力有不繼至稱貸以應居父喪哀毀骨立自少為諸生嗜學刻苦累舉不得志以歲貢終何思鈞圭峰郎公墓誌銘

嘉卿字孚吉性倜儻讀書負才略乾隆初以諸生循例授四川合州州同改知昭文縣遷雲南白鹽井提舉以老歸服官四十餘年履州縣十九任所至有惠政在滇最久嘗捐俸設開化堆站以重邊防借帑開甯臺銅廠以資鼓鑄

大兵征緬供頓夫馬無不先期籌備先後六載事集而民不困一時有能吏稱去之日遠近頌德石屏人祀之名宦十公祠勒石紀之子若端若伊若臯若會若伊官至直隸按察使莊存

與提舉郎公墓誌銘。公諱嘉卿，字孚吉，姓郎氏，先世遼東人。明初遷代州聶營鎮。七世祖陝西靜甯州尉萬山公生文學諱居相，贈修職郎，公曾祖也。生老營所儒學訓導，貤贈朝議大夫，諱大士，公祖也。考諱廷勛，候選州同，以公及孫若伊貴，由儒林郎累贈奉直大夫，妣馮氏，累贈恭人。有子二，其仲爲公。性倜儻，讀書負才略，自諸生歷官滇蜀，所至興民興利除弊。決獄明允。公之筮仕也，當　今上龍飛元年，以例授四川合州州同，署巴縣，訟牘山積，公剖斷如流，有朝入城暮歸耕之謠。金沙江險不利舟楫，鄰省議濬治以便銅運，移川督會勘，公極言非便，事遂寢。巨賈某納賂營米牙爲居積計，公得僞部牒，痛懲禁之。商賈流寓死者槀葬城隅，率爲江水漂汩，公勸輸腴田爲給櫬費，且立義冢。當其初政，已卓卓可紀如此。署雷波衞，黃螂所屬牛疫，夏未播種，公開常平倉，聽民借穀買牛，坐專擅幾被劾，後察其無他，終不之罪。移知昭化，值旱，步禱數十里，雨如注，歲大稔，民爲樹坊。上官廉其能，已列薦牘，會遭贈公喪去官。起署三臺、興文、長甯、高縣、璧山、江津、簡州，治狀如在巴時。三臺民遣子行沽，醉而殺兄，瘞宅後十年，因治宅移瘞他所，兄之猶子奔告，手畫地作瘞狀，民知事洩，遽焚棄其骨，馳驗，墢土猶新，置民重辟。或欲並罪沽酒者，公原釋之。璧山閻某殺人，以兄子抵死，獄已具，公一訊，伏

法。又鄰縣彭山農李甲嫠其田主。詭稱病瘋。公覆訊得實。二
事公悉以初審官注牘。人稱長者。江津遇歉。多草竊。拘繫二
百人。公下車歎曰。溝中瘠豈萑苻耶。未浹旬。圜土一空。興文
苗田多爲豪猾侵奪。公亟還之。並建學宮。後苗童有入學者。
茂州土苗病土司貪狡。願內隸。公奉檄往撫。卽請歸茂轄。簡
產紅花。舊爲富商領帖收買。民困。商登壟。公令商民並給帖。
勒石遵守。利乃均。其仕滇也。歷署石屏州、通海、太和二縣。補
雲龍州。攝永平縣。提舉琅鹽井。調白鹽井。攝大姚縣。挂吏議。
旣復官。仍留滇。署鎭南州、開化府同知。管甯臺銅廠事。乾隆
四十二年。眞授白鹽井提舉。舉其治狀之尤著者。石屏異龍
湖遇淫雨輒溢。公導小河殺其悍湍。州人利之。以公崇祀名
宦、十公祠。事詳州志。任雲龍州日。莽匪犯普洱。檄市馬送九
龍江。多道斃。公輸俸償馬。不以累民。開化壤接交趾。易藪奸。
公嚴稽緝。設堆站。四境以甯。甯臺廠民絀於力。公請貸帑募
商。八閱月。銅以充裕。其在永平。值　王師征緬。調雲龍夫馬
給役夫三千。惟應差日食於官。暇卽否。公傾囊按發。病者療。
死者殮。先後六年不懈。　大兵出猛卯。檄十日備牛馬二千
頭。先期畢集。上官能之。方軍興時。州民虧馬價五千兩。追逮
纍纍。公力白當事。疏請豁免。凡五十餘州縣民應軍役所給
口糧不足。輒借社穀。積虧三千餘石。公勸其戚黨有力者爲

代輸三月如額此在滇南事也在兩鹽井核漏課增薪價商竈告便之凡服官四十餘年履一十九任去之日頌功德者遐近先後如出一口公篤孝友事父母先意承志嘗迎養萇萌官舍以水土不習歸公每以遠定省爲戚聞贈公訃哀毀不欲生喪畢遂請終養母好施與公竭貲以娛其意既卒晨昏拜影堂終身如一日兄揆先早世無子公以三子爲之後事寡嫂敬撫孤女慈叔展臣家落厚恤之視羣從若同父焉施生澤周才而貧招使就學後登鄉薦爲縣令渝城書院垂廢公分俸助膏火延師振作秋賦雋者七人至今絃誦不衰其尊愛賢士又如此先是公以延陵之戚得痰疾歸里公子若伊方官刑曹出爲廉使餘子若孫皆有頭角公顧而樂之及廉使卒神氣驟衰然撫教諸孫猶孜孜不倦廉使之按畿輔也公諭之曰吾老不能盡力於朝汝奉　恩命膺讞重寄宜廉潔奉公平恕決獄吾一生慎刑汝所親見毋忽之長孫錦駒之官安徽誨之亦然噫郎其貽翼之言知公所以種德而裕後者深矣公以乾隆四十九年八月十六日疾終里第距生於康熙四十八年七月初五日享年七十有六　誥封奉直大夫雲南白鹽井提舉以次子若伊官刑部郎中晉封朝議大夫配馮氏中書科中書鍾宿公女累封恭人子四若端附監生若伊乾隆辛卯進士歷官直隸按察使俱先卒

若皋國子監生，出後撚先公，俱馮恭人出。若曾側室李氏出。孫七：錦駒，安徽候補州同；錦騋；錦驥，俱丁酉舉人；錦騄，候選鹽場大使；錦騮，癸卯舉人；錦驤，丙午副榜；錦駿，國子監生。孫女四。曾孫七：汝琮，庠生；汝玫、汝琛、汝璠、汝琦、汝瑋、汝瑛。曾孫女五。元孫一：桂馨。諸孫錦駒爲長，序當承重。諏吉乾隆五十二年九月二十日，祔葬公於西留屬村之北原祖塋。以公子若伊爲余辛卯禮闈所得士，乃奉狀屬志墓，因論次其美績懿行，繫之銘曰：句注崒屼，五原逶迤。挺生英傑，倫鑒德師。卅年滇蜀，循卓謳思。讞刑陳臬，承家令規。雙珠早隕，日爽報施。天篤其慶，秀發孫枝。壽原告吉，留屬奠基。爰勒貞石，光曜是摛。

馮祁 弟鄗 子廷丞

馮祁字昭餘，性亮直坦易，中無畛域。家世貴顯，而欿然謝紛華，一肆力於學。登乾隆丁巳進士，選入翰林。聞父疾，即日馳歸。既授編修，甫就職，以病去，遂不復出。家居擁書萬卷，徜徉

以終有子四廷丞官至湖北按察使廷至字尚賓其季也工詩知名弟鄺

彭啟豐馮編修墓誌銘

丁丑之秋太史山古馮君以风病就醫浙東明年七月卒於杭州旅次其冬孤子廷丞奉君柩歸將葬於先人之兆以狀來請余銘自先侍講公與君之曾祖考都諫公爲同年友而君之尊人中丞公復與余善君之官京師與余同僦居時雍坊昕夕相見如家人於君之飭躬制行稔之至悉不得以不文辭君諱祁字昭餘先世自山東徙居代州高祖諱如京 皇朝廣東左布政使著有勳績世稱秋水先生曾祖諱雲驤康熙丙辰進士日講官起居注翰林院編修禮科給事中祖考諱璽康熙戊辰進士廣西南甯府同知考諱光裕康熙辛卯舉人巡撫湖南都察院右副都御史君性亮直坦易中無畛域爲詩賦貼精緻而尤工於書從中丞公官滇黔膏腴靡麗舉無所動一肆力於學嘗見江陰楊文定公欣然曰是吾所依歸也公亦心喜君讜言無隱及舉進士入詞館中丞公方荷天子倚任君益欿然絕華貴意中丞公疾君請於朝馳往省視比薨君奉喪歸 詔予卹典君營祭物窀窆備禮鄉黨以爲榮居閒或有以乘君在戚以非禮相凌厲者君弗爲校署其齋曰佸居貯書數千卷徜徉其中或以迂謹誚君君謝

代州志　傳二　卷九　集傳　書

日捧盈執玉懼辱身以及親故也絜長較短吾豈不足乎既除喪以毋夫人春秋高不忍舍去迫之再四乃赴闕俄太夫人卒室劉孺人亦繼逝君心盡慘瘍發於體累年乃就職未踰歲復以病去遂養痾不出壬申子廷丞領鄉薦君不舉賀及以任子授官君寓書京師戒之甚切嗚呼世家大族怙侈無禮以至不保厥世者多矣君承累葉簪纓之後淡泊恬退不漸染於世氛可謂賢矣始君之官京師也嘗爲余言少時從金壇劉子彥受業以謂文章之道根柢仁義然必自具端倪不得妄爲浮辭勦說以自欺誑君心契其言故君之爲人無所緣飾規取而動合於則君生於康熙四十七年十月初一日卒於乾隆二十三年七月十二日以乙卯五月十日葬於煙旺　賜阡子四人廷丞廕生壬申科舉人官光祿寺署正次廷立廷桓廷至女四人孫男一女一銘曰鐘鼎也不可使樂盆盎行潦也不可以納洿潢彼賢者君耶不攫攫於進取不施施於驕亢我銘以示後兮紹君德於弗爽

鄺字峙東幼穎悟有幹濟才以舉人選彭山知縣值金川用兵甫下車運軍米萬石事辦而民不擾上官廉其能擢署眉

州會調滿兵自東川前進檄鄰駐羅江主驛傳鄰請於所司九站中皆增設一站令夫馬更番休息兵至刻期迅發不愆於素遷知秀山以勞瘁得疾卒（周長發秀山令馮公墓銘）

廷丞字均弼乾隆壬申舉人以廕補光祿寺署正轉大理寺丞累遷至刑部郎中在都與大興朱學士筠歙縣程編修晉芳諸名宿往來論學以名節相矜尚久官法司治獄以平恕稱譽曰獄者愈求則愈深要在適中而止則情法兩得時以爲名言出爲甯紹臺兵備道調臺灣道勤於其職遇屬吏以禮有餽遺者卻之遷江西按察使治獄如爲部郎時罣吏議落職論戍捐贖以道員留江南用補江甯道再擢湖北按察

代州志　傳二　卷九　二

使卒廷丞通史學精地理性喜接引尤急貧弱盡心民事雖一日必舉其職既蹶復起清操彌勵時論以其好施而無所取淸而不刻篤學勤政未嘗近名謂之三反及卒士大夫莫不痛惜焉汪中通議大夫馮君碑銘君諱廷丞字均彌其先畢公高之後食采馮城因而命氏世遠失其譜系明成化中壽光馮盛以軍隸振武衛遂家代州五傳至明期領鄉薦其族始顯　皇朝日如京廣東布政使司左布政使子曰雲驌禮科給事中為君高祖曰璽甫甯府同知為君曾祖曰光裕都察院右副都御史巡撫湖南為君祖曰祁翰林院編修為君父馮氏以文學起家至君凡十一世立朝涖官咸有名績家法謹嚴為北方所重君既冠舉於鄉乾隆二十一年由蔭生授光祿寺署正君儀觀溫雅造次必於禮法嘗引見　上望其舉止喜曰是舊家子弟丁父憂去官君自以有祿於朝乃盡以遺產與諸弟而任其喪葬之事服闋補故官官閒少事因得肆意於學與大興朱學士筠及其弟侍郎珪嘉定錢少詹事大昕青浦王按察使昶歙縣程編修晉芳桐鄉汪舍人孟鋗以名節相矜尚文章議論咸縕藉有

根柢是時諸人皆卑官其後仕宦或顯或不顯天下稱名德
焉君多識史尤精於地理自禹貢以下川瀆異同郡邑沿革
口講指畫昭然如覩丹黃累篋老而益勤然不喜著書自娛
而已差監通州本裕倉有善政旣受代吏人往來京師更十
餘年參謁惟謹遷大理寺丞故事大理於三法司主平反刑
部權寖重大理不得舉其職君在官於罪名出入數有糾駁刑
刑部諸司皆怒而大學士劉文正兼刑部尚書獨心善焉踰
年遷刑部廣西司員外郎旣謁文正文正傾心禮遇事無大
小悉以咨之踰年遷廣東司郎中君公廉不受請託然用法
持平多所矜恕是時文正方得政所奏請無不當故君得行
其志其後君由江西按察使入覲大學士于文襄問君在刑
部治狀君曰夫獄者愈求則愈深要在適中而止則情法兩
盡文襄嗟賞其言告諸司官以爲法出爲浙江分巡甯紹臺
兵備道兼海關監督歲造戰船採木於屬縣吏因以爲利君
閱實其木書之於策以次代之吏無所容手潮犯蕭山君急
裝立塘上曰水至則死於此吏民脩防更三晝夜塘得不壞
歲入有餘則以舉其地之公事次則施諸三族之貧者通人
名德禮接如不及故交游士咸得其欲而君被服如儒者不
聽音樂終身無妾媵遷官之日至無以治裝調福建臺灣兵
備道兼提督學政承黃教亂後撫彫敝務安靜不苛擾柵城

三千七百丈以爲外衞數巡廳縣供頓餽遺無所受嘗一夕卻金如意七列城欺服稱盛事有吏造船應支番銀二萬吏之子爲諸生其年當選拔請無受直而貢其子卒不許遷江西提刑按察使司按察使江西當江湖嶺嶠之湊地險而民獷是以多盜君廣設鉤距得其主名將竟其事會王錫侯字貫獄起君坐失察革職發軍臺効力贖罪尋准君捐贖發江南以同知用四十五年 上南巡駐蹕宿遷 詔許君降捐道員仍留江南候補君自至江南前後爲總督者謂君不習爲吏接遇甚簡既論贖盡毀其家不足當十一素畏慎善憂及茲牢落生意遂盡諸道凡缺七官輒爲人得署常州徐州淮南三府蘇松常鎮太糧儲河庫江南鹽巡松太兵備四道率不數月代去常日旁皇無所得食賈人責家咸見逼追及其當官則清操彌勵同官或叩其所入輒權詞答之終不以其守蓋人盡心民事尤急貧弱雖一日必舉其職時人以君好施而無所取清而不刻篤學勤政未嘗近名謂之三反當君管河庫日大學士誠謀英勇公以閱河至見君深相器重使開臨河集引河刻期而竣比還朝陳君忠實可任且言其淹恤由是補整飭江南鹽務分巡江甯道踰月遷湖北提刑按察使司按察使兼管驛傳荆門知州某爲民所毆以抗糧聞君馳往撫定其衆究其致叛始末乃坐倡首者而貸其

餘人施南以爭地相仇殺君履行萬山中親定其界爲瘴氣所中重以飢勞舊疾遂作既歸猶冒暑聽斷不少止踰秋浸劇解官治疾甫報允而卒是爲乾隆五十年十一月乙巳春秋五十有七貧不能具含斂妻子歸無所居寄食京師士大夫知與不知莫不痛惜焉君長於撫御短於應變故與同官多不相中而恆得民心嘗慕古爭臣守節死義冒言天下事遇事激發引爲己任入官京朝隨牒平遷未嘗有言責其後五官司道上不能專制下不得親民清勤自力無所表樹經世之略體國之忠生不竟其施沒不傳於後其可哀也已君娶翰林院侍讀學士錢塘周玉章女 誥封淑人子宬候補八品小京官女適翰林院編修汾陽曹錫齡以君卒之次年十一月甲子葬君於代州煙旺村禮也中自依有道道一星終愧以不才遇賞君子始則窮鳥投懷實蒙忘分與年流言不信既而纏綿從公共涉夷險凡所披陳無不意盡嘗恐朝露有期將使老母弱女累君高義而一辭祖道遽至撫棺遂以衰疾餘生哀述舊德天道人事其何可量銘曰遼矣公高光我文昭畢分晉國焉坐秦朝上黨東陽其延十世良德和龍亦雄四裔代州之顯當明末造繇祀二百自他有耀君生而貴亦與憂俱保世守官尺寸不踰高柴用刑刖人感惠沒殯閉閣淮陽稱治君雖習吏澤不及民盛德在抱萬物和春

在邦在家日有簠簋何以飭之臣心如水朝酣夜歌彼維何人乃遴高位以康其身此焉小心履冰集木銛筩尺書倉皇詔獄鈞金孔棘焚心汗顏隕我國寶傷哉百鍰牽復有時交摧莫訴如彼蔽通坎坷末路自營四海受纏朱紱金玉滿堂洎如無物一材一藝百年千里聞名嚮風載矜載喜生館死殯其歸如林外無德色內無倦心戚戚兄弟莫遠具邇汝憂汝歎如余在體窮年奔命一肉不完八賴舉火君死勤官年哉中壽家亦屢空完然白璧君子之躬百世有師清風不墜我無愧辭人惟墮淚

馮郁

馮郁字揆卿以父蔭選奉天府經歷改知縣歷宰河南閿鄉貴州甕安遷知永豐州蜀中舊有嘓匪蔓延黔疆甕安民時罹其害郁至集丁壯時教練之厚其犒賞久之技皆精嘓匪至即被擒終郁任無敢窺甕安永豐民苗雜處轄土司六十

四亭故事官府日用皆於亭取給蠻獠畜之或峻法示威郁慨然曰均赤子也奚民苗分爲一撫以恩信悉除其苛派性廉介不妄取一錢後權思州府卒貧無以斂同官賻之歸妻子至不能給朝夕云馮廷丞豐君墓誌銘

馮鄄

馮鄄字合三事繼母以孝聞與弟友愛父以廉吏守雷州卒鄄歸喪萬里道窘艱苦備至不以累諸弟也好學終年謀食奔走未嘗廢讀甚有文譽以選拔貢生舉甲午順天鄉試卒於京師子廷誼諸生弟郊邵並工詩郊字定九州文學食餼著有果度道人詩邵字西輔太學生著有瑤礐山房集汪中舉人

馮君墓誌銘有馮廷重者衰而造門以其叔父邵所爲狀請中爲銘而納諸其父之墓邵爲人敦篤好學與中雅故知其言不苟乃屬詞曰君諱鄭字翼緬先世壽光人明成化中有曰盛者以軍隸振武衛遂籍代州至君凡九世曾祖雲驤禮科給事中祖欽刑部四川司主事父祖悅陝西整飭洮岷兵備道按察司副使君七歲喪母居喪如成人事副使孝謹未嘗有過乾隆二十年副使以雷州府知府卒官君年二十有二副使故廉貧官數遷謫垂老投瘴地飾終之日餘俸不足供斂事代州水陸萬里歸無居業葬無墓地老幼百口莫知所依君以弱年爲家督謀慮枝梧卒中夜廢寢北行未半資糧垂竭其家遂散君使諸婦孺各依其母氏而自與弟舁棺以歸開出稱貸四方經營生事以葬以養以迎其親屬督諸子弟就學取婦生子嫁其二妹凡更十餘年副使之家遂立初君之生也副使年四十有三人以爲晚至是竟收其力焉君與弟鄭邵相愛甚鄭既前夭邵久客無子君命邵歸而身授學京師越五年竟卒君以選拔貢生舉順天試卒之年四十有七葬代州北岡之原禮也君既力庇其家事風雨漂搖僅而即安而以勞憂損其天年終以客死宜邵之述德累行其詞有哀焉邵又言君事繼母有禮性平恕恢然長者惜中之不及見也銘曰噫嘻馮君卒是常道送死事生孝乎惟孝

喪葬既舉室家既聚眾曰清吏是宜有後會是克家不康其身旅館僮奴傷哉飾巾句注蒼蒼有子有弟百里見星孰撫爾視封土若堂巋然牛眷我銘志之終惟安宅

馮履豐 弟履謙

馮履豐字一蜚鄉賢鍾宿子也以舉人授舒城知縣歷署定遠縣及廣德州所至有循績調知歙縣歙爲淮南名邑世家巨族相望有以公事來者必詳詢地方利弊虛己公聽語不及私亦竟無以私干者性簡默自奉淡泊昆季敦睦終身無間初鍾宿生五子皆負才名乾隆壬申履咸履泰同舉順天鄉試履咸又偕弟履謙先後成進士未幾其仲履豫亦舉於鄉獨履豐累試不遇則益自奮厲下帷攻苦矻矻不休戊子

秋遂以禮經中第鄉人榮之起五桂坊紀其盛子景嶠亦舉人官渾源州學正行狀、馮履謙五桂坊記

履謙字鳴齋幼警慧從諸兄授學試爲詩下筆驚其長老年逾冠舉進士擢第歷官安邱壽張海豐順德知縣所至以經術飾吏治並有政績好爲古文詩歌宦遊及三十年足迹徧東南旣陟嶺踰海文益汪洋奇肆有琢璞齋稿寤言齋詩及馮氏五子集子步崑肇崧起嶲紹崘並諸生而肇崧有丈夫子五以文章擢科第者四人世稱爲後五子琢璞齋稿、紹興知府馮清聘行述、

郎若伊

郎若伊字任之少讀書若夙誦一過輒不忘未冠以默十三經補州學生舉乾隆庚寅順天鄉試明年成進士除刑部主事累遷郎中轉御史出爲直隸按察使踰年卒在部屢決疑獄甚爲上官倚重遇部中大臣奉使讞獄四方必奏請以從

上習知其勤慎擢御史未十日即拜直隸按察之命及卒

上親書奏牘曰可惜蓋將大用之也性通敏於律意吏治皆所洞悉制行廉潔而一持以仁恕未嘗自表襮工詩成輒棄之亦不以示人嘗遊滇之雲濤寺興酣徧墨其壁因自號醒石云梁國治按察使郎公墓誌銘徐昆郎醒石先生傳 章學誠郎公家傳乾隆四十九年學誠來主蓮池講席諸生多言故按察使郎公之政聲在人不去口實公從子錦騤錦驥與學誠同舉四十二年順天解試始識公名已而錦驥偕公

子錦騏奉公行狀請爲家傳以存之譜公之大節誌狀備矣於是參合見聞互其詳略而次諸傳公諱若伊字任之自號醒石先世遼東人明初遷居於代曾祖大士老營所儒學訓導好施樂善鄉黨稱之祖廷勛父嘉卿前雲南白鹽井提舉公生而穎異初就外傅日誦數千言爲文冰釋泉湧滔滔不能自休年未及冠以默誦十三經補學宮弟子隨提舉公歷任四川雲南官舍內外部署井井中間案牘紛披軍書旁午一皆倚公咄嗟以辦襄事之餘不廢書史從宦幾二十年而學益充以裕遂以乾隆三十五年舉順天鄉試明年成進士除刑部主事是時公生三十八年矣公以通才閱歷於外周知情僞既官刑曹遂用專一思慮平情折獄反聽斂明心聽氣聽搜觵抵隙洞中微隱每遇讞上一曹倚以爲平會刑部侍郎阿揚阿公讞獄四川詢曹郎疇可從者今廣西巡撫吳公垣方同官刑部以公薦曰郎某伏案治書同曹咸所取衷向所定某巨獄稱明允向所出某疑辟稱平恕者皆由郎某郎某不自自爾阿公相與歎息以爲幾失郎君自是屢隨大吏出勘巨獄賢能益著自員外郎洊歷御史旋擢直隸按察使蓋　上意騷騷且大用矣外臺刑名總滙所隸府縣遼遠者至千餘里近者亦數百里庶獄自州縣達府以上使司故事小有疑議輒用文牒駁詰往還動皆踰月公夙善折獄遇

投牒者，即就廳事剖決，案無留牘，而囚不羈滯。秋讞期偪，州縣案牘或有稽程，則遣隸督促，官司多擾。公與州縣約，信無貳，終公之任，不遣一隸，而事無不舉，公私便之。公宅心仁恕，聽訟以其情，囚徒雖甚凶狡，未嘗施三木。嘗曰：法準乎情，平於理。理屈則辭無由中，何患不得情？捶楚之下，何求不得？而情有不能盡者矣。批頰，官刑之輕者也，官隸輕重其手，因緣奸利，往往墮齒流血。公命易之以韋，至今畿輔府縣皆用其法。冬寒凜冽，囹圄中法不得舉火，囚徒藉草飲水則病。公飲以薑，爲絮衣袴給之，且捐貲權子母，歲得爲常。嘗攝布政使事，甄敘官吏，必愜於公。濬九龍河，土宅水壑，沮洳蔚爲膴壤，工鉅役煩，勞費稱事，清苑、望都數百里間久遠賴之。公初涖按察使也，行部至某縣，聞知縣賢，以公事拮据，隱衷不得上達，悒季病危，且不測。公使人撫慰，毋自苦，我行且拯之。已而復道其境，知縣已小愈，強使扶掖謁公行署，感泣曰：某未識公面，公又初至，何由知某可耶？公曰：徧訊輿論，余所以藉知長吏也。公性簡易，衣服車馬樸屬無華，巡行所部，傔從不過數人，行館供帳，一切脫略，所至人不知爲大吏，而州縣利病得以備聞。公溫純理密，內朗徹，不爲表襮，久之始克向用，又未竟其施。乾隆四十八年以疾卒於官，春秋五十。事聞，天子署奏牘曰：可惜。蓋惜公之晚遇而蚤逝也。公天性孝友提舉公嘗以罣誤免官。公私負累至巨萬金，公日夜籌思，鬚髮盡白。久之，卒賴以濟。及官刑曹，貧甚，迎養母夫人於京邸，朝夕起居，未嘗不盡其歡。責負者踵門，母夫人或有所聞，公輒亂以他語。兄嫂早逝，撫遺孤如所生。嘗訓諸子：他日子姓繁衍，毋議析箸。人情合則親，分之則疏，勢使然也。事父母不自有其憂喜，處伯仲間，婦子不知有私財。交遊戚屬，解施推分，無不各得其意。與人和平，中自刻苦。方官刑曹，有暮夜饋金者，請公以濟難，且曰：濟則幸矣，如其不濟，此區區者亦無所惜。公固卻之。時公未有一宿糧也。故大學士英文肅公嘗曰：郎某貧而有守，久而不變。論者以爲知言。論曰：法曹起家多稱明察，而公以仁恕特聞。守介節者不可攀援，而公與人推施無倦色。公所樹立，洵卓然自見其本末矣。論者以公服官之年，中道遽歿，爲公惜。善人有後，蓋聞諸古訓云爾。公初撫伯氏子錦騤，遺命他日還爲伯氏後。錦騏、錦駿，公所生也，皆能讀公遺書，嗣其家聲。

郎錦駒　弟錦騤　錦驥

郎錦駒，字英千，父若端，諸生，有行義，卒。梁文恪公嘗誌其墓錦駒少倜儻讀書不屑爲章句以諸生充四庫全書館篆隸謄錄議敘得州同分發安徽未補官卒嘗自負經濟略欲以功名自奮及官倅貳職閒又需次不得有爲則益肆力於學徧交當世名宿與討論書史尤工於詩行役所至輒見題詠有抹雲山房初集萬里吟南遊餘事希閒草堂集若干卷弟錦騋錦驥郎氏闡幽錄

錦騋字健菴少從秦學士大士遊與弟錦驥並有國士之目乾隆丁酉同舉順天鄉試大興朱學士筠錢塘陳太僕兆崙見其文皆嗟賞之輦下貴人遇有進奉文字輒薦令其兄弟撰擬聲譽藉甚性恂謹與弟友愛特至弟卒時鬱鬱不自得

未幾兄亦客死慼悼成疾遂不起著有瑞芝軒文集復堂詩存代東隨筆啜茗餘吟錦驥字德安著有力園文稿安素行吟棗雲南渚詩存及瑞芝軒文集初錦驥居太學與兄同齋有紫芝產階前自是文譽日蒸遂並以瑞芝名其集云同上

崔五峰

崔五峰字瞻岳父映淮進士官河東教授五峰與兄特峰同舉乾隆辛卯鄉試大挑以知縣用嘉慶初補略陽縣時教匪蔓延川陝縣當其衝五峰存卹難民團練義勇籌守御策甚具三年賊竄入境以有備得全經略才之調赴穆提督營主糧運一日賊大至提督分軍出禦突有悍賊乘間劫營子及

五峰身既審知爲略陽令則相戒勿犯好官竟舍之去以勞遷知甯羌州居二年引疾歸性淡於榮利在陝與軍務相終始歷署雒南乾州所在招流亡築寨堡供億悉豫爲籌咄嗟立辦民感其惠而忘其勞蕩平之日當事方嚮用遽以疾辭家居及三十年年八十七乃卒陳性西園崔公傳

馮清聘

馮清聘字應三諸生肇崧次子也年甫冠舉於鄉登嘉慶戊辰進士入翰林授編修改江南道監察御史遷吏科給事中性愼密居言路五年兩巡漕務屢蒙召對而每奏事畢卽削其草未嘗自表襮也道光初出知紹興府以廉勤稱嘗捐俸

修屬邑育嬰堂蕭山西江塘鎮水菴隄工爲浙東保障屢齧於潮爲展築七百餘丈民賴以無患方以龍獄起研鞫盡得其情諸暨令某求庇弗得則摭他事相脅淸聘不爲動令竟論戍而爲烈婦陸氏李氏均請旌如例時論快之平居儉約自奉與人無疾言厲色人以佛子稱之及當官遇事則務存大體中所持斷如無媕阿態職再滿卒於官行狀

馮佶

馮佶字子健父廷誼諸生佶早孤爲季父廷重所育及長事之甚謹貧以書記客遊畿輔歲必一再走省服勤就養有爲子職所不逮者妻佟氏卒佶時年二十五以有子終身不再

娶亦無妾媵弟儼歿於京師子志沂甫十齡親課之後爲名進士性喜施給重然諾家無儋石儲歲所得束脩必樽節以其餘濟親族姻黨之貧者工詩及制舉業著有燕臺草瀛洲草信成遊草濼陽藁累試不遇以志沂官封奉直大夫卒梅曾亮國子監生馮君墓志銘有人而孝於親親歿矣則推其愛以致於親之弟寢必問治具必躬坐立面告必齋先意其耆好與所推解而彌縫其匱乏歿而歛盡其哀葬竭其誠自人視之皆以爲猶其親也友於弟弟歿矣則推其愛以致於弟之子衣食先之詩書牖之師友輔之幸而成立且爲京朝官矣則爲謀資斧定居處且致其家室也而後即安自人視之皆以爲猶其子也夫其所以推其孝愛者能如是使如古選舉之道行而公且明焉其登進於徵辟無疑也即不若是熏其鄉而善良焉無疑也然而籍不達於朝名不出於鄉役役於場屋衣食於賓客也以老世特以爲是試而未工者一士焉相詬病也此其可爲悲傷太息者也代州馮君諱佶字味辛其叔父官淸河縣丞君侍於署所以事其叔父者固自人

視之以爲猶其親者也弟有孤曰志沂所以撫之者亦自人視之以爲猶其子者也嘗試於京師陳侍郎用光爲同考官薦其文後屢黜遂不復試而他人有試題必擬爲之元旦値鄉會試年或終日悲咤嗟夫君之行固非有當於取士之法而文之工拙又懸於人而莫能自操久矣夫命之無如何也至後世乃益甚耳此其尤可悲傷太息者也君卒於道光二十六年五月年六十三妻佟氏先三十八年卒嘗以女工養姑値不得或不能具餐將卒手持二荷囊未竟也君悲之不復娶子志沅候選訓導女一適吳氏乞銘者君弟之子志沂官刑部主事君撫教之成進士者也銘曰遇之嗇而行之豐我銘禨之以奠其坎之宫

馬鍾靈

馬鍾靈字鳳岩少補諸生家居有孝友聲造次以禮遇鄉鄰爭訟必力解之至耗及己貲不恤累舉不遇援例貢太學署大同府教授甫到官以母老乞疾歸馮志沂鳳岩馬先生墓表自鄉舉里選之法廢

士以實行爲迂緩惟汲汲帖括取仕宦非一世矣然余少時聞長老緒論時舉先世及親串間嘉言懿行爲子弟取法間舉某人某事以實之及余道光初年歸里應童子試則所見有不逮所聞者然十猶二三存焉又二十年以太恭人憂歸里居再期雖罕預人事而所見聞蓋有與前相徑庭者嗚呼古人歎不及見鄉鄰風俗之美其信然耶抑世運遷流未易詰其所以然耶及聞大同教授馬先生之賢而追憶舊聞乃有不謀而合者先生猶子雲程與余兄先後官虞鄉訓導余兄與雲程游最久知其先世事詳考所聞皆信於是先生之門人及通家子姓咸屬爲文以表先生之墓余與先生及雲程初未相識言不嫌於阿故不敢辭謹按先生姓馬氏諱鍾靈鳳岩其字也曾祖銀祖服清父魁先生事父母至孝出告反面造次以禮母有目疾侍奉不離於側事兄恭教子姪有法度鄉鄰有爭必力解之或以貲財致訟則出己財與之必使和鄉人至今多樂道之幼以高等食餼援例爲校官當得秩矣以母老不肯就最後大同府教授官缺次當除仍念母不欲行母强之乃出既之官士民稱之如鄉人年未耄遽引疾歸以道光十六年九月初二日卒於家年六十有九娶侯氏繼牛氏子三人長孟選從九品次仲選次叔選國學生孫六人曾孫一人馮志沂曰先生生平所爲非有奇怪駭人耳

目者而鄉人至今道之不衰世有躋高位擁厚貲勢耀閭里乃身未沒而名不稱焉馬少游謂使鄉里稱善人足矣亦甚未易言哉

趙麟書

趙麟書字素亭由舉人大挑知縣歷署新昌會昌永甯所至有循聲會昌之三竇灘爲閩粵衝衢風瀧險惡號盜藪麟書至請於上設卡置戍捐俸爲緝捕費嚴其邏巡商旅稱便闢湘江書院建石橋於城外士民德之爲立祠以祀補峽江尤多惠政居四年以疾辭未及歸卒賈善繼素亭趙公墓志銘

王廷梅

王廷梅字元理附貢善處鄉黨族鄰有貧不能婚葬者必資

助之歲歉出粟徧貸村無饑人子璜官閩喜訓導高佩紳王君善行碑

馮宬 子壽榕

馮宬字百史按察使廷丞子也舉乾隆庚子順天鄉試由大挑官麗水知縣調江山旋改建德歷署於潛長興西安龍泉慈谿桐廬知縣峽口同知所至有政聲尤善聽斷訟至立決道光初德清徐氏獄起按察使王某至於自裁高平祁尙書墳奉

命覆訊特檄宬令研鞫盡得其情遂平反之戊子建德大水拯溺振飢帑不給出家貲以濟全活甚衆以積勞成疾卒少好學喜吟詠大江南北諸名宿多與之遊著有涉江寄巢人海

諸集子壽椿諸生官鹽大使壽榕字仲翔生有至性幼喪母哀毀如成人溺苦於學治經有法屢試京兆不第循例以鹽經歷注選遭父憂遂絕意仕進游幕楚粤以老子煒灊山縣丞高繼珩馮百史墓誌銘程鴻詔仲翔馮府君墓誌銘

崔鰲峰

崔鰲峰字瀛甫少補諸生食餼性耿介絕俗篤志於學屢躓場屋循序貢太學教授於鄉安貧樂道後進羣宗師之遊其門者皆循謹有法同治初學使黃按試代州聞其名欲見之固辭會

詔舉孝廉方正特疏與汾陽曹樹穀定襄邢逵順同薦皆耆儒

也士論榮之

王亮功崔瀛甫舉孝廉方正記略　陳作辛贈

崔瀛甫序嘗考選舉之制至漢始有賢良方正孝廉茂才之分沿及唐宋而孝廉與明經並行然以詩賦第甲乙非古鄉舉里選之舊我朝開國有博學鴻詞之科孝廉方正之舉嗣每遇　皇上御極之年詔天下郡縣舉孝廉方正由郡縣選實行篤學之士上之大吏大吏考覈詳明由部院奏於　朝廷行取引見以定用舍一仍鄉舉里選之舊制而文行兼崇往往得人稱盛法至良意至美也逎來大吏不加意察覈郡縣遂視爲具文鄉曲浮薄之徒得以賓緣干進篤行積學之彥反致沈淪良可慨矣惟我瀛甫先生之膺是舉也有不然者先生居州西之大茹解村年近七旬未登一第窮年兀兀砥礪名行無少衰懈歲壬戌今上御極詔天下循例選舉吾郡舉非一人學使黃孝侯太史按試蒞代獨密察先生學行皆實遂偕定襄邢達順汾陽曹樹穀兩君特疏入告旋奉　温綸俞允准其在籍以六品服頤養洵異數也非太史不克爲是舉非先生不克膺太史之舉鄉人咸嘖嘖稱善焉視世之貪緣干進者固不同郎夫以文顯達亦有間矣余與先生蹤迹雖踈然亦有時接見聽其言論觀其丰采篤行君子也深知其膺是選非由奔競營求而得並非由黨與阿附而來故樂序而揄揚之於是乎書

郝應宿

郝應宿字柳園由拔貢舉於鄉登道光丁未進士授吏部主事性和而介奉職清愼吏不敢干以私甫滿考以親老辭歸平生於學無所不窺尤究心宋儒之書踐履篤實不苟言笑爲文力矯時習嘗教授徐溝造就甚眾及歸里爭厚幣延之以道遠艱於侍養謝不往主講繁峙從之遊者戶外屨恆滿口講指畫終日無倦容暇則正襟危坐或手一編吟詠自如視人世榮利泊如也門下士至今掇巍科者相望皆恂恂謹篤守其法度嘗云學者先須檢束身心讀書行文方有著手處世以爲名言子秀椿秀楠並舉於鄉楊映奎郝主事教澤碑又送郝柳園同

年歸雁門二首七載勞王事飄然返故廬襟期塵俗外樸厚古皇初報政無留牘歸裝有舊書斑衣承色笑膝下樂何如雁塞人歸後燕京客思深雲山千里夢風雨五更心邊地烟氛斂中天日月臨棟梁支大廈勿久戀遙岑

馮志沂

馮志沂字魯川幼補諸生甫冠舉道光乙未鄉試明年成進士授刑部主事歷遷郎中出為廬州知府擢徽甯池太廣道年五十四卒性警慧讀書過目成誦通籍後官京師二十年與上元梅曾亮平定張穆相師友皆傳其學尤深於詩輦下名士徧與之交唱酬無虛日聲譽藉甚在刑曹能舉其職案牘披覽一過輒不忘老胥猾吏莫能欺也雅以氣節自負不能隨時俯仰咸豐初粵匪竄晋許尚書乃普薦其知兵出佐

戎幕有所籌畫侃侃直陳屢失當道歡遇論功奬敘輒見擯夷然不屑也循資格授廬州知府招集流亡撫綏教養禮賢課士謝絶饋遺深爲節相曾國藩所器重皖撫喬松年尤悉其才奏調營務用薦擢監司權臬篆浸大用矣遽卒時論惜之以前從軍勞績贈光祿寺卿廕一子入監讀書著有詩文集若干卷行世安徽通志

名宦傳　西喻山房集序　馮氏家傳

馮福基

馮福基小字長生父焯官潞山縣天堂巡檢調淮淝軍營福基侍母留天堂年十四讀經書傳注多解悟以孝聞咸豐七

年同母避賊以計脫其母而身被擄至黃梅夜宿藥肆陰置
毒飯中斃賊十七人已亦仰餘藥血出賊酋見而不疑遂委
之廣濟去有劉士扶者屬寺僧舍之因乞劉附書訣家人毒
發死天堂人義之輿尸歸歛以棺服葬灊岳之麓栗子原同
治元年巡撫李續宜以童子智烈奏奉
旨旌卹入祠建坊獨山莫友芝表其墓爲孝烈童子或又稱智
烈孝子云安徽通志人物志流寓。譚獻雁門童子誄代州
馮氏世有聞人童子名福基其先撫部公光裕提
刑公廷丞洸洸令德爲時名臣安徽灊山縣天堂巡檢焯之
子也焯文儒連蹇屈在卑位童子鍾灊嶽之地靈賡上黨之
家學勝衣執經語驚耆宿總角臨難功高介冑粵以咸豐七
年大盜盈野嬺嬺纍係嬰孺無算獨以弱幹運其奇策寘藥
鬵釜羣凶鼂飽忘身殉變甘與同盡其日賊死十七人童子
毒發蘇𠪚爲賊委棄野僧收之夙被焯惠具聞斯異志全厥

生屬竄荆棘藥餌無所仍至奄忽悲懷父母歿而猶眎嗚嘑哀哉夫以横流之日陽九之災膏血被野何間愚智持戈之士結綬之吏茹憤以盡者何限童子之死所披洩者亦足慰矣昔者賁父有誄已在能御之士汪錡無殤尙從公爲之後以今方古過無不逮當世賢達議謚童子曰智烈禮也大府上章 朝廷褒許於是流連奇行發揮哀辭爲之誄曰食采于馮公高餘裔簪籍代畺弁冕亦世巨嶽之産寸條必異高門之生丱兮抗志抗志伊何激昂大義收功于危懷忠其逝行不在年天子以智儻枋尺寸用罔弗濟巍巍濤山肯燧震驚蘭艾併悴猰貐旣盈童子不畏奇憤以生謂禍葢烈疇主甲兵火炎昆岡勺水不傾流毒萬里天椓地荆爰斂其魄騈尸于庭薦食吾穀如服上刑疇昔夜誦辟咡父教疾風板蕩成人是效小子不幸蟲沙末造小子幸矣弁命虎豹嘉善一孺九賊殘藥叶地下如逢雪涕相告伊父吏隱英英多聞西河之慟國殤之魂蘭栗之犢可祀天神盈握之璧連城勿珍人傳我文文傳其人嗚呼哀哉曰智烈君 馮志沂

雁門童子行童子十四名福基孫環瑜珥玉雪姿早有才語驚父師弱齡能解易與詩賊窺瀋霍遭劫持身非不能走險巘恐母不免躬嘗之日夜念母惟涕洟豺狼安識字孝慈聞兒夜哭爲心悲懷中短刃勤磨治誓不與賊生同時賊走藥肆方晨

炊兒喜竊謂計可施懷毒乘閒投釜錡賊十餘輩皆橫屍偉哉童子眞權奇自仰餘藥甘如飴殺賊十數賊不疑委棄野寺不以隨荒山兵後難求醫一瞑不復瞻庭闈軍興以來歲十稘環寇諸公印纍纍異哉童子能爾爲我欲再拜言　天墀謂天蓋高蟣蝨卑題詩淚墮如綆縻告千萬世無媿詞

賈秉衡

賈秉衡字叔平家饒於財州有大役必力程其事所居陽明濱河道洳沮車摧馬踣行者苦之秉衡歲募人累石駕橋數十年不懈同治丁卯夏山潦暴漲堡外居民漂沒數十家老幼零丁無依爲計口授食及冬全活甚眾性恂謹淡於進取屢以輸餉得獎積階員外郎卒不仕闢靜室垂簾鼓琴終日不聞履聲客至則殷勤款接如恐不及遠近欽其風範王亮功賈

叔平小傳

代州志卷九終

代州志卷十

傳三

列傳

茹汝升

茹汝升代州人長安間爲僕射州峨峪水泛溢汝升理泉脈俾水就道穿渠教民灌漑里人獲安業峨峪口建祠祀之周志

鄉賢

右唐一人升吳志作昇

司艮輔

司艮輔代州人舉後至元丙子鄉試除學正辭不就家居教

授程朱之書始布北方尊信者尚少艮輔諄諄開示領略者衆。周志鄉賢

右元一人案通志作至元中鄉舉周志作舉至正丙子試。考至正無丙子當是順帝至元二年也若世祖至元十三年丙子則科舉未行不得有鄉試然元自皇慶甲寅定科舉法經義遵用朱注久已著爲功令而傳乃云程朱之書始布於北方尊信者尚少何也

高智甫

高智甫洪武時人歲饑夜獲偸兒與粟遣之人稱盛德通志孝義

王綸

王鑰舉天順己卯鄉試授開封訓導期年解組西還教授生徒郡中明經之士多其弟子晚年益工詩好遊每跨蹇攜升米壺酒任所至遇山水佳處則命酒採蔬煮栗而食足迹徧境內其題詠有雁門勝蹟稿周志鄉賢

孫鳳

孫鳳成化間人精藝術而性純厚有古人風覘轟營地知下有泉教人疏鑿溉田近萬畝家居獲竊兒識其面諭而遣之至老不傳其姓名嘗曰吾少不讀書而多技能可恥也有女不媒富貴膏粱子竟選貧生陳皋謨者爲壻且教皋謨與其子岐旦夕攻章句後岐舉於鄉皋謨成進士周志鄉賢

趙清

趙清舉成化癸卯鄉試授齊河令邑之洪店有盜殺人於王臻舍側衆誣執臻臻不勝搒掠誣服清適勘事過洪店一牛奔向清跪而悲鳴若有所訴問之則臻牛也清曰臻其寃乎抵邑即辨釋臻然殺人者未得衆猶疑後鞫大盜王山廉得其實山款服曰殺人於王臻舍側者山也齊河人稱神明作青牛記 周志鄉賢

崔震

崔震成化間明經爲人厚重通敏授山東泰安州判官恪恭供職愛民如子去後民猶思之 吳志鄉賢

馬驥

馬驥成化庚子亞元性謹厚力學敦行鄉里敬服士類推崇官海甯州同興利除弊政尙寬平民以良佐稱之吳志鄉賢

張檄

張檄成化癸卯舉人歷官陝西副使兵備環慶識明量宏於兵食計尤練達又强記過人接於目者終身不忘在慶三年以安靜稱通志人物

馮盛

馮盛成化時人家甚貧早起拾金一橐置諸篋密訪遺金者踰年始至盛詳加詢問物色皆符因啟篋畀之原數錙銖不

爽容願解半酬之固卻不受厥後子孫顯貴累葉簪纓人以爲厚德之報云吳志耆善

謝璽

謝璽甯波推官鐸子宏治庚戌進士授容城知縣多惠政民有去後思歷按察司僉事以破萬山寇功賜金幣家居廉靜子國表進士國詔國徵舉人國表子芝蕭國詔子蘭俱進士通志人物周志芝蕭蘭俱壁立平居寡言笑而篤孝友重節概

孫紹先

孫紹先宏治甲子領鄉試第一成進士選庶吉士母卒廬墓三年後以檢討歸卒人爭韓之詩古文雅爲時所推吳志鄉賢

陳皋謨

陳皋謨正德辛未進士知三河無錫二縣俱有惠政拜工科給事中疏劾席尚書再劾郭武定侯尋告歸不再出家徒四壁鄉評重之通志人物

張定

張定一云定舉以舉人知鄧州累遷貴州參政所至有聲嘗守馬湖剖畬楊兩宣慰數十年不決之獄行時有土官以金銀器覆米麪饋定者定卻之事母及大母俱以孝聞妻崔氏死不再娶兄弟八人俸入與均友愛倍至通志孝義

王汝敬

王汝敬字敬夫嘗客雲南之蒙化教授生徒敦尚禮法蒙俗一變後歸里登正德甲戌榜進士負重名時人謂之王道學官行人亢直不容以親老辭歸親卒廬於墓所雨雪凍死央志篤行

阿其麟

阿其麟嘉靖癸未進士授甯晉知縣三年以峭直罷歸閉戶擁圖史絕迹城市巡撫楊巍聞其賢訪之於廬再往始一見所居蓬蓽無異編摭所著詩文備紀時事可當野史卒未幾而子孫貧甚稿亦散佚周志鄉賢

謝蘭

謝蘭字與德嘉靖丙戌進士授正定府推官奉委踏南宮甯晉兩邑皇莊主者欲益賦蘭以地瘠多水患力與爭退曰吾甯獲罪上官不忍貽害小民也擢監察御史按遼左再按浙江洊歷右副都御史巡撫陝西秦隴饑黠者嘯聚山巖間大肆剽掠蘭爲請帑金振餓者復大陳兵威又遣檄諭之斬渠魁數人餘黨解散事聞晉秩二品賜金幣有差督臣議復東勝蘭力持不可事得寢尋入爲兵部侍郎致仕歸卒年七十九。通志
人物

王夢弼

王夢弼嘉靖乙未進士歷刑科都給事中時楚世子獄具詔

無覆奏即行刑夢弼欲奏同列懼夢弼曰楚獄誠無冤但覆奏制也竟三覆奏尋進僉都御史巡撫甯夏屢有戰功蔭子進官後襲牧畜出邊獲首功最多督帥欲報捷夢弼曰擣巢功不與臨陣功同有近例但奏遵例擣巢而已謝歸卒賜祭葬如例周志鄉賢

吳嘉聰

吳嘉聰字惟德正德辛未進士授豐城令土賊嘯聚瑞州勢甚猖獗嘉聰督兵剿平之賜金幣遷知曹州黃河決築防有功擢刑部員外郎會江西逆變初靖以嘉聰爲南昌守宸濠逆狀久未上嘉聰援筆頃刻而定勅擇宗裔可繼藩祀者嘉

聽首推弋陽王興情允服江隄大圯嘉聽悉力規計旬日告成至今名爲吳家塘擢山東按察副使兵備徐揚卒吳志宦績

王大順

王大順字鳳泉萬歷中官河南永甯巡檢以親老辭歸父虎早歿事母劉氏至孝母卒哀毀骨立幾至滅性既葬廬墓三年朝夕供奉若生時有孝思懿行一卷吳志鄉賢

李茂春王孝子廬墓記

余承乏雁門謬司風紀如孝行固所當首重者常閱郡乘前代有叔謙諸人以孝懿著嗣是不再見焉今王子大順庶幾哉其人乎王子早歲失怙奉孀母養志三十載如一日及卒哀毀過禮躬負柩以葬旋築廬墓側焉凡三歷寒暑其間悲苦跋涉之狀不暇殫述姑述其最異者築廬得水神助順也巨蛇馴化物效靈也烈缺收威天示佑也偷兒兩服人景行也且有禱雨之應有瑞雪之零有雙穀之產上下潛孚幽明默贊甯非一念孝思純篤之所致而然歟田刺史以其事聞於余

余忻然扁其門而兩臺暨學使俱有旌異之典嗟嗟叔謙諸人有後身矣其子庠生心一請立石爲志按墓距城北里許北枕宿峰南撫沱源衰草荒邱有廬在焉後之聞風者其尙觀感於斯云

施重光贈王孝子萱葉悲搖落幽蘭襲自芳燕呢沙際起鶴弔壟頭翔野曠天低樹宵寒屋滿霜似聞飛白字閭巷孝名揚

陳玉

陳玉其先江都人曾祖桂以軍功世襲振武衛指揮使遂家於代父祥正以指揮僉事授瀋陽營遊擊玉襲父職萬歷四十六年奉調援遼明年四月力戰歿於陣詔加贈卹時有何印者亦衛指揮也同時死吳志宦績

馬珍

馬珍後更名球字聘韋萬歷己酉舉人嗜春秋能爲左筆書

遇事敢爲由成安知縣遷慶陽府同知邊寇至誓衆設伏制勝斬馘甚多以首功上蔭其子之良爲指揮僉事內轉刑部郎中奉命錄囚四川讞決平反稱明允焉擢臨鞏兵備道値流寇騷亂饑饉荐臻琜恩威並用一時倚以爲固遷固原參政贊畫尤多巡撫練奇其才欲舉以自代會以疾卒吳志宦績

楊鼎樞

楊鼎樞字斗衡萬歷己未進士博極羣書著述甚富初知嵩縣有德政民立生祠內轉兵部車駕司主事歷員外郎中擢雲南布政司參議分守臨元所在以廉幹著績子潤芳向晉府郡主貴而不驕人稱厚德吳志宦績汪煇嵩縣知縣楊公生祠記余讀循吏傳至後世

子孫奉嘗我不及桐鄉之言未嘗不爲低回嘆息也良牧之澤及人固如是哉然亦惟廉平不苛公正無私而仲卿之治行所以得居其最也子產爲政民興誰嗣之歌而吾夫子亦稱爲古之遺愛然考其告于太叔者惟日思始成終行無越思則又於是得惠人之用心焉世衰而道失縮符者不悠悠忽忽秦越其視則一切綜核督責如束溼然民不堪命矣惟斗玉楊公則不然公未蒞嵩時宿猾變舊制民居毋論湫隘爽塏皆加稅焉公申上司一切報罷嵩之地山居其十七磽瘠爲甚而濱伊水者又苦陽侯之波稽事不成公於催科中寓撫字雖勒之限不急督也民亦陸續輸將矣自福邸置洛直指藩臬諸公往往道嵩以赴宜陽送往迎來民甚苦之公從容應辦所過之途若不覺有騷驛者然嵩舊有協濟硤石驛工食已稱牽扯頭當事因差役繁多復請增貼派七百餘金公曰嵩今亦成逋衞戸尚苦賠累吾不忍以加賦於嵩者還以與嵩而顧以加賦於嵩者絜以與他邦哉乃必申懿旋得停止而又以其暇勤師儒之課飾程邵之祠學宮之就頽者葺之鄉賢之缺祀者補之而嵩之諸廢並興矣至於接遇搢紳及青衿輩煦煦然若惠風拂物而諸人之被接遇者其愛敬公亦藹如家庭父子竟忘其爲令尹也總之公日之所爲夜之所念與夫寢處夢寐之所計無非取不便於嵩者而

釐剔之舉便於嵩者而振飭之庶幾乎與子産仲卿異代同符已公在嵩六稔今又當上計之期矣天子重良有司之治將寵以寔賞拔置臺省之列所不待言獨是嵩人尸祝之心未有既也因生祠落成請余爲記余惟今之所爲祠者丹雘射目望之如梵宫神宇比其久也苔蘚封而禽鳥棲之可謂羅焉公之遺愛在人固千載如一日者也豈勉强從事者可同日語哉詩曰蔽芾甘棠勿翦勿伐愛其人懷及其樹況祠宇乎余因不辭蕪陋而遂其崖略如此亦可以見嵩人之感德無異桐鄉並能興誰嗣之歌者也公諱鼎樞字元居山西代州人萬歷己未科進士

施重光

施重光字慶徵振武衛人從王文端家屏遊萬歷己卯舉於鄉辛丑進士廷對時直陳時政不避權貴歷官刑部郎中以剛直罷歸著有主臣言代州志賦徵唐詩選近體集行世吳志

文學

喬應虎

喬應虎萬歷時人安敦和厚有長者風嘗耕於野遇土寇耰耡自若其酋異而敬之戒勿驚年及邁有姪貧甚謂其二子曰姪猶子也可異視乎家業乃三分之吳志者善

魏登高

魏登高父客遊患病載之以歸號泣走千里問侍不懈父尋愈通志孝義

張三光

張三光諸生家極貧與妻宮氏竭力事親後旌表通志孝義

王斐

王斐事親孝典衣供甘旨嘗遭水患負親出溺兒女啼號不顧獲旌表通志孝義

孫元震

孫元震字起之幼聰穎年十五補諸生萬歷丁酉舉於鄉性至孝母任氏早逝哀毁骨立夢寐哽咽成聲覺則攀號達曙父嗣約以舉人知觀城縣素狷介罷官歸家徒四壁幾不能備菽水元震竭力承歡洩如也後父卒悲哀如喪母時竟以傷慟之過一疾不起年四十三卒子傳庭吴志爲行

崔賢

崔賢天啟甲子舉人少負奇氣讀書以忠義自許知新河縣

卓有賢聲崇禎九年七月
大兵至知力不能支仰天歎曰吾爲京山侯後世受國恩未酬
萬一今當以死報之城陷不屈死吳志宦績

張本順

張本順字佑蒼性聰穎好讀書日以撰述爲娛以歲貢授訓
導不就甘貧樂道澹如也張尚書鳳翼勸令仕執手謝曰時
不可爲强我以仕是速我病也假數年讀書以老足矣鳳翼
爲歎服著有尙書輯要四子明道錄性理參微諸集吳志隱逸

閻仕俊

閻仕俊崇禎時人南門外滹沱橋初僅一綫不任車馬兵備

張惟誠始創爲輿梁歲久傾圮仕俊自捐百金並募資遠近
董爲修理車馬復通行人便之吳志耆善

侯一位

侯一位諸生輕財好義里中有不能完糧者多爲代納里人
感之吳志耆善

張令聞弟令名

張令聞弟令名並諸生歲貢本順子也甲申二月賊陷太原
遣將循代令名謂令聞日時勢如此招忠義以遏賊衡力不
能也反面事賊吾不忍自古寗有不死之人哉令聞日恐遲
則不得爲明朝鬼矣具衣冠泣拜孔廟中指明倫二字以止

勸者歸卽哭拜其母曰兒等不敢偷生以玷先人惟是不能終養爲不孝有長兄令德季弟令譽在幸勿爲兒痛也置藥酒中弟兄飲畢長吟曰勁草疾風知大節貞松歲寒識冰心遂卒賊聞之曰義士也相戒勿犯其家通志孝義

弔二張先生　馮雲驤

磨牙翼虎西方起狂飈浩浩驚千里白骨如山疊戰闉黃河淸月悲流水幾處高城沒野蒿老鵶晝嘯啼烏死甯武傳說周將軍捐軀報國勒壯勳自擁材官能轉戰朔風千里暗黃雲甯武旣殘誰死鬬頂首焚香逆秦寇蛇行搯縮拜馬前萬舞銜觴稱上壽可憐壯士烈鬚眉兒女啼號相遷就英雄不必進賢冠布衣勁節貞歲寒惟成仁之夙矢故殺身其非難君不見晉代之間稱二張冰爲心鐵作腸天爲三晉留綱常丈夫不背屈小腆從容就義先師旁渠魁亦心折道路咸悲傷咋指稱義士大節配睢陽松柏兮青青瓊玖兮英英雷霜兮不改祝融兮不驚嗚呼此時慘何言志士不忘在溝壑勇士不忘喪其元嗚呼此時慘何言泥封苔沒泮池宮白首書生幾送窮春胙年年殘祭肉鱗鱗黃瓦起秋風爭教窮達皆明哲捷

徑終南今古同馮容弔張氏仲季降旗一片戍樓懸二十從容向九泉情至會聞人化石心傷忍見海爲田惟餘故友徵詩句誰採芳名到史編愧我相知何草草衡門空對若干年　衿褵莊嚴拜殿前成仁不愧古之賢宮牆有氣爭門面簠簋無心據几筵月黑天昏流斷雁霜融草綠聽哀鵑年年二仲初丁夜靈燭蕭蕭龕影懸　但著朝衣醉御筵懷恩死報亦當然那堪王蠋捐生日又是劉蕡下第年燐火每騰齊案紙白虹雙貫墓門煙文章誤國眞非誑如此書生絕可憐　老親密友言何切少婦孤兒手並牽爾輩肝腸眞鐵石一人傳神色不流連新墳靜夜聞呵殿故里觀風表歲年可笑時簪筆者於今幾輩亦黃泉

張令德

張令德字憲之亦諸生也賊僞將入代聞兩弟飲鴆於文廟遂自縊適妹壻來解救之其母復奔泣曰爾皆覓死所耶如我何乃仰天嘆曰吾固不忍獨生而又安忍吾母之無所倚

以生耶强起葬兩弟事母孝養益篤終身不復進取吴志篤行

劉靖民

劉靖民字汝舟崇禎庚午舉人官河南府推官治獄以明允稱遇亂棄官歸隱於滹水之陽恭順侯吴維華撫晉嘗過代趣之仕靖民自陳願守所志力辭不就吴志隱逸

右明三十七人通志文苑載尹耕代州人居蔚之九宮山誤志云鄉賢祠有賨穆其人事蹟無考

馮配京

馮配京爲人伉爽多材善騎射以武功授小石口把總姜瓖之變州人劉遷聚眾以應配京與戈節共守水峪堡賊至率

堡兵與戰連御之賊盎發兵圍之百方攻擊數日堡陷被執迫令呼代城降許以富貴配京佯應之至則大呼守陴者曰賊衆烏合無能爲諸君其悉力守天兵且至毋以我故懷二心賊怒殺之戈節亦不屈死大吏聞於
朝加贈䘏焉吳志官績

馮之京

馮之京順治甲午拔貢幼慕河汾學眞知實踐所言多發先儒所未發人稱白石先生再官司訓院使者以當世大儒表其廬擢樂安令有政聲著作不自收拾僅存偶拈臆解一卷吳志文學

龐泉

龐泉順治時州學增生父早逝家極貧事母以孝聞母歿既葬搆草舍於墓側僅容膝日就館課徒晚必省墓寒暑無間三年如一日焉吳志篤行

張綸世

張綸世字卓菴性耿直好讀書詩古文辭皆超絕以選貢中康熙壬子副榜教習八旗多所成就授南豐知縣治績皆卓異可紀矯發倉穀生全道殣尤仁政之大者罷歸講學授徒經史自娛以終其身吳志鄉賢

王應虎

王應虎字甫山膽力過人善騎射馬上舞大刀若飛以軍校從征耿逆輒樹奇績剿劓海寇身先士卒所向克捷恢復海澄澎湖累功至浙江總兵世襲拖沙喇哈番遷福建漢軍副都統賜賚甚優蔭一子入監子邦甯亦善戰積功至廣東高州鎮總兵共推名將吳志官績

黃毓松

黃毓松天性孝友遇貧親族多收養於家有盜賣其產佔耕其田者皆置不校里中貧民竊其物爲他人所發送還之竟弗認也後子甲舉於鄉咸稱爲善之報吳志者善

張瑜

張瑜字懷公康熙甲子以副榜貢太學生平規步矩行有澹臺氏之風爲文超拔絶俗教授生徒嚴明有法選孝義教諭未到官卒著有雪崖文集可居詩草吳志文學

苑林嵋

苑林嵋字兩峰康熙癸巳進士性敏好學雖病臥牀簣手一編伊唔不輟文藝爲時所推宰孝豐再與浙闈分校所得俱知名士吳志文學

黃秉銓

黃秉銓生有潔癖髫而好學試輒高等學使者重其文行嘗

令新進生當堂拜之日爾等能師黃生即無慚於學校矣訓子尤嚴長子澄舉人次泌成進士吳志耆善

陳錦華

陳錦華雍正中歲貢性至孝讀書有志於聖賢之學著文廟全書又蒐輯儒先嘉言懿行爲勸懲格言尤有功於學術人心吳志文學

楊鎮

楊鎮字次岳雍正癸卯拔貢性沈靜多精識善誘後學一時名儒科第多出其門後司訓芮城士風爲之丕振未幾卒於官吳志文學

馮鍾宿

馮鍾宿字垣拱年十七補諸生父慶會宰靈臺前令稽災多漏籍定不可復增鍾宿鬻田助父振乃徧後省父於甘州會西陲用兵父以同知參軍事乃持家資五千金奉父佽餉大吏聞之愛其才勸之仕遊京師循例選中書舍人聞父病即乞假馳至安西父歿扶柩歸哀感行路由是絕意仕進性好施凡有周給無德色教諸子以義方其後子五人咸登科第吳志鄉賢

馮章宿

馮章宿字閭臣少從父慶長宦遊於秦明習吏事遂循例選

授安州知州州鄰新安豬龍河環其境河水汩田界兩地民訟數十年不決章宿覽形勢彙冊籍四至疆界畫然民大服遷霸州治河渠蓄泄有方民安其利遷順天府治中轉刑部員外郎出知嘉興府以廉能擢杭嘉湖道杭嘉濱海章宿履勘塘工得其要領於尖山石壩老鹽倉柴塘尤殫心經慮終其任無風潮患勤於民事雖爲大吏而治案牘一如守牧時以積勞成疾卒於官吳志宦績

黃泌

黃泌乾隆丁丑進士歷武甯浮梁知縣進南昌同知卒於官泌品端行潔經術蘊含在武甯以茶榷病民嘗捐俸免稅浮

梁俗錮婢不嫁厝柩不葬泌爲之厲禁陋習立除自少以文章負盛名及爲吏雅思展施所學未久遽卒時論惜之吳志宦績

賈成玉

賈成玉敦厚好施圪塔河人久病涉捐金三百餘建橋梁並茶亭更施地十三畝爲護橋設茶計嘗客邸失七百餘金隱而不言兵備湯訪得其事飭所屬嚴究且故詰以諱失對曰失金事小累衆事大願服罪湯深歎以爲義云吳志耆善

張祥鳳

張祥鳳字子儀副貢瑜子也少補郡學諸生性狷介取與不苟慕赤松子學數遊五臺晚年貧甚日以詩文自娛後遯去

妻子莫知所之或曰隱於華山吳志隱逸

趙全璧

趙全璧生六歲母亡父以家貧謀食於外全璧寄養外家傭工自給年二十五娶李氏日夜與妻計曰母早死父存亡未卜不能盡一日之養生子何爲於是出關歷東西口往反者再卒無耗歸葢感念涕泣李曰涕泣何葢終尋之可也乃矢志曰此行若不見父死亦無歸於是復出西口由沙漠歷熱河遍訪年餘無蹤行至宣府貲糧旣竭乞食於途偶憩城之關廟遇一老者聞其語鄉音也細詢則父也彼此相持痛哭廟僧感其事贈以資扶擕而歸吳志篤行

劉廷壁

劉廷壁州學生舉優行家居四世同爨友愛特至與人無忤教授生徒以成就後學爲己任雖脩脯缺如弗計也學使者以品行純和顏其門吳志善者

高瑾

高瑾太學生敦本睦族好善樂施里有爲財結訟者代爲償解之戚友子弟或貧不能讀資脩脯送之入塾歲饑出私粟以濟合族貸官穀以贍一村修道施茶義舉纍纍時稱爲一鄉之善士焉吳志善者

張國維

張國維乾隆庚辰舉人貧而好施嘗於城北置地二所一掩枯骨一厝旅棺遠近目爲義舉歲饑有鬻媳度荒者爲捐金贖歸之父病哭禱於神願以身代病尋愈吳志者善

劉懷琮

劉懷琮州學生幼喪父母寄養於叔遺田七十餘畝並寄之長或教之分箸懷琮勃然曰吾承叔父母教育之恩有同罔極忍取產以自奉耶後其叔生計蕭條勸賣己産爲資本復蕩盡亦無怨言舌耕以事之終身吳志者善

喬全

喬全諸生素稱長者有少年子遺金弗獲懼不敢歸欲覓死

全如數畀之僑人送歸其家峪河漲發屢壞田畝出貲糾鄉人壘石隄五十餘丈至今免患吳志
善者

吳傑

吳傑十歲喪母事繼母以謹順聞起家多勞瘁比諸弟析箸議割盈與之傑固辭不受年八十處里黨從無疾言厲色恂恂然有士君子風焉吳志
善者

劉芥

劉芥性温厚父兄早歿事母曲得歡心孀嫂在室亦奉之惟謹撫弟姪嚴而有恩族黨閭里間復能力敦任卹至今猶稱於鄉云吳志
善者

邢國起

邢國起謹厚端方與人無競一時推爲長者平居施藥起病饑歲出粟救貧死之日近村男婦無老幼莫不歎息吳志耆善

董宗孔

董宗孔諸生少孤事母以孝聞乾隆乙丑歲饑出粟四十餘石賙一村焉吳志耆善

郭登仕

郭登仕性廉介行役雁門於關溝拾遺金二百訪知爲劉沛物盡數畀還沛酬以金帛不受知州顧區旌其門吳志耆善

李青雲

李青雲州學生一日於古城道左拾金一封密訪旬餘知爲清源楊秀肇所遺慨畀之秀肇大感聞於官請旌焉知州方重其行義禮遇甚至吳志耆善

李廷仕　李莅民

李廷仕家世農產足自給而歲必撙節所入以濟村之貧者頗知醫時蓄藥餌求者輒予未嘗取值羣稱李善人乾隆乙巳夏大雨山潦漲溢所居沙窊村陷爲浸廬舍盡圮獨廷仕家無恙遠近爭傳爲異先是康熙中有李莅民者性好施村中祠宇多所營建南山之王家會爲赴臺要衝道峻險乏水暑月病暍莅民建亭於山寺側歲施茶藥于人利賴歷百餘

年相承不廢蓋世多賢云西南鄉採訪冊

祁丕昭

祁丕昭以財雄於鄉性素孝事母曲盡歡心母楊氏喜施給乾隆丙午饑丕昭以母命持粟三百餘石助官振濟製槥櫝以瘞道殣費亦不貲州人德之西北鄉採訪冊

李渭

李渭字景呂武生事親孝父病瘓日侍湯藥無倦色兄弟四人同居終身不形芥嫌以騎射教授生徒中材官選掇巍科者六十餘人性剛直尚義雍容儒雅較射之餘以詩酒爲樂里有爭訟事得其一言立解至今鄉人每樂道之子邦杰亦

諸生知名東北鄉採訪冊

郎千里

郎千里字鵠亭由舉人司訓陽高至即修其廟學集諸生時爲講授邊鄙文風爲之丕振旋登乾隆己酉進士歷江西安義都昌知縣所在興學衞民以儒術飾吏治著有詩集及都昌縣志東南鄉採訪冊

劉耀德

劉耀德由武舉官河北守備川楚軍興調戍漢中嘉慶三年四月賊竄南鄭耀德禦之於南埡子戰歿
賜卹予錫鈁襲雲騎尉西北鄉採訪冊

張用章

張用章乾隆癸卯武舉嘉慶二年以八角堡把總從征教匪次年二月與賊戰於紫陽縣陣亡賜卹子璵襲雲騎尉官至鄜州都司同上

馮廷工

馮廷工字仲匽博學工詩行義重於一時嘉慶初詔舉孝廉方正州人以廷工應士論翕然謁選得教諭歷署太原陽城卒同上

馮廷重

馮廷重字任齋性伉爽尚氣概筮仕直隸授靜海主簿職滿

遷清河縣丞所至有循聲歷官清苦歲得俸悉以濟人及卒貧無以殮清河民爲釀金歸其柩同上

黃元吉

黃元吉字運世劬學工文與弟元會並諸生負時譽每學使按試輒舉首郡中談藝者羣奉爲祭酒從游甚盛或掇巍科而昆季卒無所遇循序貢太學以終門人哀其文爲二黃合稿同上

賈仰奎

賈仰奎字耀垣歲貢性恂謹兄弟九人同居雍睦終身無芥嫌屢以文學爲當道獎許教授後進孜孜不倦貧不能具脩

脯者一視之時周其乏成就甚衆馮觀察志沂姚明經燮煒

尤知名當世本城採訪冊

陳錫睿

陳錫睿字思敏歲貢事親以孝聞沈默寡營究心經史學使

重其文行嘗榜所居爲多士式累舉不得志教授於鄉以終

本城採訪冊

馮士龍

馮士龍字叔宸舉嘉慶癸酉鄉試性嗜學淹貫經史踐履篤

實於人世紛華徵逐泊然無所慕當道咸重其學行爭延致

之然非以禮敦請未嘗輕投一刺也雅喜論文州中高才生

多從之遊由大挑授太谷訓導敦尚名節宏奬士類如其鄉居時卒祀鄉賢著有聚順堂文學耨齋詩若干卷子嘉謨廪貢官平定訓導最知名以文豪於時傲兀自喜嘉詔舉人嘉諦優貢並爲學官本城採訪册

趙定

趙定諸生與弟密並有行義繁峙之大營爲燕晉通衢滹沱水所源也道沮洳人病涉嘉慶中定始駕木爲長橋設歲修經費行旅至今便之東南鄉採訪册

王素孚

王素孚貢生爲人慷慨重然諾嘉慶中所居村大水漂沒民

居出粟徧餽無依者家蓄之其死者具棺以斂同上

李國興　李淩漢

李國興監生建橋滹沱河並施地爲歲修費同族李淩漢亦以義聞嘉慶末歲歉出粟徧貸村無飢人東南鄉採訪册

喬磐

喬磐歲貢鄉居敦尚名義有弟六人友愛無間年二十七妻趙氏卒以有子女終身不娶有勸置妾媵者輒謝之晚益屏絕世事焚香宴坐後進以文字就質則爲之講授盡日不倦終身未嘗歷官府卒年七十有九同上

王懷德

王懷德以耆宿爲鄉里推重嘉慶壬申歲歉出粟數十石助振道光壬辰復繼之有肆已息業負錢者纍纍悉取簿記焚之所失數千緡不恤也處家雍睦甚有禮則年踰八十親見元會大吏以聞旌如例東北鄉採訪冊

張伯儒

張伯儒字圖南國子生內行純摯積學工文甚有時譽同上

李春林

李春林農家子也事母至孝道光初母病危春林傍徨無措籲於神刲股和藥以進病良已東南鄉採訪冊

郎廷傑

郎廷傑武生家貧而事母每食必具甘旨母歿哀毁殆不勝喪朝夕營奠歷三年不衰同上

馮爲憲

馮爲憲字御六有至性其姊適萬全羅氏母往視驟患風痺爲憲御以歸每夕次旅舍輒籲身祈代將抵家割股肉投糜中母飲之遂瘥本城採訪册

馮立山

馮立山字子倬少孤母范氏以節著性嚴肅立山事之惟謹察母色稍不豫必長跪請罪得歡乃已年已頒白猶依依如孺子母卒哀毁雞斯幾至滅性同上

張國華

張國華少業儒以貧廢服賈養親父病禱於神而愈遂終身長齋不御酒肉晚年家頗裕而食指日眾兄議析爨國華度不能止則盡以腴產讓之鄉居扶困濟危遇有爭鬭必盡力排解雖耗己財不顧也同上

王敷錫

王敷錫諸生以孝謹聞父歿柴毀盡禮事母怡志養和曲竭其誠有弟久析居蕩其產仍均己資給之性和藹與物無忤鄉人化之有彥方之稱西北鄉採訪冊

馮偉

馮偉字雨農事母有孝聲兄某遊宦川蜀病歿徒步往歸其喪精於醫求診者常盈門無貴賤一視之歲疫施藥於市全活無算六城採訪冊

馮梓

馮梓字仲輿少補諸生而不喜章句棄去時宗人多有宦於楚南北者乃橐筆遨遊足跡半天下平生篤內行尚風義親友遇有急必竭力扶持從父某早逝妻守志梓奉之終身卒爲請旌兄歿積債累累悉身任之同上

郝相清

郝相清字中之廩生嗜學工書事繼母得歡心與兄友愛兄

卒撫其子教養備至族子某幼孤無依育於家長爲之授室並營恆產鄉里多化其行有爭訟事得一言立解自少治經有聲老而彌篤後進問業必悉心指授所造就甚衆子應宿進士官吏部主事。東南鄉採訪册

李秀山

李秀山字笑岩諸生學行純粹鄉居利濟爲懷親族中有婚葬不給者必資之有偷兒夕入其庭爲家人所執即縱之去焚盡指劵至數十紙村中祠宇義園皆所修置年八十五乃卒人以耆德稱之。西南鄉採訪册

柳得善

柳得善字一橋諸生少孤鞠於祖及長事之甚謹授徒於家有厚幣延之者輒以祖老辭篤志於學沉默寡營口不言鄙事入市未嘗爭價有古君子風東南鄉採訪册

馮德銘

馮德銘字壽軒諸生性嗜學閉關卻掃枕葄經史或終歲不履廛市間爲詩古文辭多可傳誦晚喜交遊篤尚風義嘗客趙城值歲饑有故家夫婦年垂白矣方鬻子易粟爲惻然傾囊濟之時德銘方艱嗣次年即舉子丙祥人以爲盛德之報云本城採訪册

劉臻弟址 墉

劉臻字裕昌少力學爲諸生再舉不遇遂絕意進取家有田在塞外乃構一廛募丁屯墾積二十年致亭腴萬畝所在成聚道光己亥歲歉出粟數百石戶餼之無流亡者乃程其事每歲賦租必別儲粟若干石以濟貧乏其從弟址墉益恢宏之塞外村聚亦多仿其規者至今荒磧遂成樂土墉附貢亦有行義嘗捐錢四千緡爲書院膏火者也西北鄉採訪冊

王大鵬

王大鵬字登雲幼客塞外有大姓某商其地爲主肆者折閱其資棄去大鵬爲經紀之數年贏貲巨萬則盡籍其所入而還之某某大感請中分竟弗受時多其義家居恤貧濟困孜

孜不倦以耆壽終同上

陳濬

陳濬字達川少爲諸生有文名貧資舌耕以事親累舉不得志循序貢太學以訓導注選未仕卒本城採訪冊

周應瑞　弟應聘

周應瑞字輯五少爲諸生有聲累舉不得志棄去以貲起家性倜儻尚氣重然諾州有大役皆力程其事道光壬辰歲歉出粟振饑爲鄉人倡先後輸餉所得獎敘悉以與弟弟應聘以守備注選修飭有士風時稱長者書院膏火不足嘗竭資助之同上

李招慶

李招慶字來章性穎敏跌宕自喜以名諸生屢躓場屋教授後學時爲詩歌以娛老人多誦之西南鄉採訪册

安清垣

安清垣字晉齋事親有孝聲工制舉業後進多宗師之造就甚眾以歲貢終東南鄉採訪册

任汝舟

任汝舟諸生事母素得歡心母病瘻臥牀朝夕侍養廁牏中裙悉自滌歷八年不少懈東南鄉採訪册

任貴昌

任貴昌少讀書知大義踐履篤實鄉居甚有行誼道光初舉孝廉方正未仕卒東北鄉採訪冊

趙譡從弟閶

趙譡貢生以好施稱歲饑出粟百餘石徧振其鄉從弟閶以騎射隸學官籍亦尙義嘗建橋七里河以通行旅所居鄰緊峙道光中其縣修書院即慨助錢千餘緡人以爲難東南鄉採訪冊

張受敎

張受教字修齋性恂謹父歿時遺命與兄析析爨兄以事破產至無以居受教復出所有兩析之曰皆先人遺也弟何忍獨飽哉一時嗟異本城採訪冊

郎振緒

郎振緒喜文學利濟爲懷鄉居時平治道塗掩埋行旅割腴產建塾於所居之傅村鄉之貧不能讀者悉就傅焉東南鄉採訪冊

任廷獻

任廷獻字國卿善處鄉黨有長厚稱遇歲歉煮糜以食餓者施田以瘞流亡年八十二卒同上

柳森弟營瑞　張恆　趙光祖　閻象恆
柳森楊萬魁弟聯魁　劉錫齡弟錫祉

柳森與弟營瑞相友愛每歲時必置酒召親黨與敦禮讓道光壬辰兄弟並出粟徧贍村之貧者是歲旱蝗城東諸村多被災同時有歲貢張恆廩生趙光祖附貢閻象恆耆老楊萬

魁及弟聯魁劉錫齡及弟錫祉並輸粟數十石賑饑其後五年歲小歉而張恆復繼振云同上

郎汝琦子桂森

郎汝琦以廩貢官陽城訓導擢知縣尋遷武士州州判乞病歸子桂森官湖北按察司經歷迎養於署咸豐二年十二月粵逆竄楚城陷父子殉節全家並及於難賜卹桂森贈都察院經歷次子桂芬孫煥辰俱襲雲騎尉同上

趙永年

趙永年由行伍授千總累遷沅州都司咸豐五年署臨武營十月追勦粵逆至懷遠縣之九安背力戰陣亡

賜䘏廕雲騎尉無子以族子青雲爲嗣襲職同上

郎汝瑪

郎汝瑪監生以鹽大使注選需次貴州軍功擢知縣大吏檄赴銅仁視礮賊至力戰死贈䘏如例同上

馮格

馮格紹興知府清聘子也官縉雲縣令有循聲以勞瘁卒於杭州會粤逆竄浙東縉雲陷全家殉難本城採訪册

馮士林

馮士林道光戊子舉人官霍州學正以學行爲州人所欽崇咸豐三年粤逆破平陽距霍百餘里居民驚擾士林爲畫城

守策八心以固職滿擢知縣未補官卒同上

王廷相

王廷相字艮弼性倜儻尚義嘗客塞外遇代人客死貧不能歸葬者悉經紀之先後歸十餘櫬治家整肅有則與弟廷聘友愛外出歲必寄資不令稍有拮据子姪一視之雍雍然不知爲異父也與人交重然諾扶危濟困常若不及年八十四卒以子宓官封都司東南鄉采訪册

劉華

劉華字祝三少補諸生邃於醫僑居繁峙問疾者戶外屨恆滿無貴賤視如一貧者輒資以藥性淡泊晚益厭棄人事闢

靜室焚香宴坐終歲不履市廛以疾來者則診視如常勢家巨族厚幣招之不能致也年八十三卒 本城採訪冊

張映淮 張萬庫 劉永善 耶輔庚

張映淮家素貧一日於道旁得遺金審其標識知為繁峙某肆物走訪還之張萬庫者農家子也有河間商過代挾重貲遺票為萬庫所得即日昇還商酬以值堅不受又劉永善居七里鋪耶輔庚居聶營嘗得遺金並還其主 本城採訪冊

陳克昌

陳克昌家世農性敦樸終身無疾言厲行一堂五代孫曾林立年九十五乃卒 西南鄉採訪冊

馮閏生

馮閏生侍郎芝孫也父汝鈞知保安州有惠政終於葭州閏生少試爲吏以才稱家僑居神木同治七年正月回逆北竄城陷闔家殉難時閏生方奉檄攝甘泉尉痛憤力請於當道從軍出塞回逆平以積勞補涇陽縣丞卒於官本城採訪冊

尹秉政

尹秉政字治平太學生幼孤事繼母得歡心母稍不豫必長跽請罪曲志順從雍雍然四十年如一日也同上

張用永

張用永字新邑諸生性耿介取與不苟持躬儉約嘗撙節所

入以濟貧乏之道光十二年歲荒出粟三百餘石賑饑村人德之匾其門曰輝映東里卒年八十有四西北鄉採訪冊

姚震

姚震字東甫少補諸生食餼績學工文甚有時譽數奇累舉不得志某科已中雋復以語觸時忌遭擯年甫踰壯咤傺以終時論惜之東南鄉採訪冊

楊撝謙

楊撝謙道光癸卯舉於鄉以讀書植品教授鄉里從之遊者多有法度後官介休訓導誨士一如鄉居時士翕然推服同上

劉之望

劉之望歲貢學行爲鄉里推重誘掖後進孜孜不倦有經師人師之目造就甚衆子炳辰舉人官石埭知縣西北鄉採訪册

高佩紳

高佩紳字搢廷少好學爲諸生有聲場屋鄉居敦義讓絶口不言人非羣稱長者貧資束脯爲養歲必節所入分給羣季雍雍然無芥嫌也累舉不遇循序貢太學以終西南鄉採訪册

李福將

李福將字兆公諸生家貧廢舉子業嘗客燕都倘義氣有冀城某孀孤無依分己貲以經紀之尤篤內行兄早歿而弟失明俱無子爲之承嗣教養備至克底成立以姪儀官封守備

厥後諸子於道光咸豐歲歉時出粟以振饑民人頌貽謀之

善云東北鄉採訪冊

傳四

列女傳

王霸妻不知何氏之女霸少立高節光武時連徵不仕妻亦美志行初霸與同郡令狐子伯爲友後子伯爲楚相而其子爲郡功曹子伯乃令子奉書於霸車馬服從雍容如也霸子時方耕於野聞賓至投耒而歸見令狐子沮怍不能仰視霸目之有愧容客去而久臥不起妻怪問其故始不肯告妻請罪而後言曰吾與子伯素不相若向見其子容服甚光舉措有適而我兒曹蓬髮歷齒未知禮則見客而有慙色父子恩深不覺自失耳妻曰君少脩清節不顧榮祿今子伯之貴孰

與君之高奈何忘宿志而慚兒女子乎霸居起而笑曰有是哉遂共終身隱遯後漢書列女傳

右漢一人前志列女首代夫人因州北夏屋山有摩笄石也案摩笄山水經注載有二一爲下洛城東北之鳴雞山在今保安州一爲代城南之馬頭山在今蔚州並直隸地去此甚遠後人好古以代王死於夏屋山遂並夫人之死亦傅合之辨詳古蹟摩笄神祠

姚天福母金進士趙泰女也始天福父君實避兵雁門泰以子妻之生天福元世祖時天福爲御史條奏阿合馬罪二十四時方倚以理財得大權衆爲危之母有賢識勖之曰國爾

忘家汝第盡力與不測吾追蹤陵母死日猶生年天福泣謝白其長曰萬一得譴乞不以老母坐連也語聞世祖歎曰是母子有古義烈勅侍臣董文忠宣付史臣書之孛术魯翀大都路總管姚公神道碑銘

右元一人案古傳列女賢母淑媛並著於篇今則非旌典所及者例不當書然明以前記載闕矣苟有可徵弗忍從擯因錄王霸妻而類及姚母姚非州人而列入者亦春秋書宋伯姬紀叔姬之意也

御史弋福妻王氏福初貧甚氏奉姑雖薄物必致精潔成化末福登進士授御史氏以姑老獨留侍養姑齒落不能食氏

哺以乳姑疾嘗糞以試甘苦後禍卒於官姑亦憂死氏殯斂成禮鄉人嘖嘖稱孝事聞朝廷賜誥命褒贈之通志

杜廣妻張氏年二十一夫卒遺子幼氏矢志撫孤長娶婦王氏數年子亦卒王氏與姑相繼守節姑年八十王年五十而終人稱一門雙節通志

王才妻劉氏年十九才死孤鎮在抱氏撫訓成立舉於鄉雖年老不輕出戸庭徇史齊上聞旌表周志

趙温妻劉氏年十七適温越二載而寡繼姑勸曰家貧甚新婦少何不自爲計氏泣曰婦卽餓死死亦趙氏鬼不忍向他氏求活翦髪垢面厲志彌篤卒年八十一周志

弋之屏妻馬氏之屏爲名諸生勤讀遘危疾向氏時頌古昔節義婦氏泣曰夫命妾妾死無二心之屏卒遺子女各一無何子死女適人氏零丁獨處苦志以歿周志

王維垣妻賀氏女時父璠病割股療之適維垣事翁姑益謹年二十五維垣卒翦髮納棺以代殉撫孤三錫成立家貧常忍饑寒守節五十六年卒其女弟適崞縣程子朝年十九而孀節如其姊焉周志

任烈婦生員李棟妻年二十棟死不甚哭泣越三月遺腹生子泣曰往夫死宜即死少隱忍者恐傷遺腹耳今幸舉子爲李後吾願足矣因屬孤於舅不食而死周志

王烈婦冀廷威妻住雁門都堡有姿容性激烈北部破堡被執獻其酋將納之氏大罵曰吾良家子豈爲汝辱耶酋怒攢殺而裂其尸。周志

吳芹妻丁氏年十六芹死夜縊垂死姑解之屏居守節對妯娌未嘗啟齒。周志

張堯卿妻陳氏年二十堯卿應試太原卒訃聞痛絶自決齒去其四示必不他適宗黨推重其節周志

金世文妻賈氏世文死年二十一守節四十一年卒周志

趙彥妻管氏彥死年十七誓撫遺孤辛苦萬狀守節五十一年卒。周志

生員馮盛世妻李氏年少孀居志不二適里人賢之吳志

舉人馮明期妻王氏喜讀書素曉大義年二十六而孀事姑孝課子如京極嚴尤勤女工嘗曰馮氏硯田久嗇幸稔矣敢忘十指勞乎時稱節孝王夫人崇禎中旌表吳志

舉人孫嗣約妻傅氏夫亡孝姑以完節終崇禎中旌表吳志

烈婦張夫人陝西督師孫傳廷妻督師戰歿時張在西安聞之託幼子於老僕率三妾二女胥赴井死通志

右明節婦十六人附見者二人烈婦三人又三人佚其姓

烈女二人

王烈婦蔡貴妻年十五歸貴肅雍和睦越十年貴貿易遠方

卒客邸訃聞氏矢志以殉時方妊家人慰止之已果舉男甫彌月而貴柩歸氏乘間自縊矣吳志

董烈婦楊殿妻殿他出氏爲强暴所逼罵不絕口被毆死事聞得旌吳志

右康熙中已旌烈婦二人

孫世瑞妻張氏早孀苦節五十餘年子章錦娶馮氏生子裕潤而章錦旋卒馮亦守志撫孤歷三十年世瑞忠靖公長子也姑婦三世以節烈著稱其家聲云彭庭訓雁門孫氏張太孺人暨媳馮孺人雙節傳、邑人馮欽雁門孫氏馮孺人節孝序序曰三才分位室家之道克隆二族交歡貞烈之風斯著振高情而獨秀有裕徽音挺峻節而孤標無慚雅引如孫氏之姑與婦以節繼忠以孝全節豈唯閨閣之莫及抑亦君子之所景也余嘗覽古今來士大夫當捐軀致命之秋，廻皇反覆，爽操虧閑，馳騖風塵，脫落名教，挹此清芬，不無慚汗者矣。昔督師夫人之殉難也，二女七姬同時赴義，大節與天壤相敝。于時節婦張夫人之夫子以襁褓流離亂軍中，神佑相之，卒全生全歸。張夫人復以節義繼起，稱未亡人者五十餘年，媲甯令和璧，無愧前人矣。至其媳馮氏于余爲族姊，余童年時識其夫子於賓筵，厚重豐偉，無浮薄佻達之習，以爲是將昌大厥宗者。嗚呼，豈意其竟夭天年耶。姊氏以廿餘齡之葹婺，烝烝孝養，抑搔扶持，敬竭滫瀡，俾垂白齡之姑，三十年來安其朝莫之哭，是豈素讀女誡內則，抗情往訓也者。天性之堅貞，志氣之高亮，義卬於中，禮合於外，當其時弗知有身，知有姑，弗知有節，知有孝養，況乎樹楔表閭，蜚聲騰茂，尤其所邈焉弗計者矣。且余聞之，死節易，守節難，匹夫匹婦，剛烈奮於一時，齒劒如歸，雉經靡顧，亦足以振飈廻瀾，激揚清濁，儻其志慚黃鵠，質媿青松，飲泣於淒風苦雨之辰，傷心於榮悴盛衰之際，怨悔一萌，遂至改柯易葉，豈若茲矢志青年，完貞白首，拔汙濁之塗，越氛埃之表，並昭婦則，兼擅母儀，柔則清嶶，後先相望，詎不同光日月也哉。若夫紀之彤管，登之天朝，表闡以維俗，旌揚以垂型，是則採風者之責也夫。

李烈婦荆西道馮右京妾也其父某縣令以事被逮僞託爲婢而鬻焉右京後廉得其情待之加厚右京卒氏哀毁矢不獨生既葬之三日自經死（馮履謙恆山公側室李氏傳）

右康熙中未旌節婦二人烈婦一人

馮偉妻孫氏年二十二夫亡無子將殉之親黨以立後勸遂忍痛擇嗣鞠之長爲娶婦曰今可以延馮氏一脈矣越月嚴妝自縊時年三十七（以下並吳志不備注）

儒士張魁儒妻楊氏年十六適魁儒越二載而寡守節四十餘年。

太學生孫章錦妻馮氏年二十夫亡事孀姑撫嗣子孝慈備

至

温烈婦柔銀妻有姿色强暴乘間逼汚峻拒不從被毆死

黃烈婦生員黃秉鑰妻年二十七夫病劇勸令改適氏哭曰脫不諱惟相從地下耳及卒勺飲不入口者七日乘間投繯柩側

間烈婦張廷瓚妻夫卒於賈訃聞痛哭矢殉孀姑防之嚴乘間躍入井死

陳宮華妻閻氏爲女時事母撫姪卽以孝慈聞年十五適陳端重温恭克盡婦道夫亡撫三子及姪輩寬嚴有法姑病瘦便不能自起至以手掬穢無難色年八十四

劉烈女州民繼武女也字金氏子未嫁會父母他出惡少趙廷喜乘間逼汙女忿批其頰大呼罵廷喜怒扼其吭立斃死猶手握中衣不可解

樊烈婦高文章妻本五臺人傭賃趙村鞏藺家藺豔氏色乘其夫出樵潛往逼之氏力拒不從被勒死

庠生任振翮妻白氏年十七踰八年翮歿遺孤勵僅周歲姪勷三歲氏並乳哺之後俱撫育成立有聲庠序

龐惇修妻張氏年十九適惇修惇修卒苦志守節

馬烈婦郎起發妻因安明起强汙不從致死乾隆三十三年事也

崔秉寬妻王氏性幽潔不苟言笑早寡子亦繼亡翁老而失明氏誓死守節事翁維謹里中無老少皆以賢人稱之年七十七卒

崔烈女字仙桃父國全早逝女年十七依寡母李氏隣有安普娃者伺其母他出以穢語挑之女呼罵普娃避去母歸女哭訴其事旋服毒卒官爲之請旌而抵普娃於法

王烈婦李小小妻性貞潔夫貧以圬爲業有劉四滿者戲爲穢言誣氏有淫行夫疑之歸而責問氏大恚哭訴於從姑郎歸室投繯死

右乾隆中已旌節婦六人烈婦七人烈女二人

楊世奇妻施氏年十七適世奇世奇病歿矢志守節吳志以下同

范長壓妻李氏年十五適長壓生有子而夫亡守節撫孤

庠生劉倮妻張氏年二十二守節歷四十九年卒

武舉周桂妻陸氏夫亡孝養翁姑守節四十餘年知州顧匾旌其門

周烈女翠雲武舉桂曾孫女也許字黃嵩未嫁而嵩歿女欲往弔不果遂服鉛粉父母延醫解之女曰無以醫爲但生爲黃氏人死爲黃氏鬼而已及卒言於黃合葬焉

郭烈婦王年妻生七歲父母鬻之諸生范嚴家長贖歸以嫁年范之乳媪子也其後年比匪强氏以苟賤事不從抱子投

井而死

楊烈婦王審妻夫客死氏典衣迎喪歸語族人曰吾將與夫同日葬矣未幾果縊柩側

張烈婦李安國妻夫爲商死於外喪歸氏縊以殉雁平道湯區旌之且立石表其墓

高烈婦高文妻年二十餘夫歿其家欲令改適氏度不能容遂服毒焉或以解藥進卻之曰毒可解心不可解也竟卒

庠生喬而野妻馬氏年十四適而野未逾月而野卒立志守節事嫡甚謹擇從子爲嗣撫育成立壽卒又撫幼孫承祖祀苦節六十二載年七十六而卒

董知妻陳氏夫病瘻家貧無子憐其苦勸令他適氏哭曰吾去夫將何依以鍼黹奉養其夫者四十餘年

李烈婦王懐會妻年十九而孀甘貧守節事姑極孝因歸甯父母迫令他適氏辭歸扶柩哭曰婦不能為君事母矣遂自縊死

張烈女年十八未嫁值母外出有隣人假求火欲強汙之氏喊救而隣人逸母歸以狀告母曰汝既清潔明日理於官未晚也女憤不欲生自縊而卒

生員李天根妻金氏早孀姑病癱不能動履氏朝夕奉侍穢汙不避十數年無惰容姑嘗泣謂曰吾何以報汝也苦節至

八十而卒

耶銘妻柳氏年二十一而寡事翁姑得歡心撫幼孤成立兵
備謝給匾旌之年八十三卒

賀瑶妻吳氏早孀矢志年六十卒

郭烈婦王體禮妻年二十二遭夫喪日夜號泣不盥沐有勸
令改適者哭曰烈女不嫁二夫吾一死而已尋服粉卒

庠生張搏鵬妻張氏夫死無子或諷以嫁張曰翁失明姑患
癱吾去將誰依生事死葬婦兼子道鄉黨賢之

趙誠達妻畢氏夫亡家貧氏以女工爲養姑育嬰之資守節
三十三年而卒

孟廷桂妻胡氏早孀事姑以孝聞年九十三卒

董學經妻張氏年二十一守節孝事舅姑終身不理膏沐卒年八十二兵備湯匾旌其門

庠生郭才妻董氏年十九守節卒年八十四學使者匾旌其門

郎憲妻楊氏年二十三守節撫孤孝事舅姑知州郭匾旌其門

監生馮至善妻郎氏年少夫亡無子郎誓以死殉舅姑泣勸曰汝死吾二人何足惜如嗣續何耶郎乃止繼姪振鴻爲子苦節三十餘年州牧白匾旌之

任偉妻王氏年二十二生二子而偉歿藉女工撫育之旣成室而子婦相繼亡復撫其孤孫家計窘而志操益堅卒年八十二

靖甯世妻薛氏守節歷四十年知州郭嘗匾旌之年七十二卒

庠生崔陞妻周氏年二十三夫亡子未周歲力鞠之長守節四十餘年雁平道湯旌其盧

龐祚芳妻于氏守節四十餘年撫孤成立知州戈匾旌之年七十五卒

邢璧光妻周氏夫亡矢志撫孤年五十九卒

賈自售妻王氏夫歿時家窶甚氏營心生計艱苦備至遂日以裕年躋九十子孫多列庠序五世同堂咸稱苦節之報學使蔡嘗旌其門

李澈清繼妻龐氏年十七歸未帀月而澈清卒前室遺子甫六歲氏撫同己出子死撫孫守節歷五十年

閻方品妻劉氏年二十六夫歿無出舅姑亦逝或諷之嫁氏念夫弱弟幼妹煢煢無依矢志撫育之夫弟亨泰感其義以己子爲之嗣其後亨泰夫婦俱亡遺兩子一女氏復鞠之成立閭里賢之年七十而卒

李克寬妻郝氏夫亡子金舉未周晬家貧甚衣食悉取給於

鍼指苦節五十四年知州顧給匾旌之

庠生張巖妻張氏巖卒子以涵方八齡氏教之甚有義方以涵亦恪遵其訓終身凜凜不敢有失德守節三十八年卒

周宏猷妻張氏守節三十三年卒

邢信妻劉氏早孀有子甫成室而夭遺孤孫家貧甚撫養備極艱苦守節歷四十三年卒

王若琦妻張氏夫亡家貧子天健僅八齡鞠以成立壽卒又撫孫崇德力學爲諸生卒年六十有五

監生賈挺秀妻劉氏歸賈數年不育納妾李氏生國佐未幾挺秀逝兩人共矢志撫孤有奪其志者屢逼之李謂劉曰賈

門宗祀祇此一綫我兩人舍孤而去何以見夫君於地下誓死不回歷四十年如一日劉年六十二卒李年六十而卒

張九成妻劉氏苦節年踰六十卒

閻輝祖妻劉氏家貧甚輝祖歿遺子二歲度力不能存則抱子祈從兄光祖代育欲自盡以殉光祖嘉其志周給之苦節三十餘載年六十一卒

喬蓮妻郭氏夫亡姑老而瞽氏昕夕承歡躬滌廁牏姑幾忘其無子年七十而卒知州顧榜其居曰貞孝

李一智妻任氏年二十三而孀家貧資女工以事翁姑養生送死無不盡禮爲子娶史氏子尋歿史亦矢志守節歷四十

餘年形影相依時稱一門雙節

張啟宗妻趙氏年十五歸啟宗善事舅姑甚有婦則及啟宗卒遺子未晬撫以成立卒年六十有七

皮匠孟有才妻佚其姓年二十八而寡家赤貧鍼黹度日有憐其貧而餽以粟者卻之曰凡受恩必報吾自度不能酬知食力而已年七十九卒

李先成妻劉氏早孀撫幼子以守後子亦卒仍矢志不移有司匾旌之

賈際會妻曹氏夫亡無子痛絕欲殉為親黨勸沮繼從孫斗南為夫嗣斗南長娶婦王氏甫生子而夭曹哭孫慼疾臥牀

六年王氏年十九復守志撫孤盡心奉養人謂賢淑萃於一門云

鄭楷妻張氏事舅姑以孝聞既遭夫喪舅姑亦相繼逝脫簪鬻產爲喪葬具無子撫從子廷俊爲嗣三娶三亡後復遠遊不歸氏孤苦無依死守不二年六十二卒

周臣賡妻常氏年二十五而寡撫子琥甫成立尋亦不祿其婦張復矢節撫遺孤鳳翔再世完貞有司以雙節旌之

郭永甯妻曹氏性端淑年十七適永甯越四載而孀無子撫族子岱爲嗣事翁姑有孝聲

馬廷揚妻龐氏年十四歸廷揚踰年廷揚遘疾不起守節三

十餘年卒
張謚妻馮氏夫亡撫孤秉誠教之遊庠守節五十七年卒
楊璭妻魏氏守節五十一年卒
趙逵妻王氏年二十五逵歿遺子震興未晬王撫育成立娶婦柳氏震興又卒遺孤甫二齡王復鞠之守節四十餘年
黃文元妻劉氏夫亡家貧誓不再適養育惟鍼黹是賴學使曹旌其門年七十三卒
周德懋妻劉氏年二十六夫亡家貧無子誓守終身寡而兼獨人以爲苦節
董鋭妻張氏鋭歿貧甚有勸其改適者厲色拒之苦節三十

二年卒州牧嘗旌其門

魏國仕妻頡氏夫歿時子崢方六歲鞠育成立壽卒復撫孫學詩守節六十一年卒後學詩亦早逝其婦陳氏矢志撫孤與祖姑無少異焉。

邢瑄妻王氏夫早逝家甚貧或勸之改適氏曰吾可食兩家飯耶事親撫孤苦節六十年知州邵旌其門

張以潛妻馬氏孀居貧甚鍼黹度日苦節三十餘年卒

方密妻胡氏夫亡子家瑛甫四歲撫育成人守節四十四年

邢國印妻王氏守節三十餘年知州邢匾旌之年六十三卒

庠生趙璵妻馮氏年二十六夫歿守節五十餘年

劉元通妻王氏守節四十八年卒其子懷璸妻劉氏孫紹先妻王氏俱青年守志歷數十載三世苦節先後輝映

王瑄妾張氏年二十二遭瑄喪立志撫孤誓不再適守節四十年而卒

刺忠妻丁氏年二十四忠病危與訣曰家貧如洗子何以守氏泣曰親老子幼妾斷不厭貧他適以貽地下憂及忠歿恃女工度日仰事俯育曲盡孝慈年五十九卒

朱鏞妻畢氏鏞卒遺腹生子應封氏矢志鞠之長既授室而天其婦李氏亦志姑之志無少渝焉

柴深妻丁氏事姑撫姪苦節三十餘年卒

魏國聘妻樊氏早歲守志卒年六十有六

周鋋妻樊氏守節四十六年

魏䜣妻劉氏年二十五而寡姑性嚴事之以孝謹聞撫子御

下整肅有體

任信妻馬氏

蔡重信妻張氏

吳适妻張氏

李祥生妻陳氏

郝炎妻李氏

賈覲光妻龐氏

劉雍元妻賈氏

劉艮桂妻曹氏

龐開修妻李氏

庠生張文遠妻史氏

高俊美妻李氏

武生孫光裕妻徐氏

舉人黃秉瑛繼妻傅氏

曹倫妻李氏

李法妻王氏

魏代妻喬氏

王海仁妻李氏

庠生李春沛妻李氏

庠生席元名妻姚氏

劉誾妻趙氏

梁大猷妻席氏

田成兆妻鄭氏

龐孔修妻傅氏

董修德妻皇甫氏

張捘華妻高氏

朱應辰妻吳氏

孫廷秀妻陳氏　已上二十七人。吳志不詳事實及守節年分。所綴八字評贊。大致相同。不備載

右乾隆中未旌節婦九十六人。附見者八人。烈婦六人。烈女二人

周僖妻劉氏年十八守節歷五十五年旌如例

王正梅妻汪氏守節歷四十六年

生員陳錫常妻黃氏安義知縣鎮榮女年二十一夫亡無子以從子守先爲嗣撫以成立守節三十年卒

吳永禎妻段氏守節七十三年卒年九十二

馮緜祚妻范氏文學嶽之女也性嚴重不苟言笑素明大義每歲時祀先必躬自潔治凡宗祠塋墓坊表皆修葺之雍睦

親黨訓誨子孫並有儀範守節五十一年卒年七十八子立
山國學生以孝聞
劉泰妻高氏年十七歸泰泰歿食貧守志
張烈婦州人馮寵繼妻寵卒悲泣不食乘間縊於柩側
趙懷義妻李氏守節歷三十年知州呂旌其門
陳天泰妻董氏守節歷四十年知州孫匾旌之
陳定邊妻董氏夫卒遺孤三歲撫之成立
劉明妻孟氏年二十四而孀矢志撫孤知州孫旌其門
張麟定妻劉氏夫卒守志嗣子早夭復撫其孤苦節五十餘
年年七十一卒知州孫匾旌之

右嘉慶中已旌節婦十一人烈婦一人

馮某妻龐氏佚其夫名夫嬰痼疾結褵三月旋卒將以身殉爲姑所止矢志完貞苦節歷三十年卒邑人郎千里馮貞婦輓歌雁門寒雪大如席堅冰凝作山頭石經年縞素積山前似爲幽貞弔魂魄龐家有女性堅貞貞心更比冰雪淸髫齡即謝綺紈習書閣時聞刀尺聲婉婉妝成年十六夫壻病纏占吉卜寸心已識賦孤鴻大義獨持期挽鹿詰朝花燭綺筵開愁啟奩家妝鏡臺病榻難容金縷被藥鐺翻作合歡杯洗盡鉛華侍湯粥和衣三月辭膏沐無端一痛夜鐙前永別誰能續夙緣數度輕生臨白刃幾回拚死赴黄泉黄泉路隔陰雲暗三十年來一長歎曉風飲泣血同餐夜月銜悲腸盡斷況復煢煢暗恨增眼前六尺竟誰悲黄鵠歌來悲白髮紅顏凋盡哭青鐙空幃夢斷忽收泣膏肓有疾醫無術伏枕歔過出嫁時瀕危喜勝生存日磨笄石上痕斑斑魂飛應與相追攀寄恨共標鴻雁志望夫齊上鳳凰山今古貞心同一轍彼也懷淸此履潔欲問貞魂何日消請君試看雁門雪

右嘉慶中未旌節婦一人

李浩妻葉氏夫卒撫四歲孤茹荼教育甚有儀則

范巍妻賈氏庠生光晟女年十七歸巍三月而孀守節歷五十九年嗣子麟芳國學生

喬漢基妻張氏夫卒年二十守節四十年

胡綖妻李氏年七十三守節歷四十八年子國珍

燕朝臣妻丁氏守節四十三年

馮守妻田氏守節五十二年子志學

劉勷繼妻王氏守節三十三年撫前室子九齡以慈稱

石錦城妻邢氏早孀夫故爲其季父嗣者也嗣姑因哭子喪

明氏事之甚謹撫子晉如訓之遊庠孫濤佐亦諸生
賈仁妻范氏守節五十二年
尹開業繼妻劉氏年二十一夫卒矢志前室子秉衡相繼歿
鞠其孤教養備至
廩生張劭繼妻喬氏守節五十二年
張助妻尹氏國學生廣泰女歸踰年而助卒斂之夕自經以
殉爲家人所覺解之乃毀容矢志猶子九成甫離襁褓立爲
夫嗣教以成立
尹開吉繼妻陳氏年二十二夫卒舅姑相繼逝撫前室子秉
政及夫之幼弟某並有恩義

任貴文妻安氏村民象岡女歸貴文再期而寡無子以從子紹伊爲嗣將授室而卒又爲嗣孫親鞫之年六旬守節已四十三年矣

趙有年妻蕭氏

曹必因妻何氏

杜斗府妻楊氏

楊秉直繼妻張氏年十九夫歿守節歷四十一年卒

陳錫爵妻張氏年二十守節歷三十年卒

班玉柱妻張氏

李宗鄴妻杜氏

王希賢妻續氏

梅繼妻張氏

趙朝文妻閻氏

王贊元妻董氏

劉聖功妻馮氏

烈婦陳氏舉人馮志潛妻也歸志潛四十餘日而志潛病歿斂之前夕縊以殉張震馮室陳孺人節烈碑綱常生死之際難之而深閨弱質顧從容就之不謂之上智不可節婦陳氏大同人父以武弁成名節婦生而明禮有堅志父嘗疾篤奉事數月不解衣帶嫡母失明每食手調嘗而進之年十七歸於雁門馮孝廉志潛馮君美材勤學弱冠舉於鄉然家徒四壁無儋石儲婦入門荆釵布裙不事豫飾蕭蕭然有少君德曜之風族之人聞而見之皆曰新婦賢合巹月餘孝廉染瘟

癘以卒節婦循晝哭之禮不爲過情哀痛而神色慘異外襲衰麻內裹華服家人察其有殉夫志稍勸止之不應至於再三愀然曰新婦未嘗學問然不貳之義知之已審且與逝者約矣吾豈欺鬼哉初孝廉燕間時問婦曰我死卿將若何婦愕曰君何作此不祥之語孝廉曰聊覘卿志耳第言何傷婦不得已徐曰吾從君耳孝廉長揖之疾且革復問婦曰前言定乎曰定矣所謂有約者此也婦有姊適孝廉之從兄聞其喪而唁之家人屬爲緩頰婦正色責之曰姊誠惑乃欲妹苟活姊視我尚有生理哉曰然則待父來一訣可乎曰女子從夫何須父命且不貳所天所以遵父訓也夜三更遂自經於孝廉之尸側時道光九年十月十五日實孝廉卒之次日之夜也邑之人咸感激而上陳之以道光十一年冬彙題獲膺旌典錄錄生曰古人有言死者復生生者不愧孺人可謂不食其言矣然吾聞其入室未久於閨中私語時即勗其夫遠就良師力圖顯揚勿爲新昏念則孺人固非死於情者

右道光中已旌節婦二十六人烈婦一人

張售廷妻田氏守節四十三年

王履中妻張氏守節三十六年

張晉國妻李氏年二十一夫歿守節五十八年

馮維翰妻崔氏守節四十六年

劉大功妻趙氏守節四十七年

張坦妻安氏守節三十年

翟倘華妻李氏年二十一夫歿守節三十一年

韓延升妻李氏年二十一夫歿守節二十六年

張浡妻靖氏守節三十一年

王步雲妻周氏舉人煥采女守節五十七年卒年八十有四

李呈芳妻張氏守節四十八年

李向潤妻李氏歸向潤三月而孀矢志事姑姑有幼子共撫育之時以鍼黹所得資勸之讀後爲諸生嗣子永亨以商起家年踰八十孫曾林立人以爲苦節之報李招慶節婦李孺人傳

白廷選妻馬氏守節十六年

陳璠妻冀氏守節四十七年

陳嶽妻武氏守節三十一年見吳志云家貧矢守養老撫幼備極艱辛學使旌以純孝完節

郭繼烈妻劉氏庠生雲光女守節五十四年

馮宇妻張氏守節二十六年

生員陳錫麟妻張氏守節四十七年

馮沛霖妻范氏守節二十一年

賈起蛟妻黃氏監生克嶷女守節五十一年卒年七十有六

張鏞妻丁氏守節四十六年

姚象岳妻楊氏守節四十一年

張宷妻安氏守節四十八年

王邴妻陳氏守節五十年

李昶妻曹氏守節五十四年卒年八十有二

武生馮選妻郭氏守節五十二年卒年七十有六

李聯捷妻郝氏守節四十八年

李聯生妻安氏守節四十一年

李盛妻任氏年二十守節歷四十九年

陳祥繼妻吳氏守節六十年卒年八十有五

郝多見妻郎氏守節六十八年卒年九十有一

尹恆泰妻陳氏年二十守節歷六十一年卒年八十有一

郎兆奎妻張氏歸兆奎踰年而孀守節歷四十年

郎美盛妻楊氏守節四十七年

劉鐸妻郎氏守節四十一年

李宏林妻張氏年二十守節歷五十年卒年七十

李苾妻龐氏守節四十八年

劉鐸妻殷氏守節三十四年

劉捷成妻石氏守節十二年卒

范秉鐸繼妻張氏守節五十九年卒年八十有五

生員孫桐枝妻李氏武生李渭女守節十九年卒

尹廣玾妻劉氏監生劉琮女守節三十二年

郝岐妻侯氏守節六十五年卒年九十有四

姚步高妻賈氏守節二十年卒

楊升妻尹氏守節四十六年

武生張喬妻孫氏守節十八年卒

生員謝世鄉妻王氏守節十七年卒

李蕃妻楊氏守節三十五年

武生王美功妻劉氏守節五十三年卒年八十有一

王安邦妻龐氏守節三十二年
張柱妻牛氏守節三十九年
李呈錦妻閻氏守節二十一年
李呈香妻王氏守節十一年卒
劉成聯妻申氏年十八守節歷六十五年卒年八十有三
劉敬修繼妻馮氏守節四十年
賈家儼妻李氏守節三十八年
陸紀妻姚氏年十九守節歷十一年卒
封穀妻程氏武生文煥女守節六十二年卒年八十有六
生員苑林岍妻喬氏守節五十七年卒年八十四見吳志

胡綿祚妻李氏附貢澧埈女守節五十年卒年七十有八

郎清輔妻李氏守節四十四年

呂仁妻劉氏守節五十年卒年七十有二

張君錫妻閻氏監生漣女守節十七年卒

劉傳世妻賈氏守節歷四十九年以下並州冊現存節婦其旌後卒者仍詳其卒年

李芾妻季氏守節歷三十三年

邱集義妻周氏生員封魯女守節歷四十八年

魯杰妻陳氏守節歷三十二年

照磨趙惇典妻董氏監生攀麟女守節歷四十年

王自誠妻邢氏守節歷三十九年

安而定妻侯氏守節歷三十八年

郝鍾秀妻藺氏守節歷四十五年

郎九齡妻范氏生員范峽女守節歷三十四年

張應辰妻鞏氏守節歷三十三年

郎永全妻張氏守節歷四十六年

增生趙榮祖繼妻侯氏守節六十年卒年八十有四

王鉞妻張氏守節歷三十三年

郎兆珽妻龐氏守節五十一年卒

劉滿全妻李氏守節歷三十一年

李華妻冀氏守節歷四十一年

生員楊光涫妻李氏守節歷四十二年

生員陳溱妻守節歷五十六年

陳瑛妻許氏年八十一守節歷五十四年

韓應升妻安氏生員履中女守節歷三十四年

范榮宗妻李氏生員景伯女守節歷五十九年

李興隆妻李氏年十九守節歷五十六年

孫直妻曹氏守節歷四十四年

王忻業妻汪氏守節歷五十一年

喬開甲妻張氏年二十守節歷三十六年

張兆奎妻喬氏生員喬岳女守節歷三十一年

梁秀峰妻張氏生員舟楫女守節歷三十五年

生員李茂林繼妻劉氏守節歷四十八年

李澧基妻邢氏生員大倫女守節歷四十八年

席錦麟妻張氏守節歷三十二年

生員席鳳儀繼妻李氏守節歷三十二年

席儒寶妻李氏守節歷三十四年

張聲遠妻賀氏守節歷三十五年

郎敦陽妻郝氏守節歷三十五年

趙爾璧妻王氏守節歷三十二年

劉廣福妻蘇氏守節歷三十四年

張映台妻李氏守節歷四十五年
劉朝佑妻司氏守節歷三十八年
從九品馮聚鼎妻石氏守節二十四年卒
張霈妻趙氏守節二十二年卒
楊烈婦州民張萬富妻也萬富歿其姊來視殮憫婦貧苦無依謂當改適婦聞怒曰姊乃以我爲非人乎何遽出是言也殮畢其夜密縫衣襟奮身投井死年二十二嘉慶丁酉三月某日也一時士大夫多爲詩文紀之
右咸豐彙旌節婦一百三人烈婦一人
生員李世榮妻傅氏守節五十五年卒年八十有二

魏培柏妻甄氏年十八守節歷五十六年卒

李若曾妻劉氏增生五岳女守節六十一年

馬成功妻賈氏守節五十四年卒年八十有二

張之夔妻郎氏守節三十四年

常映奎妻張氏守節二十七年

監生張志右繼妻邢氏文學慶餘女夫亡守節二十五年子昀諸生

張天培妻孫氏守節二十年子均諸生

馮實妻謝氏大興人歸實五年而寡無子矢志養姑姑亦厚遇之形影相依者十五年及姑卒哀毀成疾未幾亦歿

張義和妻李氏守節十四年卒

李敏行妻季氏年十九遭夫喪守節六十年卒年七十有九

馮郃妻張氏馬邑庠生張道女守節五十三年

楊琦妻尹氏守節十一年卒子映奎諸生

樊效雍妻周氏守節六十四年卒年九十有三

生員郝紹鼎妻郎氏庠生郎儁女守節六十一年卒年八十有五

宋儁妻張氏守節五十七年

王作弼妻汪氏守節五十八年

張巘妻王氏守節五十六年卒年八十有二

賈世宗妻沈氏守節四十四年

閻九皋妻鞏氏守節五十五年卒年八十有一

孫廷梧妻李氏守節五十一年

喬確妻安氏年十九夫亡守節五十五年

張宗官妻赫連氏守節四十七年

王廷藩妻柳氏守節三十九年

尹連泰妻陳氏守節三十八年

趙國珍妻金氏守節二十七年

龐履豐繼妻鮑氏守節三十四年

周都妻籍氏守節四十二年

靳國華妻楊氏守節十八年卒

侯華妻安氏守節五十五年卒年八十有三

周安仁妻謝氏守節四十三年

閆永椿妻周氏守節四十三年

曹修士妻劉氏守節二十六年

王鎮妻楊氏守節十一年卒

廩生馮當妻郎氏知縣千里女守節四十五年

王維先妻曹氏守節三十七年

安履基妻李氏年十九守節歷十七年卒

周天慶妻丁氏年二十守節歷五十年卒

張敏妻陳氏守節四十八年
馮子敘妻賈氏守節四十九年
李攀桂妻孫氏守節二十六年
生員范麟厚妻李氏都司李世祺女守節三十八年
閻方品妻劉氏守節四十四年
段玠妻楊氏守節六十六年卒年九十有二
劉爾德妻李氏耆民聯珠女守節三十九年
楊天秩妻劉氏守節二十八年
楊韶舞妻黄氏守節二十九年
生員王化成妻郝氏馬邑貢生郝恭女守節五十年卒年七

十有八

李穉妻董氏守節四十九年

劉成基妻潘氏守節歷四十九年以下州冊現存節婦卒年可詳者仍備著

韓永官妻王氏守節歷四十六年

張國英妻任氏守節歷三十八年

傅順妻武氏守節歷三十七年

陳珍妻郎氏守節歷四十七年

王璜妻宮氏守節歷四十四年

李晉璉妻賈氏守節歷五十三年

周從周妻張氏守節歷四十四年

武生賈致遠妻李氏守節歷四十四年
周哲麟妻張氏年二十二守節歷四十四年
馮子達妻張氏守節歷三十年
吳天申妻張氏守節歷四十三年
李芳妻任氏守節歷四十二年
曾越妻郝氏守節歷四十四年
侯聘三妻王氏守節歷四十年子鎮東庠生
張敏妻王氏文學杰女守節歷三十七年
武生郭天泰妻王氏守節歷三十八年
席夢旟妻馬氏教授鍾靈女守節歷三十七年

賈如山妻趙氏守節歷四十一年
監生姚粹守妻楊氏守節歷三十八年子繼炳諸生
李本亮妻劉氏守節歷四十三年
李標章妻李氏守節歷三十五年
常步雲妻劉氏守節歷四十一年
崔士恭妻趙氏崞縣入知州來震女守節歷三十三年
馬紹周妻劉氏守節歷三十二年
賈爾茂妻田氏守節歷三十六年
楊文會妻張氏守節歷四十年
監生王佑承妻趙氏守節歷三十二年

席永齡妻李氏庠生呈榮女守節歷三十二年

賈邦孚妻李氏守節歷三十年

趙詳妻賈氏歸詳踰年而孀無子以姪耀祖爲嗣矢志撫之

孫均貧不能讀出贅珥資之後爲諸生

喬榮錫妻姚氏守節歷三十三年

田霖妻楊氏守節歷三十一年

生員孔繼湯妻郭氏守節歷三十年

翟世富妻閻氏守節歷三十四年

李清妻賈氏國學生福先女守節歷三十年

李彭齡妻任氏守節歷三十三年

生員籍如琛妻靳氏守節歷三十一年

生員滕珩妻李氏守節歷三十一年

賈廣德妻范氏守節歷三十年

李大梁妻劉氏守節歷三十年

金秉衡妻范氏守節歷三十一年

李光妻劉氏守節歷三十年

李璧妻劉氏守節歷三十二年

邢綽妻張氏監生天眷女守節歷三十年

葉仲芳妻孟氏守節歷二十九年

崔誥妻李氏守節歷三十二年

王萬成妻李氏守節歷三十二年

韓永昌妻李氏守節歷三十五年

李宧妻丁氏守節歷三十二年

賈德懋妻王氏守節歷二十八年

李滿郊妻賈氏訓導如山女守節歷三十四年

從九品馮葆源繼妻雷氏守節歷二十九年

生員賈秉鈞妻李氏都司李昀女守節歷二十二年子作楨

官中書科中書

常吉昇妻白氏守節歷三十二年

閻墀妻董氏守節歷四十年

翰林院待詔李正華妻邢氏守節歷四十年子林深官訓導

趙國選妻張氏守節歷二十九年

劉執中妻趙氏守節歷三十七年

張朝梁妻李氏守節歷三十二年

尹秉衡妻李氏守節歷三十二年

侯致遠妻王氏守節歷三十三年

龐璜妻李氏守節歷二十七年

李芹香妻劉氏監生喜元女守節歷二十年

李庫妻李氏守節歷二十七年

增生劉城妻趙氏守節歷二十三年

儒士趙續曾妻兆氏年二十二而孀守節歷二十八年子毓寅諸生

張翰元妻祝氏守節歷二十六年

趙楨妻李氏訓導殿臚女守節歷二十四年

姚敬躋妻孫氏舉八九皋女守節歷二十六年

李和永妻郎氏守節歷三十三年

詩禮堂啟事官郎錦驊繼妻曹氏廩生維熊女守節歷四十一年

廩生李逢凱繼妻閻氏守節歷二十三年

廉若湝妻李氏守節歷二十一年

李存英妻閻氏守節歷四十一年

劉倫妻李氏守節歷二十四年

陳天佑妻鄭氏早孀安貧守志資女紅以養姑姑老而失明朝夕侍之不避汙穢子應元甫免乳撫以成立

張燊妻章氏守節歷四十九年

李資深妻賈氏武生邁倫女守節歷四十九年

柳蔚華妻陳氏守節四十餘年卒子洲候選州判孫承霖兆霖並諸生

李成妻劉氏守節歷三十三年

于子盛妻康氏守節歷五十年

楊步澤妻龐氏守節歷三十年

閻應富妻常氏守節歷三十二年

李瑞符妻季氏守節歷二十年

劉天成妻石氏守節歷三十五年

閻清元妻張氏守節歷二十四年

李印魁妻王氏守節歷四十八年

施興德妻楊氏守節歷四十五年

張訢妻章氏守節歷三十三年

訓導馮廷工妾葉氏守節二十年卒

拔貢趙重光妾溫氏守節十二年卒

解天錫妾李氏守節歷三十四年

李烈婦州民楊二紅妻父中農也二紅家赤貧僦屋以居夫婦操作度日乾隆壬子正月二紅樵於山墜崖死停柩村祠中婦朝夕走哭踰日祠門内鍵不啓村人訝之排闥入則縊死柩側年二十歸二紅甫再期也

李烈婦貢生清珠女年十七歸槀林張氏子克俊踰年克俊病歿婦一哭而止不食亦不言既斂家人方營夕奠女伴邀與同宿堅不可微聞其在室發篋櫝簌簌有聲眾亦不介意及奠行止頓異拜跪畢欻不起方知爲飲酖天明遂死啓其篋則殉葬衣物凡附身者無弗備也里黨相與嗟異

王烈婦州民李泰繼妻泰卒未斂自經以殉

張烈婦賈若誼妻生員獻廷女也若誼客死於外婦聞訃即

仰藥死

右同治中已旌節婦一百四十六人烈婦四人

王右書妻范氏守節二十一年

李如阜妻季氏年十八于歸守節二十年卒

劉世芳妻李氏守節十一年卒

劉登科妻郝氏守節四十年

閻緒發妻張氏守節四十年

張誦妻劉氏守節二十二年

柳國華繼妻鄭氏守節十五年卒子恭翰林院待詔

趙珍妻王氏守節三十四年

張瑞妻蘇氏庠生匡弼女守節二十九年

生員柳英華繼妻姚氏貢生勳棨女守節七年卒

張鴻翼妻章氏守節三十八年

劉喜妻喬氏守節三十五年

郝魁妻閻氏守節五十二年卒年八十有二子廷颺貢生廷璧從九品

柳珍妻李氏守節歷三十一年以下州册現存節婦

趙守義妻韓氏守節歷三十七年

劉執經妻李氏守節歷四十年

監生柳增華繼妻尹氏守節歷二十六年子亭從九品

郝靜修妻郎氏守節歷三十五年子心銘增生

楊添鶴妻范氏庠生麟祥女守節歷三十三年

劉集祥妻李氏守節歷三十三年子還從九品

賈汝礪妻張氏守節歷二十四年

生員范豫妻李氏監生廷香女守節歷二十一年

張得仁妻王氏守節歷三十九年

柳鳳枝妻侯氏守節歷三十三年

馬通壽繼妻姚氏守節歷二十六年

龐崇智繼妻王氏守節歷三十年

董履泰妻李氏守節歷三十二年

李士韶繼妻裴氏守節歷三十二年

李齊雲妻龐氏守節歷四十四年

楊興業妻馬氏守節歷二十四年

籍載綸妻王氏守節歷二十八年

劉文蔚妻柳氏守節歷二十一年

峽江知縣趙麟書繼妻白氏舉人含章女歸麟書不育簉室張氏生二子共撫之麟書卒於官攜弱孤扶柩以歸備歷艱險與張茹蘗飲冰形影相依者踰三十年人稱雙節子作辛

逢庚並隸學官籍 趙節母懿行圖序

蘇靈源妻梁氏守節歷三十年

沈昌緒妻陳氏守節歷二十八年子鳳山監生

張夢騏妻章氏守節歷三十六年

李立積妻賈氏守節歷二十八年

張克昌妻吳氏守節歷四十四年

增生董履祥妻皇甫氏守節歷二十一年

張彪妻吳氏守節歷四十四年

李應龍妻賈氏守節歷二十八年

張向南妻韓氏守節歷三十九年

蘇子仲妻馬氏守節歷五十七年存年八十七
馬步青妻侯氏守節歷四十三年
浙江石堰場大使范福虞妾鄭氏守節歷三十年
王烈婦村民李枝開妻也歸枝開生有子而枝開出外十餘年不返貧舅姑衰老衣食悉取給於十指未幾舅姑相繼逝貨其居營葬家益窘會有傳枝開傭食塞外者子漸長矣乃遣之隨客往尋久之得枝開死狀而子去無耗母家欲奪其志潛納富室聘迎有期以告婦大痛卽夕雉經死。田疇王烈婦事略。
李枝開妻王氏。代州石岡村人也。年十七歸李三年生一子夫以貧故出外爲人傭去數年無耗。氏操作勤苦縫浣以養其親有孝稱又數年翁姑相繼逝。氏售田屋營喪葬身無棲止。僦族人廢院以居子年十四。遣往尋其父。煢煢獨處自食其力矢無他志母家固小康絲黍不相顧意欲困之令改適氏竊知父兄意恆數年不歸也無何得夫凶聞子又無蹤跡母家果來勸之嫁族人亦慫恿之氏以死自誓惟旦夕眄其子謂李氏幸存一息他日夫骨或可歸也已而有傳其子亦死於殺虎口外氏一慟幾絕會大雪月餘所居破屋半椽雪壓就圮風慘慘藏壁有聲氏坐雪中寒且饑母家久絕迹至是其兄忽攜服飾並榼酒來則已潛納富室聘矣笑曰人生適意耳今日窮餓明日富媪不愈於荼苦死耶氏念事已迫乃婉應曰夫死數千里外子又存亡未卜欲完苦節竟不可得命也夫兄意其志已奪慰之而去是夜氏自縊於室年四十嗚呼何其偉歟夫詩禮富厚之家不幸而寡甘節以終雖曰難能而飫聞禮義之防豐衣足食中人可勉爲之若氏者生椎魯鄙陋之門處至艱極困之境而常則孝慈兼盡變則富貴不移豈其賦於天固有異耶然天既優其質而又特阨其遇是誠不可解也余與之同里

目覩之爰紀其略以俟采風者

喬烈婦州民李鳳山妻喬郁蕘女也年十五歸鳳山居七年鳳山卒氏哀痛不食逾三日葬夫畢即仰藥死

右光緒四年彙旌節婦四十七人烈婦二人

李晉瑤妻張氏守節二十五年卒

劉尚義妻姚氏守節六十五年卒年八十有六

黃元善妻賈氏守節十九年卒

陳克謙妻董氏守節踰二十年雁平道俞嘗旌之

趙銀妻劉氏守節四十七年卒

王成林妻蔚氏守節五十五年卒年八十有三

邢佑妻王氏守節五十一年卒

孫種德妻賈氏守節五十一年卒

崔大拴妻趙氏十七而孀無子日焚香誦經歷六十餘年不

衰年八十四遊南山至趙杲觀端坐而逝

劉偦妻李氏年十九守節歷四十年卒

祁丕義妻范氏守節六十九年卒

崔生梧妻賈氏年二十一守節卒年八十有六

武舉崔映淵妻劉氏守節三十五年子萬峰早歿其妻賈氏亦矢志踰三十年卒

崔石蘭妻賈氏守節五十三年卒年八十有一子錫齡增生

周天錫妻高氏守節五十八年卒年八十有八

崔臭臭妻劉氏守節七十年卒年九十

張崇妻李氏守節五十一年卒年八十有一

崔奇峰妻王氏守節三十七年卒
喬虎妻郭氏守節五十六年卒
高明善妻常氏守節五十三年卒
蔣全仁妻王氏年十九守節歷五十三年
李池香妻韓氏守節二十五年卒
李天眷妻李氏年十九守節歷五十六年卒
李天秩妻賈氏守節五十九年卒
馮藻繼妻張氏守節三十七年卒
陳君恩妻李氏守節五十六年卒年八十有六
劉問禮妻董氏守節四十四年卒

賈慶冠妻尹氏守節三十三年卒

陳君柱妻王氏守節七十一年卒年八十有六

李子會妻侯氏守節六十九年卒年八十有九

陳興盛妻趙氏守節四十年卒

邢亨泰妻鐵氏守節四十六年卒

李逢源妻任氏守節六十五年卒年九十有三

張恆誠妻李氏守節五十六年卒年八十有三

李祿宗妻張氏守節三十三年卒

吳永通妻劉氏守節五十二年卒

康佑年妻吳氏守節五十一年卒

楊汝翼妻李氏守節三十四年卒
李普華妻王氏守節二十七年卒
宮有庫妻李氏守節三十六年卒
劉廷樞妻苑氏守節十一年卒
席彪妻李氏守節四十三年卒
李廷泉妻賈氏守節二十二年卒
王愼修妻鄧氏守節三十七年卒
張師孔妻尹氏守節十六年卒
劉席珍妻董氏守節三十九年卒
郭正妻何氏守節四十八年卒

吳三成妻胡氏守節四十八年卒

李耀龍妻武氏守節十四年卒

趙大清妻宋氏者民希堯女知書明禮義及寡事長慈幼並有儀則守節十年卒

張耀榮妻董氏守節十八年卒

舉人張驥遠繼妻李氏貢生常貞女守節十年卒

曹天錫妻王氏守節三十五年卒

馮開泰妻高氏守節四十八年卒

安象成妻侯氏守節五十二年卒

曹善寶妻武氏守節二十五年卒

王武魁妻郭氏守節三十七年卒
王廷輔妻藺氏守節三十三年卒
劉義妻胡氏守節三十五年卒
貢生趙榮祖繼妻侯氏守節六十年卒年八十有四
郎兆奎妻張氏守節三十九年卒
劉向離妻賀氏守節十五年卒
王璠妻楊氏守節三十年卒
劉士魁妻李氏守節三十三年卒
賈天輔妻靳氏守節三十五年卒
馬雲騁妻張氏守節六年卒

葉連富妻孟氏守節三十三年卒

喬耀先妻梁氏守節五十三年卒

曹林森妻朱氏守節四十七年卒

李晉臣妻賈氏守節六十三年卒年八十有四

翟⿰王每妻董氏守節六十五年卒年九十有四

李廷貴妻王氏守節四十七年卒

李暎椿妻安氏守節十五年卒

閻子謙妻賈氏守節三十四年卒

李喜成妻王氏守節五十三年卒年八十有一

李三牛妻趙氏守節二十九年卒

孫永善妻席氏守節歷二十七年
劉福康妻蘇氏
金秉德妻馬氏守節三十一年卒
沈世祿妻王氏年十七夫亡守節六十二年卒
白黼妻劉氏守節八年卒
張名達妻楊氏守節五十六年卒
田成貴妻張氏守節四十七年子鳳儀鳳岐鳳岐早歿其媳
梁氏亦守志十三年卒
崔憬妻張氏守節四十一年卒
逯庭槐妻席氏守節三十二年卒

生員郎汝明妻鄭氏舉人東寅女守節十一年卒
朱文明妻劉氏守節三十年卒
王謙妻賈氏守節五十一年卒
喬蔚然妾趙氏守節四十六年卒子保善諸生
劉堯初妾張氏守節二十九年卒以上已故待旌節婦
李長生妻常氏守節歷五十九年存年八十三
張廷梓妻賈氏守節歷五十八年存年八十一
黃崇元妻丁氏守節歷六十年存年八十
李培亨妻張氏年七十九守節歷五十一年
賈成賓妻翟氏年七十七守節歷五十一年

韓允善妻王氏年七十七守節歷四十七年
馮浩然妻劉氏年七十七守節歷五十八年
賈玉璽妻田氏年七十七守節歷四十八年
田恆碩妻張氏年七十六守節歷四十九年
程粹中妻王氏年六十二守節歷四十年
侯亞魁妻孔氏年七十四守節歷五十二年
楊永春妻郝氏年七十三守節歷四十九年
周存義繼妻宮氏年七十三守節歷四十四年
蘇一元妻王氏年七十二守節歷五十四年
李積文妻張氏年七十一守節歷五十年

張裕秀妻李氏年七十一守節歷四十四年

王廷聰妻邢氏年七十守節歷四十五年

李興座妻楊氏年七十守節歷四十一年

李畔妻牛氏年六十九守節歷三十九年

鄭璨妻朱氏年六十七守節歷三十九年

李翰妻崔氏年六十七守節歷三十九年

周吉麟妻賈氏年六十七守節歷四十四年

王世守妻張氏年六十五守節歷三十七年

王茂榮妻曹氏年六十三守節歷三十七年

楊久緒妻柳氏年六十三守節歷三十六年

秦世官妻韓氏年六十三守節歷三十八年
趙繼虞妻李氏年六十二守節歷三十八年
蔡澤妻郝氏年六十二守節歷三十五年
王彭年妻王氏年六十二守節歷三十四年
陳俊妻郭氏年六十一守節歷三十二年
高懷枝妻燕氏年六十五守節歷三十八年
王江妻劉氏年六十一守節歷三十二年
李清海妻劉氏年六十一守節歷三十六年
崔庭槐妻張氏年六十一守節歷三十四年
侯封王妻劉氏年六十一守節歷三十二年

王俊舉妻史氏年六十守節歷三十二年
唐贊堯妻劉氏年六十一守節歷三十八年
劉效忠妻劉氏年六十守節歷三十七年
蘇魁元妻王氏年六十守節歷三十五年
吳椿年妻康氏年五十九守節歷三十一年
賈敦禮妻岳氏年五十九守節歷三十年
郎昌仁妻趙氏年五十八守節歷二十九年子道誠武生
曹有妻劉氏年五十八守節歷三十三年
姚守孝妻朱氏年五十八守節歷三十七年
閻福泰妻田氏年五十八守節歷三十年

楊文蔚妻安氏年五十八守節歷三十年

李致和妻張氏年五十八守節歷二十九年

馮禔妻杜氏年五十七守節歷二十九年

馬萬方妻閻氏年五十六守節歷二十七年

賈源妻李氏年五十六守節歷三十一年

王耀祖妻王氏年五十五守節歷二十八年

任安國妻楊氏年五十五守節歷二十七年

高步鼇妻賈氏年五十四守節歷三十三年

劉泰山妻李氏年五十四守節歷二十五年

李潤妻方氏年五十四守節歷三十五年

賈廷章妻黃氏年五十四守節歷三十一年

董全妻龐氏年五十四守節歷三十二年

張正元妻潘氏年五十四守節歷三十三年

安賜福妻趙氏年五十四守節歷二十六年

李楨妻劉氏年五十三守節歷二十五年

李光珍繼妻張氏年五十三守節歷二十七年

任洽平妻黃氏年五十三守節歷二十四年

生員郎大興妻李氏年五十三守節歷三十六年子善化廩生。

賈亮妻李氏年五十三守節歷三十二年

楊崒妻李氏年五十二守節歷二十四年
侯襲榮妻賈氏年五十二守節歷二十七年
賈汝礪妻張氏年五十二守節歷二十二年
賈建邦妻劉氏年五十一守節歷二十七年
安福仁妻王氏年五十一守節歷二十二年
李鈺妻陳氏年五十一守節歷二十五年
劉聯璧妻趙氏年五十一守節歷二十五年
張映南妻楊氏年五十守節歷三十年
蕭科元妻馬氏年五十守節歷二十三年
郝耀先妻郎氏年五十守節歷二十三年

貢生李席珍妻賈氏年五十守節歷二十二年
黃元妻王氏年五十守節歷三十年
吳士英妻趙氏年五十守節歷二十二年
梁萬仲妻柳氏年四十九守節歷二十一年
王創基妻韓氏年四十九守節歷二十一年
監生郎尙仁妻尹氏年四十九守節歷二十三年
楊鳴謙繼妻曹氏年四十九守節歷二十七年
李鶴年妻王氏年四十八守節歷二十二年
韓篪妻劉氏年四十八守節歷二十年
丁偦妻施氏年四十七守節歷二十二年

王兆瑞妻張氏年四十七守節歷二十年

監生趙鸞書妻馮氏年四十六守節歷二十年

邢進謙妻宮氏青年守志學使龔嘗旌之

侯襲邠妻馮氏年四十七守節歷二十年

張三桂妻董氏年四十二守節歷二十三年

葉錦華妻賈氏年四十七守節歷二十二年

王寬妻王氏年四十七守節歷二十年

席寓璽妻郎氏年四十六守節歷二十一年

馮兆元妻王氏年四十六守節歷二十一年

劉文蔚妻柳氏年四十五守節歷二十年

賈繼彭妻王氏年四十五守節歷二十四年

郎龍章妻李氏年四十四守節歷二十二年

郎印紅妻劉氏年四十三守節歷二十五年

李泰妻王氏年五十四守節歷三十三年

郝明顯妻楊氏年五十三守節歷三十三年

魏存智妻劉氏年四十六守節歷二十一年

任浴妻李氏。年四十一守節歷二十年以上現存待旌節婦

胡烈婦諸生趙諶妻歸諶二年而孀欲以身殉舅姑止之爲立嗣令之青及嗣子長將授室喟然曰吾忍死數年徒以親老孤未立耳今有新婦事姑吾事畢矣婚之夕日乘間仰藥

死

陳烈婦王燿妻州民陳紹女也年十八歸燿居五年燿卒哀痛不食絕粒七日死

劉烈婦韓樹功妻從九致和女也幼嫺婦儀事孀姑得歡心樹功病瘵卒矢以身殉斂之日乘間飲酖家人百方救解既甦大痛泣曰姑誠愛我第新婦與亡人有約未可倍也與之食堅不進竟餓而死年二十一去樹功卒八日也

郭烈婦陝人貢生趙斌納爲妾性淑婉事嫡甚謹趙疾婦旦夕籲禱寢食俱廢及居喪悲泣三日飲酖死五年由禮部請旌

右採訪冊待旌節婦一百九十六人烈婦四人待旌節婦東南鄉有

趙馨繼妻張氏年四十四守節歷十六年主事郝應宿繼妻高氏年四十一守節歷十九年郝廷安妻李氏年四十守節歷十二年郎用賢妻孫氏年四十一守節歷十九年王建業妻左氏年四十一守節歷十六年任愷妻劉氏年四十五守節歷十六年趙化龍妻郎氏年三十九守節歷十九年趙懷寶妻程氏年三十九守節歷十二年又張喜昌妻郎氏王作弼妻汪氏不詳存歿及守節年分東北鄉有楊大章妻王氏年四十守節歷十二年楊永達妻姚氏年三十九守節歷十四年西南鄉有潘永鎮妻孔氏年四十守節歷十一年馬鳴珂妻謝氏守節歷十二年王文耀妻汪氏守節歷十四年李懷古妻王氏守節歷十一年本城有馮鐸妻郭氏守節歷十六年存年皆未及四十歲

代州志卷十終

代州志卷十一

記一

宦績記

李牧者趙之北邊良將也常居代雁門備匈奴以便宜置吏市租皆輸入莫府（索隱莫當作幕）爲士卒費日擊數牛饗士習騎射謹烽火多間諜厚遇戰士爲約曰匈奴卽入盜急入收保有敢捕虜者斬匈奴每入烽火謹輒入收保不敢戰如是數歲亦不亡失然匈奴以李牧爲怯雖趙邊兵亦以爲吾將怯趙王讓李牧李牧如故趙王怒召之使他人代將歲餘匈奴每來出戰出戰數不利失亡多邊不得田畜復請李牧李牧杜

門不出固稱疾趙王乃復强起使將兵牧曰王必用臣臣如
前乃敢奉令王許之李牧至如故約匈奴數歲無所得終以
爲怯邊士日得賞賜而不用皆願一戰於是乃具選車得千
三百乘選騎得萬三千匹百金之士五萬人彀者十萬人悉
勒習戰大縱畜牧人民滿野匈奴小入佯北不勝以數千人
委之單于聞之大率衆來入李牧多爲奇陳張左右翼擊之
大破殺匈奴十餘萬騎滅襜襤破東胡降林胡單于奔走其
後十餘歲匈奴不敢近趙邊城趙悼襄王元年廉頗旣亡入
魏趙使李牧攻燕拔武遂方城居二年龐暖破燕軍殺劇辛
後七年秦破趙殺將扈輒於武遂城斬首十萬趙乃以李牧

爲大將軍擊秦軍於宜安大破秦軍走秦將桓齮封李牧爲武安君居三年秦攻番吾李牧擊破秦軍南距韓魏趙王遷七年秦使王翦攻趙趙使李牧司馬尚禦之秦多與趙王寵臣郭開金爲反間言李牧司馬尚欲反趙王乃使趙葱及齊將顔聚代李牧李牧不受命趙使人微捕得李牧斬之廢司馬尚後三月王翦因急擊趙大破殺趙葱虜趙王遷及其將顔聚遂滅趙史記列傳　司馬光詩椎牛饗壯士拔距養奇才敵帳方驚避秦金已暗來旌旗移幕府荆棘蔓叢臺部曲依稀在猶能話郭開

右七國趙一人

李將軍廣者隴西成紀人也嘗爲雁門代郡雲中太守皆以

力戰爲名程不識故與李廣俱以邊郡太守將軍屯〔漢書武帝紀元光元年中尉程不識爲車騎將軍屯雁門〕廣行無部伍行陳就善水草屯舍止人人自便不擊刁斗以自衞莫府省約文書籍事然亦遠斥候未嘗遇害程不識正部曲行伍營陳擊刁斗士吏治軍簿至明軍不得休息然亦未嘗遇害不識曰李廣軍極簡易然虜卒犯之無以禁也而其士卒亦佚樂咸樂爲之死我軍雖煩擾然虜亦不得犯我是時漢邊郡李廣程不識皆爲名將然匈奴畏李廣之略士卒亦多樂從李廣而苦程不識〔史記李將軍列傳〕

郅都者楊人也〔漢書誤太陽人〕以郎事孝文帝孝景時爲雁門太守

匈奴素聞郅都節居邊爲引兵去竟都死不近雁門至爲偶人象都令騎馳射莫能中見憚如此史記酷吏列傳

段會宗字子松天水上邽人竟甯中爲西域都護西域敬其威信更盡還爲沛郡太守以單于當朝徙爲雁門太守數年坐法免西域諸國上書願得會宗陽朔中復爲都護友人谷書云子毋求奇功終更亟還亦足復雁門之蹟漢書本傳

蕭由字子驕東海蘭陵人望之子也舉賢良遷太原都尉治有聲元始中爲中散大夫漢書本傳

右西漢四人舊志名宦列周勃衞青程不識趙充國不識茲坿見餘皆客將太原都尉爲其時廣武守土吏前志於

守尉惟載雁門而不及太原爲疎矣然句注一山介居兩郡保塞之功同受其賜謂今之關即古之郡不可也謂今之關非古郡守所部亦不可也故於職官題名從略而記宦績則仍備徵其著者云

杜茂字諸公南陽冠軍人也初歸光武於河北爲中堅將軍建武二年封苦陘侯七年詔茂引兵北屯田晉陽廣武以備胡寇九年與雁門太守郭涼擊盧芳將尹由於繁畤畤盧芳據高柳與匈奴連兵數寇邊民帝患之十二年遣謁者段忠將衆郡弛刑配茂鎮守北邊因發邊卒築亭候修烽火委輸金帛繒絮供養軍士茂亦建屯田驢車轉運先是雁門人賈

丹霍匡解勝等爲尹由所略由以爲將帥與共守平城丹等聞芳敗遂攻殺由詣郭涼自是盧芳城邑稍稍來降旬月間雁門且平芳遂亡入匈奴後漢書本傳

雁門太守郭涼者字公文右北平人身長八尺氣力壯猛雖武將然通經書多智略尤曉邊事有名北方擊彭寵有功封廣武侯十三年增邑更封修侯杜茂傳

王澤字季道太原人爲雁門太守有名稱晉書王湛傳

右東漢三人

牽招字子經安平觀津人袁紹辟爲督軍從事建安九年紹子尚遣至上黨督致軍糧未還尚破走到中山時尚外兄高

幹爲幷州刺史招以幷州左有恆山之險右有大河之固帶甲五萬北阻彊胡勸幹迎尚幷力觀變幹旣不能而陰欲害招招聞之間行而去道隔不得追遂東詣魏武辟冀州從事文帝踐阼拜右中郎將出爲雁門太守郡在邊陲雖有候望之備而寇鈔不斷招旣教民戰陣又表復烏丸五百餘家租調使備鞍馬遠遣偵候虜每犯塞勒兵逆擊來輒摧破於是吏民膽氣日銳荒野無虞又構間離散使虜更相猜疑鮮卑大人步度根泄歸泥等與軻比能爲隙將部落三萬餘家詣郡附塞勑令還擊比能殺比能弟苴羅侯及叛烏丸歸義侯王同王寄等大結怨讐招遂自出率歸泥等討比能於雲中

故郡大破之招逼河西鮮卑附頭等十餘萬家繕治陘北故上館城置屯戍以鎮內外夷虜大小莫不歸心諸叛亡雖親戚不敢藏匿咸悉收送於是野居晏閉寇賊靜息招乃簡選有才識者詣太學受業還相授教數年中庠序大興郡所治廣武井水鹹苦民皆擔輦遠汲流水往返七里招準望地勢因山陵之宜鑿原開渠注水城內民賴其益明帝即位賜爵關內侯太和二年護烏丸校尉田豫出塞為軻比能所圍於故馬邑城移招求救招即整勒兵馬欲赴救豫并州以常憲禁招招以為節將見圍不可拘於吏議自表輒行又並馳布羽檄檄到豫軍踴躍虜即恐怖種類散離軍到故平城便皆

潰走招以比能狡猾議使守新興雁門二牙門出屯陘北外以鎮撫內令兵田儲畜資糧秋冬馬肥州郡兵合乘釁征討未及施行會病卒招在郡十二年威風遠振其治邊之稱次於田豫百姓追思之魏志本傳

傳容漁陽人在雁門有名績繼牽招後在遼東又有事功云牽招傳

右三國魏二人

索靖字幼安敦煌人少有逸羣之量該博經史舉賢良方正對策高第擢尚書郎與尚書令衛瓘俱以善草書知名帝愛之在臺積年除雁門太守太安末拜使持節監洛城諸軍事

領雍秦涼義兵與賊戰大破之靖亦被傷而卒贈司空封安樂亭侯諡曰莊晉書本傳

右晉一人

梁越字元覽新興人也博通經傳性純和魏初爲禮經博士道武以其謹厚遷上大夫令授諸皇子經書明元初以師傅恩賜爵祝阿侯出爲雁門太守獲白雀以獻拜光祿大夫卒北史儒林傳

祖愼涿郡范陽人仕魏歷雁門咸陽二郡太守政有能名卒於金紫光祿大夫贈中書監幽州刺史諡惠侯北史祖鴻勳傳

右後魏二人

王頒字景彥太原祁人也父僧辯南史有傳頒少倜儻有文武幹局僧辯平侯景留頒荆州遇梁元帝爲周師所陷頒因入關聞其父爲陳武帝所殺號慟而絶食頃乃蘇服闋常布衣蔬食藉稾而臥開皇初以平蠻功封虵邱縣公獻取陳之策及陳滅夜發武帝陵焚骨取灰投水飲之旣而自縛歸罪詔舍不問有司錄其戰功將加柱國賜物五千段頒固辭曰臣緣國威靈得雪怨恥本心徇私非是爲國所加官賞終不敢當帝從之拜代州刺史甚有惠政卒於齊州刺史北史本傳

李景字道興天水休官人也容貌奇偉美鬚髯驍勇善射開皇九年從伐陳以功進上開府後與上明公楊紀送義成公

主於突厥至恆安遇突厥來寇時代州總管韓洪爲虜所敗景率所領數百人力戰三日殺虜甚衆仁壽中檢校代州總管漢王諒作亂景發兵拒之諒頻遣劉嵩喬鍾葵等攻之景率士卒殊死戰屢挫賊鋒司馬馮孝慈司法參軍呂玉並驍勇善戰儀同三司侯莫陳乂多謀畫工拒守之術景推誠此三人無所關預惟在閤持重時出撫循而已及朔州總管楊義臣援兵至合擊大破之進柱國拜右武衛大將軍大業十二年營遼東戰具於北平後爲高開道所圍遼西太守鄧暠救之遂歸柳城將還幽州遇賊見害北史本傳

陳孝意河東人大業中爲侍御史以父憂去職居喪過禮毒

起授雁門郡丞在郡菜食齋居柴毀骨立見者哀之時長史多贓汙孝意清節彌厲發姦摘伏動若有神吏民稱之煬帝幸江都馬邑劉武周作亂前郡丞楊長仁雁門令王確等謀應賊孝意知之族滅其家郡中戰慄俄而武周來攻孝意拒之每戰克捷孤城無援誓以必死知帝必不反每旦夕向詔敕庫俯伏流涕悲動左右糧盡爲校尉張倫所殺以城歸武周北史節義傳

右隋六人馮孝慈侯莫陳乂呂玉三人從隋書及北史載李景傳中案通志名宦隋以前列北齊斛斯萬善考北史萬善坿見王羆傳隋書並同在突厥圍煬帝於雁門時不

知何以列之北齊宜與煬帝扈從諸人別記之僑居楊素未嘗至代舊志云知代州誤

李大恩代州總管武德四年頡利與苑君璋合寇雁門大恩擊卻之明年大恩上言突厥饑馬邑可圖詔殿中少監獨孤晟共擊之晟後約大恩不敢進屯新城頡利自將數萬騎與劉黑闥合圍之大恩戰沒唐書突厥傳

張公謹字宏慎魏州繁水人貞觀初爲代州都督置屯田以省餽運數言時政得失太宗多所采納後副李靖經略突厥條可取狀帝然所謀及敗頡利璽詔慰勞進封鄒國公改襄州都督卒贈左驍衛大將軍謚曰襄十三年追改郯國公唐書

本傳

張儉字師約京兆新豐人以功除右衛郎將遷朔州刺史時頡利方强每有求取所遣書輒稱詔敕邊吏奉承不敢卻儉獨拒不受大教民營田歲收穀數十萬斛雖霜旱勸百姓相振贍免饑殍州以完安李靖既平突厥有思結部者窮歸於儉儉受而安輯之其在磧北者親戚私相過省儉不禁示羈縻而已儉徙勝州後將不察其然遽奏思結叛朝廷議進討時儉以母喪奪服爲使者撫納之儉單騎入其部召酋帥慰諭推腹心咸匍匐歸命因舉徙代州遂檢校代州都督儉勸墾田力耕歲數稔私蓄富實儉恐虜易驕乃建平糴法入之

官虜悅喜由是儲斛流贏遷營州都督累封皖城郡公唐書本傳

薛仁貴絳州龍門人以軍功歷右威衛大將軍封平陽郡公開耀元年拜右領軍衛將軍檢校代州都督率兵擊突厥元珍於雲州突厥問曰唐將爲誰曰薛仁貴突厥曰吾聞薛將軍流象州死安得復生仁貴脫兜鍪見之突厥相視失色下馬羅拜稍稍遁去仁貴因進擊大破之斬首萬級獲生口三萬牛馬稱是明年卒贈左驍衛大將軍幽州都督唐書本傳

杜希望京兆萬年人開元中爲代州都督召還京師對邊事元宗才之拜鄯州都督擢鴻臚卿愛重文學門下所引如崔灝等皆名重當時唐書杜佑傳

王忠嗣華州鄭人幼養禁中及長雄毅有武略元宗與論兵應對蠭起帝器之試守代州別駕大猾閉門自斂不敢干法數以輕騎出塞肅宗時爲忠王言於帝曰忠嗣敢鬬恐失之由是召還以功累遷代北都督河東節度使進封清源縣公號爲名將唐書本傳

賈循者京兆華原人有大略以功擢游擊將軍榆關守捉使安祿山表遷博陵太守祿山兼節度河東以循兼鴈門太守副之祿山反使循守幽州顏杲卿招之以傾賊巢穴循許可爲向潤睿等發其謀賊縊之建中二年贈太尉謚曰忠唐書忠義傳

李光進其先本河曲部家太原以戰功歷前後軍牙門將兼御史大夫代州刺史元和中進爲都將時弟光顏亦至大夫故軍中呼小大大夫俄檢校工部尚書爲振武節度使卒贈尚書左僕射光顏字光遠歷代洺二州刺史性忠義善撫士其下樂爲用數立大勳終河東節度使贈太尉謚曰忠弟兄榮冠當時唐書本傳

右唐九人舊志名宦首列李靖而終以張光晟案靖本傳無雁門事蹟烝嘗封代公祀之宜矣光晟後汙僞命爲朱泚相以抗王師則賊臣也削之

周德威字鎮遠朔州馬邑人小字陽五當梁晉之際周陽五

之勇聞天下以騎將積功累遷代州刺史後爲盧龍節度使從莊宗攻汴戰死胡柳陂莊宗卽位贈太師五代史唐臣傳

王建立遼州榆社人爲代州虞候將莊宗嘗遣女奴之代州祭墓女奴侵擾代人建立捕而笞之莊宗怒欲殺之明宗時爲刺史爲庇護以免晉高祖時封韓王五代史本傳

右五代時二人

楊業太原人幼倜儻任俠善騎射事北漢劉崇至建雄軍節度使屢立戰功所向克捷國人號爲無敵劉繼元旣降太宗召見業大喜授代州刺史兼三交駐泊兵馬都部署帝密封槖裝賜予甚厚會契丹入雁門業領麾下數千騎自西陘出

由小徑至雁門北口南嚮背擊之契丹大敗以功遷雲州觀察使仍判代州自是契丹望見業旌旗卽引去雍熙三年大軍北征爲雲應路副都部署連拔雲應寰朔四州遷其民於內地會契丹復陷寰州業力戰陳家谷口被執不食三日死。宋史本傳

張齊賢字師亮曹州冤句人太祖幸西都以布衣獻策條陳十事太平興國二年第進士通判衡州四年代還會親征晉陽上謁遷祕書丞忻州新下命知忻州明年召爲左拾遺雍熙三年代州楊業戰歿上訪近臣以策齊賢請行卽授給事中知代州與部署潘美同領沿邊兵馬時遼兵自胡谷入寇

薄城下神衛都校馬正以所部列南門外衆寡不敵副部署
盧漢贇畏懦保壁自固齊賢選廂軍二千出正之右誓衆慷
慨一以當百遼兵遂卻先是約潘美以幷師來會戰間使爲
遼人所執齊賢以師期既漏且虞美衆爲遼所乘既而美使
至云師出幷州至北井得密詔東師敗績於君子館幷之全
軍不許出戰已還州矣於時遼兵塞川齊賢曰賊知美之來
而不知美之退乃閉其使密室中夜發二百人持一幟負一
束芻距州城西南三十里列幟然芻遼兵望見火光中有旗
幟意謂幷師至矣駭而北走齊賢先伏步兵二千於土磴砦
掩擊大敗之擒其北大王之子一人帳前舍利一人斬數百

級獲馬二千器甲甚衆㨗奏且歸功漢贇端拱元年冬拜工部侍郎遼人又自大石路南侵齊賢簡廂兵二千人爲二部分屯繁畤崞縣下令曰代西有寇則崞縣之師應之代東有寇則繁畤之師應之比接戰則郡兵集矣至是果爲繁畤兵所敗二年置屯田領河東制置方田都部署入拜樞密副使淳化二年拜參知政事同平章事真宗初再拜同平章事以司空致仕卒謚文定宋史本傳

孔守正開封浚儀人淳化初以邊功擢高陽關副都部署明年改慎州觀察使還領代州部署連移并代夏綏麟府三鎮與李繼遷戰破之改代夏二州部署真宗即位復徙代州咸

平初授昌化軍節度觀察留後守正上言四任雁門邊亭久安願徙東北以自效會夏人入寇改定州行營副都部署景德初以風疾不任職時議防秋北鄙猶屢表請行上閔之不許無何卒宋史本傳

柳開字仲塗大名人幼頴異有膽勇既就學喜討論經義所交皆一時豪儁開寶六年舉進士太平興國中拜監察御史知貝州湻化三年移邠州又知曹邢二州真宗卽位加如京使歸朝命知代州上書言邊事及時政得失開至州葺城壘戰具諸將多沮議不協開謂其從子曰吾觀昴宿有光雲多從北來犯境上寇將至矣吾聞師克在和今諸將怨我一旦

寇至必危我矣卽求換郡徙忻州刺史及契丹犯邊開上書請車駕觀兵河朔四年徙滄州道病卒有集十五卷宋史文苑傳

康保裔河南洛陽人端拱初知代州移深州眞宗卽位召還以其母老勤養賜以上尊酒茶米出爲并代都部署徙知天雄軍并代列狀請留詔褒之復爲高陽關都部署契丹兵大入戰於河間兵盡矢絕援不至遂沒焉宋史忠義傳

張耆字元弼開封人咸平中契丹犯邊以功累遷昭州團練使并代州鈐轄後爲人告貶潞州都監久之事稍辨復官帝以耆歷河東稔邊事召至問地里險易狀耆因言雲應蔚朔四郡閒遣人以文移至并代間非覘邊虛實卽欲熟道路宜

密諭代州使自雲應蔚至者由大石谷入自朔至者由土磴入餘間路皆塞之以示險累官尚書左僕射封徐國公以太子太師致仕卒贈太師兼侍中謚榮信宋史本傳

李繼和字周叔潞州上黨人少以蔭補供奉官咸平初居邊任所至幹治五年代還又出爲幷代鈐轄將行請對欲領兵去按度邊壘上曰河東巖險兵甲甚衆賊若入寇但邀其歸路自可致勝不必率兵而往也景德初北邊入寇徙北平砦車駕幸澶淵詔領兵赴趙州躡敵後事平復還幷代時朝廷每詔書約束邊事或有當行極斷之語官吏不詳深意即處大辟繼和言其事乃詔自今有云重斷極斷處斬決配之類

悉須裁奏未幾擢殿前都虞候領端州防禦使大中祥符元年卒贈鎮國軍節度宋史本傳

劉文質字士彬保州保塞人天禧中知代州先是番部獲逃卒給絹二匹茶五斤卒皆論死時捕得百三十九人文質取二十九人以赦後論如法餘悉配隸他州遷內園使知邠州徙秦州鈐轄再知代州卒宋史本傳

馮行己字肅之以父拯任爲右侍禁皇祐中知定州韓琦薦爲路鈐轄徙知代州管幹河東沿邊安撫事夏人掠麟州蕃部且盜耕屈野河西田遇官軍邏者輒聚射詔行己計之地理志府州舊置麟府軍馬司以太原府代州路鈐轄領之　行己言此姦民無忌憚非君長

過不宜以細故啟大釁但加戒戢足矣五臺山寺調庸兵義勇繕葺爲除和糴穀三萬行已謂不可損歲入之儲以事不急之務元祐中終金州觀察使宋史本傳

武英字漢傑太原人以右班殿直爲忻代州同巡檢會州將出獵留飲英曰今空郡而來萬一敵乘間入城奈何旣而敵百餘騎果入寇英領衆左右馳射悉擒獲之以功遷左班殿直後戰歿於好水川贈邢州觀察使宋史任福傳

王仲寶字器之密州高密人爲幷代州鈐轄加西上閤門使建言緣邊博糴屬羌苦之請寬法使得復業以捍邊境久之遷東上閤門使元昊寇延州仲寶以將兵至賀蘭谷以分兵勢

敗蕃將羅遁於長雞嶺以磁州防禦使知代州致仕卒宋史本傳

郭恩開封人以崇儀使爲并代州鈐轄管句麟府軍馬軍事夏人嵗侵屈野河西地至耕獲時輒屯兵河西以誘官軍嘉祐二年五月恩巡邊遇敵力戰被執不屈死贈同州觀察使宋史本傳

劉永年字君錫太原人仁宗時知代州遼人取西山木積十餘里輦載相屬於路前守不敢遏永年遣人焚之一夕盡事聞上稱善遼移檄捕縱火盜永年曰盜固有罪然發在我境何預汝事乃不敢復言上嘗問禦戎策對合旨書忠孝字以賜英宗時復知代州歷太原副都總管卒謚莊恪宋史外戚傳

劉舜卿字希元開封人神宗時知代州加客省副使遼遣諜盜西關鎖舜卿密易舊鑰而大之數日遼以鎖來歸舜卿曰吾未嘗亡鎖也引視納之不能受慚去誅諜者舜卿知書曉吏事謹文法善料敵著名北州終步軍副都指揮使謚曰襄毅宋史本傳

周永清字肅之靈州人以蔭從仕熙甯中知代州遼求地朝廷命韓縝分畫永清貳焉人對言疆境不可輕與人臣職守土不願行固遣之復上章陳利害竟以母病辭歷定州路副總管終東上閤門使宋史本傳

呂大忠字進伯京兆藍田人登第爲晉城令遷定國軍判官

熙甯中令與劉忱使遼議代北地會父喪起知代州遼使蕭素梁頴至代設次據主席大忠與之爭乃移次於長城北換西上閤門使知石州大忠數與素頴會凡議屢以理折之素頴稍屈已而復使蕭禧來求代北地神宗詔執政與大忠忱議將從其請大忠曰彼遣一使來即與地五百里若使魏王英弼來求關南則何如神宗曰卿是何言也對曰陛下旣以臣言爲不然恐不可啟其漸忱曰大忠之言社稷大計願陛下熟思之執政知不可奪議卒不決罷大忠終喪制其後竟以分水嶺爲界焉大忠後知同州致仕卒宋史本傳

郭遵開封人以左班殿直爲并代路巡檢累遷延州西路都

巡檢使從劉平力戰歿特贈果州團練使遵所用鐵杵槍槊其重九十斤宋史本傳

史抗濟源人宣和末爲代州沿邊安撫副使金人圍代急抗夜呼其二子稽古稽哲謂曰吾昔語用事者雁門控制一道宜擇帥增戍以謀未形之患若使橫流則無所措矣言雖切皆不吾省今重圍既固外援不至吾用六壬占之明日城必陷吾將死事汝輩亦勿以妻子爲念而負國也能聽吾言當令家屬自裁然後同赴義二子泣曰惟吾父命明日城果破父子三人突圍力戰死於城隅宋史忠義傳

李翼麟州新秦人宣和末爲代州西路都巡檢使屯崞縣金

人取代執守將嗣本遣來諭降翼射卻之帥士卒堅守義勝軍統領崔忠殺都監張洪輔夜引金兵入城翼挺身搏戰達旦力不敵被執酋粘罕欲臣之怒罵不屈與縣令李聳丞王唐臣尉劉子英監酒閻城將官折可與同死之宋史忠義傳

王忠植石州人汾州府志宋史云太行義士考之未審紹興十年秋舉兵復石州等十一郡授武功大夫統制河東忠義軍遂知代州尋落階官爲建甯軍承宣使河東經略安撫使明年金人圍慶陽急忠植以所部赴陝行次延安叛將趙惟凊執詣撒離曷不不屈死贈奉國軍節度使開府儀同三司官其家十人宋史忠義傳

右宋二十人舊志名宦列陳恕譚延美韓守英姚孝錫案守英閹人孝錫達士別詳雜記恕及延美本傳不詳在代事蹟無可錄者康保裔武英郭恩郭遵李翼王忠植諸人其死事亦不在代而錄及者以忠烈重也

郭企忠字元弼唐汾陽王子儀之後幼孤事母孝謹年十三居母喪哀毀如成人天輔中大軍至雲中招撫諸部企忠來歸軍帥命同勾當天德軍節度使事徙所居韓州及見太祖問知其家世禮遇優厚天會三年加桂州管內觀察留後鎮代州明年賊楊麻胡等聚衆數千於五臺企忠與同知州事迪里討平之遷知汾州事卒於沁州刺史金史本傳

僕散忠義本名烏者上京拔盧古河人宣獻皇后姪元妃之兄也皇統八年由西北路招討使入爲兵部尚書僕散忽土嘗與海陵篡立恃勢陵傲同列忠義因會飲衆辱之海陵不悅出爲震武軍節度使火山賊李鐵槍乘暑來攻忠義單衣從一騎迎擊之射殺數人賊乃退改臨洮尹世宗立拜平章政事封榮國公大定六年卒諡武莊金史本傳

張大節字信之五臺人擢天德三年進士第調崞縣丞世宗改元入爲太府丞工部員外郎進郎中時阜通監鑄錢法弊與吏部員外郎麻珪涖其事積銅皆窳惡或欲徵民先所給直大節曰此有司受納之過民何與焉以其事聞卒得免徵

定襄退吏誣縣民匿銅者十八村大節廉得其實抵吏罪民歌石頌之召授工部侍郎改戶部章宗即位擢中都路轉運使乞致仕不許徙知太原府閱歲授震武節度使以弁代鄉郡故優寵之部有銀冶有司以爲爭盜由此生付河東西京提刑司與州同議皆以官權爲便大節曰山澤之利當與民共且貧而無業者雖嚴刑能禁其竊取乎宜明諭民授地輸課則其游手者有所資於官亦便上從其議復乞致仕許之仍擢其子巖叟爲忻州刺史以便祿養承安五年卒金史本傳

完顏衷本名醜漢中都司屬司人世祖曾孫也大定中授代州宣鋭軍都指揮使歲旱州委禱雨於五臺靈潭步致其水

雨隨下人爲刻石紀之後除順義軍節度陛辭賜金幣特寵異之移鎮鎮西太和六年致仕卒金史本傳

烏古倫榮祖本名福興河間人明昌二年進士歷官中都總管府判官察廉除震武軍節度副使遷海州刺史貞祐二年城破力戰死之金史忠義傳

完顏蒲都刺西南路按出灰必刺罕猛安人充護衛累官同知臨洮府西京留守事崇慶元年遷震武軍備禦有功遷一官初置東西面經略司就充西面經略使上言管內太和嶺諸隘屯兵控制邊要行元帥府輒分臣兵萬二千戍眞定餘衆不足守禦近日復簡精銳二千七百人以往今見兵不滿

萬老弱者十七八臣死不足惜顧國家之事不可不慮新設經略移文西京太原河東取軍馬大數並稱非臣所統詔眞定元帥府還其精銳二千七百人西京太原嵐州有警約爲應援州郡皆不欲屬經略司遂罷經略入爲簽樞密院事遷兵部尚書興定元年致仕卒金史本傳

完顏伯嘉字輔之北京路訛魯古必刺猛安人明昌二年進士累官莒州刺史貞祐初遷順義軍節度使居父母喪卒哭起復震武軍節度使兼宣撫副使四年三月伯嘉奏西京副統程琢智勇過人持心忠孝以私財募集壯士二萬復取渾源白登有恢復山西之志已命駐於宏州矣近者靖大中完

顔毛吉打以三千人歸國各遷節度副使今山西已不守琢收合餘眾盡忠於國百戰不挫臣恐失機會輒擬琢昭勇大將軍同知西京留守兼領一路義軍給以空名勅二十道許擇有謀畧者充州縣制可仍賜琢姓夾谷氏琢請曰前代皆賜國姓不繫他族如蒙更賜榮莫大焉詔更賜完顔氏是月伯嘉遷元帥左監軍知太原府事伯嘉純直不能與時低昂嘗曰生爲男子當益國澤民其他不可學也元光二年權參知政事行尚書省於河中與平陽公史詠共復河東六月以疾卒金史本傳

奧敦醜和尚爲代州經略使貞祐四年八月元兵攻代州和

尚禦戰敗績身被數創被執欲降之不屈遂死金史忠義傳

右金八人案通志誤以代州爲振武軍故於史傳震武節度不錄所列名宦有趙晦李華據五臺縣志華知臺州非代州也趙晦別見雜記

皇甫德崞縣人丰釆奇偉穆呼哩本作木華黎從語解改器之延諮時務拜信威將軍本州觀察判官行元帥府事扇仁風鋤強梗興學校勸農桑民以良牧稱之通志

李元鳳汝甯人至正丙午知代州州自戊戌經兵燹後廟學鞠爲邱墟元鳳下車捐俸脩復之聚子弟肄業其中時軍賦繁急民鮮生聚絃誦不聞者越數年矣人以爲難席公舉重修廟學記

右元二人舊志失載皇甫德或疑在崞州非詳職官表

陸仲亨濠人舊志作陸亨晉江人。歸太祖以功封吉安侯洪武四年與延安侯唐勝宗坐事降指揮使同捕寇雁門久之復爵時邊地初置衞所仲亨繕甲練兵戎伍整肅州城關堡皆所營建至今賴之明史本傳參舊志

侯彥實建昌人洪武間知代州政教兼舉後陞應天府治中通志

成璡直隸興化人洪武中任代州學正博學高才日以教化諸生爲務不因時當肇造少苟且也尋薦知蔚州累官北平右參政贈吏部侍郎通志

曹鼐字萬鍾甯晉人少伉爽有大志事繼母以孝聞宣德初由鄉舉授代州訓導課諸生頃刻立就十餘草尋以年幼乞改別職得太和縣典史七年督工匠至京師復中順天鄉試明年舉進士第一授翰林脩撰累官內閣大學士死土木之變贈少傅謚文襄明史本傳參周志

周安直隸鳳陽人宣德間以振武指揮僉事從征交趾守備乂安黎利勢張都督蔡福以芻糧將盡退就東關既行千戶包宣以其眾詣賊降安至富良江爲賊所蹵遂陷賊中賊逼蔡福詣諸城說降安憤甚潛與眾謀俟官軍至爲內應包宣覺之以告利利收安將殺之安曰吾天朝臣子豈死賊手與

指揮陳麟躍起奪賊刀殺數人皆自刎死弟讓等十二人並與難事聞遣進士王奎諭祭於家明史陳洽傳參周志宣德三年諭祭振武衛指揮僉事周安文曰爾夙懷忠勇歷事祖宗百戰勞勤以膺祿位比者交趾叛寇不靖爾從征討身初爲賊所執心實潛有所營殺賊之計已成中爲叛臣所發竟陷賊手毒刃將加猶手奪賊刀殺賊十數人然後自隕於義訃音之至良用悼傷今特贈爾爲指揮同知用慰爾英靈於冥冥之中嗚呼生必有死惟死於忠孝者其光明俊偉在天地間歷萬世而不泯此大丈夫之所爲也雖死猶不死矣今特遣人賜祭爾其享之

朱銳齊河人景泰間知五臺縣抑暴扶良修廢舉墜境內清肅後知代州告歸道出五臺民留三載敬愛不殊疇昔通志

孫璽居庸人形姿雄偉有方略以參將守雁門勤習戍卒賓禮儒士日禁戢士伍毋得騷擾百姓代人稱頌之吳志

周宣龍溪進士成化間行太僕少卿考牧維勤九年職滿陞正卿寺之設卿自此始宣有學行暇日與生徒講解多所成就今代士多治尚書皆其傳授通志

朱釗章邱人成化間知代州至日詢民疾苦得其詳措置有條歲旱步行二十里禱於北山句注之神爲文自陳其奉職無狀禱畢雨隨至周志

郝槃武岡人宏治間代州判官督稅寬嚴得體民劉玉貧甚鬻妻輸稅槃聞之曰奈何生離人之妻爲捐俸贖還周志

秦偉三原人正德戊寅任雁門兵備副使剛直不畏權右小吏貪墨及强宗怙勢者望之斂迹帝幸太原太監吳經求賂

於偉偉不應經搆於帝下獄尋赦出復官後以都御史巡撫平谷。周志

許銘宛平人進士正德間任太僕卿爲政暇輒與代士講論經史立課法以勸勵之一時士嗜文學科第多出其門通志

張鍰直隸滄州人進士正德中以舉人知代州曉法律以幹濟稱衙署學舍頹廢者悉爲脩葺滹沱河病涉者衆創橋以濟之周志

孫紹先三成篇張大夫之守代州也挈綱振維於衆曰惟皇建官分職俾居方正位以司庶牧修六事維茲治若堂廡門垣大敞弗理匪瞻匪依匪令匪威其敢用以逸惟王政古今令式曰治茲杠梁以及時利民惟茲河曰滹沱經代之南汎汎洪濤民病於涉若婦子老稚是恫是恩其敢用以逸維庠序饑廩俎豆若城域甲兵府庫刑獄厥罔弗有攸存維茲方時警弗靖庶事維艱命使遝遝其敢用以逸衆

拜日都乃集材鳩工申命將事維梓匠維陶㕦維築削維疏
鑿維圬維繪罔不日我郡下民之職維大夫之有命亦罔不
日歲荐有登維大夫之賜敢不趨乃事如雲如屯如步如赴
役以時董以威經有規落有期朞而堂成再朞而梁成維慎
維恆庶事有成於時章縫之士咸是言是永是依是楷乃歌
曰堂之成矣翼其如翬夙夜在公我登我躋凡厥下民是刑
是儀維侯則福維侯則威載歌曰梁之成矣委其如虹君子
至止車攻馬同維婦若女維稚若翁匪揭匪力伊誰之庸又
歌曰政成兮民康時若兮歲穰猗我侯兮民之望厥猷允升
兮以輔我皇太史公曰余世爲代人知代事悉自開國設官
至於今未易數也其士若民所爲歌詠弗忘者則一一可數
也其相覩若途之人不相識且相怨懟餙訟者又可數也於
戲蠙貨者廢公市名者失實怙法者罔民任情者誣上其能
爲歌詠乎哉其能爲歌詠乎哉若大夫其弗偶獲矣其爲堂
爲梁則政可概見矣大夫以尚書進士業舉京闈出令蒲城
余聞之諸使者其治蒲視代則又可考見矣大夫名鐩衛之
其字世爲河
間滄州人

周鏞衛指揮使正德七年守偏關戰死周志

陳伯安錦衣衛人嘉靖己丑任代州兵備副使伯安先爲御史抗太監劉瑾謫外任漸起刑部郎中諫南巡罰跪門者五晝夜居代時更持風裁隱然有方面之重周志

郭宗皋福山人嘉靖戊戌任代州兵備副使自奉儉約而法令嚴整凶豪潛伏撫民以恩有隱咸得自達聞訃奔喪即日徒步歸哀慘備至送者萬餘人中坐搆遣戍隆慶初起廢歷南京兵部尚書周志

王鎬字宗周灤州人嘉靖中進士授評事選御史按江西河南嘗諭其屬曰當興而不興者爲善人遺害也當革而不革者爲惡人殖利也巡視之所輒奏去甚者宰執銜之出爲山

西副使兵備代州時有邊警而代當其衝鎬備禦免患銜者媒孽其間左遷湖廣轉山東復轉山西副使湖廣布政都御史巡撫甯夏忤嵩歸里通志

李玳霸州人嘉靖甲子任代州兵備副使廉介出於天性而和易近人郎村氓下卒若不知其為憲使歲防秋廣武往來就督撫議未嘗一入其署州人以清勤仁三字頌之而愚民則目為李佛吳志

李士元河南洛陽人嘉靖間以舉人任代州知州代地使客過者旁午小民多苦供億士元特設支房命謹愿吏掌之又上官遣吏來督賦輒索錢物不應則捶館人士元命如數以

給赤出境已具文詳報後雖强昇之不敢受矣尋被論去通志

施相本字雙山振武衛指揮僉事嘉靖中掌衛印多平反大獄有母訴子不孝者置之獄給其母曰爾子斃獄中矣其母大慟因出其子鞭而諭之遂爲母子如初邊有叛人爲敵偵者生獲之晉世職一階後守備平刑歸復治衛事惠政尤多衛人感之吳志

王鐙衛百戶嘉靖八年戰死土棚二十年寇大入指揮使曹桓戰死同時有百戶汪滮者素驍勇連斬騎賊十餘馬蹶爲所殺公印趙雲鳳並衛千戶三十二年禦寇劉家莊矢盡同日死高宗泰東路營中軍也亦戰死於麻布袋溝周志

葉露新雲南人隆慶間以舉人任代州知州冰蘗自矢執法甚嚴有犯者必痛懲之時人比之包拯通志

周仕字汝信三原人萬歷間進士爲鍾祥知縣力抗强璫積著循良歷陞兵部郎中晉秩參政備兵鴈門擢山西按察使河南布政使所至有聲一介必嚴歸之日環堵蕭然通志

南逢吉號姜泉渭南人以易舉進士高第授儀制司主事骨氣丰棱峻潔而果斷由雲南督學副使陞鴈門兵備時諭三關將士循習令甲講明陣法以備寇數巡關外軍聲大振上備邊便宜五事語觸忌諱罷歸著有姜泉集越中紀傳及會稽三賦注通志

南居益字思受渭南人少厲操行舉萬歷二十九年進士累官山西提學副使雁門兵備繕治亭障省費萬計歷本省按察使左右布政使天啟二年入爲太僕卿崇禎時進工部尚書削籍歸十六年賊陷渭南加炮烙不屈死通志

張惟誠永清人萬歷中以進士任雁門兵備使修舉廢墜多所營置墾塞下田萬餘畝歲收穀萬石建補助廠儲之以貸軍民之不足者春借秋還不責其息而別爲之田以贍寒畯邊地素不解織乃招榆次婦教之立局西郭時課其勤惰又以其贏設施粥廳施棺所布縷庫醫藥局凡民之貧病死亡而無歸者悉取給焉惠政大行邊儲益裕時以爲有名臣風

後陞本省參政周志參用吳志

黃思道浙江仁和人萬歷間以舉人任代州知州素廉能涖任時適大閱部院使者一時俱集費叢不支思道調度有方不待嚴督而胥早辦卒於官幾無以殮民立祠祀之通志

周宏禴麻城人以戶部主事謫代州州判忠讜敢言風采震朝宇及涖代佐州守興除利害加意學校一時俊士皆從之學授以文法嘗隨直指巡部多所平反纂州志二卷通志

閻夢夔鹿邑人進士崇禎末以參政為代州兵備城破抗節死通志案志誤參政為參將

右明三十四人通志列胡松吳志列周遇吉案松明史有

傳以本省參政備兵三關者非雁門道也與周將軍事皆

別見吳志又載知州牛大任云祀名宦年貫事蹟無考

劉正字方若一字振之直隸任邱人順治初以選貢生授代

州知州士有問業者親課督不懈州人某爲仇家所許禍幾

不測力白其枉得釋懷數百金以謝峻拒之姜逆變賊數萬

攻城者百日內戢外禦比敬謹親王至圍始解或指聚落爲

賊黨抗聲折之密令具牛酒犒師胥獲免晉太原府同知領

代州如故尋改商州知州以去通志

許可用奉天蓋州人順治四年以弟子員任雁平道慷慨饒

謀略姜逆變代人劉遷應之衆數萬屯城下攻甚力可用督

兵民捍禦而密遣人赴軍前請合剿遷遂授首圍獲解在任三年擢陝西關西道代人立祠聶營村通志

張道祥江南徐州人康熙十三年以官生任雁平道多惠政庚申代饑祥捐俸煮糜三所購米河東常山平價糶之全活滋衆又捐千七百金修書院設義學涖任十一年擢湖南按察使代人思之通志

楊聲遠奉天廣甯人康熙十三年由通政司筆帖式任代州知州操行清白暮夜罔欺州人張懷公有贈句云家傳三事訓心勒四知銘蓋紀實也吳志

程憲奉天甯遠人廕生康熙十七年任代州知州温恭廉正

愷悌爲懷辛酉歲饑爲食東郭日飽千餘人時樂戶誘買良家女甚多勒令自首歸還之尤愛士類建修廟學興廢舉墜殆無虛日職滿遷戶部員外郎吳志

李鋶柱康熙間任雁平道廉而敏有吏才遇屬吏以禮而不爲假借時微行訪奸猾繩以法諸郡邑疑獄未決能剖曲直恤三關士卒預支月給米而俾於附近倉庾載之通志

張論世李少參德政碑記公治代令三年矣其德在人之心其砥在人之口然慮其久而易湮思立石以垂不朽公曰否否余不德何善狀之足紀民曰公之於代人飲食之教誨之而且推心置腹不啻屬毛離裏焉吾儕小民自白叟以至黃童無不感公愛公而歌頌乎公即磨崖夏屋尙不足以罄其萬一而欲如宋公璟禁廣州樹碣也得乎公之德政未易更僕數姑撮其大如淸課稅以便商賈革雜派以裕輸將嚴胥役以絕私竇其體國恤民可志也飭僚屬以貞憲度肅城社以殄奸蠹禁

豪右以戢孤孱其振綱立紀可志也崇禮讓以興教化立義學以迪顓蒙課藝文以宏薪槱其維風造士可志也至於持己之潔冰壺弗比其清處事之斷秋月莫並其明惟清故仁惟明故義仁義兼施刑罰不事農安於野商恬於市皆我公之賜也傳曰盛德至善民不能忘維公之謂與爰勒之碣施於道周其君子過之仰而慕曰是儀型我者也小人過之伏而思曰是覆庇我者也茲將石就鑱矣鄉三老以余習公治行斯役之舉固喜談而樂道者遂忘其弗斐而爲之記公諱毓桂卓菴其號也襄平人由廕生歷尚書郎至少參云

謝王寵陝西甯夏人雍正元年由翰林授雁平道下車即以察吏安民興學善俗爲首務分巡所至雖飲食亦不取給於州縣嚴察屬吏無所瞻徇闢書院延師課士月必數詣與諸生講論經義孜孜不倦嚴保甲黜淫祀戒浮華禁佛事一時吏治肅清士習民風爲之一變去之日民咸泣遮道攀轅者

絡繹不絶累官至都察院左都御史吳志

高遐年浙江會稽人雍正元年任代州知州嚴明清正克慎克勤時監司即謝公也並著循聲吳志

湯豫誠河南儀封人由進士洊擢冀甯道調任雁平清操特立悃愊無華其爲政多倣謝公而惡惡尤嚴常曰惡人不除良善不安姑息養奸弗爲也故丰采爲特峻云吳志

楊宏志奉天鑲紅旗人雍正六年授代州知州爲政務存大體每遇歲旱步禱句注陘神雨即時至人以爲異性至孝時遵母命薄罰減刑民感其惠相戒勿觸法嘗手書堂楹云頭上是青天若有一點私心便恐雷霆迅擊眼前皆赤子即存

十分公道還羞父母虛稱吳志

黃祐字啟彬江西新城人由翰林擢御史乾隆十一年任雁平道以廉勤稱而謙抑自處不爲表襮踔厲之行尤以宏獎人才爲己任後爲冀甯道提調鄉闈號舍薪水罔不周備晉人每樂道之吳志

吳重光字萱山江都人乾隆中由舉人知代州廉靜愛民在官十年課樹藝振學校甚有循稱州志自前明萬歷後缺於賡續乃集文士悉心採輯爲書八卷文獻藉以有徵云採訪冊

王秉韜字含谿滿洲人由五臺知縣繼吳攝州事剛果有爲事至立決而行以仁恕民不苛之闢斗山書院聚生徒講誦

優其月餼歲饑設法振濟全活甚眾鄉民孟某爲仇家誣以殺人事獄既具句決有期矣爲平反白其冤至今尸祝之期年遷知保德州後官至總督同上

陳學穎字邁士莆田人乾隆末由進士兵備雁平喜文學每朔望必與諸生講說經義州有大役輒捐俸爲倡孫忠靖公祠圮修葺之並置祭田以親老乞養歸貧不能治裝士民爭遺之謝不受同上

孫樹新浙之山陰人嘉慶中由舉人知代州下車即興修學校星聚泉久湮爲疏濬之穿玉帶河與之通栽蓮萬本建亭其上人以爲文明之徵時州中科名不競嗣是果蹶聯而起

云開西鄉水利溉田萬餘畝修雁門道以通行旅壬申歲祲盡心振濟州無饑人民感其廉惠爲建祠青龍泉歲祀之同上

崔光笏字正甫慶雲人道光癸未進士除鄉甯知縣有惠政以最遷知代州政尚廉察發奸摘覆如神所至吏畏民懷尤愛士極優禮之然不敢干以私州民有以重金作祉事爲人奸訟者曉之曰爾耗資爲無名之舉孰與培養士類之爲益哉卽判歸書院民感服居半年擢松江知府去同上

李廷揚字樂亭樂山人舉人繼崔任廉靜不擾撫羸弱尤有恩聽斷必委曲曉解未嘗輕施笞扑歲小歉捐俸設粥廠興工修城令貧民得執業以取食焉民至今惠之同上

薩興阿滿洲人道光中任鴈平道甫下車值旱徒跣行烈日中爲文禱之句注神卽日大雨民歡忭歌頌之道署久失修捐俸新之不役一民在官平易慈愛有佛子之稱同上

代州志　詩一　卷十一

記二

僑居記使臣　客將
寓賢

劉敬者齊人也漢五年戍隴西過洛陽高帝在焉敬脫輓輅衣其羊裘見上說上入關而都案秦之故地卽日車駕西都關中上曰本言都秦地者婁敬婁者乃劉也賜姓劉氏拜爲郎中號奉春君漢七年韓王信反高帝自往擊之至晉陽聞信與匈奴欲共擊漢上大怒使人使匈奴匈奴匿其壯士肥牛馬但見老弱及羸畜使者十輩來皆言匈奴可擊上使敬復往使匈奴還報曰兩國相擊此宜矜夸見所長今臣往徒見羸瘠老弱此必欲見短伏奇兵以爭愚以爲匈奴不可擊

也是時漢兵已踰句注二十餘萬兵已業行上怒罵敬曰齊虜以口舌得官今廼妄言沮吾軍械繫敬廣武遂往至平城匈奴果出奇兵圍高帝白登七日然後得解高帝至廣武赦敬曰吾不用公言以困平城吾皆以斬前使十輩言可擊者矣廼封敬二千戸爲關內侯號爲建信侯史記列傳

元澄字道鏡任城王雲子也少好學美鬚眉善舉止言辭清辨響如懸鐘孝文遷洛惟澄深贊成其事太和二十年恆州刺史穆泰在州謀反授澄銅虎竹使符御仗左右仍行恆州事行達雁門遣書侍御史李煥先赴至即擒泰窮其黨與罪人皆得具狀表聞帝覽表乃大悅曰我任城可謂社稷臣正

使臯陶斷獄豈能過之孝文崩受顧命輔政神龜二年卒謚文宣魏書本傳

蘇威字無畏京兆武功人綽之子也隋初封邳國公爲納言大業中進封房公從幸雁門爲突厥所圍朝廷危懼帝欲輕騎潰圍而出威諫曰城守則我有餘力輕騎則彼之所長陛下萬乘主何宜輕脫帝乃止突厥俄亦解圍去駕至太原諫速還京師爲根本計後坐事除名唐武德初卒子夔字伯尼爲鴻臚少卿突厥圍雁門夔於鎮城東南爲弩樓車箱獸圖一夕而就帝見而善之以功進位通議大夫隋書本傳

許善心字務本高陽北新城人初在陳舉秀才對策高第授

通直散騎常侍聘於隋遇高祖伐陳留縶賓館及陳亡衰服藉草勅書唁焉入朝伏泣於殿下悲不復興上顧謂左右曰我平陳國唯獲此人既能懷其舊君卽是我誠臣也勅以本官直門下大業十一年突厥圍雁門攝左親衞虎賁郎將領江南兵宿衞殿省以勳授通議大夫從幸江都宇文化及弑逆爲所害越王贈左光祿大夫高陽縣公謚文節善心幼聰明有思理多聞默識爲當世所稱父亨撰梁史未就而歿善心續成之（隋書本傳）

樊子蓋字華宗廬江人周鄖州刺史隋受禪累官循州刺史煬帝卽位進光祿大夫楊元感反子蓋爲東都留守以備禦

功封建安侯進爵爲濟公十一年從駕汾陽宫至於雁門車駕爲突厥所圍頻戰不利帝欲以精騎潰圍而出子蓋諫曰陛下萬乘之主豈宜輕脱一朝狼狽雖悔不追未若守城以挫其鋭四面徵兵可立而待陛下亦何所慮乃欲身自突圍因垂泣願暫停遼東之役以慰衆望聖躬親出慰撫厚爲勳格人心自奮不足爲憂帝從之其後援兵稍至虜乃引去從駕還東都以疾卒上悲傷久之顧謂黄門侍郎裴矩曰子蓋臨終有何語矩對曰子蓋病篤深恨雁門之恥帝聞而歎息隋書本傳。裴矩傳始畢率騎十萬圍雁門詔矩與虞世基宿朝堂待顧問

鄭善果鄭州滎澤人九歲以死事子襲父誠縣公爵開皇初

進封武德郡公年十四爲沂州刺史累轉魯郡太守母崔賢明曉政治嘗坐內閤聽善果處決或當理則悅有不可則引至牀下責媿之故善果所至有績號淸吏遷大理卿突厥圍鴈門以守禦功拜右光祿大夫歸唐封榮陽郡公歷刑部尚書貞觀初拜江州刺史卒（唐書本傳）

蕭瑀字時文後梁明宗子也九歲封新安王國除以女兄爲隋晉王妃故入長安瑀愛經術善屬文性褊急鄙遠浮華晉王爲太子卽帝位拜瑀內史侍郎數言事忤旨稍見忌從帝至鴈門爲突厥所圍瑀謀曰夷俗可賀敦與兵馬事況義成公主以帝女爲之若走一介使鐫諭宜不戰而解又衆意陛

下已平突厥方復事遼東故怠不肯戰願陛下赦高麗專討突厥則人自奮矣帝從之既而主詭辭謂突厥果解圍去然帝素意伐遼又銜瑀以謀撓其機謂羣臣曰突厥何能為瑀乘未解時乃紿恐我遂出瑀為河池郡守高祖入京師招之挈郡自歸授光祿大夫封宋國公貞觀中為左僕射參預政事卒贈司空謚曰肅唐書本傳

辥謇河東臨晉人為清河尉貞元中上方與丞相謂兵食思得通吏治而習邊事者計相以謇對乃授監察御史裏行充京兆水運使局居雁門主轂羅具車檝募勇壯且便弓矢者為榜夫千有餘人隸尺籍伍符制如舟師詔以中貴人護之

聲震塞上每發粟泝河北行涉戎落以饋緣邊諸軍及乘障者雖河塞迴遠必尅期如合符一歲中省萬計累加侍御內供奉賜緋魚袋有司條自其勞入拜殿中內史累遷福州都團練觀察使元和十年卒劉禹錫福州團練辥公神道碑銘

韋宙京兆萬年人丹子大中中盧鈞鎮太原表節度副使時回鶻破諸部入塞下鈞欲得信重吏視邊宙請往自定襄雁門五原絕武州塞略雲中踰句注偏見酋豪鐫諭之視亭障守卒增其稟約吏不得擅以兵侵諸戎犯者死於是三部六番諸種皆信悅宙所在有幹能惠政累官嶺南節度同平章事卒唐書本傳

許將字沖元福州閩人舉進士第一神宗時歷官知制誥契丹以兵二十萬壓代州境請代地歲聘之使不敢行以命將將入對曰臣備位侍從朝廷大議不容不知萬一北人言及代州事不有以折之則傷國體遂命將詣樞密院閱文書及至北境居人跨屋棟聚觀曰看南朝狀元及肆射將先破的契丹使蕭禧館客果以代州爲問將隨問隨答禧又曰界渠未定顧和好體重吾且往大國分畫矣將曰此事申飭邊臣豈不可何以使爲禧慚不能對歸報神宗善之以將知審官西院直學士院判尚書兵部後進門下侍郎卒謚文定宋史本傳

滕茂實字秀穎杭州臨安人政和八年進士靖康元年以工

部員外假工部侍郎副路允迪出使爲金人所留時茂實兄祹通判代州已先降金粘罕素聞茂實名乃遷之代州又自京師取其弟華實同居以慰其意欽宗自離都城舊臣無敢候問起居者茂實聞欽宗將至即自爲哀詞且篆宋工部侍郎滕茂實墓九字取奉使黃幡裹之以授其友人朔甯府司理董詵欽宗及郊茂實具冠幘迎謁拜伏號泣金人諭之曰國破主遷所以留君蓋將大用迫令易服茂實力拒不從見者墮淚茂實請從舊主俱行金人不許憂憤成疾卒雲中詵拔歸錄所爲哀詞言於張浚浚以詵爲陜西轉運判官上其事紹興二年贈龍圖閣直學士官其家三人宋史忠義傳。中州集茂實字秀穎姑蘇人，初名褋，徽宗改賜焉，以太學正兼明堂司令，與樞密路允迪、翰林修撰宋彥通奉使割三鎮太原，尋奉密詔據城不下，國相怒，囚使人於雲中。欽宗北遷，秀穎謁見，涕泣請從行，主者不之許，放允迪、彥通南歸，茂實留雁門，與兄宗正承福、淮南發運使裿共居，久之，家人至自汴梁，秀穎往來并代之間，布衣終身。臨終令黃幡裹尸而葬，仍大刻九字云：宋使者東陽滕茂實墓。士大夫哀其忠，爲之起墳於雁門，歲時致祭。原注：兄承福字伯壽，裿字恐誤，當作祹，見南申高濟叔碑。案：中州集小傳，蓋據林泉野老彥古三滕始末而爲之者，與宋史小異，錄之以備參考。餘詳藝文志。

臨終詩并序

某奉使亡狀，不復反父母之邦，猶當請從主行，以全臣節，或怒而與之死，幸以所仗節幡裹其尸，及有篆字九爲刊之石，埋於臺山之下，不必封樹。蓋昔年大病，夢遊清涼境界，覺而失病所在，恐於此有緣。如死窮徼，則乞骸骨歸，悉如前禱。預作哀詞，幾於不達，方之淵明則不可，亦庶幾少游之遺風也。

虀鹽老書生，謬列王都官。索米了無補，從事敢辭難。殊憐復盟好，仗節來榆關。城守久不下，川塗望漫漫。儉輩果不憒，一往何當還。牧羊困蘇武，假道拘張騫。流離念窘束，坐閱四序遷。同來悉言歸，我獨留塞垣。形影自相弔，國破家亦殘。呼天竟不聞，痛甚傷肺肝。相逢老兄弟，悼歎安得驩。波瀾卷大廈，一木難求安就不違我心渠不汗我顏昔燕破齊王羣臣望風奔王蠋猶守節燕人有甘言經首自絕脰感慨今昔聞未嘗食齊祿徒以世爲民況我祿數世一死何足論遠或死江海近或死朝昏歛我不須衣裹尸以黃幡題作宋臣墓篆字當深刊我室尚少女兒女皆童頑四海無置錐飄流倍悲酸誰當給衣食使不厄饑寒歲時一酹我猶足慰我魂我魂亦悠悠異鄉寄沈冤他時風雨夜草木號空山

姚孝錫題滕奉使祠

本期蘇鄭共揚鑣不意芝蘭失後凋遺老祇今猶涕淚後生無復識手標西陘雁度霜前塞滹水樵爭日暮橋追想生平英偉魄淩雲一笑豈能招

右使臣案舊志寓賢婁敬前載趙番吾君據史記趙世家番吾君自代來也戰國之代在今蔚州矣志亦嘗辨之而復從通志載入殊不檢隋大業扈從之臣見於史者有樊子蓋虞世基鄭善果裴矩蕭瑀及蘇威之子夔通志惟列蘇威許善心二人茲採其有事蹟者並與使臣類次益以

後魏任城王澄唐辟謇韋宙得十二人

絳侯周勃者沛人也以將軍從高祖擊反者韓王信於代降下霍人前至武泉擊胡騎破之還降太原六城所將卒當馳道爲多遷太尉從擊陳豨屠馬邑得豨將宋最雁門守圂定雁門郡十七縣史記周勃世家正義霍人在繁畤縣界內

汝陰侯夏侯嬰沛人也以太僕從擊韓信軍胡騎晉陽旁大破之追北至平城爲胡騎所圍七日不得通高帝出欲馳嬰固徐行弩皆持滿外向卒得脫復擊胡騎句注北大破之史記夏侯嬰傳

楊義臣代人也本姓尉遲氏父崇開皇初封秦興縣公擊突

厥戰死義臣幼襲父爵賜姓楊氏性謹厚能馳射有將領才
突厥寇邊雁門馬邑多被其患義臣擊之虜遂出塞仁壽初
拜朔州總管賜以御甲煬帝嗣位漢王諒作亂并州時代州
總管李景爲漢王將喬鍾葵所圍詔義臣救之義臣率馬步
二萬夜出西陘遲明行數十里鍾葵覘義臣兵少悉衆拒之
鍾葵亞將王拔驍勇善用矟射之者不能中每以數騎陷陣
義臣患之募能當拔者車騎將軍楊思恩請當之義臣見思
恩氣貌雄勇顧之曰壯士也賜之巵酒思恩望見拔立於陣
後投觴於地策馬赴之再往不克義臣復選騎士十餘人從
之思恩遂獨擊殺數人直至拔麾下短兵方接所從騎士退

思恩爲拔所殺拔遂乘之義臣軍北者十餘里於是購得思恩尸義臣哭之甚慟三軍莫不下泣所從騎士皆腰斬義臣自以兵少悉取軍牛驢得數千頭復令兵數百人人持一鼓潛驅之澗谷間出其不意義臣晡後復與鍾葵軍戰兵初合命驅牛驢者疾進一時鳴鼓塵埃漲天鍾葵軍不知以爲伏兵發因而大潰縱擊破之以功進位上大將軍後入朝進光祿大夫拜禮部尙書卒隋書本傳

斛斯萬善河南人驍勇果毅與王辯齊名大業中拜虎賁郎將突厥始畢之圍雁門也萬善奮擊之所向皆破每賊至獨出當其鋒或下馬坐地引强弓射賊所中皆殪由是突厥莫

敢逼城十許日竟退萬善之力也其後頻討羣盜累遷至將軍隋書王辯傳

裴行儉字守約絳州聞喜人貞觀中舉明經累官禮部尚書檢校右衛大將軍調露元年突厥阿史德溫傅反詔行儉爲定襄道行軍大總管討之既還阿史那伏念僞稱可汗復與溫傅合明年行儉還總諸軍頓代州之陘口縱反間說伏念令與溫傅相貳伏念懼密送款且請縛溫傅自效行儉祕不布密以聞後數日煙塵漲天而南斥堠惶駭行儉曰此伏念執溫傅來降非他也且受降如受敵乃敕嚴備遣單使往勞既而果然於是突厥餘黨悉平帝悅遣戸部尚書崔知悌勞

軍初行儉許伏念以不死侍中裴炎害其功卒斬伏念及溫傅於都市封行儉聞喜縣公行儉歎曰渾濬之事古今恥之但恐殺降則後無復來矣遂稱疾不出永淳元年卒贈幽州都督謚曰獻唐書本傳

解暉洺州臨洺人少有勇力唐天成中以父死戎事得隸兵籍戍雁門與契丹戰斬首七級獲酋長一人以功遷奉國軍隊長宋太平興國中累遷本州團練使知霸州暉猛鷙木強受詔征伐常身先之頻立戰功金創徧體時稱驍將宋史本傳

郭守文并州太原人宋初補供奉官以功累遷西上閤門使及征太原與判四方館事梁迴分護行營馬步軍劉繼元降

其弟繼文據代州依遼人之援以拒命守文討平之端拱中爲北面行營都部署卒贈侍中謚忠武追封譙王守文得奉祿賜賚悉犒勞士卒死之日家無餘財眞宗納其女爲夫人卽章穆皇后也宋史本傳

曹光實雅州百丈人少武勇有膽氣王全斌平蜀署爲義軍都指揮使累遷汝州團練使大軍北征與潘美分道出雁門光實爲前鋒遇敵迎擊敗之斬首數千級優詔嘉獎李繼遷爲邊患光實乘間掩襲破其族帳繼遷紿降於葭蘆川遇害帝聞之驚悼賵賻加等宋史本傳

楊延昭本名延朗代州刺史業子也爲兒時多戲爲軍陣業

嘗曰此兒類我每征行必以從太平興國中補供奉官業攻應朔延昭爲其軍先鋒戰朔州城下流矢貫臂鬬益急以崇儀副使出知景州累遷保州防禦使高陽關都部署大中祥符七年卒在邊防二十餘年契丹憚之目爲楊六郎宋史本傳

王貴者并州太原人廣順初補衛士宋太平興國二年爲淄州刺史從潘美北征頗立戰功及從楊業爲遼兵所圍親射殺數十人矢盡張空拳又擊殺數人遂遇害宋史本傳

薛超遼州平城人乾德初應募爲虎捷卒從伐蜀錄功補虞侯累遷神衞軍都校雍熙三年從潘美北征至雁門西陘路與契丹遇力戰敗之追至寰州斬首五百餘級超連被創流

血濡甲縷部分軍士自若乘勝抵應州其節度副使艾正以城降還加馬步軍都頭領澄州團練使卒宋史本傳

賈瓊河東宣撫副使劉韐別將也靖康中金兵圍太原韐遣瓊自代州出敵背且許義軍以爵得首領數十人既復五臺而韐所與約解潛折可求兩人相繼以敗聞遂不果進太原尋陷宋史忠義傳

李文忠字思本盱眙人太祖姊子也洪武二年以偏將軍奉詔會攻慶陽行次太原聞大同圍急曰受命而來閫外之事苟利於國專之可也遂出雁門敗元游兵敵大至出精兵左右擊大破之拜左副將軍封曹國公六年行山西邊留屯代

縣敗敵於三角村七年出白登秋進師豐州擒故官十二人獲馬駝牛羊甚衆窮追至百千兒乃還卒追封岐王謚武靖（明史藁本傳）

唐勝宗濠人太祖起兵勝宗年十八來歸積功至都督府同知封延安侯坐擅馳驛騎奪爵降指揮捕代縣反者入之復爵鎮遼東七年威信大著（明史本傳）

右客將十四人吳志流寓惟載李文忠一人周勃斛斯萬善舊列名宦茲並改入吳志名宦又有蒙恬衞青趙充國楊素李靖諸人亦客將也而不及者秦長城西漢雁門郡皆不在今代素靖事亦於史無徵也至於節鎮兵備凡爲

統制之帥將奄戍邊或同守土之吏如漢杜茂宋潘美明陸仲亨已見別記者不更述

楊愔字遵彥華陰人魏永安初年十八拜通直散騎侍郎以世故未夷志在潛退乃謝病與友人邢邵隱於嵩山齊神武署爲行臺郎中徵赴晉陽從兄幼卿爲岐州刺史以直言忤旨見誅愔聞之悲懼因哀感發疾後取急就雁門溫湯療疾郭季素害其能因致書恐之曰高王欲送卿於帝所仍勸其逃亡愔遂棄衣冠於水濱若見沈者變易名姓自稱劉士安入嵩山與沙門曇謨徵等屏居削迹神武後知其存令搜訪以禮發遣天保中累官尚書令封開封王愔早著聲譽風表

鑒裁爲朝野所稱所著詩賦表啟書論甚多北史本傳

魏先生宋人也佚其名於書無所不博隋初太常議樂議如訟先生至調律度而金石絲竹各得其所太常欲薦而官之先生不可受帛二百段而歸歸寓雁門以帛市酒旦夕歡飲時李密敗黎陽亡命匿雁門先生一見而戲之曰子氣沮而目亂心搖而語偷方今捕蒲山黨得非長者密驚起曰既知我能免我否先生曰子非帝王規模又非將帥才略吾望氣晉汾有聖人出能往事之當不失富貴密終不用其言而敗而先生亦竟不知所往周志　案周志本甘澤謠以其簡括存之而仍據太平廣記錄其原文云魏先生生於周家於宋儒書之外詳究樂章隋初出遊關右値太常考樂議者未平先生來競往謁問先生乃取平陳樂器

與樂官林夔蔡子元等詳其律度然後金石絲竹咸得其所內致清商署焉太常樂官歛帛二百段以酬之先生不復入仕遂歸梁宋以琴酒爲娛及隋末兵興楊元感戰敗謀主李密亡命雁門變姓名以教授先生同其鄉曲由是遂相往來常論鐘律李密頗能先生因戲之曰觀吾子氣沮而目亂心搖而語偸氣沮者新敗目亂者無所主心搖者神未定語偸者思有謀於人今方捕蒲山黨得非長者乎李公驚起捉先生手曰既能知我豈不能教我歟先生曰吾子無帝王規模非將帥才略乃亂世之雄傑耳李公曰爲吾辨析行藏亦當由此而退先生曰夫爲帝王者籠羅天地儀範古今外則日用而不知中則歲功而自立堯詢四岳舉鯀而殛羽山此乃出於無私漢任三傑納良而圍垓下亦出於無私也故鳳有爪吻而不施麟有蹄突而永廢者能付其道而永自集於時者此帝王規模也凡爲將帥者口口口幕建太乙旗驅無戰之師伐有民之罪乃彤戈既授玉弩斯張誠負羈之有言那季良之猶在所以務其宴犒致逸待勞修其屯田觀時而動遂使風生虎嘯不可抗其威雲起龍驤不可攘其勢仲尼曰我戰則克孟軻曰夫誰與敵此將帥之才也至有衷其才智動以機鈐公於國則爲帥臣私於己則曰亂盜私於己者必掠取財色屠其城邑朱亥爲前席之賓樊噲爲升堂之客朝

聞夕死公孫終敗於巴中甯我負人曹操豈兼於天下是忘華千金之既陳一飯之恩有感謝之人無懷歸之眾且魯史之誠曰度德連山之文曰待時尚欲謀於人不能惠於己天人厭亂歷數有歸時雨降而妖祲除太陽升而層冰釋引繩縛虎難希飛兔之門赴水持瓶豈是安生之地吾嘗望氣汾晉有聖人出能往事之富貴可取李公拂衣而言曰隋氏以弑殺取天下吾家以勳德居人表振臂一呼眾必響應提兵時伐何往不下道行可以取四海不行亦足以王一方委質於人誠所未忍汝眞豎儒不足以計事遂絕魏生因寓懷賦詩爲鄉吏發覺李公脫身西走所在收兵北依黎陽南據洛口連營百萬與王世充爭衡首尾三年終見敗覆追思魏生之言卽日遂歸於唐乃授司農之官後復桃林之叛魏生得道之士不志其名

蓋文貞之宗親也

張宗誨字習之司空齊賢第二子也少喜學兵法陰陽象緯之書無不通究齊賢守代州嘗預計畫遂有土鐙纍時之捷以父任爲祕書省正字後守鄜州劉平敗嚴斥堠籍入而禁

出使老幼併力守禦之敵引去以祕書監致仕其子請如賀祕監羽服優游宗誨曰吾作白頭老監祕書而眠何以賀老流沙之服爲哉時以爲名言宋史本傳

劉操字宗成號海蟾子廣甯人爲遼相雅喜性命欽崇黃老遂解印佯狂遠遯道成後隱終南太華天聖九年遊歷名山棲代州鳳凰山山中來儀觀及州之壽甯觀並有留題仍自寫眞其旁云道書　元好問兩山行記　通志劉鉉英號海蟾子燕廣陵人明經擢第仕燕爲相雅喜性命之學一日道士來謁待以賓禮問姓名不對自稱正陽子海蟾師事之道士授丹訣海蟾棄官易服從之至秦州陶眞於太華終南之間復南游楚尙書郎李觀自言爲進士時過灃州酉亭買酒忽一人荷竹匳持釘鉸具徑至問觀曰聞君將之南嶽頗識養素先生藍方否觀曰固將往見之其人曰奉煩寄聲劉處士十月懷胎如何出言訖忘觀至南嶽訪方具

道其語方忽然驚歎曰吾不遇此命也所謂劉海蟾者也吾養聖胎已成患無術以出之非斯人不足成吾道今聲聞相通而不得接吾道不成矣觀急回訪於潭州已失所在後隱代州之鳳凰山遊歷名山所至多遺迹丹成尸解有白氣自頂門出化鶴去元至正六年詔贈明悟宏道眞君三餘贅筆道家有南北二宗其南宗者謂自東華少陽君得老聃之道以授漢鍾離權權授唐進士呂巖遼進士劉操操授宋張伯端伯端授石泰泰授薛道光道光授白玉蟾玉蟾授彭耜

一說海蟾子名哲字元英以明經仕燕王劉守光爲相案守光僭王在唐天佑時至宋天聖九年已踰百歲殊不合也似言爲遼相者近是

元好問字裕之太原秀容人七歲能詩淹貫經傳百家登興定五年第歷內鄉南陽令天興初轉尙書省左司員外郎金亡不仕時兵後故老皆盡好問蔚爲一代宗工世稱遺山先生晚年尤以著作自任構野史亭於家凡金源君臣遺言往

行採摭所聞記錄至百餘萬言今所傳有中州集及壬辰雜編數遊代州與州人劉克明蘇莘老閻德潤張九成王仲容劉濟川相友善有雁門鳳山南樓諸詩存集中金史本傳遺山集

姚天福字君祥絳州人父居實避兵徙雁門李术魯翀大都路總管姚公神道碑銘公考處士君諱居實字仲華甫冠避兵雁門金進士趙泰以子妻之生公及和眾主簿天祿天福幼讀春秋通大義及長以材辟懷仁丞至元五年詔立御史臺以天福爲架閣管句尋拜監察御史每廷折權臣帝嘉其直錫名巴兒思謂其不畏強悍猶虎也仍厚賜以旌其忠碑銘始爲御史條奏宰相阿合馬罪二十四召廷辨公枚數其罪彼輒引服數至於三氣沮情駭上動色天福曰臣職居糾彈惟負爵祿是懼敢貪厚賞以重臣罪時御史臺置二大

夫綱紀無統天福言於世祖曰古稱一蛇九尾首動尾隨一蛇二首不能寸進今臺綱不張有一蛇二首之患陛下不急拯之久則紊不可理帝詔玉速帖木兒及孛羅諭之孛羅以年幼自劾天福時按行畿內有出使者陵民取賄天福乃易服間行得其狀奏戮之以徇豪右慴服十二年詔罷各道按察司天福白大夫玉速帖木兒曰是司之設所以廣視聽虞非常慮至深遠不但繩有司而已也大夫駭然曰微公言幾失之夜入帝臥內奏其言帝大悟詔復立之權臣不悅左遷天福朝列大夫衡州路同知不就起為河東提刑按察副使時北鄙兵興轉輸煩急河東民苦徭役天福以反側為憂劾

執政失計奏罷其役徵拜治書侍御史十六年江南既平授淮西道按察使淮甸當兵衝將吏有豪猾爲民害者悉剷除之民大悅轉湖北道按察使發省臣贓事數十以聞帝以其嘗有勳勞特原之而流其黨與州郡稱治二十年遷山北道按察使其民鮮知稼穡教以樹藝皆致蓄富民爲建祠而刻石以紀之二十二年入爲刑部尙書尋出爲揚州路總管二十六年復爲淮西按察使按巨姦一人沒其家貲政化大行二十八年桑哥敗考訊黨援平陽爲多以天福爲平陽總管俾窮治其事俄拜甘肅行省參知政事以母老辭三十二年授陝西漢中道肅政廉訪使尋除眞定路總管眞定驛傳之

需多爲民害天福更議措置之方使不擾民憲長爭之省臣以其事聞詔從之頒其制爲天下式大德二年授江西行省參政以疾辭四年拜參知政事大都路總管大興府尹畿甸大治後之尹京者以天福爲稱首六年以疾卒年七十三初天福拜御史時其母戒之曰古稱公爾忘私委質爲臣當罄所衷以塞其職勿以未亡人爲卹俾吾追蹤陵母死之日猶生之年也天福亦請於憲府曰監察當言路有犯無隱苟獲譴乞不爲親累或以聞帝歎曰巴見思母子雖生今世其義烈之言當於古人中求之子祖舜秘書監著作郎侃內藏庫副使 元史本傳 案天福再世居代既有桑梓之義又兼渭陽之親雖爲僑居實同土著故錄其全傳其墓在稷山

縣西五里南陽村碑銘趙子昂所書村姚氏皆其後裔也

吳廷舉字獻臣其先嘉魚人祖成梧州遂家焉成化二十三年登進士除順德知縣累遷廣東僉事正德初歷副使發總鎮中官潘忠二十罪忠亦訐廷舉他事逮繫詔獄劉瑾矯詔枷吏部前十餘日幾死弟舉人廷弼臥其械下刑部主事宿進爲奏記張綵乃得釋謫戍雁門旋赦免楊一清薦其才官至南京工部尚書致仕卒廷舉面如削瓜衣敝帶穿不事藻飾言行必自信人莫能奪好辥瑄胡居仁學尊事陳獻章居湫隘有書萬卷而已隆慶中追謚清惠明史本傳

王家屏字忠伯山陰人隆慶二年進士授編修萬歷初進脩

撰遷侍講學士十二年命以吏部左侍郎兼東閣大學士入
預機務去史官二年即輔政前此未有也性忠讜每議事秉
正持法不亢不隨遭母憂服闋進禮部尚書奏請舉行册立
皇太子禮不報十八年以久旱乞罷極言災異寇敵狀十月
閣臣合疏請册立以去就爭上傳諭期以二十年春舉行明
年復命止其事家屏時爲首輔力請踐大信以塞口語消宮
闈釁章數上忤旨遂引疾求罷復兩疏懇請詔馳傳歸柄國
止半載又强半杜門不獲展其志以戇直去朝野惜焉少嘗
讀書復宿山客代最久既罷相遂卜居州城閲八年儲位始
定遣官齎勅存問賚金幣羊酒又二年卒贈少保謚文端著

有復宿山房集　明史本傳參周志

趙南星字夢白高邑人萬歷二年進士累官考功郎中天啟中遷左都御史奏止巡方提薦而山西徐揚先河東劉大受踵行如故並劾奏之進吏部尚書山西缺巡撫河南布政使郭尙友求之南星以太常卿謝應祥有清望首列以請既得旨而御史陳九疇受魏忠賢魏度微指攻吏科都給事中魏大中文選郎夏嘉遇南星極言應祥以人望推舉大中嘉遇無私忠賢矯旨責南星等朋謀結黨放歸張訥石三畏再劾之謫戍代州嫡母馮氏生母李氏並哀慟而卒子生三齡怖死南星抵戍所處之怡然莊烈帝立詔赦還忠賢黨巡撫牟

志夔故遲遣之竟卒於戍所璫敗追贈太子太保謚忠毅明史本傳　居易錄趙忠毅公有寫疏硯銘曰雞三號更五點東方未明星晱晱此時寫疏擊大閹事成銘汝勳事敗同汝貶

一吳錫麒怡晉齋詠趙忠毅公鐵如意詩卷跋後犬千秋非可冀傳之者貞臣一器何足珍重之者君子是以奮司農之笏血灑元黃彈信國之琴聲淒風雨若夫邪蒿未拔隆棟將傾丹不忘心碧難埋地箕尾縱歸於天上精靈常託於人間吾蓋讀題趙忠毅公鐵如意諸詩而尤有感焉方其祥麟特出威鳳初鳴嶽嶽於朝錚錚此骨聳四凶之危論埽羣璫之姦鋒用汝爲觸邪之羊風生搏擊用汝爲屈軼之草志效驅除捉搦興歌捉攜起舞直欲唾壺搗缺珊樹敲殘而楚魂幾沈莫盡指揮之用秦冤難洗翻羅鍛鍊之災鳴呼悲矣於是雁門戍去黯黯投荒郢墓經過迢迢訪古囊裏之冰蚪欲吼雲中之蹇騎安歸東方未明硯借舊侶西臺慟哭竹奏先聲孤負佳名時事常居八九激昂勁節摩挲何止再三鑄非錯而已成賜得環而終阻剛直不折堅豈能磨風將振世之懦頑物亦爲人之愛敬嗟嗟茄花委鬼化何處之蟲沙石馬銅駝掩前朝之荆棘而一技令鐵幾字殘銘苔繡凝香銀絲縷古入高齋之燕賞供名士之塵談追俊及而論芳型合鄒枚

而裁新句似吐成虹之氣肝膽先寒如聞擊筑之聲鬼神亦泣例非白戰且麾詩國之心兵事豔青編益助史家之談柄

韓騏趙忠毅公鐵如意歌妖蟇障日天地閉代州戍卒性蘆桂手中剛鐵尺二長得共朱雲劍爭利額圖星斗背弓彎羅紋細蹙銀花斑銘詞奇倔篆文古彷彿鑄鼎昭神姦百餘年來親手澤古今義憤通呼吸想當邊城起舞時魑魅潛形鬼神泣千秋正氣座右存物因人重珍瑤琨指揮欲落崔魏膽把玩許招楊左魂嗚呼明社久已屋一器森芒奪人目風前還弔宋遺民擊將如意西臺哭　靳榮藩詠史絕句雁門關外雪花飛逐客淒涼竟未歸三十五忠公第一高陽賦罷淚霑衣自注朱彝尊靜志居詩話孫承宗三十五忠詩以趙尙書南星為首

顧炎武初名絳字甯人崑山人明季諸生國變後改名爲嘗自負用世略偏瞻四方耿耿心未下往來邊塞最久墾田於雁門之北五臺之東每以馬伏波田疇皆從塞上立業曰使吾澤中有牛羊千江南不足懷也乃經營創始使門人輩司

之而身出游性耿介絕俗於書無所不窺尤留心經世之學每出必載書隨所至阨塞時呼老兵退卒詢曲折或於平日所聞不合卽旅舍中發書勘之後卒於華陰所著亭林十種日知錄諸書皆行世先正事略

王席民字安生夷陵州人少補州學生後隸榆林趙氏籍中趙移官代州參將引席民自助席民負氣概工詩布政使參議清苑陳氏尤契之卒葬代州城南演武場右陳氏賦詩以輓富平李因篤立傳秀水朱彝尊志其墓通志

李因篤字天生富平人明季爲諸生見天下大亂走塞上訪求奇傑士與殺賊報國無應者歸而鍵戶讀經史負重名與

盩厔李中孚郿縣李柏稱關中三李康熙己未試博學鴻詞授檢討甫就職即以母老乞歸其陳情表傳誦一時代州馮雲驤同徵友也與之善雅愛其風土人物居句注夏屋閒者十年先正事略參吳志

黃叔琳字崑圃大興人生有夙慧十歲通綱目五經即研窮性理究經世學年二十以康熙辛未一甲三名進士授編修歷官山東布政使加侍郎銜乾隆辛未重宴瓊林又五年始卒性嗜學公餘時手一編至耄耋不倦尤負人倫鑒歷主文衡所拔識多爲名臣耆儒當代推爲宗工天下士識與不識皆稱北平先生娶馮給諫雲驌女登第後始就婚於代策騎

從一老僕登句注渡滹沱遊覽要塞憑弔古蹟博衣緩帶徜徜然見者不知爲少年甲第也著有研北易鈔研北雜錄詩經統說諸書子登賢官至漕運總督先正事略參馮氏家傳

邱映高字會曉甯武人僑居代州以選貢舉雍正乙卯鄉試中明通榜授遼州學正知州某奉天方教朔望謁廟令僧道司隨班映高至飭逐之某怫然不能奪也職滿擢宰東流以廉勤稱縣濱大江丁亥秋大雨江水漲溢壞民田廬急具狀請振給而先捐廉俸支棚以免露宿煮糜以救殘喘全活無算未幾以疾辭歸縣民爲立祠於菊江亭性簡淡在官幾二十年未嘗攜眷與弟景高友愛景高字仰行博學嗜古詩文

有奇氣工書精篆刻嘗客齊魯閒謁孔林登岱嶽訪求秦漢碑碣搨摹殆徧累舉不得志以選貢終馮履謙邱江潭墓誌銘邱仰行傳

張紹杰字亞三應州人嘉慶丙子舉人少自刻勵敦行力學嘗主講代之斗山書院從受業者數十百人性和易詔後進必以禮法覃精研思一以先儒性理之學爲務士風爲翕然變經其指授後多知名丙申大挑例試爲令乞就學官補大甯訓導居數年以老乞歸譚廷襄張先生墓誌銘

右寓賢周志載魏先生張宗誨通志載吳廷舉趙南星王席民李因篤吳志無所增易爰補其未備類次得十六人

劉海蟾舊列仙釋今仙釋並散見雜記中而此篇獨載入

者翁遺迹久湮知者甚尠卽論風雅亦一世傑不欲以黃
冠而外之也

代州志卷十一終

代州志

代州志卷十二

記三

大事記

趙襄子姊前爲代王夫人簡子既葬未除服北登夏屋請代王使廚人操銅枓以食代王及從者行斟陰令宰人各以枓擊殺代王及從官遂興兵平代地其姊聞之泣而呼天摩笄自殺代人憐之所死地名之爲摩笄之山史記趙世家案六國表事在周定王十二年張儀傳云昔趙襄子嘗以其姊爲代王妻欲并代約與代王遇於句注之塞乃令工人作金斗長其尾令可以擊人與代王飲陰告廚人曰即酒酣樂進熱啜反斗以擊之於是酒酣樂進熱啜廚人進斟因反斗以擊代王殺之王腦塗地其姊聞之因摩笄以自殺故至今有摩笄之山

漢高祖七年韓王信反及冒頓謀攻漢匈奴使左右賢王將萬餘騎與王黃等屯廣武以南至晉陽與漢兵戰漢大破之上從晉陽乘勝逐北遂踰句注至平城為匈奴所圍七日然後解漢書韓王信傳婁敬傳

文帝後六年冬以故楚相蘇意為將軍軍句注漢書本紀

建武七年詔將軍杜茂引兵北屯田晉陽廣武十二年發邊卒築亭堠修烽火茂建屯田驢車轉運供養軍士後漢書杜茂傳時盧芳與匈奴連兵數寇邊也

建武二十六年發遣邊民在中國者布還諸縣後漢書光武帝紀

案光武紀九年徙鴈門吏人於太原十五年徙鴈門代郡

上谷三郡民置常山關居庸關以東至是年南單于遣子入侍始復置郡邊民皆歸本土東觀記言城郭邱墟掃地更爲是也雁門郡自善無縣移治陰館廣武縣自太原郡改屬雁門並當在此時故記之以著更革之迹而以前史所言雁門事皆不徵及

永平中以鄧鴻爲將兵長史率五營士屯雁門後漢書鄧禹傳

永初三年南單于檀反遼東太守耿夔率鮮卑及諸郡兵屯雁門後漢書耿弇傳九月雁門烏桓及鮮卑叛敗五原郡兵於高渠谷安帝紀

延光元年十月鮮卑寇雁門遂攻太原掠殺百姓後漢書鮮卑傳

建康元年九月丙午雁門地震後漢書順帝紀

延熹二年二月鮮卑入雁門殺數百人大抄掠而去鮮卑傳

熹平六年八月遣中郎將臧旻與南單于出雁門伐鮮卑後漢書靈帝紀

魏黃初元年移雁門郡南度句注治廣武城太平寰宇記

太和二年護烏桓校尉田豫出塞爲軻比能圍於故馬邑城雁門太守牽招勒兵赴救軍到平城寇胥潰散比能復大合騎來平州塞北招潛行撲討大斬首級魏志牽招傳

青龍元年六月保塞鮮卑大人步度根與叛鮮卑大人軻比能私通并州刺史畢軌表輒出軍以外威比能內鎭步度根

帝省表曰步度根已爲比能所誘有自疑心今軌出軍適使二部驚合爲一何所威鎮乎促勅軌已出軍者愼勿越塞過句注也比詔書到軌已進軍屯陰館魏志明帝紀 鮮卑傳文帝時以步度根部衆稍寡弱將其衆萬餘保太原雁門郡至此比能誘步度根使叛幷州與結和親自將萬騎迎其累重於陘北

晉咸甯三年五月辛卯雁門雨雹傷秋稼晉書五行志

四年六月丁未廣武地震甲子又震同上

太康元年五月雁門雨雹傷麥禾三豆同上

六年六月雁門雨雹同上

元康五年九月雁門新興大風傷禾稼惠帝紀

永興二年自部大人叛入西河鐵弗劉虎舉衆於雁門以應

之攻新興雁門二郡劉琨乞師於猗盧大破白部次攻劉虎屠其營落虎收其餘燼西走渡河魏書穆帝紀　北史劉武南單于之苗裔左賢王去卑之孫居於新興慮虒之北北人謂胡父鮮卑母爲鐵弗因以爲號

拓拔猗盧封代公以封邑去國懸遠從劉琨求句注陘北之地琨乃徙馬邑陰館樓煩繁畤崞五縣之民於陘南更立城邑魏書穆帝紀

永嘉五年雁門烏丸反劉琨率精兵出禦之劉聰遣子粲及令孤泥乘虛襲晉陽琨父母并遇害晉書劉琨傳

咸和三年石勒將石他自雁門出上郡襲安國將軍北羌王盆句除俘三千餘落獲牛馬百餘萬而歸晉書劉曜載記　魏書煬帝紀

是歲石勒遣石虎率騎五千來寇邊部帝禦之於句注陘北不利遷於大甯

永和二年石虎遣征北張舉自雁門討索頭郁鞠克之晉書石季龍載記

後魏皇始元年八月大舉討慕容寶帝親勒六軍四十餘萬南出馬邑踰句注旌旗絡繹二千餘里鼓行而前人屋皆震魏書太祖紀

天賜四年五月增置侍官侍直左右出納詔命以雁門郡民中年長有器望者充之魏書官氏志

泰常三年八月雁門大雨水傷稼復其租稅魏書世祖紀

四年四月辛巳南巡幸雁門賜所過無出今年租賦同上

八月辛未幸代至雁門關望祀恒岳魏書禮志

五年八月雁門太守祝阿侯梁越獲白雀以獻魏書儒林傳

八年閏月辛酉幸晉陽五月丙寅還次雁門皇太子率留臺

王公迎於句注之北世祖紀

始光二年雁門太守平舒侯許洛陽家三生嘉禾皆異畝合

穎太武嘉之進爵北地公北史許謙傳

太延元年八月雁門獻白鼠魏書靈徵志

太平真君八年五月雁門郡獻白雀同上

和平二年十一月雁門泉水穿石湧出

延興四年五月雁門崎城有聲如雷自上西引十餘聲聲止

地震魏書靈徵志

太和十一年二月甲子肆州之雁門民饑詔開倉振恤

閏月癸亥帝次句注陘南皇太子朝於蒲池並魏書高祖紀

延昌元年四月庚辰肆州之秀容雁門地震陷裂山崩泉湧魏書世宗紀

移雁門郡置於廣武東古上館城太平寰宇記明帝時

天平三年八月肆州隕霜大饑四年春詔所在開倉振恤北史東魏帝紀

北齊河清三年周師及突厥至并州帝親御戎軍容甚整突厥咎周人曰爾言齊亂故來伐之今齊人眼中亦有鐵何可

當也乃還至陘嶺凍滑鋪氈以度胡馬寒瘦膝以下皆無毛比至長城死且盡乃截矟杖之以歸。北史趙郡王高琛傳。白建傳河清三年突厥入境代忻二牧悉是細馬合數萬匹在五臺北柏谷中避賊賊退勑建送馬定州付人養飼。突厥傳周武帝初詔隋公楊忠率衆一萬與突厥伐齊忠軍度陘嶺俟斤率騎十萬來會明年正月攻晉陽不克　楊忠傳保定三年忠出武川饗將士席卷二十餘鎮齊人守陘嶺之隘忠縱奇兵奮擊大破之留楊纂屯靈丘突厥以十萬騎來會

武平末并肆諸州多狼而食人五行志

後周大象元年自九原城移肆州於雁門郡元和郡縣志

詔大司徒于栗翼巡長城立亭障西自雁門東至碣石創新改舊咸得其要北史于栗翼傳

隋開皇五年改肆州爲代州元和郡縣志

十八年改廣武縣爲雁門縣同上

仁壽元年突厥達頭可汗犯塞代州總管韓洪拒之遇虜於恆安衆寡不敵洪四面搏戰身被重創將士沮氣虜悉衆圍之矢下如雨洪僞與虜和圍少解率所領潰圍而出死者大半殺虜亦倍洪坐除名隋書韓洪傳

四年六月庚申長人見於雁門隋書高祖本紀

雁門朱谷村有婦人生一肉卵大如斗埋之數日後埋處雲霧晝合從地雷震而上視之洞穴失卵所在五行志

代州總管府內井中甃上生花如蓮并有龍見時變爲鐵馬甲士彎弓上射之象又有神人長數丈見於城下其迹長四

尺五寸（李景傳）

八月漢王諒反代州總管李景爲諒將喬鍾葵所圍詔朔州總管楊義臣救之與景合擊大破之（楊義臣傳）

大業元年雁門人方回安每年百歲額上生角長二寸（五行志）

雁門百姓間犬多去其主羣聚於野形頓變如狼而噉噬行人數年乃止（同上）

四年燕代緣邊諸郡旱時發卒百餘萬築長城帝親巡塞表百姓失業道殣相望（同上）又十三年天下大旱時郡縣鄉邑悉遣築城男女無少長皆就役

六年六月壬辰雁門賊帥尉文通聚衆三千保於莫壁谷遣鷹揚楊伯泉擊破之（煬帝紀）

十一年八月乙丑巡北塞戊辰突厥始畢可汗率騎數萬謀襲乘輿義成公主遣使告變壬申車駕馳幸雁門癸酉突厥圍城官軍頻戰不利上大懼欲率精騎潰圍而出民部尚書樊子蓋固諫乃止齊王暕以後軍保於崞縣甲申詔天下諸郡募兵於是守令各來赴難九月甲辰突厥解圍而去丁未曲赦雁門郡死罪以下隋書煬帝本紀

十二年正月雁門人翟松柏起兵於靈丘衆至數萬轉攻旁縣同上

十三年劉武周反雁門郡丞陳孝意與虎賁郎王智辯討之戰於下館城敗績俄而武周來攻孤城無援糧盡孝意爲校

尉張倫所殺以城歸武周隋書陳孝意傳

唐武德二年突厥始畢自將渡河以五百騎入句注將侵太原會病死唐書突厥傳

四月劉武周入雁門通鑑

四年二月丁巳赦代州總管府石嶺之北唐書高祖本紀

突厥頡利率萬騎與苑君璋合寇雁門定襄王李大恩擊卻之突厥傳苑君璋傳劉武周死突厥以君璋為大行臺統武周部曲與舊將高滿政夜襲代州不克高祖遣使賜鐵券約不死君璋拒命進寇代州刺史王孝德拒卻之案孝德與大恩同一事而姓名參錯未審孰是又案本紀武德四年八月突厥寇代州執行軍總管王孝基孝基乃唐宗室永安王也紀脫永安字且據孝基傳事在武德二年呂崇茂據夏縣時非執於突厥也本紀繫之四年又以為在代州誤

五年四月壬申代州總管李大恩及突厥戰死之高祖本紀大恩及頡利進擊忻州未得志乃率十五萬騎入鴈門圍并州突厥傳明年秦王屯并州備虜久乃罷俄又破代地

突厥入寇詔并州總管劉世讓以兵屯鴈門唐書列傳劉世讓字元欽京兆醴泉人武德初從永安王孝基討呂崇茂於夏縣軍敗爲所囚聞獨孤懷恩有逆謀逃還白發之高祖方濟河幸懷恩營驚曰世讓之來天也因封爲宏農郡公母喪起爲檢校并州總管竇建德之援王世充也世讓帥萬騎出黃沙嶺襲洺州會突厥入寇又詔以兵屯鴈門世讓馳騎八百赴之而可汗軍大至乃保武州高開道苑君璋合眾攻之城數壞輒立柵完拒鄭元璹先使可汗可汗使來說世讓叱曰大丈夫奈何爲夷狄作說客耶久之虜引去元璹還具道其忠賜良馬金帶召授廣州總管帝問以備邊策答曰突厥數南寇者恃有馬邑爲地耳如使勇將屯崞城厚儲金帛以招降者數出奇兵略城下踐禾稼不踰歲馬邑可圖也帝曰非公無可任者乃使馳驛經略於是世讓至馬邑高滿政以地來降突厥患

之縱反間云世讓與可汗爲亂帝不之察因誅之籍其家貞觀初突厥降者言世讓無逆謀乃厚其妻子

八年頡利與代州都督藺謩戰新城謩敗績攻廣武爲任城王道宗所破突厥傳

長安二年七月甲午突厥寇代州本紀

天寶十四載安祿山反詔朔方節度使郭子儀率本軍東討子儀遂收雲中馬邑開東陘引軍下井陘唐書郭子儀傳

大歷十三年回紇襲振武攻東陘入寇太原代州都督張光晟與戰羊虎谷破之虜乃去唐書回鶻傳

太和四年七月太原饑八月柳公綽奏雲代蔚三州山谷間石化爲麪人取食之唐書五行志

會昌二年詔河東節度使劉沔招撫回鶻進屯雁門關虜寇雲州沔擊之斬七裨將敗其衆軍還次代州歸義軍降虜三千使隸食諸道不受詔據滹沱河叛沔悉擒誅之唐書劉沔傳

案唐以前史所云雁門皆指郡縣而言其關則謂之句注陘嶺陘口西陘以雁門爲關名僅魏書禮志及劉沔傳再見而已自北宋與遼於此畫界元並裁倚郭之縣而關名獨著今人遂不知大朔甯三郡於古皆爲雁門地矣

乾符六年詔昭義節度李鈞爲北面招討使督潞州太原兵屯代州李克用分兵抵遮虜城拒鈞天大雪士瘃仆鈞衆潰還代州軍遂亂鈞死於兵唐書沙陀傳　案五代史唐本紀克用破遮虜軍在乾符五年

廣明元年以李琢為蔚朔招討都統率兵數萬屯代州克用使傅文達調蔚朔兵朔州刺史高文集縛以送琢琢進攻蔚州李國昌敗與克用舉宗奔達靼上同

中和元年陳景思齎詔入達靼召李克用通鑑考異平巢事蹟考李友金入援募兵得萬人皆北方雜虜屯於崞西友金誠監軍陳景思曰吾兄司徒父子勇略過人為眾所服請奏天子赦其罪召以為帥則代北之人一麾響應賊不足平也景思乃遣使言之詔如所請拜克用代州刺史忻代兵馬留後促本軍討賊克用募達靼萬人趨代州將南道太原節度使鄭從讜塞石嶺關不得前克用傀道至太原營城下邀糧貲從讜不答乃大略還屯代州傳沙陀

二年李國昌自達靼率兵歸代州帝詔克用還朔州於是義

武節度王處存河中節度王重榮傳詔招克用討巢克用喜即大閱雁門得忻代蔚朔達靼眾三萬騎五千而南於是國昌守代州帝聞擢克用雁門節度忻代觀察使明年收京師功第一進平章事領河東節度以國昌爲代北節度使同上方鎮表中和二年以忻代二州隸雁門節度更大同節度爲雁門節度使徙治代州三年賜雁門節度爲代北節度使

天祐五年正月辛卯晉王克用卒子存勖立葬克用於雁門五代史唐本紀　金李汾遶祖雁門武皇死心唐室正諸侯鐵馬南來隘九州當日三垂岡上意諸孫空抱腐儒羞史公奕李雁門天下三分二屬梁區區獨木欲支唐錦囊三矢傳遺恨不教朱三著赭黃　明田中穎李晉王雁門僕射萬人雄年少提戈奏戰功殉國猶延三主祀精忠不帝一方中鳳飛金穴空餘井龍起沙陀舊有弓縱使後唐非李氏已酬宿憤對蒼穹

十年晉軍攻燕破之十一年殺燕王劉守光於太原晉王命李存霸執守光父仁恭至雁門刺其心血以祭先王墓然後斬之五代史唐本紀劉守光傳

後唐清泰三年八月契丹主自將援石敬瑭九月丁酉入雁門遼史太宗紀　案是年十一月晉改元天福

晉開運元年正月契丹入雁門寇代州五代史晉本紀遼史太宗紀　案會同七年正月丙子安端入雁門圍忻代

九月丙子代州刺史白文珂及契丹戰於七里烽敗之同上

三年契丹寇澶州別遣偉王攻雁門北平王劉知遠敗之於秀容五代史漢本紀

漢天福十二年武節都指揮使史宏肇取代州殺其刺史王暉同上。案漢承用晉高祖年號以開運四年爲天福十二年

周顯德元年五月丙子代州守將鄭處謙叛於漢來附丁丑置靜塞軍於代州以處謙爲節度使丁酉遼南院大王撻烈援漢敗符彥卿於忻口復所陷城邑五代史遼史

宋開寶八年九月辛巳命忻代行營都監郭進遷山後諸州民宋史太祖紀鐵圍山叢談太祖親征劉繼筠班師之際盡徙忻代之民於內地六百里一無人煙蓋使北大軍來則無餉單師至必敗其後太宗繼伐因一舉而破

太平興國四年五月漢雁門節度使劉繼文奔遼六月漢亡遼封繼文爲彭城郡王遼史景宗紀

五年三月宣徽南院使潘美敗契丹之師於雁門殺其駙馬蕭咄李獲都指揮使李重誨。宋史太宗本紀。

七年正月三交行營言潘美敗遼師於雁門破其壘三十六同上。宋史列傳。潘美字仲詢。大名人。太平興國四年。為北路都招討。判太原行府事。部分諸將進討。并州遂平。命兼三交都部署。留屯以扞北邊。嘗巡部至代州。旣秣馬蓐食。俄而遼兵萬騎寇近塞。美誓衆銜枚奮擊。大破之。封代國公。雍熙三年。詔美及曹彬崔彥進等北伐。美獨拔寰朔雲應等州。詔內徙其民。會楊業敗於陳家谷。坐削秩三等。明年復檢校太師。尋判并州。加同平章事。卒贈中書令。諡武惠。配饗太宗廟庭。後追封鄭王。

雁門縣民劉習妻產四男五行志。

雍熙三年二月以忠武節度使潘美爲雲應路行營都部署雲州觀察使楊業副之出雁門三月潘美自西陘入與契丹

兵還追至寰州破之遼刺史趙彥辛以城降進圍朔州應州並降之四月辛丑克雲州五月曹彬之師大敗於岐溝關召歸闕命潘美還代州徙雲應寰朔吏民分置河東京西會契丹復陷寰州楊業護送遷民遇之苦戰力盡爲所擒守節而死宋史太宗本紀楊業傳契丹衆十餘萬復陷寰州業謂美曰今遼兵益盛不可與戰朝廷止令取數州之民但領兵出大石路先遣人密告雲朔州守將俟大軍離代州日令雲州之衆先出我師次應州契丹必來拒即令朔州民出城直入石碣谷遣強弩千人列於谷口以騎士援於中路則三州之民保萬全矣王侁沮其議曰領數萬精兵而畏懦如此但趨雁門北川中鼓行而往劉文裕亦贊之業曰不可此必敗之勢也侁曰君侯素號無敵今見敵逗撓不戰得非有他志乎業曰業非避死蓋時有未利徒令殺傷士卒而功不立今君責業以不死當爲諸公先將行指陳家谷口曰諸君於此張步兵強弩爲左右翼以援俟業轉戰至此即以步兵夾擊之不然無遺類矣美即與侁領麾下兵陣於谷口自寅至

已侁使人登託邏臺望之以爲契丹敗走欲爭其功即領兵離谷口美不能制乃緣交河西南行二十里聞業敗即麾兵御走業力戰至暮果至谷口望見無人即拊膺大慟率帳下士力戰馬重傷不能進遂爲契丹所擒不食死子延玉亦歿焉

七月丁亥以簽署樞密院事張齊賢爲給事中知代州十二月代州副都部署盧漢贇敗契丹於土鐙堡斬獲甚衆殺監軍舍利二人同上　案齊賢既敗遼師奏捷歸功於漢贇詳宦績記

端拱三年九月知代州李允正獻嘉禾穟一匣宋史五行志

至道二年口月代州風雹傷田稼同上

景德四年減并代兵屯河東以省饋運宋史眞宗本紀

大中祥符二年三月代州地震五行志

景祐四年十二月甲申忻代并三州地震壞廬舍壓覆吏民代州死者七百五十九人遣使撫存其民賜死傷之家錢有差同上

寶元元年正月庚申并忻代三州地震詔轉運使提舉刑獄按所部官吏除壓死民家去年秋糧宋史仁宗本紀蘇紳傳爲開封推官時并代地震方春而雷詔求直言紳上疏極言時事程戡傳寶元初忻代地震壞城郭廬舍死傷甚衆命戡安撫頗以便宜從事

慶歷六年七月丁亥河東大雨壞忻代等州城壁五行志

至和二年韓琦知并州契丹侵耕陽武砦地琦鑿塹立石以限之始潘美鎮河東令民悉內徙而空塞下不耕於是忻代

甯化大山之北多廢壤琦以爲此良田今棄不耕適足以資敵遂請距北界十里爲禁地其南則募弓箭手居之墾田至九千六百頃宋史韓琦傳

治平二年唐介知太原府夏人數擾代州邊多築堡境上介悉遣兵撤移諭以利害遂不敢動宋史唐介傳

熙甯七年遼以兵二十萬壓代州境請代地宋史許將傳

四月遼遣樞密副使蕭素來議疆界於代州境上十月壬申詔韓琦富弼文彥博曾公亮條代北事宜以聞宋史神宗本紀

八年七月命韓縝如河東割地與契丹以黃嵬山分水嶺立新疆東西失地七百里本紀　劉庠傳　長編熙甯七年沿邊增修戍壘起鋪舍雁門以北稍侵

入蔚應朔三州界遼遣使來言疆事詔太常少卿劉忱境上會議八年春遼使蕭禧來會於大黃平議不能決初遼指蔚應朔分水嶺土壠爲界及行視無土壠乃曰但以分水嶺爲界凡山皆有分水無可指據遼復遣蕭禧來致圖書詔知開封府韓縝代忱復遣知制誥沈括先報聘括詣樞密院閱故牘得頃歲所議疆事書指古長城爲界去今所爭黃嵬山三十餘里言之帝喜曰大臣殊不究本末幾誤國事括至遼遼相楊益戒來就議括得地訟之籍數十以應之遼知不可奪遂舍黃嵬而以天池請括還王安石進曰將欲取之必固與之於是詔縝割地界遼東西失地凡七百里其後遼包取兩不耕地下臨雁門遂起用兵之釁時提點河東刑獄蔡廉上言不可失要險起寇心不聽

詔忻代州諸砦以禁軍代廂軍兵志

元豐四年代州禾合穟五行志

元祐二年二月辛亥代州地震同上

三年代州禾合穟同上

建中靖國元年十一月辛亥代石嵐等州地震彌旬晝夜不止壞城壁屋宇人畜多死同上

宣和七年十二月戊申金宗翰陷代州沿邊安撫副使史抗力戰死金史太宗紀宋史忠義傳

金天會四年賊楊麻胡等聚衆數千於五臺代州鎮將郭企忠與同知州事迪里討平之金史郭企忠傳

六年置震武軍節度使金史地理志

大定十八年代州立監鑄鐵命震武軍節度使李天吉知保德軍事高季孫往監之以所鑄錢斑駁黑澁不可用詔削天吉季孫等官兩階解職仍杖季孫八十更命工部郎中張大

節吏部員外郎麻珪監鑄其錢文曰大定通寶金史食貨志

二十年名代州監曰阜通設監一員正五品以州節度兼領副監一員正六品以州同知兼領丞一員正七品以觀察判官兼領設句當官二員從八品給銀牌命副監及丞更馳驛經理同上

二十二年十月以參知政事粘割斡特剌提控代州阜通監召見諭之曰朕自任卿以來悉卿材幹故擢爲執政卿亦體朕待遇之意能勉盡所職凡謀議奏對多副朕心莫倚上有宰相而自嫌外蓋舊人年老新人未苦經練是以委責於卿但有所見悉心以言勿恃嫌以爲不知也金史粘割斡特剌傳

二十九年十二月雁門五臺民劉完等訴自鑄錢以來有銅鑛之地雖曰官運其顧直不足則令民共償乞與本州司縣均爲差配遂命甄官署丞丁用楫往審其利病還言所運銅鑛民以物力科差濟之非所願也其顧直既低又有刻剝之弊而相視苗脈工匠妄指人之垣屋及寺觀謂當開採因以取賄又隨冶夫匠日辦淨銅四兩多不及數復銷銅器及舊錢送官以足之今阜通利用兩監（利用監在曲陽二十七年立）歲鑄錢十四萬餘貫而歲所費乃至八十萬貫病民而多費未見其利便也宰臣以聞遂罷代州曲陽二監（金史食貨志）

大安三年十一月元兵拔忻代（金史衛紹王紀　元史抄思傳太祖時從征伐破代石二

州不避矢石每先登爲雁門之戰屢捷

貞祐二年僑置西面經略司於代州金史地理志

提控太和嶺諸隘副統李鵬飛誣殺彰國軍節度使牙改詔

震武軍節度使完顏伯嘉治之金史完顏伯嘉傳

四年河東行省胥鼎奏完顏伯嘉屢言同西京留守兼臺州

刺史完顏琢可倚以復山西朝廷遷官賜姓令屯代北扼太

和嶺今聞諸隘悉無琢兵蓋琢挾太原之衆保五臺剽掠耳

如尚以伯嘉之言爲可信乞遣琢出太原或徙之内地分處

其衆以備不測之變宰臣奏已遣官體究且令太原元帥府

烏古論德升召琢使之矣當以此意報鼎無何德升奏琢兵

數萬分屯代州諸隘拒戰甚力其衆烏合非琢不可制胥鼎
復奏宣差提控古里甲石倫言琢招降人謀復山西盤桓於
忻代定襄間恣爲侵擾無復行意發掘民粟戕殺無辜雖曰
不煩官廩博易爲名實則攘劫欺國害民無如琢者宰臣奏
所遣官自忻代來云不見劫掠之迹惟如德升言便從之同上
九月壬辰元兵攻代州經略使奧屯醜和尚戰沒十二月壬
申元兵進自代州神仙橫城及平定承天鎮諸隘攻太原府
金史宣宗紀
興定元年二月己未元兵徇忻代同上
二年八月元木華黎帥步騎數萬自太和嶺徇河東乙卯元

兵收代州同上元史穆呼里傳辛巳復由雲中歷太和塞入葭州案辛巳爲金興定五年

十月甲子詔河東北路忻代諸州並受嵐州帥府節制同上

元中統二年詔太原路萬戶鄭鼎統征西等軍戍雁門關隘

元史列傳鄭鼎澤州陽城人幼孤能自立讀書曉大義既長勇力過人初爲潞澤遼沁千戶屢立戰功中統元年遷平陽太原兩路萬戶詔率征西等軍戍雁門關隘遷河東南北兩路宣撫使後鎮鄂州戰於樊口舟覆溺死贈尚書右丞謚忠毅追封鄭國公

四年併雁門縣入代州地理志

至元三年七月己未以崞代堅臺四州隸忻州世祖本紀

十八年四月甲午自太和嶺至別十八里置新驛三十同上

大德五年興屯田於太和嶺之間分山陰雁門馬邑鄯陽洪

濟金城甯武七屯元史食貨志

九年四月甲辰樞密院臣言太和嶺屯田舊置屯儲總管府專督其程人給地五十畝歲輸糧三十石或他役不及耕作者悉如數征之人致重困乞令軍官統治以宣慰司玉龍失不花總其事視軍民所收多寡以爲賞罰從之成宗本紀

至治二年五月大同路雁門屯田旱損麥英宗本紀經世大典中田侍衛屯大同之平地朔州之馬邑一千人二千頃樞密院所轄又腹裏所轄有大同屯儲府大同山陰縣九千九百人田五千頃

致和元年八月丙申以西安王令遣隆鎮衛指揮使斡都蠻將兵屯太和嶺泰定帝紀　時帝崩西安王阿剌特納失里迎文宗於江陵防上都諸王也

天歷元年九月是月改元丁亥令冀甯所轄代州之雁門關崞州

之陽武關皆穿塹壘石爲固調丁壯守之文宗本紀

後至元元年十二月加封滹沱河神爲昭佑靈源侯順帝本紀

至正十八年二月田豐掠雁門同上孛羅帖木兒傳賊分道踰太行焚上黨掠晉冀陷雲中雁門代郡烽火數千里

十九年二月孛羅帖木兒過代州收山東潰將孟本周諸軍

明年七月敗田豐僞將張士誠於臺州孛羅帖木兒傳本紀二十年七月辛酉孛羅帖木兒敗張士誠於臺州詔總領達達漢兒軍馬各總兵官仍便宜行事八月戊子命守石嶺關以北

明洪武元年擴廓帖木兒引兵出雁門將由居庸以攻北平徐達常遇春乘虛擣太原擴廓至保安還救達選精兵夜襲其營擴廓以十八騎遁去盡降其衆明史徐達傳擴廓帖木兒傳

二年詔山西都尉於雁門關太和嶺并武朔諸山谷間凡七十三隘俱設戍兵明史兵志

偏將軍李文忠出雁門次馬邑敗元游兵擒平章劉帖木李文忠傳

四年延安侯唐勝宗吉安侯陸仲亨並以指揮使捕代縣反者明史列傳時代州於二年改縣

五年置振武衛兵志

六年潁川侯傅友德出雁門爲前鋒獲元平章鄧孛羅帖木兒傅友德傳

建文二年燕山右護衛百戶王眞下廣昌循雁門王眞傳

正統十四年也先入寇留代州五日通志

景泰元年五月乙巳瓦剌掠河曲代州遂南犯詔劉安督涿易諸軍禦之戊申瓦剌寇雁門明史帝紀　通志景泰元年也先數萬騎攻雁門都指揮李端擊卻之復侵關南端力拒不得過尋由義井堡圍忻代諸州石亭等不能禦長驅抵太原城下山西大震命巡撫朱鑑移鎮雁門而別遣都督僉事王良鎮太原援兵漸集寇亦饜乃引去

刑部右侍郎江瀾督修雁門關通志

天順四年秋孛來大舉入寇大同右都督李文按兵不戰遂入雁門大掠忻代諸州京師震恐寇退徵文下詔獄論斬帝宥文死降都督僉事明史李英傳

八月都督顏彪馮宗屯雁門關通志

成化元年山西告警拜都督僉事趙勝爲將軍次鴈門寇已退乃還明史孫鏜傳　通志是年火篩至偏關之楊勉堡

二年十月大雪人相食周志

六年六月大雨五日水漲高數丈同上

十三年正月甲子代州無雲而雷明史五行志

十九年火篩自馬峪口入大同西路參將劉甯戰於牛心山敵遂退周志參明史劉甯傳　案通志載成化八年九月火篩自馬峪口入周志係之十九年吳志謂明史成化中無火篩寇代州事而又以明人記時事傳聞或不失實仍從周志今考馬峪口卽馬蘭口寰宇記覆宿山一名牛心山並在州東北蓋敵甫入口卽爲劉甯所敗未嘗南犯也明史紀傳互見周志爲有徵矣特語焉不詳遂滋後人之疑耳

二十年五月甲寅代州地七震明史五行志　周志是年春夏不雨人食草木

二十三年設雁平道駐代州周志明史職官志誤雁平爲雁北。

正德八年黑眚見家擊銅器以防五晝夜乃止。周志

十三年十二月十九日日暈三環同上

十四年大有年同上

十六年黑風蔽日晝晦同上

舊志所載正德中兵事皆甯武朔州地不備書

嘉靖六年春旱夏無麥苗七年又旱周志

是年春大疫秋南北山多虎豹噬樵採者冬十月十二日流星隕光燭地有聲墜而復起入斗口至日出方滅同上

九年春夏大疫同上

十九年都御史劉臬疏請城雁門隘塞三百里通志

二十年俺答由代州至太原通志　明史本紀八月俺答阿不孩吉囊分道入寇總兵官趙卿副都御史翟鵬理軍務禦之辛亥俺答犯山西入石州十月癸丑振山西被寇者復徭役

二十一年六月辛卯俺答寇朔州壬寅入雁門關丁未犯太原八月壬午振山西被兵州縣免田租明史世宗本紀外國達靼傳吉囊掠朔州抵廣武由太原南下汾沁皆殘破復從忻崞代而北參將周世忠力戰見殺遂從雁門故道去

詔宣大總督翟鵬節制三關通志　明史翟鵬傳鵬總督宣大疏請自平刑西至偏關畫地分守增游兵三支分駐雁門甯武偏頭三關寇攻牆戍兵拒游兵出關夾攻此守中有戰也

二十二年俺答入代州至太原通志

二十五年宣大總督翁萬達大修雁門長城自老營堡丫角

山至平刑關東鑿塹添墩八百餘里明史翁萬達傳

三十一年九月乙酉俺答犯山西三關明史本紀

三十二年九月丙午俺答犯廣武巡撫都御史趙時春敗績總兵官李淶參將馬恩等力戰死同上通志趙時春率親兵禦之戰於東十里鋪總兵李淶乘勝入敵伏中與其子松死之遂侵忻崞歸又以兵入邀之案明史達靼傳云俺答駐鄜延二十日久雨乃去未幾復以萬騎入大同縱掠至八角堡巡撫趙時春禦之遇敵於大蟲嶺總兵李淶戰死軍覆時春僅以身免云云與通志戰於代州東十里鋪不合

三十四年冬地大震周志

三十八年春大旱夏大水上曲村地拆丈餘泉出如湧上有五色雲煙同上

三十九年五月壬午振山西三關饑明史本紀

九月己巳俺答犯朔州廣武同上

四十年入代州破西郭焚之代嬰城自守周志武舉王光先戰死

是年大旱斗米銀二錢五分餓死者枕藉道左同上

四十一年寇入代州平城堡同上

隆慶元年九月俺答破石州遊騎入忻崞代州戒嚴同上

三年六月大雨雹大風拔木同上

萬歷四年旱同上

九年春夏大疫同上

十二年有年同上

三十三年巡撫李景重築雁門關邊牆縣亙十五里通志

國朝天聰八年明崇禎七年七月

大兵至廣武明史曹變蛟傳七月北援遇大兵廣武有戰功

九年八月

大兵由朔州毀甯武關入略代忻崞聖武記　明史吳甡傳秋大兵平察哈爾旋師略朔州直抵忻代守將屢敗總督楊嗣昌遣副將自代州往偵亦敗走

崇德七年明崇禎十五年十月

大兵右翼自雁門關黃崖口入聖武記

順治元年九月

大兵克太原賊將陳永福遁山西略定聖武記　通志是年二月闖賊至忻州官民

迎降遂攻代州總兵周遇吉出奇奮擊連戰十餘日殺賊萬餘賊合諸路賊進攻遇吉兵少食盡退守甯武關

五年十二月大同叛將姜瓖使其黨陷忻州劉遷略雁門關陷繁峙進圍代州以應之聖武記參吳志案賊惟陷繁峙記謂代州五臺悉爲所陷誤

六年正月敬謹郡王尼堪敗賊石嶺關遣師援代州劉遷伏誅賊平聖武記參吳志

康熙三年地震通志

六年七月裁雁平兵備道十年四月復設吳志

十八年大旱同上

十九年饑春夏大疫同上以下並見吳志不備注

二十二年十月初五日地大震壞廬舍人民壓死者衆

二十九年饑
四十八年秋大雨雹傷禾稼
雍正二年升代州爲直隸州
四年裁振武衛入州
乾隆十年旱
二十四年三月大風晝晦五月地震是年旱饑斗米銀八錢
二十六年有年
三十九年九月日暈三環
四十一年秋峪口河溢沙窊村田廬多塌没知州施敬勝捐
振災民每口給米二斗

四十二年大雨六日水漲數尺

四十三年七月二十七日隕霜八月朔雨雪

五十年六月大雨五日山水暴發坍沒民田奉

旨分別振恤豁免地丁銀米州冊

五十一年饑知州王秉韜設粥廠濟貧民並勸士紳出粟助

振採訪冊州民祁丕昭出粟三十餘石振饑

嘉慶十七年秋旱無禾採訪冊

二十五年七月大雨傷稼採訪冊

道光十二年七月旱蝗採訪冊州人柳森趙光祖閻象恆楊萬魁劉錫齡張恆並捐錢粟振饑

二十六年六月十九日地震七月二十一日雨雹採訪冊

咸豐八年七月疫採訪冊

同治元年七月疫採訪冊

六年六月大雨羊頭河暴張壞民廬舍採訪冊

光緒三年關北諸村秋旱傷稼奉

旨分別振恤豁免地丁錢糧是歲省南大饑州人輸銀八千五百六十五兩助振州冊劉永吉銀一千八百兩賈作楨弟作楫作舟銀一千二百五十兩周琮銀一千兩劉清和堂銀六百兩劉廷聘銀五百兩當行銀六百兩王宓銀二百六十兩王仁義堂銀二百兩柳蓮銀一百六十兩劉廷相銀一百三十兩劉創裕謝安安生財銀各一百兩劉致祥王清瑞閻如陵張履亨王承祐李敦崇堂王紅喜劉佐馬三重張文明張會文張大文董桂芳董桂華張福王仁善堂趙撝謙喬喆郝菖張存智馬德潤王佩高懷忍堂柳恭孔繼周張天元郎攀龍郎映辰趙三祝姚儒珻劉慶德梁廷龍侯鐸溫汝直賈掄元賈懷德各銀數十兩不等

四年六月大雨雹七月水峪河暴漲壞民廬舍奉

旨普免本年地丁錢糧州冊

記四

雜記

度遼將軍皇甫規解官歸安定鄉人有以貨得雁門太守者亦去職還家書刺謁規規臥不迎既入而問卿在郡食雁美乎有頃又白王符在門規素聞符名乃驚遽而起衣不及帶屣履出迎援符手而還與同坐極歡時人爲之語曰徒見二千石不如一縫掖後漢書王符傳

後魏太祖天興四年春新興太守上言晉昌民賈相昔年二十二爲雁門郡吏入句注西陘見一老父謂相曰自今以後四十二年當有聖人出於北方時當大樂子孫永長吾不及

見之言終而過相顧視之老父化爲石人相今七十下檢石人見存至帝破慕容寶之歲四十二年魏書靈徵志

元悅陳留王虔子也爲左將軍襲封姚興之贖狄伯支悅送之路由雁門悅因背誘姦豪以取其意後遇事譴逃亡投雁門規收豪傑欲爲不軌爲土人執送帝恕而不罪明元即位引悅入侍仍懷姦計說帝云京師雜人不可保信宜誅其非類者又云雁門人多詐幷可誅之欲以雪其私忿帝不從悅自疑懼謀逆賜死魏書陳留王虔傳

茹皓吳人也魏宣武踐阼直禁中被寵接授左中郎將皓既宦達自云本出雁門雁門人諂附者乃因薦皓於司徒請爲

肆州大中正詔特依許。北史恩幸傳

曇鸞大師雁門人年十四出家內外經籍及四論佛性彌極窮研讀大乘經詞義深密因爲注解成疾周行醫療行至汾州城東門忽見天門洞開由是疾愈欲繼前作顧而言曰命危脆不常江南陶隱居者方術所歸遂往從之既達梁朝屆隱居所接對欣然授以仙方十卷還至江有鮑郎子神者一鼓湧浪七日師以情祈告帖然安靜達魏辭往名山依方修法後至潞州逢三藏菩提留支師請曰佛法中頗有長生不死法勝此土仙經者乎支卽以觀經授之曰修此當解脫生死也師卽受行調心鍊氣對病結緣流靡宏廣魏主重之號

爲神鸞勅令往幷州大寺晚移住石壁元中寺魏興和年卒
卒之日天樂西來異香滿室因出調氣論又撰禮淨土十二
偈續龍樹偈安樂集兩卷廣流於世仍自號爲有魏元簡大
士云續高僧傳

梁簡文之生誌公謂武帝此子與寃家同年生其年侯景生
於鴈門亂梁誅蕭氏略盡朝野僉載梁書侯景傳景懷朔鎭人或曰鴈門人天監中沙門釋寶誌曰掘尾狗子自發狂當死未死嚙人傷須臾之間自滅亡起自汝陰死三湘又曰山家小兒果攘臂太極殿前作虎視狗子景小字山家小兒猴狀景覆陷都邑毒害皇家起自懸瓠卽昔之汝南巴陵有地名三湘景奔敗處其言皆驗

梁武帝殺南齊主東昏侯以取其位誅殺甚衆東昏侯死之
日侯景生焉後亂梁破建業武帝禁而餓終簡文幽而壓死

誅梁子弟略無孑遺時人謂景是東昏侯之後身也同上

北齊初并州阿秃師者亦不知鄉土姓名所出爾朱未滅之前已在晉陽遊諸郡邑不居寺舍出入民間語譎必有徵驗每行市里人衆圍繞之因大呼以手指胷曰憐你百姓無所知不識并州阿秃師人遂以此名焉齊神武遷鄴之後以晉陽兵馬之地王業所基常鎮守并州時來鄴下所有軍國大事未出帷幄者秃師先於人衆間泄露末年執置城内遣人防守不聽輒出若其逸越罪及門司當日并州三門各有一秃師還出徧執不能禁未幾有人從北州來云秃師四月八日於雁門郡市捨命郭下大家以香花送之埋於城外并州

人怪笑此語謂之曰禿師四月八日從汾橋過東出一脚有鞋一脚徒跣但不知入何巷坊人皆見之何云雁門死也此人復往北州報語鄉邑衆共開冢看之唯有一隻鞋耳（廣古今五行記）

解脫和尙代郡邢氏子丱歲於臺山昭果寺披剃從抱腹山志昭禪師參學昭甚器之尋反昭果晝誦大乘夜則禪觀嘗於東臺麓見草衣比丘跏趺石上卽前叩首比丘指金蓮花解脫顧之卽失比丘久之復現半身語曰夫解脫者當求諸己而由人乎於是狂機頓歇深契大法普度垂五十餘年後莫知所終（清涼山志）

唐法空隋末任雁門鷹擊郎將以隋室荒亂棄冠劍妻子獨詣清涼構茅深谷嘗誦華嚴惟心作佛之偈致力參究時寇盜交起府司追還繫禁乃正念趺坐不語不食者兩月守令驚愕因縱放之空至山隱三十餘載有異僧授般若奥旨將順世謂衆曰自被拘禁之後獲遇明師遂能爍破虛空今世緣已盡吾將往矣未幾而逝同上

唐業方者解脱和尚法孫貌古神奇嘗於中臺入定是日有人見在代州持鉢行乞太原信士數人送文殊像至山滹沱泛漲像不能渡師振錫前導水爲斷流衆人隨過水復湍激大歷元年於祕魔巖畔翹足而化州宰建塔瘞之一夕火光

燭天明旦視之塔內了無一物異香數日乃歇同上

宋宣和八年夏代牧趙康弼巡檢董梁同眞容院慈化大師等至那羅洞入窟行數步隘不能進旣出見異僧立於洞口趙戲曰我徧遊洞底而來師何不入僧曰我能入一微塵遊沙界況此恢恢者乎卽踴身而入衆候於洞口數日不出惟所攜笠子存焉因建塔藏之今東臺有笠子塔同上

薩埵崖在祕魔巖之西古有代州王氏女逃此食薇飲露父母逼之女飛昇而去同上

北臺有令公塔宋代州刺史楊業殉節其子延朗收遺骸建塔於此同上

驍騎將軍王某者代郡人隋開皇末年出鎮蒲州性好畋獵所殺無數育五男無女後生一女端美見者皆愛憐之既還鄉里女年七歲一旦忽失所在皆疑鄰里戲藏匿之訪問不見諸兄馳馬遠尋去家三十餘里得於荒野中冥然無所識口中惟作兔鳴足上得荆棘盈掬月餘不食而死父母悲痛甚以爲畋獵殺害之報也後合家持齋不復食肉大理寺丞蔡宣明會爲代州法曹親說之冥報記

卬和隋代州刺史煬帝北巡和饋獻精腆至朔州而刺史楊廓無所進帝不悅詔廓視和爲式後帝過博陵和爲太守上食加豐愈喜由是所過競爲珍侈以獻自和發也唐書卬和傳

唐代州西十餘里有大槐震雷所擊中裂數丈雷公夾於樹間吼如霆震時狄仁傑爲都督賓從往觀欲至其所衆皆披靡無敢進者仁傑單騎勁進迫而問之乃云樹有乖龍所由令我逐之落勢不堪爲樹所夾若相救者當厚報德仁傑命匠鋸破樹方得出其後吉凶必先報命太平廣記

婁師德弟拜代州刺史將行謂之曰吾以不才位居宰相汝今又得州牧叨遽過分人所嫉也將何以全先人髮膚弟長跪曰自今後雖有人唾某面上某亦不敢言但拭之而已以此自勉庶不爲兄憂師德曰此適爲我憂也夫人唾汝者發怒也汝今拭之是惡甚唾而拭是逆人怒也唾不拭將自乾

何如弟笑而受之國史異纂

代國公主適滎陽鄭萬鈞數年無子時有僧和和者如狂如愚衆號爲聖言事多中住大安寺修營殿閣和和常至公主家萬鈞請曰吾無嗣願得一子惟師降恩可得乎師曰遺我三千匹絹主當誕兩男萬鈞如言施之和和取絹付寺云修功德乃謂萬鈞曰主有娠矣吾令二天人下爲公主作兒又曰公主腹小能並娠二男乎吾當使同年而前後耳公主遂娠年初歲終各誕一子長曰潛曜少曰晦明皆美丈夫博通有識焉紀聞錄

開元中代州都督以五臺多客僧恐妖僞事起非有住持者

悉逐之客僧懼多權竄山谷有法朗者深入鴈門山幽澗之中有石洞容人出入朗多齎乾糧欲住此山遂尋洞入數百步漸闊至平地涉流水渡一岸日月甚明更行二里至草屋中有婦人並衣草葉容色端麗見僧懼愕問曰汝乃何人僧曰我人也婦人笑曰甯有人形骸如此僧曰我事佛佛須擯落形骸如爾因問佛是何者僧具言之相顧笑曰語甚有理復問宗旨如何僧爲講金剛經稱善數四僧因問此處是何世界婦人云我自秦人隨蒙恬築長城恬多使婦人我等不勝其弊逃竄至此初食草根得以不死此來亦不知年歲不復至人間遂留僧以草根哺之澁不可食僧住四十餘日暫

辭出求食及至代州備糧更去則迷不知其所矣廣異記

郭仲翔宰相元振弟之子睿宗時元振託仲翔於姚州都督李蒙蒙表爲判官時吳保安罷義安尉以仲翔里人也不介而見曰願因子得事李將軍可乎仲翔力薦之蒙表掌書記後蒙與蠻戰歿仲翔被執蠻之俘華人必厚責財乃肯贖聞仲翔貴冑也求千縑會元振物故保安留嶲州營贖仲翔苦無貲乃力居貨得縑七百妻子客遂州間關求保安所在困姚州不能進都督楊安居知狀異其故資以行求保安得之引與語曰子棄妻子急朋友之患至此乎吾請貸官貲助子之乏保安大喜卽委縑於蠻得仲翔以歸安居亦元振故吏

嘉保安之誼厚禮仲翔檄領近縣尉久乃調蔚州錄事參軍以優遷代州戶曹母喪服除喟然曰吾賴吳公生今親歿可行其志乃求保安於時保安以彭山丞客死其妻亦歿喪不克歸仲翔爲服縗絰囊其骨徒跣負之歸葬魏州廬墓二年乃去後爲嵐州長史迎保安子爲娶而讓以官唐書吳保安傳

雁門太守韋鯤杜陵人父固少孤思早娶婦多歧求婚不成貞觀二年將遊清河旅次宋城南店客有以前清河司馬潘昉女爲議者來且期於店西龍興寺門固以求之意切且往焉斜月尚明有老人倚巾囊坐於階上向月檢書覘之不識其字固問曰老父所尋者何書固少小苦學字書無不識者

西國梵字亦能讀之惟此書目所未覿如何老人笑曰此非世間之書君焉得見固曰然則何書也曰幽冥之書固曰幽冥之人何以到此曰君行自早非某不當來也凡幽吏皆主人生之事生人可不行其中乎今道途之行人鬼各半自不辨耳固曰然則君何主曰天下之婚牘耳固喜曰固少孤嘗願早娶以廣後嗣爾來十年多方求之竟不遂意今者人有期此與議潘司馬女可以成乎曰未也君之婦適三歲矣年十七當入君門因問囊中何物曰赤繩子耳以繫夫婦之足及其坐則雖讎敵之家貴賤懸隔天涯從宦吳楚異鄉終不可逭君之腳已繫於彼矣他求何益曰固妻安在其家何爲

曰此店北賣菜家陳嫗女耳固曰可見乎曰陳嘗抱之來賣菜於是能隨我行當示君及明所期不至老人卷書揭囊而行固逐之入米市有眇嫗抱三歲女來弊陋亦甚老人指曰此君之妻也固怒曰殺之可乎老人曰不可此人命當食大祿因子而食邑庸可殺乎老人遂隱固磨一小刀付其奴曰汝素幹事能爲我殺彼女賜汝萬錢奴曰諾明日褏刀入菜肆中於衆中刺之而走一市紛擾奔走獲免固問奴曰所刺中否曰初刺其心不幸才中眉間爾後求婚終不遂又十四年以父蔭參相州君刺史王泰俾攝司戸掾專鞫獄以爲能因妻以女年可十六七容色華麗固稱愜之極然其眉間常

貼一花鈿雖沐浴間處未嘗暫去歲餘固逼問之妻潸然曰妾郡守之猶子也非其女也疇昔父曾宰宋城終於官時妾在襁褓母兄次歿唯一莊在宋城南與乳母陳氏居店近鬻蔬以給朝夕陳氏憐小不忍暫棄三歲時抱行市中爲狂賊所刺刀痕尚在故以花子覆之七八年間叔從事盧龍遂得在左右以爲女嫁君耳固曰陳氏眇乎曰然何以知固曰所刺者固也乃曰奇也因盡言之相敬愈極後生鯤爲雁門太守封太原郡太夫人知陰隲之定不可變也幽怪錄

李賀以歌詩謁韓吏部時爲國子博士分司送客歸極困門人呈卷解帶旋讀之首篇雁門太守行曰黑雲壓城城欲摧

甲光向日金鱗開御授帶命邀之讀書偶見全詩角聲滿天秋色裏塞上臙脂夜凝紫半捲紅旗臨易水霜重鼓寒聲不起報君黃金臺上意提攜玉龍爲君死

晉陽東南二十里有臺駘廟在汾水旁元和中王諤鎮河東時有里民党國清者善建屋一夕夢黑衣至門謂國清曰臺駘神召汝隨之而去出都門二十里至廟廟門外有吏卒數十被甲執兵羅列左右國清恐悸不敢進使者曰子無懼已而入謁見有兵士百餘人傳導甚嚴既再拜臺駘神召國清升階曰吾廟宇墮漏風日飄損每天雨即吾之衣裾几席且霑溼爾爲吾塞其罅隙無使有風雨之苦國清曰謹受命於是摶塗登廟舍盡補其漏既畢神召黑衣者送國清還去廟

門西北而去東行十里忽聞傳呼之聲使者與國清俱匿於道左俄見百餘騎自北而南執兵設辟者數十有一人具冠冕紫衣金佩御白馬儀狀魁偉殿後者最眾使者曰磨笄山神也以明日會食於李氏之門今夕先謁吾君於廟耳國清與使者俱入城門忽覺目眥微慘以手搔之悸然而寤明日徃臺駘廟中見几中有屋壞泄雨之迹視其屋果有補葺之處及歸行未六七里聞道西村堡中有簫鼓聲因徃謁焉見設筵有巫者呼舞乃醮神也國清訊之曰此李氏之居也李存古嘗爲衙將徃年范司徒罪其慢法以有軍功故宥其死擯於雁門郡雁門有磨笄山神存古嘗禱其廟願得生還迺

者以赦獲歸存古謂磨笄山神所佑於是醮之果與國清夢同也河東記

有吳生者江南人嘗遊會稽娶一劉氏女爲妾後數年吳生宰縣於雁門郡與劉氏偕之官劉氏初以柔婉聞其後忽獷烈自恃不可禁往往有逆意者即發怒毆婢僕或齧其肌血且甚而怒不可解吳生始知劉氏悍戾心稍外之一日吳生與雁門部將數輩獵於野獲狐兔甚多致庖舍下明日吳生出劉氏即潛入庖舍取狐兔生啖之且盡吳生歸因詰狐兔所在而劉氏俛然不語吳生怒訊其婢婢曰劉氏食之盡矣生始疑劉氏爲他怪旬餘有縣吏以一鹿獻吳生命致於庭

已而吳生紿言將遠適旣出門卽匿身潛伺之見劉氏散髮袒肱目眥盡裂狀貌頓異立庭中左手執鹿右手拔其脾而食吳生大懼仆地不能起久之乃召吏卒十數輩持兵杖而入劉氏見吳生來盡去襦袖挺然立庭中乃一夜义耳目若電光齒如戟刃筋骨盤蹙身盡青色吏卒俱戰慄不敢近而夜义四顧若有所懼僅食頃忽東向而走其勢甚疾竟不知所在宣室志

有石憲者其籍編太原以商爲業常貨於代北長慶二年夏出雁門關行道中時暑方盛因偃大木下忽夢一僧蜂目被褐衲其狀奇異來憲前謂憲曰我廬於五臺山之南有窮林

積水出塵俗甚遠實羣僧清暑之地檀越幸偕我而遊乎即不能吾見檀越病熱且死得無悔於心耶憲以時暑方盛僧且以禍福語相動因謂僧曰願與師偕去於是其僧引憲西行且數里果有窮林積水見羣僧在水中憲怪而問之僧曰此元陰池故我徒浴其中且以蕩炎燠於是引憲環池行憲獨怪羣僧在水中又其狀貌無一異者已而天暮有一僧曰檀越可聽吾徒之梵音也羣僧即與水中合聲而譟僅食頃有一僧挈手曰檀越與吾偕浴於元陰池慎無畏憲即隨僧入池中忽覺一身盡冷噤而戰由是驚寤見己臥於大木下衣盡溼而寒慄且甚時已日暮即抵村舍中至明日病稍愈

因行於道聞蛙鳴甚類羣僧之梵音於是徑往尋之窮林積水有蛙甚多其水果謂元陰池者其僧乃羣蛙耳憲曰此蛙能易形以惑於人豈非怪尤者乎盡殺之同上

林景元者京兆人僑居雁門以騎射畋獵爲己任郡守悅其能因募爲衙門將嘗與其徒十數輩馳健馬執弓矢兵仗臂鷹牽犬俱騁於田野間得麋鹿狐兔甚多由是郡守縱其所往不使親吏事嘗一日畋於郡城之高岡忽起一兔榛莽中景元鞭馬逐之僅里餘兔匿一墓穴景元下馬即命二卒守穴旁自解鞍而憩忽聞墓中有語者曰吾命土也尅土者木日次於乙辰居卯二木俱王吾其死乎已而咨嗟者久之又

日有自東而來者我將不免景元聞其語且異之因視穴中見一翁衣素衣鬚白而長手執一軸書前有死烏鵲甚多景元卽問之其人驚曰果然禍我者且至矣卽詬罵景元默而計之曰此穴甚小而翁居其中豈非鬼乎不然是盜而匿此卽毀其穴翁遂化爲老狐帖然俯地景元因射之而斃視其所執之書點畫甚異似梵書而非梵字用素縑爲幅僅數十尺。景元焚之同上

代州民有一女其兄遠戍不在母與女獨居忽見菩薩乘雲而至謂母曰汝家甚善吾欲居之可速修理尋當來也村人競往處置適畢菩薩馭五色雲下其室村人供養甚衆仍敕

衆等不令有言恐四方信心往來不止村人以是相戒不說其事菩薩與女私通有娠經年其兄還菩薩云不欲見男子令母逐之兄不得至因傾財求道士久之有道士爲作法竊覷菩薩是一老狐乃持刀入斫殺之廣異記

代郡界中一亭作怪不可止有諸生壯勇者暮行欲止宿亭吏止之諸生曰我自能消此乃往宿食夜諸生前坐出一手吹五孔笛諸生笑謂鬼曰汝止有一手那得偏笛我爲汝吹來鬼云卿謂我少指耶乃復引手即有數十指出諸生知其可擊因拔劍砍之得老雄雞幽明錄

乾符六年李鈞節制上黨鎮兵部將排隊於州前通衢牽其

厲入衙展君臣之禮忽有暴風揚塵起自軍門而南蟠折行伍拔大旆十餘以登州人愕眙而顧沒於天際明日州北二十里大牛谷野人得旆以獻旆無完幅枝幹皆摺拉鈎由上黨統衆出雁門兵既不戢暴殘居民遂爲猛虎軍所殺矣三水小牘

後唐太祖在娠十三月而生載誕之夕母后甚危令族人市藥於雁門遇神人教以率部人被介持旄擊鉦鼓躍馬大譟環所居三周而止果如教而生是時虹光燭室白氣充庭井水暴溢及能言喜道軍旅年十二三善騎射嘗於新城北酹酒於毗沙門天王塑像請與交談天王被甲持矛隱隱出壁

問所居帳內時有火聚或有龍形人皆異之北夢瑣言

後唐明宗皇帝微時隨蕃將李存信巡邊宿於雁門逆旅逆旅媪方娠帝至不時具食腹中兒語謂母曰天子至速宜具食聲聞於外媪異之遽起親奉庖爨敬事尤謹帝以媪前倨後恭詰之曰公貴不可言也問其故具道娠子腹中語事帝曰老嫗遜言懼吾辱耳後果如言同上

安重誨仕契丹爲應州馬步軍都指揮使太平興國五年潘美出師禦寇重誨從其節度使蕭咄李迎戰於代州北嶺大敗美斬咄李擒重誨以獻太宗召見補鄧州馬步軍都指揮使宋史安重誨傳

米信太宗時以功擢保順軍節度使族屬多在塞外其兄子全自朔州奮身來歸召見俾乘傳詣代州伺間迎致其親屬發勁卒護送之旣而全宿留踰年邊境斥堠嚴竟不能致信慷慨歎曰吾聞忠孝不兩立方思以身殉國安能復顧親戚哉北望號慟戒子姪勿復言宋史列傳

張永德明天文術湻化初爲幷代都部署嘗與僚佐會食有報遼兵寇州境者永德用太白萬勝訣占之語坐客曰彼雖以年月便利乘金而來反值歲星對逆兵家大忌必敗未幾折御卿捷報至衆始歎伏宋史列傳

咸平中王嗣宗爲幷代都部署州境有臥龍王廟每窮冬合

境致祭值風雪寒甚老幼踣於道嗣宗亟毀之轉運使鄭文寶上其政績有詔褒美宋史列傳

韓守英開封祥符人初爲入內高品歷遷并代路兵馬鈐轄契丹圍苛嵐軍守英與鈐轄張志言知府州折惟昌帥所部渡河抵朔州以牽賊勢遂破狼水砦俘數百人獲牛馬鎧甲以數萬計賊爲解去賜錦袍金帶還鄜延路都鈐轄徙并代路建言本路宿兵多百姓困於飛輓今幸邊鄙無事請留騎軍千餘人悉徙內地眞宗曰邊臣能體朝廷恤民之意宜詔諸路視此行之後爲延福宮使入內都知復提舉諸司庫務卒宋史宦者傳

神仙劉海蟾以天聖九年遊歷名山所至並有留迹代州壽甯觀詩十韵云醉走白驢來倒提銅尾秉引筒碧眼奴擔著獨壺瘦自言秦世事家住葛洪井不讀黃庭經豈燒龍虎鼎獨立都市中不受俗人請欲擕霹靂琴去上芙蓉頂吳牛買十角谿田耕半頃種秫釀白醪便是仙家景醉臥古松陰閒立白雲嶺要去卽便去直入秋霞影仍自寫眞其旁撮襟書龜鶴齊壽四字題云廣甯閒民劉操書此詩宋白皐子西曾次韵子西於詩號爲專門極力追之曾不能彷彿仙材凡筆固自不同世俗所傳劉翁入道詩所謂予因太歲生燕地十六早登甲科第者吾知翁碧眼奴亦當羞道之矣今全眞家

推翁爲祖翁之姓名鄉里且不能知况其道乎元好問兩山行記

代州壽甯觀宋天聖中一楸樹老且枯矣海蟾子過州賣不死藥三日不售投藥此樹中明年枯枝再茂人目爲脫殼楸白皡子西題詩云一粒丹砂妙有神能教枯木再生春仙翁用意眞難曉只度枯楸不度人續夷堅志

闕道甯雁門人號休休子幼爲釋已而學道養眞於鳳凰山之來儀觀年八十尸解通志

劉妍代州娼得道尸解集仙傳

成覺代州張氏子幼依善住院和希大德受業希授僧統加號慈懿大師住清涼寺覺從諮決法要服勤三載希知其法

器勉令參方覺聞明教嵩和尚名卽往依焉朝夕諮決所疑廓然有得辭歸五臺嵩曰吾道北矣至山學者日衆壽踰八十而化清涼山志

姚孝錫字仲純豐縣人政和四年登科調代州兵曹金兵入雁門州將議以城降官屬恇怯投死無所仲純投牀大鼾略不以爲意帥府就注五臺簿未幾移疾去因家五臺善治生亭榭場圃富於遊觀賓客日盈其門州境嵗饑出家所藏粟萬石振貧乏多所全濟鄉人德之中年之後以家事付諸子放浪山水間詩酒自娛醉軒其自號也貲稟簡重喜怒不形於色棄官時年二十九至八十三乃終名士大夫爲詩以弔

者數十人（中州集）

趙晦字光道管城人宋末代州法曹汴京破後不復仕自號睡軒居士宇文虛中以使事羈留平城光道駕短轅下澤車驅一僮二驢扶病以來相聚旬日而歸虛中識以詩云窮愁詩滿篋孤憤氣填胸脫身枳棘下顧我雪窖中竟日朋盍簪論文一樽同翻然南飛燕卻背北歸鴻人生悲與樂倚伏如張弓莫言竟憒憒作書怨天公（同上）

李克用墓在代州西十里土人呼爲李王陵金天眷初盜發之守墳僧言之郡守守夢王告云吾墓中有酒盜飲之脣皆黑可用此捕之明日獲盜寺僧居其半（明一統志　案原文誤入忻州）

紹興庚子辛未之間南北和好堅定海陵未萌搏噬之意邊闕機密去來不甚苛急有代州人衛校尉者從襄漢來時楊和王爲殿前帥曩在行伍中與結義爲兄弟者往投謁一見楊驩如平生仍事以兄禮令夫人隨出拜常招飲於堂款曲殷勤而不問其所向兩月後忽寖疎之衛雅意以楊方得路志在一官故百舍閒關赴之至是大失望棲泊過半年疑爲人所譖乃告辭又不得通或教使伺其入朝回遮道陳狀楊亦略不與語判狀尾云執就常州於本府某莊內支錢一百貫衛愈不樂又不識楊莊所在正傍徨旅邸適一客自云是程副將謂之曰無庸憂我將往常潤當陪君往既得錢相從

累日因謂衛曰吾實欲遊中原君能扶我偕北否衛欣然許之迤邐抵長安入河東以至代郡倩衛置田曰我欲作一窟於此衛使牙儈爲尋置無何得膏腴千畝衛治具待程程亦報席久之乃言曰吾本無冀於斯此行盡出楊相公處分初慮公貪小利輕捨鄉里當今兵革不用非展奮功名之秋故遣我相隨爲辦生計所買良田已悉作衛氏名敬以此相付於是悉取契券與之一笑而別其事甚類蘇秦舍人之資給張儀也夷堅志

湯運泰金源紀事詩衛校尉美未殿帥楊存中也髯將軍將星大不學循王錢眼坐尋常賞賜黃金千財虜那堪當一唾翩然故人襄漢來園亭水月爲君開天人玉立內庭拜歡讌日醉玻璃杯增君錢常州庫置君田代州路粥米遙分向氏莊經營舊是蘇秦譜南朝將帥盡豪奢百萬錢緡用似沙瓦屋百間書萬卷江州只有岳爺爺

秀容東甫雙堡王增壽號爲外力善角觝人莫能敵泰和末官括駝增壽作詭計釘去聲駝足令跛自羊頭村背負駝至代州州守信以爲然增壽復負之而歸續夷堅志

道士楊谷字洞微代州人隱居華山爲人儀觀秀偉道行卓絕平生未嘗與物忤通莊易世以莊子楊先生目之明昌間詔徵高道隸天長觀未幾還山其將歸也與知觀侯生食於市書數火字於食案又屬侯言昨過沃州聞君母病可速歸侯以假去及至沃州而母不病侯生詐語曰渠紿我邪及北還天長已被焚矣又嘗與客遊崧山白龜泉上見一石蠏出客曰蠏橫行殆天性乎洞微曰此物固橫行恨不值正人耳

隨以手指之蠏卽正行晚愛中方卜居之中方舊無泉苦於遠汲洞微言山秀如此不應無泉乃齋沐致禱筮之得吉徵是時十月庵旁近葵花榮茂洞微云於文章癸爲葵此殆水徵也與衆道士行尋之見巽隅草樹閒隱隱有微潤掘之果得泉可供數百指然東隔絕澗南限羣峰石壁峻峭幾百步不可越洞微與弟子呂澤輩沿壁作棧道以通往來人以棧木易朽慮有顚擠之患乃就壁取石鑿竅嵌之壘爲石梁甃泉爲池自是中方得水甚易至今人目爲楊公泉閒閒嘗爲作文記之又言吾友潘若淨字清容有道之士也嘗從洞微遊甚歎服之云楊洞微當求之古人中耳閒閒後過華州追

懷洞微云前年會就雲臺宿知有先生在華山今日白雲峰頂起卻疑騎鶴下人間其稱道如此同上

宣政間方士能化泥爲金名金寶牌長三寸半闊二寸半文曰永鎮福地代州天慶壽甯二處有之天慶者今尚在承平時人傳玩顯是泥所成指文宛然同上

貞祐二年豐州楊雲卿爲崞縣令夏月暴雨過南關外十餘里落羊頭一大如車轂角上豎高三尺以物怪申代州州下軍資庫收閒之朝同上

馮內翰延登字子駿吉州人汴京陷投井死有集號橫溪翁二代郡楊徵之與余同辰月日時亦然渠有詩因爲次韵陰

陽疊疊定何如自信祥光先有模會見唐生談躍馬豈知阮籍哭窮途倦遊笑我衰鬢白弄筆憐君醉裹烏便欲移書與歐九略分餘論爲噓枯中州集

元駙馬趙王某自稱晉王克用裔孫爲置守冢數十戶於雁門禁民樵牧姚燧河內李氏先德碣銘

薩天錫雁門人寓居武林性好遊瓢笠芒蹻徧走兩山間至得意處輒爲詩歌以題詠之今兩山多有遺墨而西湖十景詞尤膾炙人口竟莫知所終杭州府志

薩天錫送欣笑隱住龍翔寺詩有云地溼厭聞天竺雨月明來聽景陽鐘虞伯生見之日詩固佳但聞聽字意重薩後至

南臺見馬伯庸亦如虞所云欲改之未得未幾以事至臨川謁虞語及前詩伯生曰此易事唐人詩有云林下老僧來看雨改作地濕厭看天竺雨音調差勝薩歎服拜爲一字師堯山堂外紀

薩天錫以宮詞得名其詩清新綺麗自成一家惟記事一首直言時事不諱當年鐵馬遊沙漠萬里歸來會二龍周氏君臣空守信漢家兄弟不相容祇知奉璽傳三讓豈料遊魂隔九重天上武皇亦灑淚世間骨肉可相逢蓋泰定帝崩於上都文帝自江陵入據大都大兄周王遠在沙漠乃權攝位而遣使迎之下詔四方云謹俟大兄之至以遂固讓之心及周

王至迎見於上都歡宴畢至忽一夕暴卒復下詔云夫何相見之頃宮車弗駕加謚明宗文宗遂即眞皆武宗子也故天錫末句云然歸田詩話

方谷珍盛時招延士大夫折節好文與中吳爭勝文人遺老如林彬薩天錫咸往依焉列朝詩集薩龍光雁門集編注云顧俠君疑公集中無浙東往來之作不知公未嘗依方氏幕下何從有往來之作考江南通志徽州府流寓載公登司空山太白臺歎曰此老眞山水精也遂結廬其下終焉是公未嘗遊方氏之門已有明證况明史文苑傳及瞿宗吉詩話載丁鶴年回回人方國珍據浙東最忌色目人鶴年轉徙逃匿爲童子師或寄僧舍賣藥自給公亦色目人其爲方氏所忌又不待言錢氏好爲謬說固不足怪然此係公出處大節不可不辨

邊節歷城人正德初以舉人知代州李夢陽爲賦雁門太守

行云雁門太守汝何人治邦三月稱神明我有牛羊賊不來掠我有禾黍人不敢割昔我無衣今有袴著我思禮拜太守太守不見憐但聞太守身姓邊紫髯廣額聳兩顴太守出門四牡騤騤後擁皁蓋前道兩麾行者盡辟易居者不敢窺旁問太守胡所之云訪城南皇甫規空同集

駙馬無封侯者欒城富陽永春西甯皆以軍功封惟永康公主駙馬崔元以迎立封京山侯孝陵少公主駙馬趙暉天順中求封侯不得鄭曉今言

郡主崔氏嫁進士王培齡培齡鄉甯人與弟與齡同嘉靖己丑登第父錫爵時知冀州崔駙馬京山侯以使事過州躬躋

堂賀焉錫爵乃致書兩子令至京邸謁謝崔故喜交文士因留館邸中插架多異書兄弟約共讀之夜分諷詠不自禁聲琅琅徹戶庭爲公主所聞曰是少年新貴耶何嗜學若是召見詢家世甚悉言於崔以女妻培齡郡主明慧通筆札知大義甚有婦儀未幾培齡遘疾卒泣請於父母扶櫬歸葬方起家慟哭暈仆竟卒於墓所帝聞嘉悼賻賵有加命有司立祠祀之鄉甯縣志

胡松滁州人嘉靖壬寅任山西督學使陳邊事十二條詔曰松所陳多出忠慮可擢參政備用三關松疏辭不允修營壘市戰馬募丁壯甫有序虜適大至提督不能備委罪松蓋松

素不當分宜權相心又與御史有郤故御史力排松以快分宜遂削籍家居十五年起參政進都御史平江西賊終吏部尚書謚忠肅周志

劉偉關中進士以御史出守楚郡一日忽尸解去家人以爲死矣嘉靖間賣藥於代病者求藥隨以九應無不立瘳又善相人言未來事輒奇中代咸傳爲劉鬍子然實不知爲何許人會有商人過一見愕然曰此吾恩人劉太守也劉始佯爲不喻商人諦視長跪再拜曰某以某事繫獄公平反得釋劉度不可隱乃曰吾已出家矣戒令勿言翌日遁去越數載復有人遇之於金陵後不知所終吳志

西陵董氏少玉麻城周宏綸之繼室也宏綸字元孚抗疏兩遭貶謫閒關萬里少玉皆共之貶雁門阨於靈邱廣昌間三日不火食僮僕皆悲泣少玉哦詩自如年二十九羸卒嘗笑謂元孚曰妾幸而爲君婦稍知詩亦不幸而爲君婦即有一二佳句而人必以爲出君手王元美序其詩稿列朝詩集少玉從夫赴雁門詩雁門西近邊一片黃沙地烽火夜連天角聲入雲際風月盡悲悽草木多憔悴況是逐臣妻那能不灑淚

太原有李晉王像側坐調箭善避獨眼之諱後二武士擎鞬箙一人唐巾玉帶拱立於前者莊宗也氈笠佩劍立者明宗也其一人懸椎而視者安敬孜也行纏而履示賤也冠虎示服猛也傳亞子命工寫之時安已死念其勇也七頌堂識小錄　黃叔琳

柏林寺觀李晉王畫像歌沙陀懷古趨僧舍駐馬柏林還看畫素絹拂拭生輝光神威凜凜須眉張紅袍玉帶結束好唐季英雄一目眇當年角立有朱三百戰干戈人易老國讎未報留遺恨破碎山河安足問莊明帶劍左右立錦囊盛矢受遺訓誰歟寫照妙入神李家父子俱天人鷹揚虎視空一世經營慘澹傳其真千載留貽歸淨域世無別本須珍惜揜圖四壁起陰風想象沙場萬人敵案說部載克用破黃巢後勳名震世楊行密以不識面為恨潛遣畫工詐晉陽圖其貌為晉人所獲克用怒其偵己即召試使畫時方暑工畫克用左手持扇微障其面克用曰是彰吾眇也欲殺之乃徐為射圖以進云云今所傳之圖蓋即祖其意而為之者吳志謂明武宗過代持像去今摹像留寺中考武宗幸太原未嘗過代州或太原之像會經進御然亦未持去公戩最精賞鑑所言之像當是原卷也若柏林寺摹本今存二軸一絹一紙有乾隆中州判武甲登跋謂絹本乃臨自太原者不為無徵而皆出自俗工輾轉塗抹決非崑圃侍郎所賦之舊本矣吳志又謂圖中虎冠者為李存孝不知存孝以叛逆為克用車裂豈容與莊明並侍流俗謬傳不考殊甚

張夢椒字鹿洲為人英偉俊邁太原傅徵君山嘗稱其才官

陝西都司天性愛客一時名士爭依之薦福寺集飲賦詩傳爲盛事富平李因篤跋云公雁門世家條風肆雅有趨庭之故事而四座郁然率多布素太史公云信陵君不恥下交所遊皆巖穴隱者名冠諸侯有以也自駟鐵而推之二南秦風其有進乎余被褐短窄顛毛半華且忘其醜而樂與之則諸賢可知矣吳志

秀山令馮鄴妻李氏靜樂人損菴中丞之子婦也中丞撫湖南日有痰悶宿疾發幾殆藥不能進李禱於神急刲股投羹湯中以進湯渾渾異他日詰之曰橘紅耳飲之喉間頓利痰咯出升許病漸瘳李知書計嫻禮節初昏時從夫之湖南舟

行溯大江天嚴寒每未明輒起秉燭盥漱正衣端坐問其故對曰風濤不測脫有虞豈可蓬首耶其明大義如此而封殷愈身疾尤前未之聞盧文弨李孺人傳

王氏上元人故宦裔生甫能言即就父兄索解字義授以毛詩誦之琅琅無遺失其叔父世遴守毘陵偶感疾時有女仙降乩甚著靈異從之禱焉仙贈以詩云湘水清且深巫山望何高春風吹江蘺微波蕩桂舠中有彼美人顏色若瓊瑤高韵奏白雪清聲揚碧霄英皇共驂乘與子同遊遨後歸永豐知州馮郁爲繼室馮氏家傳

淮陽賀生曉霞者故大同令某公子也年少美丰姿妙詞翰

幼聘同里謝氏女中表姻親也中間兵燹流離兩失音耗賀以父虧帑無償羈留雲中近十稔矣生疏脫不覩家生產貧益甚因依雁門山僧爲居停一日快雪初霽有輿從多乘至闢秣馬絆輪喧闐於外賀詢之知爲陜右李鎮軍也俄一武士引官眷入寺禪榻茶敘侍婢數輩中有一喚雪鴻者年可十五六尤端雅娟秀少頃奉主命詣殿然香賀心醉之於其足蹟過處以葦畫地吟哦不已鎮軍見而異之逼視則書斷句云纖纖滿地弓鞋印好似飛鴻踏雪泥鎮軍雖武夫雅好文字深憐其才立談半晌議論風生益奇之因呼婢出拜舉以爲贈曰此十四字媒也遂命戒後車約赴幕府賀遜謝不

可强之乃同行定情夕各敘里居家世始悉女即所聘謝氏子也悲喜交集不覺慟哭失聲鎮軍聞之大喜另爲諏吉合巹同僚各製詞爲賀近聞賀已薦升太守矣鎮軍老無子賀夫婦事之甚謹友人唐菊階與賀姻婭也詳其事爲譜雁門雪傳奇以張之余嘗謂牛渚月馬當風皆爲武人生色並此可爲三矣餘墨偶談

代州志卷十二終

捐修姓氏

户部郎中劉永吉捐錢伍百肆拾千　同知銜周琮捐錢叁百千　都司銜劉璧捐錢壹百捌拾千　都司銜王宓捐錢柒拾叁千　衞千總銜柳瑾捐錢伍拾千　貢生劉廷相捐錢肆拾千　附貢生王鋒捐錢叁拾貳千　試用知縣侯銘西　待詔銜安生財　府經歷銜劉創裕　貢生謝安　各捐錢叁拾千　附生郎崇學捐錢貳拾伍千　王百忍堂鹽知事銜王承誥　從九劉致祥　議敘王承祜　各捐錢貳拾肆千　貢生王鴻禧　從九張達　各捐錢貳拾千州同銜馮三重　李敦崇堂　各捐錢拾捌千　廩生郝延

封六品頂戴董桂枝　待詔銜張存智　未入流趙撝謙
待詔銜柳恭　從九張福　趙三祝堂　貢生張大文
各捐錢拾伍千　武舉王侃　武舉高獻麟　廩生郎善化
府知事銜郎映辰　貢生喬誥　各捐錢拾貳千　張雙
合堂　王仁善堂　附生李沛金　附生沈鵬山　貢生周
步月　介賓賀秉誠　柳鳳城　各捐錢拾千　從九梁廷
龍　監生劉慶德　從九侯鐸　各捐錢玖千　馮和順堂
議敘溫鴻　各捐錢捌千　卽用知縣李中和　議敘賈
大謨　附生陸仕清　各捐錢陸千　中書科中書賈作楨
光祿寺署正賈作賓　翰林院孔目賈作舟　各捐錢壹

百貳拾五千　貢生劉廷玉捐錢壹百五拾千　議叙張步

雲捐錢